suhrkamp taschenbuch 2065

Spät erst erkannte man auch in der Literaturgeschichtsschreibung die zentrale Rolle, die Broch im Bereich des modernen Romans gespielt hat; im Rückblick vermochte man den Standort des Romanciers Broch in einer Gruppe von Dichtern zu lokalisieren, die dem avantgardistischen Roman durch neue Erzählmittel weite Gebiete psychischer, philosophischer und gesellschaftskritischer Art erschlossen hatten. In den fünfziger und frühen sechziger Jahren sah man Broch als Verwandten von James Joyce, André Gide, Aldous Huxley und Alfred Döblin. Diese neue Kategorisierung bedeutete sicherlich einen Fortschritt, gleichzeitig aber schränkte sie die Wirkung Brochs auch ein.

Anlage und Struktur des hier zum 100. Geburtstag Brochs vorgelegten Sammelbandes mit neuen Aufsätzen wurden nicht durch die momentane Aktualität bestimmter Werkteile Brochs beeinflußt. Unabhängig von Umfang, Intention und Rezeption wurde jedem dichterischen Werk Brochs ein Aufsatz gewidmet und zu den verschiedenen theoretischen und kritischen Arbeiten des Autors von Fachwissenschaftlern jeweils eine Studie beigesteuert. Verdienst und Schwäche, Aktualität und Zeitverhaftetheit, Relativität und Gültigkeit von Brochs Arbeiten werden so auf kritische Weise dargelegt.

Brochs Wirkung auf die Literatur unserer Gegenwart ist gespiegelt in Beiträgen zeitgenössischer Autoren.

Hermann Broch

*Herausgegeben
von Paul Michael Lützeler*

suhrkamp taschenbuch
materialien

Suhrkamp

suhrkamp taschenbuch 2065
Erste Auflage 1986
© Suhrkamp Verlag Frankfurt am Main 1986
Suhrkamp Taschenbuch Verlag
Alle Rechte vorbehalten,
insbesondere das des öffentlichen Vortrags,
der Übertragung durch Rundfunk und Fernsehen
sowie der Übersetzung, auch einzelner Teile.
Satz: Glücker, Würzburg
Druck: Nomos Verlagsgesellschaft, Baden-Baden
Printed in Germany
Umschlag nach Entwürfen von
Willy Fleckhaus und Rolf Staudt

1 2 3 4 5 6 - 91 90 89 88 87 86

Inhalt

III. Theorie und Kritik

IV. Bibliographie

Einleitung
Zur Aktualität Hermann Brochs

I

1950 – ein Jahr vor seinem Tode – wurde Hermann Broch von europäischen und amerikanischen Schriftstellerkollegen für den Nobelpreis vorgeschlagen. Das Nobelpreis-Komitee in Stockholm bat routinemäßig eine Reihe von Stellen um Gutachten, und eine dieser Bitten um Information und Bewertung des österreichischen Schriftstellers Broch richtete man auch an die Akademie der Wissenschaften in Wien. Die Antwort von Wien nach Stockholm – so will es eine glaubwürdige Legende – war so kurz, daß sie auf einer Postkarte Platz hatte; sie lautete dahingehend, daß ein Dichter mit dem Namen Hermann Broch in Wien unbekannt sei.

Dreißig Jahre später erhielt einer der Freunde Hermann Brochs, der eine Generation jüngere Elias Canetti, den Nobelpreis für Literatur. In seiner Dankesrede aus Anlaß der Preisverleihung würdigte Canetti das Werk jener Dichter aus dem österreichischen Kulturkreis, die ihn beeinflußt hatten: Karl Kraus, Franz Kafka, Robert Musil und Hermann Broch. Canetti betonte, daß er die hohe Auszeichnung sozusagen stellvertretend für diese vier Schriftsteller, an die der Nobelpreis nicht verliehen worden war, entgegennehme. Das wollte mehr als lediglich eine noble Geste sein; es war die Reverenz vor Autoren, die zu ihren Lebzeiten kaum Anerkennung gefunden hatten und ohne die ein literarisches Werk wie das Canettis sich anders entwickelt hätte. Broch war es, der Elias Canetti als erster protegierte. Schon 1933, zwei Jahre bevor Canettis Erstlingswerk *Die Blendung* publiziert wurde, stellte Broch in einer Rede den achtundzwanzigjährigen, noch unbekannten Autor dem Wiener Publikum als eine der großen Hoffnungen der österreichischen Gegenwartsliteratur vor. Damals, 1933, diskutierten Broch und Canetti auch gemeinsam, was man als Intellektueller gegen den um sich greifenden, durch den Faschismus hervorgerufenen Massenwahn unternehmen könne. Aus diesen Gesprächen entwickelten sich bei den zwei Autoren die Pläne zu ihren Büchern *Massenwahntheorie* bzw. *Masse und Macht*, die während des Zweiten Weltkriegs in der Emigration entstanden. Die Erinnerungen an seinen Freund Her-

mann Broch hat Canetti im dritten Band seiner Autobiographie
(Das Augenspiel) festgehalten.

Canetti, Broch, Musil und Kafka ist nicht nur der gleiche alt-
österreichische kulturelle Hintergrund gemeinsam; sie teilen auch
das Schicksal, erst spät in ihrer Bedeutung erkannt und gewürdigt
worden zu sein: Kafka war zu seinen Lebzeiten nur einem kleinen
Kreis von Literaturkennern in Prag und Wien ein Begriff; Musils
Verbitterung über die Resonanzlosigkeit seines *Mannes ohne Eigenschaften* ist bekannt; Hermann Brochs Entdeckung begann
eigentlich erst nach seinem Tode, als sein Verleger Daniel Brody
zwischen 1953 und 1961 eine zehnbändige Auswahlausgabe seiner
Werke publizierte; und Canetti war bereits in den Sechzigern, als
er einem breiteren Publikum bekannt wurde.

Bei Kafka und Broch ist die verstärkte Rezeption in den deutschsprachigen Ländern nicht denkbar ohne die Resonanz, welche
ihre Bücher vorher in den angelsächsischen Ländern erlebt hatten;
sie befanden sich in England und den USA schon im Mittelpunkt
literarischer Diskussionen, als sie in Mitteleuropa noch wie Ge-
heimtips gehandelt wurden. Das hing im Falle Brochs damit
zusammen, daß seine beiden Romane *Die Schlafwandler* und *Der
Tod des Vergil* 1932 bzw. 1945 gleichzeitig auf Deutsch und auf
Englisch erschienen waren. Während in den Jahren nach 1932 und
1945 sich für diese Bücher in Deutschland aufgrund politischer
bzw. wirtschaftlicher Verhältnisse kein Markt bilden konnte, fanden sie in den angelsächsischen Ländern starke Beachtung. In
England setzte sich Aldous Huxley für Broch ein (er bezeichnete
1932 Broch als den einzigen ernstzunehmenden Autor deutscher
Sprache), und in den USA war es zur gleichen Zeit der junge
Thornton Wilder, der nicht müde wurde, seine amerikanischen
Freunde von der revolutionären Qualität der *Schlafwandler-Tri-
logie* zu überzeugen. Wurde Broch in Deutschland 1938 verhaftet
und zur Emigration gezwungen, verhalfen ihm hingegen in den
USA die renommiertesten kulturellen Stiftungen mit Stipendien
und Preisen dazu, seinen Roman *Der Tod des Vergil* fertigzustel-
len. Es waren auch amerikanische bzw. nach Amerika emigrierte
europäische Intellektuelle, die in Zusammenarbeit mit Brochs
Verleger Daniel Brody die erste Broch-Ausgabe in den fünfziger
Jahren edierten: Hannah Arendt veröffentlichte Brochs Essays,
Erich von Kahler seine Gedichte, Robert Pick die Briefe und
Hermann J. Weigand *Die Schuldlosen*. Diese erste zehnbändige

Ausgabe begann Mitte der fünfziger Jahre Brochs Ruhm auch in Deutschland zu begründen. Wenngleich noch sehr lückenhaft und philologisch nicht gut ediert, handelte es sich bei dieser Ausgabe um ein verdienstvolles Unternehmen, denn es bewahrte Broch vor jenem Schicksal, das die Nationalsozialisten seinem Werk speziell und der Exilliteratur im allgemeinen bescheren wollten: das von Zerstörung und Vergessen.

Es waren vor allem die Romane *Die Schlafwandler* und *Der Tod des Vergil*, die in den fünfziger Jahren viel gelesen und auch von der Literaturwissenschaft beachtet wurden. Mit diesen anspruchsvollen, experimentierfreudig-unkonventionellen Dichtungen gehörte Broch der modernen Avantgarde an, und sie wollte man nach der Zeit diktatorisch verordneter Provinzialität und Propaganda kennenlernen. 1932/33, nach der Erstveröffentlichung der *Schlafwandler*, war eine breite Rezeption wegen der Wirtschaftskrise bzw. Hitlers Machtergreifung ausgeblieben. Die Resonanz blieb auf die zum Teil enthusiastischen Äußerungen einiger Schriftsteller und Kritiker beschränkt. Alfred Döblin etwa schrieb über *Die Schlafwandler*, diesen Versuch, die deutsche Geschichte zwischen 1888 und 1918 romanhaft zu analysieren, im Februar 1931:

Natürlich kenne ich Hermann Broch aus seinem Buch ›Die Schlafwandler‹, ich habe es schon vor zwei Monaten gleich nach dem Empfang gelesen. Und mit größter Aufmerksamkeit, Langsamkeit und Sorgfalt gelesen, so wie es geschrieben ist. Und es liegt noch heute auf dem Ehrenplatz der Bücher, nach denen ich über Tag – nicht zum ›Genuß‹, sondern zur Nachprüfung, zum Studium – greife.

Erst ein Vierteljahrhundert später erkannte man auch in der Literaturgeschichtsschreibung die zentrale Rolle, die Broch im Gebiet des modernen Romans gespielt hatte; im Rückblick vermochte die Germanistik den Standort des Romanciers Broch in einer Gruppe von Dichtern zu lokalisieren, die dem avantgardistischen Roman durch neue Erzählmittel weitere Gebiete psychischer, philosophischer und gesellschaftskritischer Art erschlossen hatten. In den fünfziger und frühen sechziger Jahren sah man Broch als Verwandten von James Joyce, André Gide, Aldous Huxley und Alfred Döblin. Diese neue Kategorisierung bedeutete sicherlich einen Fortschritt in der Broch-Rezeption, aber gleichzeitig schränkte sie die Wirkung von Brochs Werk auch ein. Denn nun hatte man ein handliches Etikett, das ihn hinreichend zu »erfassen« schien: das Etikett des ›avantgardistischen Romanciers‹. Alles, was in Brochs Werk durch diese Bezeichnung nicht erfaßt wurde, blieb so gut wie unbeachtet. Der Broch der fünfziger Jahre war der Autor der *Schlafwandler* und des *Tod des Vergil*. Daß dem so war, lag auch an der Zusammenstellung der ersten, seinerzeit erschienenen Broch-Ausgabe, die im Zeichen der beiden genannten Romane unternommen worden war. Das nicht-romanhafte Oeuvre war so lückenhaft ediert worden, daß eine ernsthafte Auseinandersetzung mit ihm nicht möglich war. Ganze Werkteile (wie etwa die Dramen, die philosophischen und politischen Schriften) waren in diese erste Ausgabe nicht oder nur äußerst fragmentarisch aufgenommen worden. Dabei wußte man durchaus, wie vielfältig und interdisziplinär Brochs Arbeiten gewesen waren.

Als Mitte der sechziger Jahre das (momentan wieder zunehmende) Interesse am avantgardistischen Roman der ersten Jahrhunderthälfte nachließ, als im Zuge der Studentenbewegung die jüngere Lesergeneration eher fasziniert war von realistischer, politisch engagierter und aktionsorientierter Literatur, konnte man mit dem Broch der fünfziger Jahre nicht mehr viel anfangen. Zudem war seit 1967 die alte Broch-Ausgabe fast ganz vergriffen, und so verlief die gesellschaftskritische Debatte zur Zeit der jugendlichen Protestbewegung ohne positiven Bezug auf das Werk von Hermann Broch. Ja, die alte Ausgabe provozierte sogar einige ideologiekritisch argumentierende Germanisten aus dem Umkreis der Frankfurter Schule dazu, Broch als bürgerlichen Reaktionär abzustempeln.

Obwohl es damals von nur wenigen Broch-Experten gesehen wurde, lag aber gleichzeitig in den neuen Fragestellungen, welche sich im Zuge der Studentenbewegung ergeben hatten, eine Chance für die Aktualisierung von Brochs Werk. Denn jene Werkteile, die bisher unbekannt und daher unbeachtet geblieben waren, hätten potentiell durchaus Antworten auf Fragen der Jugend enthalten: Ich denke an die politischen Schriften Brochs, die sich mit der Sicherung des Friedens, dem Kampf für die Menschenrechte und mit der Festigung sozialer Demokratie beschäftigen; und ich habe darüber hinaus seine stärker realistisch geschriebenen Dichtungen im Sinn, etwa seine Dramen und den Roman *Die Verzauberung*. Ende der sechziger, Anfang der siebziger Jahre bot sich die Chance, die bisher ignorierten Arbeiten Brochs den Lesern bekanntzumachen. Damals hatte der Suhrkamp Verlag die literarischen Rechte an Brochs Œuvre erworben, und schon bald trug man sich dort mit dem Gedanken, eine neue und erstmals vollständige, kritische Hermann-Broch-Ausgabe zu edieren. Mit dieser Aufgabe wurde ich 1973, als mein Buch *Hermann Broch: Ethik und Politik* erschienen war, betraut. In meinem Buch wies ich hin auf die enge Verbindung der zahlreichen politischen Studien Brochs mit seinem literarischen Werk, gleichzeitig aber auch auf die großen Lücken und Unzulänglichkeiten der alten Broch-Ausgabe. Meine neue und erstmals komplette Broch-Edition erschien zwischen 1974 und 1981 in siebzehn Bänden – und zwar als Taschenbücher – unter dem Titel *Hermann Broch: Kommentierte Werkausgabe.*

Die siebziger Jahre zeichneten sich nicht zuletzt dadurch aus, daß bis in die Spitzen der internationalen Politik hinein die Menschenrechte erneut diskutiert und propagiert wurden. In diese Diskussion wurden auch Brochs Beiträge zur Menschenrechtstheorie einbezogen. Als Brochs Studien zum Thema Menschenrechte im Rahmen der neuen Ausgabe erschienen, meldeten sich Politologen wie Anton Pelinka oder Publizisten wie Harry Pross zu Wort, die auf die Bedeutung dieser Aufsätze hinwiesen. In Dänemark lösten sie eine große Diskussion aus, regten dort führende Intellektuelle wie Villy Sørensen an zu dem auch ins Deutsche übersetzten politischen Buch *Aufruhr der Mitte.* In Norwegen veröffentlichte der dortige Vorsitzende von Amnesty International, Sverre Dahl, einen Aufsatz, in welchem er daran erinnerte, daß die Grundüberzeugungen, zu denen sich die Mitglieder von Amnesty bekennen, bei Broch schon in den vierziger Jahren vorgedacht, begründet und formuliert worden waren. Broch hatte 1950 in dem ›Neue Rundschau‹-Artikel *Trotzdem: Humane Politik. Verwirklichung einer Utopie* zur Gründung einer internationalen Humanitätspartei aufgerufen, welche sich die konkrete Verteidigung der Menschenrechte zum Ziele setzen sollte. Im gleichen Jahr sprach er sich in einem Referat mit dem Titel *Die Intellektuellen und der Kampf um die Menschenrechte*, das er für einen Berliner Kulturkongreß geschrieben hatte, dafür aus, die Schaffung eines internationalen Gerichtshofes zu fordern, der Verstöße gegen das Menschenrecht zu ahnden habe. Bei der Gelegenheit setzte er sich auch für eine Kampagne gegen die Todesstrafe und für die Abschaffung aller Konzentrationslager ein. Brochs politische Vorstellungen sind nie rein utopisch, sondern immer realitätsbezogen, d. h., sie ziehen die sachlichen Möglichkeiten ihrer Verwirklichung mit ins Kalkül ein. Im Mittelpunkt der zahlreichen Menschenrechts-Schriften Brochs steht das »Gesetz zum Schutz der Menschenwürde«. Erst wenn ein solches Gesetz Eingang finde in die Verfassungen der Einzelstaaten, sei eine Hoffnung auf die internationale Wahrung von Menschenrechten gewährleistet. Nur solche Nationen sollten nach Brochs Meinung in die UNO aufgenommen werden, welche das »Gesetz zum Schutz der Menschenwürde« in ihre nationalen Konstitutionen integrierten, und ein internationaler Gerichtshof der UNO wiederum sollte darüber wachen, daß dieses Gesetz in den Mitgliedsstaaten respektiert werde.

Auch die Friedensforschung der achtziger Jahre wird Broch konsultieren können. Ähnlich wie Günther Anders sah er schon 1945 voraus, zu welch einer menschheitsbedrohenden Waffe die Atombombe werden würde und warnte in Aufsätzen und Briefen vor der atomaren Rüstung. Jahrzehnte bevor in den siebziger und achtziger Jahren Friedensforschung eine anerkannte wissenschaftliche Disziplin wurde, verfaßte Broch – im Anschluß an seine Beiträge zur Menschenrechtsdebatte – zwischen 1945 und 1950 Studien zur Konfliktforschung, die in ihren Grundaussagen auch heute noch Geltung besitzen. Gegen Ende des Zweiten Weltkriegs überdenkt er die neuen Machtkonstellationen, welche die Politik für den Rest des Jahrhunderts bestimmen werden. Schon ein Jahr vor Churchills berühmter Rede über den Eisernen Vorhang sagt er den Ost-West-Gegensatz voraus und skizziert die Konflikte, welche sich aus den konkurrierenden Konzepten einer Pax Americana und einer Pax Moscovita ergeben werden. Broch wollte sich nie einseitig auf eine ideologische Richtung oder ökonomische Lehre festlegen. Dieter Hildebrandt charakterisierte vor einigen Jahren Brochs politische Überzeugung richtig, als er schrieb:

Worauf Hermann Brochs politisches Konzept hinausläuft, ist eine Art moderner Ringparabel: der hat das bessere System, der den Frieden, von dem er spricht, auch zu halten vermag. Brochs Apologie für die Tugend des Kompromisses liest sich wie eine Gebrauchsanweisung für Verhandlungsführer in diesen politischen Jahren, in den kommenden Konferenzen.

Es ist keineswegs so, als habe die Broch-Rezeption der letzten fünfzehn Jahre eine radikale Wendung weg vom unpolitischen Dichter hin zum politischen Theoretiker vollzogen. Der Dichter Hermann Broch wurde durchaus nicht vergessen. Nur ist es so, daß auch solche Teile seiner Dichtung jetzt ein Publikum fanden, die bisher ignoriert worden waren. Da ist zum Beispiel die Neuentdeckung seiner Dramen. Broch hätte sicher das Zeug zu einem erfolgreichen Stückeschreiber gehabt, wenn nicht die Machtergreifung Hitlers 1933 und Brochs durch den Anschluß Österreichs erzwungene Emigration 1938 seine Entwicklung als Dramatiker verhindert hätten. 1932, ein halbes Jahr bevor Hitler Reichskanzler wurde, schrieb Broch sein erstes Stück, dem er den Titel »Die Entsühnung« gab. Es ist ein sozialkritisches Drama, in dem geschildert wird, wie ein deutscher Großunternehmer während der Wirtschaftskrise von 1930 mit kommerziellen Tricks mittelgroße Betriebe sich durch Konkurrenz gegenseitig aufreiben läßt, um sie dann mit Gewinn seinem Konzern einfügen zu können. Dabei werden sowohl die Konflikte der Kapitaleigner untereinander, die Verquickung von Finanz und Politik wie auch der Kampf der Gewerkschaften dargestellt. All dies geschieht auf eine differenzierte und von Sachkenntnis zeugende Weise. Brochs *Entsühnung* steht in der Tradition der Wirtschafts- und Industriedramen der sogenannten ›Neuen Sachlichkeit‹ der Weimarer Republik, wie wir sie kennen z. B. von Georg Kaiser *(Gas)*, Ernst Toller *(Hoppla, wir leben!)* oder Lion Feuchtwanger *(Die Petroleuminseln)*. Aber in keinem dieser Dramen wird so wie bei Broch ein wirklicher Querschnitt gelegt durch die gesellschaftlichen Schichten der zwanziger Jahre. Bei den Unternehmern gibt es die Monopolisten bzw. Konzernherren, die alten Gründerzeitler mit ihrer kaufmännischen Ethik des 19. Jahrhunderts, dann die »sachlichen«, nur aufs Funktionieren des Betriebes versessenen Technokraten und Manager, ferner die kleineren Unternehmer, die ihr Heil (oder auch ihr Unglück) in der Fusion mit einem Konzern sehen, und schließlich solche Wirtschaftsführer, die auf den starken Mann der Nationalisten warten, welcher dem Staat die Rahmenbedingungen zum Geschäftemachen sichern soll. Ähnlich differenziert wird auch die andere Seite, die Arbeiterschaft, gezeichnet. Hier konkurrieren im Deutschland des Jahres 1930 Kommunisten,

Sozialdemokraten, christliche und nationale Gewerkschaftler um Einfluß auf die Arbeiterschaft. Zwischen diesen Fronten bewegen sich politische (links- wie rechtsextreme) und unpolitische Intellektuelle. Das Krisenjahr 1930 ist das Jahr der Brüningschen Notverordnungen, der Konkurse und der vier Millionen Arbeitslosen. Dieses Krisenjahr wird hier – so weit das in einem Drama überhaupt möglich ist – in seinem chaotischen sozio-ökonomischen Zustand porträtiert und analysiert. 1930 schlug die wenige Monate zuvor in den USA beginnende Wirtschaftskrise auch in Deutschland voll durch. Arbeitslosigkeit und Pleitewellen sind aber auch heute, etwa fünfzig Jahre später, Krisensymptome, welche die Bürger beunruhigen. So war es kein Zufall, daß 1982 – erstmals nach der Zürcher Uraufführung von 1934 – dieses Stück wieder gespielt wurde, und zwar an den Städtischen Bühnen Osnabrück. Sowohl die Zürcher Uraufführung wie auch die Osnabrücker Premiere waren von beachtlicher Qualität.

Aktuell ist Brochs Tragödie *Die Entsühnung* aber nicht nur wegen ihrer Themen Arbeitskampf, Pleite und Monopolisierung, sondern auch deshalb, weil Broch der maroden, ins Leere und Sinnlose hinein agierenden Männerwelt die Welt der Frauen entgegensetzt. Während die Männer Schimären von Ideologien verfallen und dabei zu keiner Synthese von Vernunft, Verstand und Gefühl gelangen können, findet sich diese Synthese bei den Frauen. Broch sieht es als notwendig an, daß die Humanität der Frauen die in Mord und Wahn endende Männergesellschaft überwinden müsse. Das ist das Fazit, das Broch im Epilog seiner Tragödie zieht. Mit diesem Schluß fällt *Die Entsühnung* heraus aus der Tradition der Industriedramen der Neuen Sachlichkeit; der Epilog der Frauen stellt etwas für die frühen dreißiger Jahre Außergewöhnliches dar.

Kurze Zeit nach der Aufführung der *Entsühnung* von 1934 schrieb Broch eine Komödie, in der er den gleichen Stoff wie in der Tragödie behandelt: nämlich fragwürdige Wirtschaftsmanipulationen und Börsenmanöver. Der Titel der Komödie lautet *Aus der Luft gegriffen oder Die Geschäfte des Baron Laborde*. Dem Baron Laborde, einem genialen Hochstapler, gelingt es, die Gründung einer Ölgesellschaft vorzutäuschen und mit nie gefördertem Petroleum die windigsten Geschäfte zu machen. Diese Komödie liest sich streckenweise wie eine Satire auf die seltsamen Praktiken bestimmter Ölgesellschaften unserer Tage, deren Riesengewinne man nicht von ungefähr »windfall profits« nennt. Auch dieses Stück, welches die an Komödien arme deutschsprachige Literatur bereichert, zeugt von Brochs ausgesprochenem Theatertalent. Zu Brochs Lebzeiten ist *Aus der Luft gegriffen* nicht gespielt worden; erst 1981 wurde die Komödie in Osnabrück uraufgeführt und zwei Jahre später folgte die österreichische Premiere am Wiener Akademietheater. Der Tragödienverlauf der *Entsühnung* wird hier quasi umgekehrt: Während nämlich das Trauerspiel mit Tatkraft beginnt und im Freitod verschiedener Protagonisten endet, steht im Lustspiel der mißglückte Selbstmord am Anfang, und am Schluß löst sich alles in Harmonie auf. Die Sinnlosigkeit einer sich verselbständigenden Wirtschaftsmechanik wird gleichwohl in beiden Stücken aufgedeckt. Letztlich kann man beide Dramen Brochs von seiner eigenen Philosophie, seiner Theorie des Wertezerfalls, her erklären. In ihr konstatiert er das Auseinanderdriften der verschiedenen Wertgebiete, den Verlust eines verbindlichen Zentralwertes. Im Gegensatz zu konservativen Denkern sehnt Broch allerdings nicht die mittelalterlich-christliche Werteinheit zurück; vielmehr erstrebt er (wie seine späteren Studien zeigen) die Anerkennung eines »Irdisch-Absoluten«, d. h. eines nicht mehr transzendent verankerten Absoluten, welches das Fundament bei der Definition der Menschenrechte abgeben könnte.

Über die Osnabrücker und die Wiener Aufführungen von Brochs Komödie *Aus der Luft gegriffen* berichtete ein Großteil der deutschsprachigen Presse, und von der *Süddeutschen Zeitung* bis *Theater heute* war man sich einig, daß Broch hier ein exzellentes Stück geschrieben hatte, das noch manche Aufführung erleben dürfte. 1935 allerdings fand Broch für dieses Drama keine Bühne, und so wandte er sich resigniert wieder seinem ursprünglichen Metier, dem Roman, zu. 1935 schrieb Broch dann ein Werk, das ebenfalls heute erstmals ein breiteres Lesepublikum findet. Es handelt sich um den Roman *Die Verzauberung*. Anders als *Die Schlafwandler* oder *Der Tod des Vergil* ist *Die Verzauberung* äußerlich gesehen weniger experimentell und mehr im Stil des konventionellen realistischen Romans geschrieben. Das Buch wird erzählt von einem Mediziner, der sich aus der Stadt und von der Wissenschaft zurückgezogen hat auf eine Arztpraxis in einem Bergdorf. Dieser Landarzt – das Geschehen spielt um 1930 – erlebt in jenem Alpendorf im Kleinen, was sich im Großen zur gleichen Zeit in Deutschland abspielt: den Aufstieg einer fanatischen Führerfigur mit völkischer Blut- und Bodenideologie sowie die Radikalisierung einer rechtsgerichteten politischen Bewegung mit den Begleiterscheinungen von Massenwahn, Mord und Emigration. Dieser Roman von 1935 ist im Kontext der antifaschistischen Exilliteratur zu sehen, im Zusammenhang ähnlich gerichteter Bücher von Oskar Maria Graf *(Anton Sittinger)*, Anna Seghers *(Das siebte Kreuz)*, Arnold Zweig *(Das Beil von Wandsbek)* oder Fritz von Unruh *(Der nie verlor)*.

Die Verzauberung ist der biographische Bericht eines »Aussteigers«, welcher der städtischen Zivilisation den Rücken kehrt, um in der Naturumgebung dem Sinn eines Lebens nachzuspüren, der ihm in seiner Tätigkeit als Wissenschaftler nicht aufgegangen war. *Die Verzauberung* ist ein Buch, das Themen aufgreift, die heute von Feministen und Alternativlern diskutiert werden. Freilich bietet der dialektisch und komplex denkende Broch keine probaten Heilmittel zur Überwindung der umfassenden Kulturkrise an. Selbstverständlich ist es auch keineswegs so, daß er wie in einem Heimatroman eine heile Bergwelt der Leere und dem Automatismus städtischen Lebens entgegensetzt. Die Bauernbevölkerung seines Romans wird von den gleichen Krisen geschüttelt, denen die Städter ausgesetzt sind; und statt Harmonie herrscht auch bei ihnen ein Konkurrenzkampf bis aufs Messer. Insofern könnte man *Die Verzauberung* einen Vorläufer der heute populären Anti-Heimatromane nennen.

Daß Brochs *Verzauberung* zur Zeit viel Beachtung geschenkt wird, ist nicht nur an den immer neuen Auflagen abzulesen, die das Buch erfährt; ich merkte es auch, als ich 1981 und 1985 an der Universität Tübingen bzw. an der Washington University in St. Louis Seminare über Brochs Romane abhielt. Zu meiner Überraschung interessierten sich die weitaus meisten Teilnehmer speziell für diesen Roman und wollten ihre Referate darüber schreiben. Die Gründe waren verschiedener Art. Ein Student der Theologie z. B. war fasziniert von den religiösen Aspekten des Buches und zog Parallelen zwischen der Theorie der Opferkrise des französischen Anthropologen René Girard und dem Geschehen in der *Verzauberung*. Eine Studentin betonte, sie sei gefesselt worden vom Thema der Krise des Patriarchats. Daß die Männerherrschaft in Sackgassen von Gewalt und Selbstzerstörung ende, das hätten sowohl Broch in der *Verzauberung* wie auch Grass im *Butt* vor Augen geführt. Sie habe mit Spannung verfolgt, wie

Broch im Roman, bei Rückgriff auf verschiedene Mythen. des Altertums, den latent immer wirksamen Gegenmythos vom Matriarchat in Erinnerung gerufen habe. Ein anderer Student fand die Faschismusanalyse in der *Verzauberung* besonders gelungen. Er habe, so schrieb er, noch nie eine so umfassende, subtile, gesellschaftliche wie metaphysische Bereiche gleichermaßen einbeziehende dichterische Analyse des Nationalsozialismus bzw. Faschismus gefunden wie in diesem Roman: bei Brecht nicht, bei Heinrich Mann nicht, nicht bei Feuchtwanger und auch nicht in Thomas Manns *Mario und der Zauberer*. Ähnlich hatte es auch schon vor Jahren der englische Kulturphilosoph George Steiner gesehen, als er meinte:

Brochs *Verzauberung* gehört zu den bedeutendsten Romanen des zwanzigsten Jahrhunderts und stellt vielleicht eine noch größere Leistung dar als Thomas Manns *Doktor Faustus*. In beiden Werken geht es darum, auf dichterische Weise die psychologischen Wurzeln des Hitlerismus bloßzulegen.

Nicht zuletzt auf Empfehlung von George Steiner hin wird dieser Roman derzeit ins Englische übersetzt.

III

Albert Einstein und C. G. Jung haben sich in Briefen darüber geäußert, wie existentiell sie vom *Tod des Vergil* berührt worden sind; und die Sozialwissenschaftler Eric W. Voegelin und Gordon A. Craig haben auf die Relevanz der *Schlafwandler* zum Verständnis der modernen europäischen Geschichte hingewiesen. Das Interesse an diesen Büchern ist unvermindert groß. Eine Reihe international bekannter Autoren wie der Mexikaner Carlos Fuentes, der in Frankreich lebende Exil-Tscheche Milan Kundera, der Schweizer Paul Nizon, der Däne Villy Sørensen und die Deutschen Günter Herburger und Wolfgang Koeppen haben betont, daß sie durch Brochs Romane entscheidende Impulse für ihr eigenes dichterisches Schaffen erhalten haben. (Bei Carlos Fuentes und Villy Sørensen geht dieser Broch-Einfluß noch weiter: Sie verstehen sich auch mit ihren politisch-menschenrechtlichen Studien und Stellungnahmen als Fortsetzer des Brochschen Engagements auf diesem Gebiet.) Milan Kundera, einer der prominentesten Autoren der Gegenwart, läßt keine Gelegenheit aus, in seinen essayistischen Arbeiten, seinen Reden und Interviews – sei es in Frankreich, den USA oder Israel – auf Broch als den für ihn wichtigsten Autor unseres Jahrhunderts hinzuweisen. Das geht auch aus seinem Beitrag in diesem Band hervor. Carlos Fuentes erzählte mir, was für ein wichtiges Initialerlebnis für ihn die Lektüre von Brochs *Schlafwandlern* gewesen sei, und er betonte, daß die Bedeutung Brochs für den lateinamerikanischen Roman der Gegenwart nicht überschätzt werden könne. Susan Sontag weist in ihren Büchern *I, etcetera* und *Under the Sign of Saturn* auf Broch hin. Wolfgang Koeppen, der seit Erscheinen der *Schlaf-wandler* alles von Broch gelesen hat, berichtete mir von seinen starken Leseerlebnissen bei der Lektüre der Broch-Bücher. Ähnlich äußerten sich Paul Nizon und Günter Herburger in Gesprächen mit mir. Zwei Autoren der jüngeren Generation, Barbara Frischmuth und Silvio Blatter, haben für diesen Sammelband ihre Leseerinnerungen an Hermann Broch festgehalten. Erwähnung verdient auch die Wirkung des *Tod des Vergil* auf den avantgardistischen französischen Komponisten Jean Barraqué. Sein Werk *Le temps restitué* (1966) wurde durch Motive des Brochschen Romans inspiriert. Der *Esch*-Teil der *Schlafwandler* wurde 1979 fürs Fernsehen verfilmt und in Deutschland und Österreich gleichzeitig ausgestrahlt. Dieser mit großem Aufwand verfilmte Roman dürfte nicht das letzte Werk Brochs sein, das die Filmwelt entdecken wird. Die anderen beiden Teile der *Schlafwandler*-Trilogie, *Die Verzauberung* oder auch *Die Unbekannte Größe* eignen sich ausgezeichnet für eine Umsetzung ins filmische Metier. Broch selbst hat das gesehen und seine Verleger in den dreißiger und vierziger Jahren gebeten, sich mit Filmproduzenten in Verbindung zu setzen. Für Paramount schrieb er 1935 eine Filmfassung des Romans *Die Unbekannte Größe*, die aber nicht ausgeführt wurde.

Große Beachtung findet derzeit Brochs Studie *Hofmannsthal und seine Zeit*, die – in der Übersetzung von Michael P. Steinberg – 1984 auch in englischer Übersetzung erschien. Die Neuentdeckung der Studie hängt mit dem allgemeinen Interesse an der Kunst und Kultur der Wiener Jahrhundertwende zusammen, worüber in diesem Band George Steiner berichtet. Brochs Hofmannsthal-Studie war aber schon immer beachtet worden. Carl E. Schorske, einer der besten Kenner des Wiener Fin de Siècle, teilte mir mit, daß *Hofmannsthal und seine Zeit* ihm entscheidende

Anregungen zu seinen Forschungen gegeben habe.

Erstmals nehmen auch die Fachwissenschaftler der Erkenntnis- und Werttheorie Brochs Arbeiten zur Kenntnis. Paul Lorenzen, einer der führenden Wissenschaftstheoretiker unserer Zeit, schrieb mir 1982: »Meine Bewunderung für das wissenschaftliche und politische Denken Brochs ist ständig gewachsen. Dieses Werk ist ein riesiges Gebirgsmassiv mit immer neuen Höhen und weiten Ausblicken. In diesem Werk gibt es auch (wie in jedem Gebirge) Abgründe. Ja, Abgründe, aber keine flachen Stellen! Ich stehe bewundernd vor dieser geistigen Leistung und werde sicherlich noch viele Gipfelbesteigungen versuchen.« Einen guten Eindruck von der Einschätzung des theoretischen Werks Hermann Brochs durch heutige Fachwissenschaftler vermitteln die Beiträge im Abschnitt »Theorie und Kritik« dieses Bandes.

Bei Brochs Gedichten ist es sicherlich nicht so, daß sie jemals eine breite Rezeption erleben werden: Zu viel ist Gelegenheitsdichtung, zu wenig ist hier von Broch ausgefeilt worden. Aber es gibt einige Entdeckungen zu machen. Brochs lyrische Tonlage ist abgestellt auf die Grenzbereiche zwischen Wachen und Traum, zwischen Bewußtsein und Unbewußtem. Zuweilen ist ihm dabei Originelles gelungen, zum Beispiel im Gedicht *Eh ich erwacht* von 1934.

Zu Unrecht vergessen sind Brochs Novellen. Schon seine erste Erzählung überhaupt, die *Methodologische Novelle* von 1917, ist von nicht zu übersehender Modernität. Broch erzählt diese Geschichte nämlich so, daß er das Ende offenläßt und verschiedene Möglichkeiten eines Schlusses bzw. einer Fortsetzung erörtert, ohne sich auf eine der Möglichkeiten festzulegen. Vielmehr überläßt er es dem Leser, sich das Ende auszudenken, d. h., Broch beteiligt den Rezipienten auf produktive Weise am Erzählprozeß. War das damals eine *technische* Neuerung, so bedeutete die wenig später geschriebene Novelle *Ophelia* thematisch einen Fortschritt, denn hier wird der radikale Emanzipationswille einer Frau geschildert. Die Shakespearesche Story von Hamlet und Ophelia wird verkehrt: Eine moderne Ophelia trennt sich von ihrem Hamlet, wodurch Ophelias Leben freier, Hamlets Leben dagegen zerstört wird. Eine ins Tagtraumhafte sublimierte Abenteuergeschichte in tropischen Regionen wird uns in der Erzählung *Esperance* vorgeführt. Nach dem Erscheinen des von mir edierten Broch-Novellenbandes schrieb das ›Times Literary Supplement‹:

Dieser bewundernswerte Erzählband demonstriert Brochs Entwicklung als Novellen-Dichter, zeigt, wie er zwischen den Polen des Abstrakten und Konkreten wechselt und mit Erfolg eine Synthese anstrebt. Deutlich wird in diesen Novellen auch, wie bewußt Broch auf die literarischen und politischen Ereignisse seiner Zeit reagierte. In »Ophelia« z. B. wird auf dichterische Weise die Frage abgehandelt, warum eine emanzipierte Ophelia unseres Jahrhunderts ihren Hamlet verläßt. Und die Seemanns-Geschichte »Esperance« erinnert, was die Kraft ihres erzählerischen Ausdrucks betrifft, zeitweise sowohl an Joseph Conrad als auch an Franz Kafka.

Bei der momentanen Rezeptionskonstellation findet Brochs umfangreiches Buch mit dem Titel *Massenwahntheorie*, an dem er ein ganzes Jahrzehnt lang arbeitete, kaum Beachtung. Man ist geneigt, diesem Werk keine Aktualität zu wünschen, denn die wäre nur gegeben, wenn eine rechtsradikale Massenbewegung – vergleichbar der Hitlerpartei – zur Macht strebte. Brochs *Massenwahntheorie* nämlich ist ohne die Erfahrungen mit dem Nationalsozialismus nicht zu verstehen. Er schrieb das Buch zwischen 1938 und 1948 und analysiert darin den Massenwahn, wie ihn die europäischen Faschisten vorexerziert bzw. initiiert hatten. Darüber hinaus aber – und insofern sollte man das Buch durchaus lesen – geht es Broch darum, Wege aufzuweisen, wie sich eine Demokratie bei aller ihr inhärenten Toleranz und Liberalität davor schützen kann, auf rechtsstaatliche Weise durch Wahlen Diktatoren zur Macht zu verhelfen, Politikern also, die dann, einmal gewählt, eben diese rechtsstaatliche Demokratie zerstören. Daß Brochs *Massenwahntheorie* bislang unbeachtet blieb, hat mit der Tatsache zu tun, daß dieses Buch erst vor wenigen Jahren – im Zuge der neuen Broch-Ausgabe – erstmals vollständig ediert wurde. Was Klaus Amann 1980 in der österreichischen Kulturzeitschrift ›Literatur und Kritik‹ zu Brochs *Massenwahntheorie* schrieb, trifft den Nagel auf den Kopf:

Das Buch enthält eine Fülle von bestürzend hellsichtigen Analysen politischer und historischer Vorgänge und hat als eine der frühen Analysen des Faschismus seine Bedeutung. [...] Es ist nur zu hoffen, daß gerade in einer Zeit, da weltweit politische Strömungen wieder [...] Raum gewinnen, gegen die diese Analysen gerade geschrieben wurden, die verbreitete Lektüre dieses Buches dazu beiträgt, daß sich unsere Erde »nicht noch weiter in ein mit Konzentrationslagern gespicktes Industriegelände« verwandelt.

Zum Schluß sei noch auf die Briefe Brochs hingewiesen, die sich – traut man den zahlreichen positiven Rezensionen – großer Beliebtheit erfreuen. Die alte Broch-Ausgabe der fünfziger Jahre enthielt nur einen Band mit Briefen, d. h. eine sehr kleine Auswahl aus der umfangreichen Korrespondenz. Doch schon bei Erscheinen dieses relativ schmalen Bandes waren Kritiker wie Willy Haas und Gustav Hartung von der Menschlichkeit, Ehrlichkeit und Offenheit der Brochschen Briefe berührt und priesen sie als Dokumente eines großen und weitherzigen Dichters und Philosophen. Anders als Thomas Mann schrieb Broch seine Briefe nicht mit einem Schielen auf den Nachruhm; und anders als Musil oder Brecht erschöpft sich seine Korrespondenz nicht in kurzen, nüchtern-sachlichen Informationen. Broch öffnet sich dem Schreiber, geht auf ihn ein und läßt diesen wiederum auch teilhaben an seinen eigenen persönlichen Sorgen, Fragen und Interessen. Er war ein leidenschaftlicher Briefschreiber, ja ein geradezu korrespondenzbesessener Autor und fragte nicht danach, welche »Bedeutung« oder welchen »Einfluß« der jeweilige Briefpartner hatte, sondern wie ernst und wichtig ihm die Probleme waren, die der Adressat mit ihm diskutieren wollte. Die Geradlinigkeit, der Humor aber auch, die Wortspiele, der Witz, die eingestreuten Anekdoten – all dies macht die Lektüre von Brochs Briefen noch heute zu einem Erlebnis. Zudem sind seine Korrespondenzen häufig erhellende Kommentare zu seinem Werk, und sie spiegeln auch Brochs Entwicklung als Dichter, Kritiker und politischer Denker. Im Rahmen meiner neuen Broch-Ausgabe erschienen 1981 drei umfangreiche Briefbände, die man als eine repräsentative Auswahl aus der großen Korrespondenz bezeichnen kann, und als solche auch aufgenommen worden ist. Von der ›Frankfurter Allgemeinen‹ bis zur ›Presse‹, von der ›Stuttgarter Zeitung‹ bis zum ›Berliner Tagesspiegel‹, vom ›Hamburger Abendblatt‹ bis zu den verschiedenen Rundfunkanstalten war gerade das Echo auf die Briefbände der neuen Broch-Edition außergewöhnlich stark. Nun sind Briefe und Tagebücher, Biographien und Erlebnisberichte derzeit allgemein geschätzte Gattungen bzw. Dokumente. Aber nicht immer kommen solche privaten Äußerungen dem Bedürfnis des Lesers nach Authentizität und Aufschluß über Person und Zeit so entgegen wie im Fall der Briefe Hermann Brochs.

Abschließend sei Thilo Koch zitiert, ein Autor, der 1950 als junger Redakteur des Nordwestdeutschen Rundfunks mit Broch korrespondierte. Damals stellte er als erster Brochs Werk den deutschen Hörern vor. Thilo Koch schrieb 1982 über die neuen Broch-Briefbände:

Wer war Broch, was kann er uns heute sein? Zusammen mit Robert Musil ist er die stärkste literarische Kraft der ersten Jahrhunderthälfte, die aus österreichischem und deutsch-jüdischem Kulturhintergrund vor und nach dem Zweiten Weltkrieg hervortrat. Das Schicksal der Zeit, Vertreibung und Emigration, prägte die Biographie und auch das Werk. Brochs Briefe, die erst jetzt mit einem Umfang von 800 Texten publiziert wurden, sind eine unverstellte Dokumentation dieses Schicksals; die Briefausgabe allein verdient das höchste Lob für Herausgeber und Verlag. Wer in dieser Zeit irgendwo Humanität sucht, bei Broch kann er sie finden – in seinem Leben – in seinem Werk.

Anlage und Struktur des hier vorgelegten Sammelbandes mit neuen Aufsätzen wurden nicht durch die momentane Aktualität bestimmter Werkteile Brochs beeinflußt. Unabhängig von Umfang, Intention und Rezeption wurde jedem dichterischen Werk Brochs ein germanistischer Aufsatz gewidmet und zu den verschiedenen theoretischen und kritischen Arbeiten des Autors von Fachwissenschaftlern jeweils eine Studie beigesteuert. Obgleich der äußere Anlaß dieses Buches der 100. Geburtstag Hermann Brochs am 1. November dieses Jahres ist, ging es nicht darum, den Autor und sein Werk zu ›feiern‹. Verdienst und Schwäche, Aktualität und Zeitverhaftetheit, Relativität und Gültigkeit von Brochs Arbeiten werden auf kritische Weise dargelegt. Nur dadurch kann Brochs Stimme im literarischen, wissenschaftlichen und politischen Diskurs der Gegenwart zu Gehör kommen, und nur so kann ein Fortschritt in der Forschung über den Autor erzielt werden. Von dieser Absicht ließ ich mich auch bei der Publikation von Brochs Lebensbeschreibung leiten, die vor einigen Monaten unter dem Titel *Hermann Broch. Eine Biographie* im selben Verlag erschienen ist.

Im Herbst 1985

P. M. L.

I.
Autoren über Broch

Barbara Frischmuth
Lese-Erinnerungen an Hermann Broch

Mit Hermann *Broch* verbindet mich – geographisch gesehen – ein Ort, nämlich Altaussee. Es ist mein Geburtsort, in dem ich bis zu meinem sechzehnten Lebensjahr so gut wie ständig gelebt habe und in dem ich seit mehr als zehn Jahren wieder die beiden Sommermonate verbringe, in etwa achthundert Meter Seehöhe.

In diesem Ort hatte Hermann Broch sich in den Jahren 1936-38 für viele Monate zurückgezogen, um zu arbeiten. Schändlicherweise mußte er dann auch noch im Nachbarort, dem Markt Bad Aussee, eine Zeitlang im Gemeindekotter einsitzen, da ein Briefträger ihn als Kommunisten denunziert hatte.

Von Jugend an immer wieder mit den Namen jener Schriftsteller konfrontiert, die sich nach Altaussee zum Schreiben oder zur Erholung zurückgezogen hatten – allen voran Hugo von Hofmannsthal und Jakob Wassermann – entwickelte ich rasch so etwas wie eine gefühlsmäßige Mißachtung für sie, da sie einen Ort bevorzugt hatten, der mir damals als zu klein und zu eng erschienen war, als daß etwas so Großes wie Literatur in ihm hätte entstehen können. Der Name Brochs allerdings war damals, in den frühen fünfziger Jahren, auch nur wenig bekannt, eignete sich also nicht fürs fremdenverkehrsmäßige Renommieren, und so erfuhr ich viel später, nämlich erst, als ich Broch zu lesen begann, daß auch er einmal ›dieselbe Luft‹ geatmet hat.

Heute wäre mir Altaussee noch immer zu klein und zu eng, um mein Leben hier und nur hier zu leben, aber ich habe einsehen gelernt, wie sehr dieser Ort Ur-Bild für mich ist und daß ich ihn nie und nimmer abschreiben kann, und das in des Wortes mehrfacher Bedeutung. Er wird mich immer, selbst bis in die tiefsten meiner Tag- und Nachtträume hinein, verfolgen, wobei mein jährliches Mich-stellen höchstens als Linderung, nicht aber als Stillen des stets sich erneuernden Beziehungsschmerzes zu sehen ist.

Trotzdem oder gerade deshalb fühlte ich mich dann doch persönlich betroffen, ja geradezu gemeint, als ich in einem Brief Brochs an Ruth Norden vom 21.11.1937 folgende Bemerkung fand: »Bedauerlicherweise mag ich die hiesige Gegend nicht; sie ist von einer unmoralischen Lieblichkeit, ich wollte, ich wäre schon wieder in Tirol ...« (KW 13/1, S. 472), und das, nachdem ihm die Vorfreude offenbar sehr viel mehr versprochen hatte, denn in einem Brief an Ludwig von Ficker vom 3. 10. 1936 aus Altaussee hieß es noch: »Nun aber haben mir Freunde hier ihr über den Winter leerstehendes Haus zur Verfügung gestellt, und wenn sich dessen Heizbarkeit erweisen sollte, so werde ich wohl auch bleiben. Außerhalb der Saison ist es ja im Salzkammergut ganz unsagbar schön« (KW 13/1, S. 428). Inzwischen bin ich oft an jenem Haus vorübergegangen, in dem Broch damals eben doch geheizt hat; es bildet die Spitze eines Hang-Dreiecks, an dessen beiden Fußpunkten Charles Wassermann, der Sohn von Jakob Wassermann, und Friedrich Torberg, der eine siebenundzwanzig Jahre lang, der andere mehrere Sommer hindurch, gelebt haben. Und wenn ich dann an dem Punkt, von dem aus auch Broch den freiesten Blick auf die Trisselwand hatte, für einen Augenblick stehenbleibe, trifft es mich noch immer wie der Nachhall einer leisen Kränkung, sich gründend auf jenem primitiven Selbstverständnis, nur man selber hätte das Vorrecht zu schimpfen. Daß sich allerdings ein Gefühl wie dieses im Zusammenhang mit Broch überhaupt in mein Bewußtsein stehlen kann, hat wohl noch einen anderen Grund, nämlich meine Enttäuschung, ja mein Beleidigtsein, als ich herausfand, daß *Die Verzauberung* sicher nichts mit Altaussee als Schauplatz zu tun hat, obgleich Broch auch hier an einer seiner vielen Fassungen gearbeitet hat, wie aus den Briefen hervorgeht. Dabei hatte ich so viele Spuren, Szenerien, ja sogar Figuren zu erkennen geglaubt, die ich als Anregung oder Zugrundeliegendes zu identifizieren vermeinte. Aber in diesem Zusammenhang geschieht mir nur recht, wo ich mich doch selber gegen Vexierspiele dieser Art, sobald es um meine Literatur geht, sträube. Doch scheint es notwendig so zu kommen, denn schließlich ist man ein Leben lang beides: Autor und Leser. Soviel zu dem geographischen Detail, das mich mit Hermann Broch verbindet. Daß es nur ein Detail ist, hat mir dieser Sommer aufs deutlichste bewiesen.

Es gibt Bücher, die man irgendwann zwischen zwanzig und fünfundzwanzig in die Hände bekommt – welcher Zufall sich da als Schicksal aufgespielt hat, ist nicht mehr erinnerlich – und verschlingt. Sie sind einem sozusagen unter die Haut gegangen, ohne daß der Verstand auf erkennbare Weise dagegengearbeitet hätte, und dort, nämlich unter der Haut, verkapseln sie sich zu einer Art Ablagerung, dermaßen organisch eingewachsen, daß man, gefragt nach einer halbwegs präzisen Inhaltsangabe, betreten feststellen müßte, man könne sie nicht geben. Und hinterhältig wie die Erinnerung, zumindest meine, sich gebärdet, stellt sie einem gleichzeitig die genauen Umstände einer Bahnfahrt von Salzburg nach Graz im Frühsommer 1962 zur Verfügung, sowie das damals stattfindende Gespräch mit einer Ethnographin über die Figur der Mutter Gisson mitsamt der erfolgten Hin- und Widerrede, und das so gut wie im gesamten Wortlaut. Oder, um noch ein Beispiel für die erwähnte Heimtücke zu geben, man erinnert sich spontan an die literarische Gier, mit der man, im Sommer 1963, auf einem Betonmäuerchen im Strandbad von Debrecen liegend, einige Kapitel aus *Der Tod des Vergil* gelesen hat, während aus dem Lautsprecher in kalkulierbaren Abständen ›Come on let's twist again‹ ertönte. Gegen diese Infamien des Gedächtnisses gibt es jedoch ein heilsames Mittel, nämlich wieder lesen, was sich in diesem Fall als Roßkur erwiesen hat, die mich in alle Nöte der Bekanntschaftserneuerung gestürzt hat, vom staunenden ›aha‹ bis zum geradezu physischen Erschrecken. Der Roman, den ich seinerzeit als *Der Versucher* und nun als *Die Verzauberung* wiedergelesen habe, gehört für mich zu jenen Büchern, von denen man – gäbe es so etwas – zu sagen wagte, sie sind einem eingeboren, wie eine bestimmte Landschaft; gerade deshalb schreibt man wohl ein Leben lang gegen sie an. Und das wäre vielleicht gar nicht zum Erschrecken, wenn man nicht eines Tages draufkäme, und sich dann eine Reihe von unangenehmen Fragen zu stellen hätte. Schon der zweite Satz des Vorwortes ist einer, der mich in verzweiflungsvolles Stocken geraten läßt: »Wer am Ufer des Meeres wohnt, vermag unter all seinen Gedanken kaum einen einzigen zu denken, in dem das Meer nicht mitgedacht wäre, und nicht anders verhält es sich für den, der sich am Ufer der großen Berge angesiedelt hat: alles was an seine Sinne dringt, jeder Ton, jede Farbe, jeder Vogelruf und jeder Sonnenstrahl, alles ist Echo der großen schweigenden Masse des ruhenden Berges, dessen Falten vom Licht entzündet, von den Farben gemalt, von den Tönen umspült werden –, muß da der Mensch, er selber in seiner Seele immer nur wieder Vogelruf, Farbe und Sonnenstrahl und Nacht, muß er da nicht gleichfalls zum immerwährenden Echo jenes gewaltigen Schweigens werden? mitklingendes und widerklingendes Instrument, auf dem das Schweigen spielt?« (KW 3, S. 9)

Nein, sage ich, er muß nicht, ich habe mir nie viel aus den Bergen gemacht, vielleicht weil sie hier anders sind, keine große schweigende Masse, sondern höchst charakteristisch voneinander unterschieden, der Loser, die Trisselwand, der Tressenstein, der Dachstein, der Sarstein, der Sandling. Vielleicht doch zu lieblich, von unmoralischer Lieblichkeit? Aber was macht diesen Ort denn aus, in dessen Netz ich seit meiner Geburt hänge? Was gibt ihm sein unverwechselbares Aussehen? Doch nicht der See, zu dem ich eine viel engere Beziehung zu haben glaube? Seen ähneln einander ungemein, eine Fläche Wasser. Würde ich den See überhaupt wiedererkennen können, ohne die Berge, die ihn bis auf das dem Dorf zugekehrte Stückchen Ufer ganz fest umschließen? Was sehe ich denn in meinen Träumen, was mich den Ort als *den* Ort wiedererkennen läßt? Den Loser, die Trisselwand . . . Ist es also doch zum Schämen? Was soll denn dieses leicht hingesagte ›aus den Bergen habe ich mir nie viel gemacht‹, bloß weil ich selten hinaufsteige? Ist denn der Berg überhaupt der Berg, wenn ich auf ihm stehe? Ich weiß, daß es der Loser ist, aber ich sehe ihn nicht, höchstens die Alm um mich, und Almen sind sich ziemlich gleich, dieselbe Vegetation, ähnliche Schutzhütten und Bergrestaurants. Wenn ich auf dem Loser stehe, ist der Dachstein der Berg, nämlich der Berg, den ich noch immer als Berg sehe. Schon die Trisselwand kommt mir komisch vor, so auf gleicher Höhe mit ihrer Stirnseite, das heißt, ich kann fast schon auf sie herabschauen, wo bleibt da mein Begriff vom ›Berg‹?

Und ich lese und stocke und lese und stocke. Ich bilde mir ein, diese österreichischen Alpengegenden zu kennen, warum ist mir nie eingefallen, von einer Knüttelbrücke zu schreiben, obgleich ich über viele gestolpert bin als Kind? Oder von jenem ewig brodelnden Suppentopf auf dem Herd, dessen Dunst die Küchen verdüstert? Manchmal habe ich ein Gefühl wie beim Anhören von Intimitäten, weil sich mir zu Vertrautes vor meinem Schreiben versteckt hat; habe ich noch immer nicht genau genug hingeschaut? Wenn da bei Broch alle um den Tisch herum in dem braunroten Wasser rühren, das von ferneher nach Tee schmeckt – ich spüre es auf der Zunge, bis zum Überborden mit Erinnerung getränkt – nachdem Irmgard einem jeden »ein großes Gefäß, Schale konnte man dies nicht nennen« (KW 3, S. 29), hingestellt

hatte. Und beinahe gehässig taucht es aus den unteren Dialekt-
schichten meines Sprachgebrauchs auf: ›Häferl‹ heißt das, Broch,
oder meinetwegen ›Hafen‹, soll sein, in Tirol.

Und kurz davor war von Klößen die Rede gewesen und ein
Bauer sagt »mal«. Mein Gott, nicht einmal in Schwaben würde
man sich dazu versteigen, einen Knödel nicht Knödel zu nennen.
Und erst in Tirol oder wenn, dann nur auf der Speisekarte in
einem Autobahnrestaurant.

Jeder, der auch nur den geringsten Zugang zum Werk Brochs
hat, muß mich jetzt kleinlich schelten. Und das bin ich auch,
kleinlich bis ins Kleinste, weil ich mich bis ins Kleinste damit
auseinandersetzen muß, um aushalten zu können, was da einer
aus ›meinem Material‹ Großartiges gemacht hat.

Noch habe ich gezögert, zur Hauptsache zu kommen, zu dem,
was für mich der Angelpunkt des Brochschen Werkes ist, in den
auch ich mich eingespannt fühle, nämlich zum Mythischen. In
der ganzen Mythos-Diskussion der letzten Jahre habe ich den
Bezug auf Broch vermißt, der so viel dazu zu sagen hatte. Ein
Beispiel aus *Geist und Zeitgeist*: »Was vermag im Raume der
Phantasie dem Kriege die Waage zu halten? Welches Thema ist
groß genug, daß es neben ihm bestehen kann? Welches Wort kann
sich mit dem Tod messen, welches so viel Trost spenden, daß es
gegen die tiefste Verzweiflung des Herzens gehalten werden kann?
Es ist nur der Mythos des menschlichen Seins schlechthin, der
Mythos der Natur und ihrer menschlich-göttlichen Phänomena-
lität. Gäbe es diesen [neuen] Mythos, er wäre nicht nur die
Rettung der Dichtung und ihrer Ewigkeitsgeltung, er wäre ein
Zeichen der Gnade, er wäre ein Zeichen des Trostes.« (KW 9/2,
S. 196-197) Und neben diesem sehnsüchtig erwarteten neuen Mythos steht bei Broch die erwartete Wiedergewinnung der religiösen Haltung in ihrer ganzen gemeinschaftsbindenden Strenge und
ihrer ganzen ideellen Einheitlichkeit.

Brochs Anspruch an den Roman, die Seinsrealität in ihrer ganzen
Totalität zu erfassen, konnte – und ich meine kann – nicht erfüllt
werden. Dennoch hat dieser Anspruch und die Anstrengung, die
Broch unternahm ihn einzulösen, wobei er um das Scheiternmüs-
sen wußte, eine dermaßen erschütternde Wirkung, daß sie einem
– bezogen auf das eigene Werk – schier den Atem nehmen könnte,
versuchte man nicht, sich ihr mit dem gegebenen Recht der Nach-
geborenen, auf die Realität der eigenen Zeit auf die eigene Weise

zu antworten, zu entziehen.

Broch wußte, daß weder Joyce, noch Thomas Mann, noch er selbst in der Lage waren, diesen neuen Mythos zu schaffen, am ehesten sah er dazu noch einen Ansatz bei Kafka, aber schon die Wiedererweckung der mythischen Urbilder zu neuer Verbindlichkeit für die Menschen war ihm ein gehbarer Weg. Und auch er sah diesen Weg schließlich beim Komischen ankommen: »... und fast ist es, als hätten alle alten Wertbindungen tatsächlich erst zu Ende gelebt werden müssen, damit aus dem Zerfall des Pathetischen das Komische [...] entstehen konnte.« (*James Joyce und die Gegenwart*, KW 9/1, S. 89)

Es gibt aber auch noch ein anderes Lachen bei Broch, ein weniger liebsames, auf das er hinweist: »Der Mensch als solcher ist das Problem unserer Zeit; die menschlichen Probleme aber verschwinden, ja sie sind schier unerlaubt, moralisch unerlaubt geworden. Die persönlichen Belange des Individuums sind Anlaß des Gelächters der Götter, und die Götter haben recht in ihrer Mitleidslosigkeit. Der Einzelmensch ist zum Nichts herabgesunken, aber die Menschheit als Ganzes vermag den Göttern und selbst dem Schicksal die Stirn zu bieten.« (KW 9/2, S. 231)

Wir sind heute weiter denn je von dieser »Menschheit als Ganzes« entfernt. Der Riß zwischen den Geschlechtern, der erst durch die feministische Bewegung in seiner ganzen Abgründigkeit deutlich gemacht wurde, war auch durch die mythische Figur einer Mutter Gisson nicht mehr zusammenzuhalten. Was Broch im Jahre 1934 mit großer Berechtigung in *Geist und Zeitgeist* für das mindere, das abzutuende Problem gehalten hat, wenn er sagt: »Was bedeutet heute noch Eheproblem? was bedeutet es, sexuelle, soziale oder sonstwelche private Angelegenheiten literarisch zu behandeln? Nichts und aber nichts! Welch Katzenjammer!« (KW 9/2, S. 196) ist erst in unserer Zeit auf eine für Broch nicht vorhersehbare Weise in seiner ganzen Ungelöstheit zum Ausbruch gekommen, wobei die Frage nach dem ›sub specie aeternitatis‹ in einer so ewigkeitsverlustigen und bedrohten Welt vielleicht auch schon anders gestellt werden müßte.

Gerade jener Abstraktionismus, der für Broch ein Merkmal des beinah alles vermögenden Altersstils war, konnte wohl auch den Blick ein wenig trüben für das, was Broch noch für eine private Angelegenheit gehalten hat.

Mutter Gisson, so imponierend sie einem auch erscheinen mag, ist weiter vom neuen Mythos entfernt als ihr mythisches Vorbild. Sie ist eine Redefigur, die, auch wenn sie sich bemüht, eine alpenländische Demeter zu sein, ihren Autor denunziert durch die Figur des an sie geketteten Sohnes, der, beinah vierzigjährig, sich erst nach ihrem Tod eine ›gute Frau‹ suchen darf. (Auch wenn Broch da den Zagreus-Verkörperungen der Orphik folgt, trotzdem!)

Gerade Broch, der unbestechliche Broch, ist bei seinen Frauenfiguren einer alten, aber nicht mehr fraglos hinzunehmenden Sehnsucht unterlegen, die sich in *Die Unbekannte Größe* wie folgt artikuliert: »Eine wirkliche Frau hingegen mußte aus der Nacht geboren sein, aus der Nacht plötzlich auftauchend, geschlossenen Auges wie die Nacht selber, auf daß man in sie *versinken* könne, hineinstürzen wie in die Schwärze des Nachthimmels.« (KW 2, S. 20)

Jene Frauen, die die Rolle des Gefäßes, dieses mythischen Gefäßes nicht annehmen wollen oder dürfen, enden im Selbstmord, wie die Kinderärztin Barbara, zu der der Erzähler in *Die Verzauberung* sagt: »Sie sind eine ausgezeichnete Ärztin, Doctor Barbara, aber Sie wären eine noch bessere Mutter« (KW 3, S. 189), oder wie die Melitta in *Die Schuldlosen*. Die Agathe aber aus *Die Verzauberung* kriegt ihr Kind, und mehr ist von ihr weder zu erwarten noch zu berichten.

Was waren dagegen Gaia, Demeter, Pallas Athene für Gestalten ... Der Mythos des Gebärens hat in einer Zeit der drohenden Überbevölkerung und der möglich gewordenen Zerstörung allen Lebens etwas an Glanz verloren. Die Unterwelt aber, aus der eine neue Demeter ihr Kind holen müßte, ist die Resignation, jener gefühlsmäßige Scheintod, das nicht gelebte Leben ... Und jetzt bin ich genau da, wohin ich diesmal gar nicht kommen wollte, und wohin gerade Broch mich immer wieder treibt, im eigenen Schreiben. Vollgesogen mit seinen Gedanken, beinah selbst in Gefahr, zu jenem weiblichen Gefäß zu werden, wenn ich nicht wieder und wieder den Versuch unternehme, gegen ihn anzuschreiben. Nicht weil ich aus Vermessenheit mich mit ihm messen wollte – was bei der Unterschiedlichkeit der Mittel auch gar nicht möglich wäre –, sondern weil selbst ein Gigant des Geistes wie Broch die Seinstotalität nicht zur Gänze erfassen konnte. Und dafür danke ich ihm oder dem Schicksal oder jenem unbekannten Gott, zu dem es in *Die Schuldlosen* heißt:

Schütze deine Erkenntnis!
Versuche nicht dich zu nähern. Willst du den Abstand verkleinern,
so vergrößere ihn freiwillig, und freiwillig verkrieche dich
in Zerknirschung, in die Annäherungslosigkeit deines Selbst,
dort allein bist du ebenbildhaft. (KW 5, S. 242 f.)

Und so werde ich vielleicht, freiwillig den Abstand vergrößernd,
in den nächsten Jahren *meine* Demeter schreiben.

Milan Kundera

Das Vermächtnis von Brochs *Schlafwandlern*

I

Man hat mich und meine Bücher immer wieder mit dem vereinfachenden Etikett »Ostdissident« belegt; ich habe mich dagegen gewehrt und mich als »Überlebenden der letzten Generation der großen mitteleuropäischen Kultur« bezeichnet. Woran dachte ich? An die Musik von Bartók? An Prag, die Wiege des Strukturalismus? An die kleine mährische Stadt (ich kenne ihre Straßen auswendig), wo Husserl geboren ist, oder an jene nicht weit davon entfernte, wo Freud zur Welt kam? Vielleicht an all das. Aber vor allem dachte ich an den Roman.

Frankreich hat die Geschichte des Romans ohne Unterbrechung länger als ein Jahrhundert beherrscht. Nach dem Tod von Proust zieht es sich langsam zurück, nicht ohne in den dreißiger Jahren die berühmte Formel vom »Zeitalter des amerikanischen Romans« (Hemingway, Faulkner, Dos Passos) zu verbreiten. Niemand hat sich Rechenschaft gegeben, daß fünfzehn Jahre vor Hemingway eine andere Initiative (von noch stärkerem und dauerhafterem Einfluß) ins Leben gerufen worden war, eine unbemerkte, die es mir heute rückblickend gestatten könnte, von einem »Zeitalter des mitteleuropäischen Romans« zu sprechen.

Vier große Romane, zwei davon entstanden in Prag, die andern zwei in Wien, haben, scheint mir, die Richtung des Romans nach Proust vorweggenommen und bestimmt: *Das Schloß* von Kafka (1926), *Der brave Soldat Schwejk* von Hašek (1923), die Trilogie *Der Schlafwandler* von Broch (1932) und *Der Mann ohne Eigenschaften* von Musil (1930-1933).

2

Der erste Weltkrieg hat einen für Europa, seine Kultur, sein Überleben fatalen, noch lange nicht abgeschlossenen Prozeß eingeleitet. Die kleinen, äußerst verletzlichen Nationen Mitteleuropas haben es vor den andern gespürt. Die Geschichte erhob sich vor ihnen wie ein unerbittliches, unerklärliches Ungeheuer, gegen das der menschliche Wille nichts ausrichten konnte. Die grandiose Überzeugung, auf der die Moderne basierte, sah sich ohne weiteres in Frage gestellt: Ist der Mensch wirklich, wie Descartes glaubte, »Herr und Besitzer der Natur«? Wurde nicht eher er besessen? (Aber von welchem Besitzer, wenn Gott tot ist?)

Wenn die Welt sich ändert, ändert sich auch die Art, wie der Roman die Welt befragt. Proust (mit Joyce) hinterließ uns die unvergleichliche Entdeckung des unendlichen Innern des Individuums, die Welt seiner Erinnerung. Dagegen treten Esch und Huguenau (zwei Haupthelden der *Schlafwandler*), beide an die Dreißig, auf, ohne daß wir etwas über die »Welt ihrer Erinnerung«, das heißt über ihr vergangenes Leben, erfahren, sowenig wir über das von K. oder Schwejk erfahren.

»Genug Psychologie«, notierte Kafka. »Erkenntnistheoretischer Roman anstelle des psychologischen Romans«, war die Devise von Broch. Diese Richtungsänderung bedeutet nicht, daß die Psychologie in einem Roman keinen Platz hat oder ohne Interesse ist, sondern daß sie nicht mehr die vorrangige Frage darstellt, die der Roman an die Welt richtet.

Die großen mitteleuropäischen Romanciers fragen sich: Welches sind die Möglichkeiten des Menschen in der zur Falle gewordenen Welt? Oder, konkreter, Kafka: Welches sind die Möglichkeiten des Menschen in einer bürokratisierten Welt, in der kein Privatleben mehr existiert und der Landvermesser selbst beim Beischlaf überwacht wird? Und Broch: Welches sind die Möglichkeiten des Menschen in einer Epoche, die Schritt für Schritt hinabsteigt auf der Stufenleiter des Verfalls?

3

Diesen Niedergang – er nennt ihn »Zerfall der Werte« – unterteilt Broch in drei Stufen, die den drei Bänden seiner Trilogie entsprechen: die erste Stufe (1888 angesiedelt) trägt den Namen »Romantik«; die zweite (1903 datiert) »Anarchie«; die dritte (1918) »Sachlichkeit«.

Pasenow ist der Protagonist dessen, was Broch »Romantik« nennt: ein Konservativer, der hoffnungslos an den überholten und in Verruf geratenen, aber immer noch verständlichen Werten hängt, an Frömmigkeit, Disziplin, Ehre, Familie und Vaterland.

Esch ist der Protagonist der »Anarchie«: Er wünscht sich Werte, aber er weiß sie nicht zu erkennen. Wie auf einem Maskenball sind sie verhüllt. Er jagt ihnen dennoch nach, stets enttäuscht, stets betrogen von ihren maskierten Gesichtern.

Der letzte Protagonist ist Huguenau: gewöhnt an die Abwesenheit der Werte, verlangt es ihn nicht mehr nach ihnen.

4

Pasenow, Esch, Huguenau: drei Möglichkeiten des zum Untergang verurteilten Menschen. Esch fasziniert mich am meisten. Die Welt der Werte, die sich seiner Erfahrung entzieht, hat in ihm dennoch eine unauslöschliche Spur hinterlassen: den *Archetypus des Werts* – eine leere Form, die wütend und ungeduldig nach dem verlorenen Inhalt sucht.

Esch ist empört über das Schicksal eines Gewerkschaftlers, den man ins Gefängnis gesteckt hat. Aus Drang nach Gerechtigkeit (einem der verborgenen Werte) denunziert er einen Industriellen wegen Homosexualität bei der Polizei, weil sein magisches Denken in ihm das Symbol des Bösen sieht. Ein andermal wünscht er sich aus demselben Drang, nach Amerika auszuwandern, um ein Land, sein Land, hinter sich zu lassen, wo es »keine Ordnung gibt«.

Letztlich kann, da *alle* Werte verborgen sind, *alles* als Wert erscheinen (die Gewerkschaft, die Polizei, Amerika), und Esch läßt sich hin- und herreißen zwischen progressivem und reaktionärem Fanatismus, zwischen der Sympathie für die Heilsarmee und der für die Pornographie. Seine gewalttätige und wirre Suche nennt Broch Anarchie.

Das ist kein politischer, sondern ein anthropologischer Begriff: er bezeichnet eine Situation des Menschen gegenüber einer Welt, in der die Werte nicht mehr gelten, in der sie ihre *arché* verloren haben. Unter diesen Bedingungen kommt das große Paradox von Broch zustande: der Mensch kann sich viel auf seine Vernunft, auf seinen Pragmatismus, ja auf seinen Zynismus einbilden, er ist gefangen im *Räderwerk des Irrationalen*. Im Raum der verborgenen Werte (in der Welt von Esch) schlägt der Drang nach Gerechtigkeit um in mörderische und blinde Gewalt und wird leicht manipulierbar vom Zynismus der politischen Kirchen. Aber dieser Zynismus (die Welt von Huguenau) hat gleichfalls nichts Rationales; er ist lediglich ein der Macht beraubter Wille, anders gesagt:

das reinste Irrationale.

Die Lektüre von Broch erschien mir stets, wie die von Kafka, als eine nicht überbietbare Vorausschau.

5

Obwohl seine Sicht der Dinge offenkundig neu ist, entspricht Broch nicht dem gängigen Bild dessen, was man Modernität nennt. Er hat sie nie in der äußersten Subjektivierung des Romans gesehen. Er hat es nicht für eine unnütze Anstrengung gehalten, die Welt verstehen zu wollen, die außerhalb des Ichs liegt. Er war überzeugt, daß Modernität nicht allein aus der großtuerischen Negation der vorhergehenden Entwicklungsphase besteht, sondern aus der Entdeckung eines bis dahin unbekannten Teils des Seins.

Für seine Werke hat er oft die Begriffe »erkenntnistheoretischer« oder »polyhistorischer Roman« verwandt. Der Roman ist für ihn also allererst ein Erkenntnisakt. Den Begriff »polyhistorisch« verstand Broch dabei nicht im Sinn eines Balzac oder Zola: die gesellschaftliche Totalität zu erfassen. Das Unternehmen von Joyce war ihm gewiß näher: die Totalität aller Techniken und Stile des Romans zur Anwendung zu bringen. Aber sein Programm sah noch anders aus. Ich würde es so formulieren: Weder die Dichtung noch die Philosophie noch die Humanwissenschaften sind in der Lage, den Roman zu integrieren, wohl aber ist der Roman imstande, die Dichtung, die Philosophie und die Humanwissenschaften zu integrieren. Im Roman liegt die Chance einer übergeordneten *intellektuellen Synthese*.

Nie vor den *Schlafwandlern* (und vor dem *Mann ohne Eigenschaften*) hat sich der Roman mit einer solchen Ambition befrachtet, nie hat er einen solchen Platz innerhalb der Kultur beansprucht.

6

Ulysses von James Joyce endet mit dem berühmten inneren Monolog, einer Röntgenaufnahme des Bewußtseins von Mrs. Bloom im Augenblick, wo ihr Gatte in ihr Bett schlüpft.

Wenn Frau Hentjen mit Esch schläft, installiert Broch kein Mikrophon, um ihre verborgenen Gedanken aufzuzeichnen.

Wozu eigentlich? Weiß dieses arme Geschöpf überhaupt, was wirklich in und mit ihm geschieht? Nicht etwa ein ›Mikro-Spion‹ teilt es uns mit, sondern ein langer konzentrierter Blick des Autors, der nicht etwa darauf aus ist, die verborgenen Gedanken der Person ›abzuhören‹, sondern den verborgenen Sinn dessen zu erfassen, was da geschieht.

Wenn sie zusammen schlafen, wird Esch »von tiefer Stummheit [...] umfangen, und sie läßt an dieser Stummheit nicht rütteln, mag er sogar dieses ungefüge Schweigen für Blödheit oder Plumpheit nehmen. In der Stummheit zerbricht die Scham, denn das Wort erst hat die Scham geschaffen. Was sie erlebt, ist nicht Lust sondern Befreiung von der Scham« (KW 1, S. 292). Zwischen dem Bett von Mrs. Bloom und dem von Frau Hentjen liegt der Übergang zwischen zwei Ästhetiken: der Übergang von der Psychologie zur Phänomenologie, vom inneren Monolog zur Betrachtung des »Wesens« der Dinge. Was ist der Liebesakt von Frau Hentjen? Broch sagt uns: keine körperliche Lust, sondern die Aufhebung der Scham. Eine scheinbar einfache Definition, aber das Ergebnis langer Reflexion. Nichts bei Broch ist bloß beschrieben, bloß erzählt, alles ist *gedacht*. Anders gesagt: alles (auch eine Beschreibung, auch eine Erzählung) ist eine Form der Reflexion.

7

Das könnte uns an *Der Ekel* oder *Das Sein und das Nichts* erinnern, fünf, zehn Jahre später erschienene Schriften. Sartres bewunderungswürdige phänomenologische Beschreibungen sind Broch minus Dichtung. Broch war weit entfernt von Sartres ästetischem Asketismus.

Dennoch gibt es wenige Schriftsteller, die der Schönheit und ihrer gefährlichen Leichtigkeit mehr mißtrauen. Er hat es soundsooft gesagt. Aber man muß den Sinn dieser Parteinahme verstehen. Was Broch in der Kunst verachtet, ist die Schönheit *außerhalb des Erkenntnisaktes*. Im Gegenzug gewinnt sein durchdringender Blick dem »Wesen« der Dinge stets Schönheit ab; es ist die nicht gesuchte Schönheit des Ungewöhnlichen, des Ungesagten. Ein anderer Satz aus der Beschreibung des Beischlafs von Frau Hentjen: »Nun hat sich ihr Mund an seinen suchenden gepreßt wie die Schnauze eines Tieres an eine Glasscheibe, und Esch war voll Wut, daß sie ihre Seele, damit er ihrer nicht habhaft

werde, hinter den zusammengebissenen Zähnen gefangen hielt.«
(KW 1, S. 286)

Die Schönheit dieser Metapher liegt in der Erleuchtung, die das
plötzlich enthüllte Wesen einer Situation auslöst. Broch ist der
größte Phänomenologe des Romans und der größte Dichter der
Phänomenologie.

8

Ich erlaube mir, sehr persönlich zu werden: der letzte Band der
Schlafwandler, der ambitionierteste, wo der Wunsch nach intellektueller Synthese am weitesten getrieben ist, schien mir nie ganz
gelungen:
– Broch ist weniger Musiker als vielmehr Dichter und Denker;
  anders gesagt: die verschiedenen Bestandteile (Vers, Erzählung,
  Aphorismen, Reportage, Essay) bleiben eher nebeneinander und
  wachsen nicht zu einer »polyphonischen« Einheit zusammen;
– der hervorragende Essay über den Zerfall der Werte kann,
  obwohl er als Text einer Romanfigur präsentiert wird, leicht
  als Statement des Autors, als Wahrheit, als Résumé des Romans
  aufgefaßt werden und so die unabdingbare Relativität innerhalb
  des Romans durchbrechen;
– die »polyhistorische« Absicht erfordert eine Technik der El-
  lipse, die Broch (wie Musil) nicht oft gefunden hat; die architektonische Klarheit leidet darunter.
Alle großen Werke haben (gerade weil sie groß sind) etwas Unvollendetes. Broch hat mich nicht nur durch das, was ihm gelungen ist, sondern auch durch das, was er anvisiert hat, ohne es zu
erreichen, inspiriert. Das Unausgeführte an seinem Werk hat mich
die Notwendigkeit begreifen lassen: 1. einer neuen Kunst des
Kontrapunkts im Roman (geeignet, Philosophie, Erzählung und
Traum in eine einzige musikalische Form zusammenzufassen); 2.
einer neuen Kunst der radikalen Verknappung (die es erlaubt, die
schwindelnde Komplexität der modernen Welt zu erfassen, ohne
die architektonische Klarheit zu verlieren); 3. einer Kunst des
spezifischen Romanessays (der nicht den Eindruck einer apodik-
tischen Botschaft macht, sondern hypothetisch, spielerisch und
ironisch bleibt).

9

Die Geschichte hat Mitteleuropa zerstört. Der große mitteleuropäische Roman hat die Geschichte entthront.

Hašek hat sie als eine absolute Bedeutungslosigkeit dargestellt. Musil hat sie als ein verstecktes Tier gesehen, das zum Sprung auf die ahnungslose Welt ansetzt. Broch hat sie enthüllt als Räderwerk des Irrationalen. Kafka hat ihr Ende angekündigt, das Ende der Moderne: der Mensch der Natur und sich selber entfremdet. Camus' berühmte Polemik gegen die Geschichte (die sich zum Gott und Richter aufgeworfen hat) haben diese Romanciers um zwanzig, dreißig Jahre vorweggenommen. Ihr Werk bildet den großartigen Gegensatz zu den lyrischen Illusionen, zur Revolutionseschatologie, die in Europa Politik sowie Kunst (namentlich die der Avantgarde) so nachhaltig geprägt haben.

Auf diese antilyrische Gegenströmung berufe ich mich (gegen einen Eluard, gegen einen Neruda); auf das Erbe von Broch im besonderen, auch noch aus einem anderen Grund: er hat (gegen einen Orwell, gegen einen Sinowjew) gezeigt, daß die antilyrische (skeptische, entmystifizierende) Haltung einen Romancier nicht der höchsten ästhetischen Aspirationen, anders gesagt: der Dichtung entbindet.

(Aus dem Französischen von Andres Müry. Auf Deutsch erstmals in: suhrkamp theaterblatt Nr. 7/Februar 1983; auf Französisch erstmals in: Le Nouvel Observateur v. 9. April 1982 unter dem Titel *Le testament des somnambules*).

Silvio Blatter

»Goldmachen, Goldfinden, das ist eins«
Assoziationen beim Wiederlesen
von Brochs *Verzauberung*

Vorwort

»Der Schnee liegt auf den Ästen des Fichtenwaldes draußen, er liegt in meinem Garten, er sitzt in den Felsritzen der Kuppronwand; Garten und Wald sehe ich, wenn ich zum Fenster hinausblicke, die Kuppronwand, an deren Abhang mein Haus liegt, kann ich nicht sehen« (KW 3, S. 9).

Man schlägt ein Buch auf und hat eine Tür aufgestoßen. Man tritt mit den Wörtern ein in ein Haus und wird heimisch in den Sätzen. Manchmal ist das *eins*: Lesen und Glück.

Winter war in Amsterdam. Ich arbeitete an meinem Roman *Zunehmendes Heimweh* und weiß gar nicht mehr, wie das Buch *Die Verzauberung* in meine Hände geriet. Es könnte der Titel gewesen sein, der mich bewog, mir das Buch zu beschaffen. Aber das wäre eine zu einfache Erklärung. Etwas in mir war bereit für diesen Roman, und so habe ich ihn gefunden. Man findet, was man braucht, oder etwa nicht?

Es war Winter und kalt, Januar 1976, ich hatte Zeit. Ich nahm mir Zeit. Ich las *Die Verzauberung* und vergaß die Zeit. Ich verschwand in dem Buch so seltsam unheimlich und zart, wie nur ein Leser in einem Roman verschwinden kann. In einem Roman, für den er später den Ausdruck »Lieblingsbuch« verwenden wird.

I

»Vielleicht wäre es richtiger, mit meiner Kindheit zu beginnen« (S. 13).

Es sind solche Sätze, die mich packen und mitnehmen. Ich meine das auch wörtlich, ich fühle mich geschüttelt und davongenommen auf einem Gefährt. Im Stuhl sitze ich lesend und fahre ab. Als Leser bin ich ein Reisender. Immer unterwegs. Das ist das Schöne. Ich bin mitgenommen – also dabei. In einer Geschichte, in einer Sprache, in einer Welt, die manchmal wie eine Erinnerung ist an ein einmal gelebtes Leben – oder an ein dereinst zu lebendes, eine Vorauserinnerung ...

Erinnerung, meint Broch, hebe das eine oder andere heraus, und sie treffe damit das Leben und das Sterben zugleich, sie erfasse einen einzigen Augenblick, der an sich vielleicht gar nicht bedeutsam sei. Aber eben: sie trifft in diesem Augenblick das Leben und Sterben zugleich. Zugleich Leben und Sterben stutzte ich Leser und –

»In der Dorfstraße traf ich den Fremden.« (S. 14)

»... und so sauber und kühl die Luft hier auch roch, sie war doch wie eine frische und große Wunde.« (S. 15)

II

»Alles war vergessen, der Schnee hatte es zugedeckt« (S. 22).

Doch da ist einer, der nicht vergessen will. Ein alternder Landarzt, so stellt er sich vor. Er setzt sich hin, er schreibt auf. Er hat Zeit, er nimmt sich Zeit, ein Tagebuch entsteht – ja, eigentlich hätte er auch mit der Kindheit beginnen können, in der ein großes Stadthaus steht mit einer Stiegenhalle, von deren oberstem Stockwerk ein Junge hinunterspäht in den hallenden und kühlen Abgrund.

Um Abgründe geht es in diesem Roman, um Abgründiges: In ihren besten, in den erzählerischen Passagen besitzt *Die Verzauberung* den Sog eines schwarzen Lochs.

Aber der Erzähler will sich an »jenen« Märztag erinnern, obwohl er sich gewiß nicht wesentlich von anderen Tagen unterschied und der trotzdem voll innerer Bedeutsamkeit gewesen ist.

Ein Fremder ist nämlich ins Dorf gekommen. Dieser Marius Ratti. Die Bierfahrer haben ihn mitgebracht. Den Mittellosen, den Wanderer mit dem schon lange nicht mehr rasierten Stoppelbart; auch hängt ihm ein Gallierschnurrbart über die Mundwinkel und macht ihn älter aussehend, als er es wahrscheinlich ist.

Um die dreißig, schätzt ihn der Landarzt.

Träumerisch, starr, kühn: sei der Blick des Fremden, notiert der Erzähler: beschwingt und streng der Gang ... nicht der Gang eines Bauern ... eher der eines fahrenden Gesellen. Gewisse ungelüftete Kleinbürgerlichkeit, schreibt der Landarzt in sein Tagebuch, kleinbürgerliche Selbstgerechtigkeit ...

In der Dorfwirtschaft reden die Bierfahrer über den Mann: »Haben Sie je so einen Unsinn gehört, Herr Doctor? Wir sollen keusch leben, damit es auf der Welt besser wird ...?«

»So? Das hat er verzapft?«

»Ja«, der Chauffeur trank sein Bier aus, »so ein Schwein.«

»Du hast ihm aber zugestimmt.« (S. 18)

III

»Irmgard Miland war eine Gisson, ihre Mutter war eine Gisson, aber die echteste Gisson war ihre Großmutter, obwohl der Name Gisson nur der erheiratete war« (S. 34).

Dieser Satz steht da, als wäre es die einfachste Sache, einen Satz so hinzuschreiben. Dabei könnte er in Stein gemeißelt sein. Doch was ist denn das besondere an dem Satz? Daß er so dasteht – oder etwa nicht?

Broch hat als Erzähler Genie, intuitive Kraft. Nur verdirbt er sich manche Szene mit dem analytischen Verstand. Oft sind seine Sätze ein Urteil. Manchmal bezaubern sie. Und es gibt Sätze, die fliegen können. Andere sind schwer wie der Berg. In Brochs *Verzauberung* treffen zwei Prinzipien aufeinander, ein weibliches und ein männliches Prinzip. So habe ich das Buch begriffen. Und der erzählende, der Tagebuch schreibende Landarzt versucht zu zeigen, daß es das Weibliche ist, das Weibliche und Mütterliche, das die Welt bewahren könnte ... oder heilen und retten.

IV

»Es war Ostern, und in aufgelockerten Reihen zogen weiße Wolken gegen Westen und dem Kuppron zu, hinter dem sie verschwanden, um immer wieder anderen den kühlen blauen Himmelsraum freizugeben. Denn der Frühling, der jetzt gekommen war, war der richtige, sachte und haltbar, und er ähnelte durchaus nicht jenem erschreckenden Frühlingsknall der ersten Märztage, sondern sanft rieselte die Himmelsbläue über die Körper der Menschen wie ein leiser Regen, dem man gerne die Kleider öffnet.« (S. 47)

Derart sinnlich und schön kann Broch erzählen. Mit ein paar Worten fängt er eine Stimmung ein, trifft er die Situation, so wird ihm die Welt Sprache. Man findet als Leser in der *Verzauberung* immer wieder ganze Passagen und Sätze, die mit einer hinreißenden Leichtigkeit geschrieben zu sein scheinen, in denen es Broch gelingt, dörfliche, bäuerliche Welt einzuholen, darzustellen: sie zu erschaffen als ein gültiges Beispiel für das Leben schlechthin. Und es gibt in dem Buch Sätze und Passagen, die sind so gestelzt und mißraten, so aufgesetzt »philosophisch«, daß ich das Buch wegwerfen wollte. Aber ich tat es nicht: das Schöne, das Wahre darin ist auch das Zerbrechliche. Und darum wäre es schade, schreibe ich nach der zweiten Lektüre, fast zehn Jahre nach der ersten – 1985, in einem plötzlich und beinah gewalttätig hereinbrechenden Frühling in St. Louis, wo ich den Himmel genauso blau, so unendlich tief und doch durchsichtig blau vorgefunden habe, wie ich ihn mir damals vorstellte ... ja, die Himmelsbläue über St. Louis: so muß das Blau des Himmels sein über der Wand des Kuppron.

V

»An einem Nachmittag, um die Maimitte herum, wollte die Ordination kein Ende nehmen.« (S. 61)

In einem Nebenraum des Gasthofs hält der »Doctor« Visite, mitten im Dorf. Wo man sich trifft. Und Geschichten erzählt. Marius Ratti hat sich beim Bauern Miland verdingt. Aber er ist mehr als nur Knecht. Er strahlt etwas aus, was andere irritiert. Keiner kann sich dem ganz entziehen; manchen bringt es in Rage, anderen scheint es verlockend. Etwas Aufrührerisches und Verführerisches geht aus von dem Fremden, niemand bleibt kalt, keiner ist immun gegen seine Ideen, besonders die männliche Dorfjugend scheint infiziert.

Die Wirtin klagt. Ihr Sohn, meint sie, sei verhext von Marius. Der Doctor lacht.

Lachen Sie nicht, sagt ihm die Wirtin, das ganze Dorf ist ja voller Gelächter.

Nun besucht der Landarzt Agathe, das Mädchen des Peter. Sie ist schwanger. Beschäftigt mit einer Handarbeit sitzt sie im Garten. Broch läßt den Landarzt die Begegnung erzählen ... die Stimmung des Nachmittags, der Garten, das junge Mädchen, und der Leser spürt – vieles muß ungesagt bleiben, es kann nicht ausgesprochen werden, die Wörter, dem Mädchen fehlen die Worte dafür: trotzdem ist da ein Verstehen, Verständnis. Der

Landarzt wirft einen Stein – der Hund soll ihn holen; das Mädchen wirft den Stein, und bei dem Apport-Spiel entsteht eine Form der Kommunikation, eine Übereinkunft, die zwar das Sprechen nicht ausschließt, aber es nicht als Hauptsache benötigt. Ich war ganz gepackt von der Szene, machte mir eine Randnotiz ins Buch, so gelungen fand ich die Stelle: »Wir standen noch eine Weile so da, sie auf ihren nackten Beinen, feste rosamarmorierte Mädelbeine mit Mückenstichen, so daß sie sie immer wieder aneinanderreiben mußte« (S. 69).

Und dann stutzte ich beim Lesen … fehlen Seiten im Buch? Plötzlich redet da jemand in erhabenem Ton, sondert »Lyrisches« ab:

> Zwanzig Rinder und zwanzig Stiere
> Tanzen um meine Brüste
> Und ihre Hufe umtanzen
> Mein Lied.
> Du aber bist davongegangen
> Weil der Schwache dich rief, der,
> Welcher einen kaum hütet. (S. 71)

Tatsächlich legt Broch Agathe diese Sätze in den Mund. Und zerstört die vorher geschaffene Intimität. Läßt das Mädchen reden, wie es nicht reden kann, nicht reden dürfte. Die Verse verbrennen dem Mädchen die Zunge, so kommt mir das vor. Da ist Broch von seinem Kunstverstand verlassen, ja: bereits die Sätze, die dieses »Lyrisieren« einleiten und begründen, sind schief, sind mißlungen: »Die Gabe der Rede, die einen Augenblick lang auf Agathens Seele dahingeschwommen war« (S. 70), »der wolkenferne Hauch, unter dem ihre Seele sich zur Sprache kräuselte …« (S. 71) Das war schon in den dreißiger Jahren schlecht. In diesen schiefen Bildern rächt sich der verratene Erzähler am penetranten Philosophen; er tritt ihn in den Hintern.

Erzählt Broch, dann ist er weise. Als Erzähler ein Weiser, will ich sagen. Fängt er aber an zu »philosophieren« … »kräuselt sich mir tatsächlich die Seele.«

VI

»Etwa eine Stunde über dem Oberdorf, nicht weit von dem Stollen, der die Zwergengrube heißt, liegt die alte Bergwerkskapelle.« (S. 85)

Die Welt soll verändert werden: ein alter Hut ... hockte da bloß nicht der Berg.

Das Radio möchte dieser Ratti abschaffen und den Handdrusch wieder einführen. Keuschheit soll für die Goldsuche notwendig sein. Aber gäbe der Berg das Gold überhaupt her. Seltsam die Ideen des Marius. Doch tut er ja nichts. Da ist sein Kumpan Wenzel, ein muskulöser Wicht, klein und wendig, nicht aufs Maul gefallen, ein scharfer Hund obendrein: er organisiert die männliche Dorfjugend militärisch. Und plötzlich bin ich als Leser etwas konfus.

Jedes Jahr wird eine Bergbraut erkoren. Man zieht also hinauf in einer Prozession zum »Kalten Stein«, voran der gebrechliche Pfarrer, der schier umkommt in seinen Gewändern, so warm ist der Tag. Irmgard ist die Bergbraut dieses Jahr. Die Tochter des Miland, das Enkelkind von Mutter Gisson. Und neben Mutter Gisson, die für ihr Alter erstaunlich frisch steigt, geht auch der Landarzt und Erzähler mit zur Bergwerkskapelle, ist vertieft ins Gespräch mit der alten Frau und Mitläufer im Singsang der Gemeinde.

Und nun muß ich zugeben ... mir ist Mutter Gisson ganz und gar nicht sympathisch, ich begreife nicht, was den Erzähler so fasziniert ... verrannt habe ich mich in meinem Aufsatz, wie komme ich da wieder heraus; am besten, ich falle auch ein in die Litanei: »Gelobt sei Jesus Christus / Was im Berg gefangen ist / Durch ihn befreit werden solle / Vertrieben Satan und Unholde / Alles Böse weiche von dannen / In Jesu und Marien Namen.« (S. 90)

VII

»Es hatte einige Tage geregnet, immer langsamer und langsamer, und eines Nachts war der Regen weggeblasen.« (S. 113)

»Warten auf das Wissen.« (S. 115)

VIII

»Es gibt Tage, da ist die Welt wie ein eingerichtetes Zimmer, der Himmel ist eine freundlich gestrichene Decke, die Berge sind weißgrüne Tapeten, und auf dem bunten Teppich des Lebens kugelt alles Spielzeug und macht läppisch-liebliche Musik.« (S. 132)

Ein kleiner Radiohändler und Versicherungsagent lebt unter den Bauern, Wetchy mit Namen. Den falschen Glauben hat er und einen unwürdigen Beruf. Er wird der »Sündenbock«. Die von Wenzel befehligten Burschen setzen eine Verfolgung in Gang, ausgeräuchert soll Wetchy werden, vertrieben aus dem Dorf. Vom Marius geht das Ungeheuerliche aus, denkt sich der Erzähler, auch stellt er den Wenzel und andere Leute zur Rede. Doch der Verdächtigte wird in Schutz genommen: »Der Marius sagt bloß das, was die andern denken.« (S. 135)

Und Marius selbst:

»Ich will die Gerechtigkeit, Herr Doctor.«

»Dazu zählen Sie vielleicht auch die Hetze gegen den Wetchy?«

»Mit der habe ich nichts zu schaffen ... die ist einfach Volkes Stimme, aber das Volk ist immer gerecht.« (S. 142)

Ich verstehe den Roman *Die Verzauberung* nur, wenn ich ihn in dem geschichtlichen Umfeld sehe, in dem er entstand, in der Zeit des Nationalsozialismus, die eine Zeit der Menschenverachtung und Menschenverherrlichung zugleich war: man hatte die richtige Nasenform und ein farblich entsprechendes Hemd – oder man hatte das nicht. Wetchy hat beides nicht, leider. Und so macht man ihn fertig: Spaß muß sein, meint Wenzel.

Derart betrachtet, gewinnt der Roman eine politische Dimension; sie hätte ihn als zeitgenössischen Roman vielleicht wichtig und wirksam gemacht.

Doch das Buch ist damals nicht erschienen.

Und einiges daran, das nun aufgesetzt und überzogen anmutet, was stört beim Lesen – vierzig Jahre nach dem Krieg, hat in diesem für den Roman fatalen Umstand seinen Grund. Man hat es als Leser in Kauf zu nehmen, und es provoziert die Frage: Was wäre geschehen, wenn ...

Broch: »In diesem Roman habe ich versucht, das deutsche Geschehen mit all seinen magischen und mystischen Hintergründen, mit seinen massenwahnartigen Trieben, mit seiner nüchternen Blindheit und nüchternen Berauschtheit in seinen Wurzeln aufzudecken, d. h. nicht abzukonterfeien, sondern es auf eine dichterisch einfachste Formel zu bringen, um solcherart das eigentlich Menschliche, wie es aus den Tiefen der Seele und ihrer Naturverbundenheit aufsteigt, zum Ausdruck zu bringen. Meine Hoffnung

bei alldem war: die erzieherische Wirkung ethischer Dichtung.«
(S. 387)

Die steile Bergstraße sehe ich, den dunklen Wald, die im Licht
der Sonne leuchtende Wand des Kuppron, und auf der Straße
zwei Wanderer, Freud und Jung, streitend über den Roman *Die
Verzauberung*, und einen Leser sehe ich, mich, ich komme aus
dem Wald ... das Buch in der Hand gehe ich auf die beiden zu,
sage »na«, und sie sagen »ja« – und laut lesen wir einander vor:

IX

»Mit dem Schwung eines mähenden Erzengels ging der August
über das Land, und die Suck Anna vermochte der saugenden Kraft
des Bodens keinen Widerstand mehr entgegenzusetzen.« (S. 150)
  Seit einiger Zeit lag sie krank, Mutter Gisson hat dem Arzt längst
gesagt, die Frau werde sterben trotz seiner Kunst. Und der Landarzt hatte ihr geglaubt. Und vielleicht erreichte ich bei der zweiten
Lektüre genau an dieser Stelle den Knackpunkt: nein, ich will
nicht weiterlesen, ich mag das Buch nicht mehr.
  Aber warum hatte ich es denn einmal so sehr geschätzt? Ich war
damals damit beschäftigt, über »Heimat« zu schreiben; Orte und
Landschaft meiner Kindheit versuchte ich einzuholen, als wäre
die Sprache ein Netz. Und ich war ganz hellhörig, und verzweifelt
war ich manchmal auch. Mein Verständnis für den Autor Broch
ist auch ein Einverständnis mit der eigenen Unzulänglichkeit
gewesen, wenn ich las: »Mit dem leisen Unmut, der mich da
immer packt, wenn ich die Unmöglichkeit bestätigt sehe, selbst
die geliebteste Landschaft restlos zu erfassen und zu kennen.« Da
konnte ich seufzen und nicken und das Buch zuschlagen und mich
wieder an die eigene Schreibarbeit machen ... und wieder lesen
und ganz und gar gefangen sein von dem Gelingen. Denn immer
ist da Gelingen, wenn Broch die Landschaft beschreibt, von den
Menschen erzählt, von ihrem Leben, von ihrem Alltag, von Geburt und Sterben, von Liebe und Tod, immer ist da Gelingen,
wenn er schildert, beschreibt, einfängt, beobachtet. Nur reden
sollte er die Leute nicht lassen. Zwingt Broch seine Romanperso-
nen zur »Philosophie« – dann gute Nacht.

Anna Suck ist gestorben. Ihr Mann, nun »Wittiber«, ist allein mit den Buben. Er muß wohl bald wieder ans Heiraten denken. Suck ist ein Vertrauter der Mutter Gisson, ein eher lebenslustiger Mann, ein Geschichtenerzähler, ein Gegner des Marius.

Da ist auch der reiche Gemeinderat Lax. Der fährt zu seiner Mühle im Oberdorf und nimmt den Erzähler mit. Lax ist einer, der den Marius machen läßt. Vielleicht nutzt die neue Entwicklung dem Geschäft. Radio abschaffen, Lax lacht. Ihm ist das egal. Handdrusch, warum nicht, sagt er. Nur ihm, der viel zu dreschen hat, käme das zu teuer.

»Aber mit der Goldsucherei von dem Marius sind sie einverstanden.«

»Das ist was anderes«, sagte er kurz. (S. 153)

Immer gegenwärtig in dem Buch ist der Berg. Man spürt den Berg hinter den Sätzen, das ist wahr. Und im Berg ist vielleicht Gold. Die Frage nach der Goldsuche, Marius hat sie aufgebracht, trennt die Leute: im Oberdorf, wo man dem Berg näher ist und ihn auch besser zu kennen meint, ist man dagegen. Mutter Gisson und ihr Sohn, der Bergmathias, sind dagegen. Im Unterdorf ist die Stimmung eher für den Versuch. Warum nicht den vermauerten Stollen aufbrechen, Goldsuchen, Goldfinden ... Goldmachen ... Sägt nicht der reiche Lax schon Stützpfosten in seiner Mühle?

Auf ein Zeichen von Suck hin wandert der Erzähler hinauf zu dem Stolleneingang. Er wird dort, versteckt in einem etwas höhergelegenen Gebüsch, zusammen mit den bewaffneten Suck und Bergmathias, Zeuge eines seltsamen militärischen Aufzugs der von Wenzel befehligten Dorfburschen. Die exerzieren und singen und stehen stramm:

»Wir sind Männer, keine Knaben / Unsern Boden soll kein andrer haben / Wir fluchen Händlern und Agenten / Sie tun unsern Boden schänden / Wir Jungen die Zukunft in Händen halten / Ehren die Väter, hassen die Alten / Tapfer treu und keusch und rein / Im Sonnen- wie im Mondenschein.« (S. 164)

Suck und Mathias möchten den Wenzel am liebsten gleich abschießen, doch der Landarzt bewahrt sie vor der Dummheit, er redet mit dem Anführer, und »... über speziellen Wunsch des Herrn Doctors wird die heutige Übung abgebrochen ... Zweierreihen bilden ...« (S. 169). Die Burschen ziehen ab, der Doctor begleitet den Bergmathias zu Mutter Gisson.

48

Irmgard, Bergbraut und Enkelin von Mutter Gisson, scheint in Gefahr. Sie ist Marius verfallen, gar hörig... obwohl er »kein Mann« ist, bekanntlich, und Mutter Gisson möchte Irmgard nun bei sich haben, sie plant, das Mädchen auf den Berghof zu holen. Im Gespräch meint der Landarzt, es wäre besser gewesen, Mutter Gisson hätte damals den Marius bei sich aufgenommen.

»Sie schüttelte den Kopf: ›Er wäre von selber wieder davon ...‹

›Er hat Euch aber um's Wissen gebeten.‹

›Er hat's nicht gewollt, er hat's nicht wollen können, denn er ist einer, der vom Wissen kommt und das Wissen verliert, und so einer findet nimmer den Weg zurück zum Wissen, selbst wenn er wollte... aber er kann nicht wollen.‹

Und dann sagte sie: ›Er wandert.‹

›Das tun wir alle, Mutter Gisson.‹

›So meinst du's, Herr Doctor, weil du ein Mann bist... nur die Männer wandern... Frauen bleiben und wissen...‹

›Das ist bitter, Mutter, unsereiner möchte auch gern wissen.‹

›Sei zufrieden mit dem, was du hast.‹

›Nein, eben nicht.‹

›Herr Doctor‹, sagte sie beinahe feierlich, ›glaubst du denn, daß es irgend einen Mann gibt, der mehr kann als das Wissen wollen? das ist ja gerade sein Wissen! deswegen kann es ja nicht wachsen... Bei uns Weibern ist's anders. Wir haben unser Wissen, es kann klein sein, es kann groß sein, es kann sogar schöner werden, aber es kann nicht wachsen... wir können es nicht mehren, wir können's bloß behalten, wir müssen's behalten. Das ist unsere Liebe... eure Liebe aber, und dafür lieben wir euch ja, wir blöden Weibsleut, ist das Wissen-wollen.‹

[...]

›Ein Weib, das übers eigene Wissen hinaus will, das ist ohne Liebe und ist Haß, und ein Mann, der auf seinem Wissen ausruht, der ist auch der Haß.«« (S. 172)

Ich habe hier ausführlich zitiert, weil ich diese Passage über das Wissen für eine zentrale Stelle des Buches halte, was nicht besagen will, ich hätte sie verstanden. Irgendwie gefällt mir das Gesagte, irgendwie kann ich damit gar nichts anfangen, irgendwie ist es mir furchtbar zuwider, ganz unentschieden bin ich: zu krud, zu mystisch, zu absichtsvoll und zu gewichtig, gar reaktionär? Immerhin erhärtet die Passage meine Meinung, in dem Roman prallten zwei Prinzipien aufeinander: das Männliche und das Weibliche.

Doch wenn die Dorfbewohner dem Verführer und Goldsucher Marius auf den Leim kriechen, läßt sich der Erzähler und Landarzt von Mutter Gisson hinters Licht führen: so kippt eine Welt ins Faschistische – und eine andere versinkt im mystischen Nebel.

X

»Der August neigte sich seinem Ende zu, die Ernte war eingebracht, Irmgard war nun bei der Großmutter im Berghof.« (S. 178)

Die Menschenjagd hat ihre »Folgerichtigkeit«: »Drahtloser« ruft man dem Wetchy nach auf offener Straße; das Haus soll ihm gekündigt werden von der Gemeinde, sogar der Erzähler stellt fest, daß er diesen braven fleißigen kleinen Mann eigentlich nicht leiden mag.

Durch das ganze Buch zieht sich dieses Motiv; immer wieder sieht der Landarzt sich genötigt zu vermerken, daß auch er eine gewisse Bereitschaft spürt, den Gedanken des Marius zu folgen, auch er (ein alternder Mann und gebildet) ist keineswegs immun, grüßt militärisch zurück, als er so gegrüßt wird, sieht sich mittreiben in einem Strom: und plötzlich ist da ein Sog ...

Und eine Erinnerung. Die Erinnerung an eine Frau. Eine Liebe. Der bisher zurückhaltende, behutsam beobachtende und nur selten sich ereifernde, eigentlich nichts von sich preisgebende Landarzt erzählt in einer melancholisch-heiteren Stimmung die Geschichte seiner großen Liebe. Eine kleine Novelle ist eingebettet in den Roman ... ein Stück Prosa, und ich lese: »... seitdem mir meine Mutter über die Haare gestrichen hatte, war es die erste wahrhaft weibliche Hand, die ich wiedersah, und dieser Eindruck ist mir seitdem geblieben.« (S. 189) »Ein unsäglicher mütterlicher Friede, tiefverschleiert, erntereif, erinnerungsgroß, kam über mich, als ich ihre Arme um meinen Nacken fühlte.« (S. 199) »Und dann sprach sie weiter: ›Ich will nicht bloß Liebe, ich will ein Kind. Ich bin achtundzwanzig. Es wäre Zeit für mich, ein Kind zu haben. Ich könnte ohne Kind nicht lieben‹.« (S. 192) Ich las ein Stück Prosa, das ich gern mochte, das mich seltsam berührte, etwas hölzern, steif kam mir der gute Landarzt schon vor; sein Bild von der Frau als Mutter hat mich so erschüttert wie befremdet

– und eigentlich war ich keineswegs erstaunt, ein paar Seiten weiter, nun wieder drin in der eigentlichen Romangeschichte, in die der Bericht einer Liebe als ›Barbara-Novelle‹ eingebaut ist, folgende Stelle zu finden, ein Gespräch, das der Erzähler mit dem Mädchen Irmgard führt:

»›Eigentlich meinte ich, daß du den Marius liebst.‹

›Ja‹, sagte sie nach einer Weile.

›Und trotzdem soll er fort.‹

›Ich will ein Kind haben.‹« (S. 207)

Und wenig später, im Buch vier zu lesende Seiten, wird der Erzähler unfreiwilliger Zeuge einer Szene: in einer Scheune redet Marius auf die sich in Trance (oder hat er sie gar hypnotisiert?) befindende Irmgard ein und bekommt dabei (folgerichtig in Brochs ›Frau-als-Mutter-System‹) die Antwort zu hören:

»Ja, es ist ein großes Opfer, denn du bist unfruchtbar, du bist kußlos, und ich werde kein Kind tragen.« (S. 211)

Und die Szene, dieser Akt einer Manipulation, endet so:

»›Oh, Mutter‹, schrie er.« (S. 214)

XI

»An der Theke lehnte ein kleiner wohlbeleibter Mann.« (S. 216)

Er will Sabest, dem Metzger und Wirt, mit dessen Namen beschriftete Etiketten für Schnapsflaschen verkaufen. Das Leben nimmt seinen gewohnten und also auch fortschreitenden Gang. Der Schneider hat sich mit ›Maschinware‹ abzufinden, der Bauer mit ›Maschinarbeit‹, den Schmied braucht man wohl nicht mehr lange. Und vielleicht fördern Schnapsetiketten, auf denen der Name des Wirts steht, tatsächlich den Absatz.

Auch gedeiht da eine merkwürdige Hoffnung, treibt seltsame Gedankenblüten ... oder ist es nur die uralte Menschenhoffnung auf bessere Zeiten?

»Der Marius ist ein Mensch wie wir, Herr Doctor [...], den verstehen wir [...] die christliche Liebe, die verstehen wir nicht mehr.« (S. 226)

»Ein Leben lang hat man uns lehren wollen, Gott zu lieben, [...] er hat es uns zu schwierig gemacht ... sollen wir nicht statt dessen die Erde lieben?« (S. 227)

»Er war von einer beinahe ansteckenden Überzeugtheit.« (S. 227)

»..., daß Gleichnisse noch keine Erkenntnisse seien ...« (S. 230)

»Und ich selber? war ich nicht auch schon erfaßt? war ich nicht auch schon in die Verstrickung dieses Traums geraten?« (S. 233)
»Wir fluchen den Händlern und Agenten
Denn sie tun unsern Boden schänden.
Wir Jungen die Zukunft in Händen halten.« (S. 234)
»›Was für ein Umweg, Hochwürden?‹
›Nun, so einer, der schließlich zum Heil führt.‹« (S. 240)

XII

»Wenn die eigentümliche Spannung, die über dem Dorfe lag, sich bei der Kirchweih entladen hätte, so hätte ich mich nicht gewundert.« (S. 242)
  Doch die Kirchweih verläuft eigentlich ruhig, man ist gesellig, trinkt sein Bier, besorgt Einkäufe ... die Burschen machen ihre dummen militärischen Übungen; die Mannschaft ist auf »etliche dreißig« angewachsen. Der Landarzt notiert (und damit habe ich Mühe, ich nehm' das dem Autor Broch nicht ab, es ist mir zu sehr Hinweis darauf, ›wie anfällig wir alle doch sind‹, denke ich, schreibe ich aus der Distanz von fünfzig Jahren): »Eine merkwürdige Lust beschlich mich, da mitmarschieren zu dürfen.« (S. 247)

Meine Zeit wird noch kommen – Marius hat das einmal gesagt.

Dem Fest im Dorf folgt eine Woche später die Bergkirchweih. Am späten Nachmittag ziehen die Leute hinauf zum »Kalten Stein«, der Musik-Christian spielt auf, es wird getanzt, getrunken, und eine Stimmung entsteht, die Unheil ahnen läßt, in der man spürt, daß die Menschen nichts als nackt sind unter ihren Gewändern. »Angelockt von der Dunstwolke, die über dem Platze hing, waren alle Mücken und Schnaken der Gegend um uns versammelt; ihr scharfdünn tönender Chor begleitete die Musik wie eine böse fistelnde Oberstimme, gefiedelt auf einer geheimnisvollen Geige mit einer einzigen, zum Reißen gespannten Seite. Und das Gestampf der Stiefel auf dem Bretterboden dröhnte unvermindert weiter, rascher im Takt noch, wie mir schien, als vordem und unter einer zunehmenden, merkwürdigen maschinellen Schweigsamkeit; vereinzelt erhob sich wohl noch ein Schrei« (S. 257). Und da ist auch Marius, er sitzt beim Kalten Stein.
  Bewegung am Waldrand.

Finsternis.
Der Doctor fragt:
»›Mutter [...], was wird jetzt geschehen?‹
[...]
Sie [Mutter Gisson] lugte in die Dunkelheit hinaus; dann sagte
sie: ›Die Geister kommen.‹« (S. 259)

Tatsächlich kommen vom Wald herab vermummte Gestalten,
beleben bald den Tanzboden, singen seltsame Verse: »Und der
Himmel ist der Vater / seine Braut tut er segnen, / aber nimmt
man ihm's Weib, / so kann er nit regnen.« (S. 264) Und dann
bricht plötzlich Haß aus ... Haß auf eine Hexe, »O Hexe, Tochter
der großen Mutter« (S. 267), töten soll man die Hexe, ja, und mit
einemmal bilden die Vermummten, nach einem wüsten Getue auf
der Tanzbühne, das alle angesteckt hat, einen Fackelzug hin zum
Kalten Stein, wo Marius wartet.

Der Roman ist eingetaucht in einen mystischen Tümpel, oder
ist es ein Meer, es riecht nach Schwefel und Blut und Tod. Und
in den Köpfen sind die Gehirne faul, so kam mir das beim Lesen
vor. Irmgard, die Bergbraut, sie soll geopfert werden. Marius
spricht mit ihr, sie befindet sich erneut in Trance. Ein kleines
steinernes Messer hält Marius in der Hand. Damit soll ›es‹ getan
werden. Der Vater muß es tun. Doch tritt einer dazwischen,
Sabest, der Metzger und Wirt, schon ganz am Anfang des Buches
hat Broch ihn als »Henker« bezeichnet; nein, ruft Sabest, mit
diesem kleinen Messer geht das doch nicht, seht, ich habe da ein
richtiges, und er zeigt sein Schlachtermesser, sticht zu. Tu es,
haben die Leute gerufen, »Tu's!« brüllte das Leben, brüllte das
Heidnische (S. 274). Und er hat es getan.

XIII

»Wie Großstadtschmutz im Fluß vermündet und, wieder rein
geworden, ins Meer getragen wird, so läuft alles Elend, durchsichtig und rein geworden, wieder ins Leben zurück, wird wieder zu
dem, was es gewesen ist, was es war und ist, was es bleiben wird:
Leben, ein Teilchen des Ganzen, unerkennbar in der Ganzheit,
aufgesaugt« (S. 292).

Die Braut ist geopfert, der Mörder hat sich selbst umgebracht.
Sein Name wird zwar gedruckt stehen auf den Schnapsflaschen,

aber das Geschäft ist versaut.

Agathe, die bald ihr Kind bekommen wird, nimmt nun bei Mutter Gisson die Stelle ein, die Irmgard innehatte: als Nachfolgerin, welche einzuweihen ist ins Geheimnis des Lebens und in die Geheimnisse der Kräuter. Agathe ist es auch, die den Doctor besorgt anspricht. Mit Mutter Gisson scheint etwas nicht zu stimmen. Sie redet vom Ende, von ihrem Ende. Und sie weiß, daß der Tod bald kommen wird. Sie weiß es mit der Gewißheit einer Frau/Mutter, die das Wissen hat.

Auf ihren Abschiedsgängen besucht sie auch das Haus des Miland, und dort kommt es zu einer Szene mit der Milandin, die ich für wichtig halte, für eine Schlüsselstelle des Buchs.

Die Milandin, immer als harte männliche Frau geschildert, als eine Frau, die ihrem Mann zu wenig Liebe gibt (darum auch ist er so anfällig für die Ideen des Marius), diese Milandin macht nun ihrer Mutter, »Mutter Gisson«, Vorwürfe. Endlich nimmt das Buch eine derartige Wende, habe ich mich als Leser gefreut, endlich erhebt jemand das Wort gegen diese »Mutter« und ihr »Wissen«, das mir abstoßend krud auch erscheint durchs Buch hindurch, reaktionär und verbissen erdselig, diese »mystische« Kraft, die andere unterwirft und sie hindert, sich zu entfalten, dieses unerhörte den anderen Umspinnen, bis er als Puppe reglos ist: Bindung, die nicht loslassen will.

Die Jungen, angeführt von Wenzel, wollen nun in den Berg, sie wollen das Gold herausholen. Den Stollen haben sie aufgebrochen, seit Tagen arbeiten sie, singend stoßen sie in den Berg vor. Da bricht der Gang ein.

XIV

»In jenen ersten Novembertagen raffte sich das Jahr noch einmal auf und holte all seine Stärke zusammen zu zitternder Pracht und goldenem Klang: ein Nachherbst, ein Nachsommer« (S. 334).

Marius ist in den Gemeinderat gewählt. Der Radiohändler Wetchy, der nach der Ermordung Irmgards von den Vermummten aufgesucht worden ist und gefoltert, verläßt mit seiner Familie das Dorf. Das Mädchen Agathe »ist in der Freude« als schwangere Frau. Und Mutter Gisson muß sterben.

In den Wald geht sie (wohin denn sonst?). Zum Ort, wo ihr

Mann vor vielen Jahren tot (erschossen: er habe es selbst getan, sagt die Tochter, die Mutter habe ihn dazu getrieben – was diese selbstredend bestritt; sie weiß sogar den Mörder, hat ihn aber nie angezeigt ...) aufgefunden worden ist. Ins Dickicht zieht sich Mutter Gisson zurück – wie ein wundes Tier. Doch Agathe kennt den Platz und führt den Landarzt und Erzähler dort hin. Und auch der Sohn findet den Weg zur sterbenden Mutter. In ihrem Sterbemonolog redet sie mit Lebenden und Toten.

»Agathe weint, indes man hört es nicht.

Sie aber [Mutter Gisson] lehnt, geschlossen ihr Gesicht, das Haupt am Föhrenstamm, als sollt' es in ihn wachsen. Und befiehlt: ›Mathias.‹

›Ich bin da, Mutter‹, sagt er und tritt hinzu.

Und nach einer Weile: ›Nun find' dir eine gute Frau, 's ist Zeit dazu.‹« (S. 366)

Mutter Gisson stirbt, das Prinzip »Frau als Mutter« verlöscht mit ihrem Leben, das männliche Prinzip hat sich durchgesetzt; der Faschismus ist etabliert.

Nachwort

»Als ich diese Aufzeichnungen begann, war es Winter, und nun will es bald Sommer werden: sommerlich ist der Wind, der an dem geöffneten Fenster vorbeistreicht, sommerlich« (S. 368).

Die Verzauberung, schreibe ich nach der zweiten Lektüre, *war* ein Lieblingsbuch. Ich wüßte kein anderes, das mir beim Wiederlesen nach Jahren so viel Widerstand geleistet hat, das mich als Leser derart abstieß. Das Buch ist mir fremd geworden, und ich empfand das als schmerzlich.

Ein Roman will nicht einfach Vehikel sein für eine »philosophische Theorie«, er wehrt sich dagegen.

Broch wollte die Romanform als Erziehungsmittel einsetzen: doch welcher Leser läßt sich das schon gefallen, wer reagiert nicht sauer, wenn er die Absicht bemerkt, und wie sollte man sie nicht bemerken, wenn man nicht, wie ich damals bei der ersten Lektüre, nur Augen hat für Landschaft, Himmel und Wind, für die Wärme, das Licht, die alltäglichen Vorgänge dörflichen Lebens: für das sinnlich Wahrnehmbare halt, das Broch so selbstverständlich gelingt.

Die Verzauberung, sage ich heute, ist ein großartig mißlungenes Buch. Der Roman weist Broch aus als Erzähler von Rang, als Schriftsteller allerdings auch, der seinen besten Mitteln zu wenig vertraut.

Was wäre, wenn ...

Das Buch ist in den dreißiger Jahren, als es ein zeitgenössisches gewesen wäre, nicht erschienen. Und als es erschien, war jene Zeit (und wohl auch die richtige Zeit für das Publizieren des Romans) vorbei, und *Die Verzauberung* wurde »zeitgenössisch« in einer Nachkriegsperiode, welche die gemeinte und beschriebene Epoche bereits historisch betrachtete. Dieser Umstand macht die Lektüre nicht leichter. Als der Roman »politisch wichtig« gewesen wäre, lag er in Brochs Schublade, und in Schubladen liegt keine Litaratur, sondern nur beschriebenes Papier: Literatur ist angewiesen auf Leser.

So konnte *Die Verzauberung* die von Broch gehegte Hoffnung nicht tragen. Und was der Autor, bedacht auf Wirksamkeit, an Zeitanalyse und Weltanschauung in den Roman hat einfließen lassen, weil er an die Notwendigkeit und an die erzieherische Wirkung ethischer Dichtung glaubte, hat seine Möglichkeiten (zumindest damals) weder entfalten noch beweisen können.

Ich weiß nicht, ob das ein Grund ist zur Nachsicht bei der literarischen Beurteilung dieses Romans. Mich jedenfalls hat es beschäftigt ... und beim Lesen gehalten.

Jedes Buch hat seine Zeit.

Darum ist *Die Verzauberung* einem Schiff vergleichbar, das man besonders flach baute für die Untiefen eines Flusses, der längst ausgetrocknet war, als man es endlich zu Wasser ließ: so steht das Schiff hilflos auf der Autobahn, die dem ehemaligen Flußbett folgt – oder es segelt etwas wehmütig durch meinen Leserkopf: oder bin ich es, der wehmütig ist, hilflos?

II.
Das dichterische Werk

Eric W. Herd

Hermann Brochs Romantrilogie
Die Schlafwandler (1930-32)

Was *Die Schlafwandler* betrifft, hat sich die Kritik bisher überwiegend der Struktur und Form der Romantrilogie einerseits oder der erkenntnistheoretischen Behandlung des Wertzerfallthemas andererseits gewidmet. Dabei scheint man Brochs Kommentare zum Roman eher als Bestätigung der eigenen Ansichten denn als Ansatzpunkte zu einer Gesamtinterpretation aufgefaßt zu haben. In seinem *Methodologischen Prospekt*[1] erläutert Broch seine Intentionen in bezug auf die vier Hauptfiguren und resümiert: »Der Roman bemüht sich, diese choreographische Symmetrie auch in den Nebenfiguren, wie im ganzen Geschehen und in den Stimmungslagen zum Ausdruck zu bringen. Nicht zuletzt auch im Stil, der andererseits wieder von den drei Zeitepochen bestimmt ist.«[2] Wenn Hauptfiguren, Nebenfiguren, das ganze Geschehen, Stimmungslagen und Stil alle eine choreographische Symmetrie aufweisen sollen, so scheint es gerechtfertigt, die Trilogie von diesem Aspekt her, dem der Autor selber so große Bedeutung zuschreibt, zu untersuchen. Daß eine solche Untersuchung sich nicht nur mit Struktur und Form befaßt, sondern auch Sinn und Gehalt des Werks zu erhellen vermag, scheint aus dem Hinweis hervorzugehen, daß diese Symmetrie auch »im ganzen Geschehen« zum Ausdruck gebracht werden solle. Schon beim ersten Lesen der *Schlafwandler* fällt die Technik der Aneinanderkettung wiederkehrender Motive auf, sei es der vorschriftsmäßige Ruck Pasenows an der Uniform, die leicht wegwerfende Handbewegung Bertrands oder der ironische Zug um den Mund, den Esch und sogar auch Huguenau von Bertrand übernehmen. Genauso unübersehbar sind gewisse Vokabeln, denen allmählich eine offenbar strukturtragende Funktion zugemessen wird: Freiheit, Opfer, Ordnung, Angst, Erlösung, Leere und dergleichen mehr[3], aber auch leitmotivische Details wie Pasenows Stock mit spitz zulaufender Elfenbeinkrücke, ein watschelnder oder ein geradliniger Gang, das Schloß im Park oder das Reisen. Alles deutet auf ein sorgfältig durchkonstruiertes Romangebilde hin, auf eine choreo-

graphische Symmetrie oder eine innere Architektonik⁴, die die
Aufmerksamkeit des Lesers immer wieder auf Querverbindungen,
Parallelen und Verwandtschaften lenkt, um »durch fortgesetzte
Verstrebungen gegenseitige Stützungen des Gesamtgerüsts zu er-
reichen«.⁵ Manche dieser Assoziationen wurden erst in einer sehr
späten Arbeitsphase weiter ausgebaut, um für den Leser weitere
Wegweiser aufzurichten.

Wir wissen, daß es – wahrscheinlich in Anlehnung an James
Joyces *Ulysses* – zum ursprünglichen Konzept Brochs gehörte,
das Odysseus-Thema in Form einer hintergründigen Motivkette
zu verwerten.⁶ Dieser Plan wurde in einem relativ frühen Stadium
der Arbeit aufgegeben. Zu einem sehr späten Zeitpunkt, als der
zweite Roman schon erschienen war (April 1931) und die Fahnen-
korrekturen des dritten Romans schon fertig vorlagen, wollte
Broch eine solche Motivkette noch herausstreichen. In einem
Brief vom 10. 2. 1932 schreibt Broch an seine englische Übersetzerin, Willa Muir:

Für die deutsche Ausgabe ist natürlich nichts mehr zu machen, es sei
denn für eine umgearbeitete zweite Auflage. Und die englische Ausgabe
darf von der deutschen nicht allzusehr divergieren [...] Ich habe über die
Frage nachgedacht, habe Esch und Pasenow gelesen – dies die Verzöge-
rung – und ich bin schließlich sehr bescheiden geworden. D. h., ich möchte,
und auch dies nur, soweit es Ihnen noch möglich ist, bloß die Vokabel
vom ›Verlorenen Geschlecht‹ in den beiden ersten Bänden anbringen.⁷

Es werden dann drei Stellen – eine im *Pasenow*, zwei im *Esch* –
aufgeführt, an denen das Motiv ›Verlorenes Geschlecht‹ nachträg-
lich eingeführt werden soll. Das konnte dann nur noch bei der
englischen Ausgabe durchgeführt werden. In der Ausgabe des
Rhein-Verlags fehlen diese Einschübe, die jedoch später in die
»Kommentierte Werksausgabe« aufgenommen wurden.⁸ Wichtig
aber ist, daß Broch auf diese Einschübe nicht bestanden hätte,
wenn das Thema nicht schon an anderen Stellen der Trilogie
angeschlagen worden wäre. Schon im *Pasenow* heißt es (S. 31):
»Amerika war für Joachim stets das Land der ungeratenen, verstoßenen und verkommenen Söhne gewesen«, eine deutliche Anspielung auf den Topos ›Verlorener Sohn‹⁹, der dann durch den
nachträglichen Einschub (S. 163) in das Motiv ›Verlorenes Geschlecht‹ umgeändert wird. Joachim von Pasenow, Repräsentant
der romantischen Periode, der sich an die herrschenden Fiktionen
der absterbenden Wertformen klammert, d. h. Religion, Erotik,

Dienst in des Königs Rock, bezeichnet den ausgeschiedenen Offizier, Eduard von Bertrand, der in den Pfuhl des abenteuerlichen Zivilistendaseins abgerutscht ist, als »verstoßenen und verkommenen Sohn«. Bertrand nimmt dann seinerseits das Thema auf, indem er sich von Pasenow mit den Worten distanziert: »Nun, wir ... wir sind ein verlorenes Geschlecht ...« (S. 163). Das Motiv klingt im *Esch* in verschiedenen Variationen wieder an. Esch kommt sich vor, »wie einer, mit dem man nicht mehr rechnet« (S. 247). Als potentiellen Seereisenden, der nach Amerika auswandern möchte, verrät ihn »ein verwaister Blick, der uns nicht mehr kennt« (S. 253); er ist der Losgelöste (S. 254), »verwaist« (S. 330). Es folgen die beiden Einschübe vom ›Verlorenen Geschlecht‹; beim Unterzeichnen der Anzeige Bertrands fühlt sich Esch dann abermals »verwaist« (S. 357). Auch Mutter Hentjen gegenüber ist Esch ein »fremder Waisenknabe« (S. 375); die Gemeinschaft der Heilsarmee bietet ihm ebenfalls nicht die ersehnte Geborgenheit (»man bleibt verwaist«, S. 377), und »die Heimkehr des Waisenkindes« (S. 378) endet in der Erkenntnis, »daß im Realen niemals Erfüllung sein könne«. Esch als Waisenkind ist auch ein Abbild des Verlorenen Sohnes, und weil er sich selbst so versteht, kann er den Gedanken hegen, Marguerite zu adoptieren: denn »sie ist ja fast wie ein Waisenkind« (S. 449)[10], das sich von zu Hause loslösen und allein in die Welt hinauswandern muß (S. 653 f.). Das Wort vom ›Verlorenen Geschlecht‹, das Pasenow einst von Bertrand zu hören bekam, ist in seinem Unterbewußtsein haften geblieben; in seinen »Betrachtungen über des deutschen Volkes Schicksalswende«, die als Leitartikel im *Kurtrierschen Boten* vom 1. 6. 1918 erscheinen, schreibt er: »[...] es ist ein verlorenes Geschlecht, und es wird die furchtbare Dunkelheit um sie sein, und keiner wird kommen, Hilfe zu leisten [...] (S. 468). Zum verlorenen Geschlecht gehören demnach, wenngleich nicht auf dieselbe Weise, Bertrand, Esch, Pasenow und Marguerite; aber auch andere Figuren des *Huguenau*-Romans sind Verlorene, selbst wenn die Vokabel auf sie nicht ausdrücklich angewandt wird: Gödicke, der vom Tode Auferstandene, der einarmige Leutnant Jaretzki, Hannah Wendling, deren Leben ein Hindämmern war (S. 593), Dr. Bertrand Müller, der Verfasser der Betrachtungen über den Zerfall der Werte und gleichsam eine Weiterführung der Bertrand-Figur der beiden ersten Romane, der in seinem Gefühl einer schwebenden Wirklichkeit sich eingestehen muß: »Unwiederbringlich ist die Heimat verloren« (S. 638). Das verlorene Geschlecht umfaßt also neben Pasenow, »einbegrenzt in seiner Pflicht-, Milieu- und Familiensituation«[11], und Esch, »dessen Kompromißlösung mit zunehmendem Alter auf die noch unadäquatere Form des religiösen Mystizimus zurück sich biegen muß«[12], auch alle diejenigen, die unfähig sind, in ihrem individuellen Leben mit der neuen Zeit, mit Krieg und Revolution fertigzuwerden.

Die Choreographie der Assoziationsketten verbindet alle Motive miteinander. Das Motiv ›Verlorenes Geschlecht‹ führt über Pasenow zur Motivreihe ›Romantik-Romantiker‹. In seinem *Methodologischen Prospekt* spricht Broch von »der romantischen Periode des ersten Teiles«, der übrigens *1888. Pasenow oder die Romantik* betitelt ist. In der Erotik seines Verhältnisses mit Ruzena gibt sich Pasenow romantischen Vorstellungen hin (S. 137), und wenn Bertrand gewisse herkömmliche Haltungen als romantisch bespöttelt, läßt dies bei Pasenow »ein dunkles und brüchiges Gefühl«[13] zurück. Wer, wie Bertrand, an seinem absterbenden Wertsystem rüttelt, ist für Pasenow ein Verräter, in einer Dunkelheit befangen, die unsicher macht.[14] Bertrand, »der gleich Mephisto alles vernichten [...] wollte« (S. 78), durchschaut die Romantik nicht nur bei Pasenow, sondern auch bei sich selber. Die Verlockung der Liebe zu Elisabeth verwirft er, nicht so sehr weil es Verrat an Pasenow bedeuten würde, sondern weil er »aus Romantik« Elisabeth »in eine schiefe Situation« bringen könnte (S. 154). Im Esch-Roman taucht die Vokabel »Romantik« nicht auf, obwohl die Traumvision Eschs von Amerika und vom Schloß im Park genauso auf romantischen Grundhaltungen beruht wie die Vorstellungen Pasenows. Im *Huguenau*-Roman ist der jetzt um dreißig Jahre ältere Major von Pasenow immer noch »der romantische Mensch, geklammert an die Formen eines fremden und dogmatisierten Wertsystems« (S. 597). Er fürchtet die Erkenntnis, »ein Romantiker also, dem es um Geschlossenheit des Welt- und Wertgebildes geht, und der das ersehnte Bild in der Vergangenheit sucht« (S. 496). »Major von Pasenow war ein Mensch, der sich mit aller Inbrunst nach der Vertrautheit der Heimat sehnte« (S. 596), »weil er im Festhalten an alten romantischen Formen einen Schutz vor der Unsicherheit erwartet« (S. 707). Diese romantische Sehnsucht treibt Pasenow in die Bibel-Stunden Eschs, wo er in der Freundschaft mit Esch die Geborgenheit sucht: »So sei mir der Bruder von einst, der Bruder, den ich verloren / Sei als Bruder mir nah' ...« (S. 558). Esch wird also als Bruder des Romantikers Pasenow erkannt, und beide wandern zusammen »durch die abendlichen Felder« (S. 603), wobei die romantische Stimmung unübersehbar ist: als »ein weiches und lindes Fließen des Herzens«, als »eine verschwommene Hoffnung, daß alles gut und einfach sich gestalten würde« (S. 604). Aber nicht nur Esch und Pasenow sind der Romantik verhaftet. Auch die verlorene Hannah Wendling wird »zu scheinbar romantischen Haltungen« (S. 640) verleitet, und sogar die Bertrand-Figur wird als Repräsentant des Ästhetizismus in das Romantische eingegliedert:

»Ach«, sagt der Romantiker und zieht sich das Kleid eines fremden Wertsystems an, »ach, nun gehöre ich zu euch und bin nicht mehr einsam.«

– »Ach«, sagt der Ästhet und zieht sich das gleiche Kleid an, »ich bleibe einsam, aber es ist ein schönes Kleid.« Der ästhetische Mensch stellt innerhalb des Romantischen das böse Prinzip dar (S. 587).

Der Romantiker sucht seine Angst zu überwinden, indem er in die Geborgenheit flüchtet. Angst befällt alle Figuren der Trilogie. Pasenow überkommt oft »unheimliche Angst, auch er könne in das unerklärliche Schicksal Bertrands hineingleiten« (S. 28). Das bedeutet, daß Pasenow sich der Brüchigkeit seiner überkommenen Werthaltungen vage bewußt wird und sich vor der Erkenntnis fürchtet – was im sechsten Teil der Abhandlung »Zerfall der Werte« als Merkmal des Romantikers bezeichnet wird.[15] In der Berührung mit Bertrand teilt auch Elisabeth diese Angst Pasenows, »eine würgende und noch nie empfundene Angst«, daß »was einstens einheitlich gewesen, diese Welt des Geschlossenen« (S. 115) zu zerfallen droht. Angst wird öfters aus dem Gefühl der Einsamkeit geboren, das sowohl Elisabeth als auch Pasenow empfinden, wenn sie an Bertrand denken: »denn die Einsamkeit, die über sie und Joachim verhängt war, war ja hereingebrochen, ließ das Gemach trotz seiner traulichen Vornehmheit zu immer größerer angstvoller Regungslosigkeit erstarren« (S. 160). So spürt Joachim sogar in der Hochzeitsnacht mit Elisabeth abermals Angst.[16] Die »angstvolle Erstarrung« Mutter Hentjens (S. 191) ist nicht so eindeutig metaphysischer Natur; auch Fräulein Ernas Angst (S. 220) hat eher physische Gründe, obwohl sie mit Todesfurcht verknüpft ist. Die Vokabel ›Angst‹ hat natürlich nicht immer einen metaphysischen Aspekt, kann auch in einem alltäglichen Sinn außerhalb der Motivkette angewendet werden, wie das für assoziationstragende Vokabeln wie z. B. »dunkel«, »weich«, »leer« ähnlich zutrifft. Anders verhält es sich aber, wenn der Erzähler einen pathetisch-verallgemeinernden Ton anschlägt[17] und Esch als Reisender »in immer schmerzlichere Bangigkeit« (S. 342) versinkt; seine Angst ist mit Begriffen der Ewigkeit und des Todes verbunden[18], mit »der angstvollen Sucht nach dem Absoluten« (S. 364). Dagegen ist Ilona, laut Brochs eigener Aussage, »ihrerseits von allem Anbeginn an ›wertfrei‹ und autonom... wie eben das ›Weibliche‹ oder die ›Natur‹ als solche immer wertfrei ist«.[19] »Sie lebte ohne Hoffnung und ohne Angst.« (S. 366) Der naiven Kreatur ist »die Angst vor dem Nichts, die Angst vor der Zeit, die zum Tode führt« (S. 445) unbekannt.[20] Diese Angst kennt auch der Ich-Erzähler der »Geschichte des Heilsarmeemädchens in Berlin«, der zugleich Verfasser der Kapitel über den »Zerfall der Werte« ist[21] und biographische Ähnlichkeiten mit dem real nicht mehr existenten Bertrand aufweist.[22] Angst ist allerdings nicht nur Negatives; im 59. Kapitel des Huguenau-Romans, »Symposium oder Gespräch über die Erlösung«, wird Angst als notwendige Vorstufe zur Erlösung gedeutet: »Angst ist die keimende Botschaft / Göttliche Gnade / Angst ist Gottes Gebot an der Pforte des Heils.« (S. 557) Dabei ist natürlich zu berücksichtigen, daß diese Worte in der ekstatischen Bibelversammlung von dem Romantiker Pasenow gesprochen werden[23], und – wichtiger noch – daß der wertfreie, sachliche Huguenau verständnislos zuhört. Der Wertfreie – ob aus Sachlichkeit, wie Huguenau, ob aus tierischer Gleichgültigkeit, wie Ilona – ist unfähig, die Angst als Gnade zu erleben, da er nicht in diesen Kategorien denkt. Huguenau ist die Angst nicht völlig fremd, aber er braucht nichts als einen ganz alltäglichen Bordellbesuch, um zu erkennen, »daß er wieder sich selbst und seiner klaren Nüchternheit zurückgegeben war« (S. 561). Das Kind Marguerite scheint in seiner Naivität anfangs ohne Angst in diesem Sinne, aber auch das Kind wird »von der Einsamkeit überrascht und überfallen [...], bemächtigt von der Angst der Kreatur, die zu sterben begonnen hat« (S. 707 u. auch 654). In einem Brief an Willa Muir vom 23. 2. 1932[24] geht Broch auf eine Bemerkung der Übersetzerin über die »Vollgepfropftheit des Epilogs« ein und schreibt zur Verteidigung der Form dieses letzten Kapitels der

Trilogie: »Denn allzu viele ›Stückeln‹ muß dieser Epilog spielen.«
Es ist daher keine Überraschung, wenn alle Motivketten hier
wieder aufgenommen und weiter entwickelt werden. »Angst«
erscheint hier als Bestandteil der trotz des unabwendbaren Verfalls
proklamierten Hoffnung auf Gnade und tröstende Hilfe[25]; Angst
ist hier göttliche Gnade, »Einheit des Menschen, aufscheinend in
allen Dingen, über Räume und Zeiten hinweg« (S. 715), und aus
der Angst wird schließlich hörbar »die Stimme des Trostes und
der Hoffnung und der unmittelbaren Güte« (S. 716).

Wer Angst empfindet, sucht Geborgenheit. Pasenow sucht sie
vor allem in der Uniform; erst wenn er sich vergewissert hat, daß
alle Rockknöpfe gehörig verschlossen sind, fühlt er sich geborgen
(S. 26); die Uniform ist ihm »Symbol für mancherlei geworden;
und er hatte sie im Laufe der Jahre mit so vielen Vorstellungen
ausgefüttert und ausgepolstert, daß er, in ihr geborgen und abgeschlossen, sie nicht mehr hätte missen können« (S. 27 f.); sie gewährt ihm »Sicherheit und Geborgenheit« (S. 28). Er beneidet
sogar die kleinen Geschäftsleute und Handwerker, die in der
Wärme der lichten Stube »doppelt geschützt« (S. 29) sind, und
auch die Töchter der Familien in der Villengegend, die wohlgebor-
gen Festigkeit, Sicherheit und Ruhe kennen (S. 36). Elisabeth und
die Baronin bewohnen eines dieser schloßartigen Gebäude, wo
»Geborgenheit des Gartens, [...] Geborgenheit dieser Natur«
auch Joachim umfängt (S. 37) und das Innere des Hauses gleichfalls »düstere Behaglichkeit« ausströmt (S. 38). Bertrand wirkt auf
Pasenow nicht immer beunruhigend: wenn er z. B. mit Joachim
Pläne für Ruzenas Zukunft schmiedet, überkommt Pasenow »das
Gefühl der Geborgenheit« (S. 126 u. 139, 150). In solchen Augen-
blicken ist Bertrand nicht mehr Verräter oder Mephisto, sondern
Arzt[26], der Pasenows angstvolle Unsicherheit zu heilen verspricht.
Geborgenheit sucht Pasenow auch bei Elisabeth und in der Vor-
stellung des geordneten Ehe- und Familienlebens. Im Schoße der
Baddensenschen Familie spürt er »das warme Gefühl, daß er es
hier gut haben werde« (S. 156); diese Hoffnung, die zugleich
Bedürfnis ist, teilt Elisabeth, wenn sie über Bertrand sagt: »Er
braucht nicht die schützende Wärme des Beisammenseins wie
wir« (S. 159). Bertrand als Abenteurer und Reisender versteht
zwar die romantische Sehnsucht nach Geborgenheit, die auch
Esch überfällt, doch teilt er sie nicht (S. 339); als Bewohner eines
Schlosses in einem großen Park bei Badenweiler bietet er zwar

ein Bild der Geborgenheit, das aber eher auf die anderen Figuren des Romans als auf ihn selber einwirkt. Pasenows Vorstellungen von Elisabeth, »die durch einen stillen Park geht« (S. 57), erzeugen »eine Art befriedigender reinlicher Ordnung« (S. 70), Elisabeths Vater pflegt »des Parkes umfriedete Natur« (S. 79), so daß es Elisabeth scheint, »als wünschte er mit fast weiblicher Fürsorge ihrer aller Leben zu einem immer größeren eingefriedeten Park [...] zu machen« (S. 81). In Eschs Traumbildern wird Bertrands Haus zu »einem fernen, unerreichbaren Schloß [...], in dessen Park die Rehe äsen« (S. 361). »Esch dachte: behielte er mich hier, so wäre Ordnung; man würde alles vergessen und hell würden die Tage in Ruhe und Klarheit dahinfließen« (S. 339). Für Bertrand selber aber ist das Schloß-Dasein eher ein Sich-Verkriechen in die Einsamkeit (S. 496), für Dr. Bertrand Müller wird das Schloß im Park nicht Symbol der Geborgenheit, sondern eher Symbol der unerfüllbaren Sehnsucht (S. 617). Im »Zerfall der Werte« ist die Geborgenheit nicht mehr vorhanden; »der Mensch, [...] aufgefressen von der radikalen Logizität des Wertes, in dessen Fänge er geraten ist« (S. 499), kann nur noch »eine Ahnung von der einstigen Geborgenheit besitzen« (S. 498). Für den alten Pasenow ist die ersehnte »Geborgenheit des Vertrauens« (S. 532) nur unerfüllbarer Traum, und als Protestant kann er »die vorläufig noch vorhandene Geborgenheit im katholischen Allwert, im wahrhaft mütterlichen Schoß der Kirche« (S. 582) nicht beanspruchen. In dem Endstadium des Krieges muß er erkennen, daß auch Patriotismus und Pflicht ihn vor der wachsenden allgemeinen Unordnung nicht beschützen können: »er dachte: ›Deutschland‹, dachte an eine gute Ordnung und an die Geborgenheit, die Deutschland ihm bisher gewesen war. Er sah Deutschland nicht mehr.« (S. 633) Obwohl die Uniform, wenn er sich vergewissert, daß alle Knöpfe geschlossen seien, ihm Klarheit und Geborgenheit vortäuscht (S. 634 u. S. 642), unterliegt er schließlich den Mächten der Unordnung und der Anarchie, denn unter der Uniform trägt doch jeder »das Anarchische, das allen gemeinsam ist« (S. 26) mit sich herum.

Für Esch besteht das Anarchische der Welt[27] in einem »fürchterlichen Buchungsfehler, der nur durch eine wundersame neue Eintragung zur Erlösung gebracht werden konnte« (S. 214), denn »ohne Ordnung in den Büchern gab es auch keine Ordnung in der Welt« (S. 243). »Die rechtschaffene Buchhaltung seiner Seele« (S. 266) treibt ihn dazu, »seine Rechnungen ohne Verzug ins Reine zu bringen« (S. 318) und »ein korrekt glattgestelltes Konto« (S. 363) einzurichten. Am Ende des zweiten Romans und dann auch noch im dritten Roman muß Esch aber zu der Einsicht kommen, »daß es bloßer Zufall war, wenn die Addition der Kolonnen stimmte« (S. 380), »daß [...] im Leben niemals jene Ordnung erreichbar sein wird, die er in seinen Büchern hält« (S. 413). Der buchhalterische Mensch, besonders wenn er, wie Esch, »ein Mensch impetuoser Haltungen« (S. 207) ist[28], wird theoretisch zum Rebellen (S. 413)[29], aber die praktische Form von Eschs Rebellion ist die des radikalen, eifernden Sektierers, der in absoluten Kategorien von Opfer, Erlösung und Gnade denkt und innerhalb dieser Denkkategorien die Brücke zum Romantiker Pasenow findet.

Im *Pasenow* taucht die Vokabel ›Opfer‹ nur an einer Stelle auf (S. 174), wo Joachim seine Befürchtungen ausspricht, daß sich Elisabeth für ihn opfere. Die Vokabel ›Erlösung‹ hingegen, obwohl gleichfalls im *Esch* am häufigsten auftretend, klingt schon im ersten Roman in vorausdeutender Weise an. Erlösung erlebt Joachim in der Erotik mit Ruzena (S. 44), faßt dann den Begriff »Erlösung« als Beigabe der Pflicht auf, als er sich für die Heirat mit Elisabeth entscheidet (S. 158), denn diese Ehe bedeutet ihm mehr als eine Ehe christlichen Hausstands, sie bedeutet ihm »Rettung aus Pfuhl und Sumpf [...] Verheißung der Gläubigkeit [...] auf dem Wege zu Gott« (S. 171). Esch sucht die ganze Welt von ihrem fürchterlichen Buchungsfehler zu erlösen (S. 214) und fühlt sich deshalb durch die Botschaft »der erlösenden Liebe« (S. 217) zu der Heilsarmee hingezogen. In seiner unmittelbaren Umgebung überträgt er diese »Sehnsucht der gefangenen Seele nach Erlösung aus ihrer Einsamkeit« (S. 222) auf Ilona (S. 232). Ihre Erlösung von den Messern im Varieté steht stellvertretend für die Erlösung der Welt (S. 237), die aber ohne Opfer unmöglich bleibt. Als Sinnbild des Opfers fungiert der eingesperrte Sozialist, Martin Geyring; als Esch versucht, seine verworrenen Gedanken über die Beziehung zwischen Erlösung und Opfer zu ordnen, kommt er nur bis zu der Überlegung: »Vielleicht mußte man sich erst opfern, damit [...] man die Gnade der Erlösung erfahren könne« (S. 265). Genauso vage und verworren verknüpft Esch die Idee der Erlösung mit der Idee der Freiheit, die er in der Auswanderung nach Amerika zu finden hofft: »Esch sah die Freiheitsstatue vor sich, deren Fackel all das verbrennt und erlöst, was herüben zurückgelassen wird, alles Gewesene und alles Tote dem Feuer überantwortet« (S. 291). Die zweite der drei in kursiv gesetzten Kapitelüberschriften, die in ihrer pathetisch erhabenen Sprache und in ihrer kommentierenden Funktion an die »Stimmen« in den *Schuldlosen* erinnern, faßt dann Eschs verworrene Gedanken präziser, wenn auch nicht konkreter, zusammen: »Daß Einer komme, der den Opfertod auf sich nimmt und die Welt zum Stande neuer Unschuld erlöst [...] Zwischen geträumtem Wunsch und ahnendem Traum schwebt alles Wissen, schwebt das Wissen vom Opfer und vom Reich der Erlösung.« (S. 333) In dem traumhaften Zusammentreffen mit Bertrand in dem Schloß im Park nimmt auch Bertrand diese Gedanken auf, und zwar in derselben Formulierung, die für Esch einleuchtend und vertraut klingt (S. 338). In seine realere Umgebung in Köln zurückgekehrt, will Esch nicht nur Ilona und Martin Geyring, sondern auch Mutter Hentjen erlösend erwecken (S. 355), aber das Reich der Erlösung in der alten Welt bleibt »süße nie erfüllte Hoffnung« (S. 374).[30] Mutter Hentjen nämlich »wußte nichts vom Reich der Erlösung, wollte nichts davon wissen« (S. 376). Esch versinkt gegen Ende des zweiten Romans in Resignation: »Selbst die Fackel der Freiheit vermag wohl nicht zur Erlösung zu leuchten [...]« (S. 377), und »mit Amerika war's also Essig. Endgültig« (S. 371). Im dritten Roman kommt aber Esch in der Ekstase seiner Bibelstunden wieder auf das alte Thema zurück (S. 501), er findet bei Pasenow Sympathie, bei Huguenau allerdings nur grinsende Verachtung. In der abendlichen Theaterszene vom »Symposion oder Gespräch über die Erlösung« (S. 551-559) taucht die Vokabel mehrmals auf, ohne daß dadurch eine Klärung des Begriffs erzielt wird. Esch und Pasenow reden beide vom Reich der Erlösung, Frau Esch sagt kaum ein Wort, und Huguenau steht dem ganzen Gespräch feixend fremd gegenüber, bis er im Tone der Heilsarmee, den Takt auf den Tisch schlagend, auch in den Wechselgesang einfällt.[31] Wenn Huguenau von Opfer redet, geschieht dies nur aus materiellem Selbstinteresse (S. 441); Pasenow spricht patriotisch-pathetisch von Kriegsopfern (S. 467); Esch aber setzt Opfer immer in Zusammenhang mit Erlösung (S. 501, 553). In seinem verworrenen visionären Idealismus steht Esch dem Wortgebrauch der Erzählerstimme in dem prophetischen Passus am Ende der Trilogie am nächsten, wo Freiheit ebenso visionär als »die schmerzliche Freiheit der Pflicht, [...] Aufopferung und Sühne für das Geschehene« gedeutet wird (S. 715).

Der Romantiker sucht aus seiner Angst in die Geborgenheit zu fliehen, die ihm der Traum von Ordnung und Erlösung zu bieten scheint. Angst und Geborgenheit gehören aber beide einer Assoziationskette an, die auch die Einsamkeit einschließt. Das Gefühl der Einsamkeit erzeugt Angst und zugleich die Sehnsucht nach Geborgenheit, sie überfällt vor allem den Wanderer, den Reisenden, den verlorenen Sohn. Pasenow im ersten Roman der Trilogie und Esch im zweiten leiden unter dem Gefühl der Einsamkeit. Das versteht vor allem Bertrand, der zu Esch sagt: »Du weißt, daß ich dich nicht bei mir behalten kann, so sehr du die Einsamkeit fürchtest. Wir sind ein verlorenes Geschlecht [...]« (S. 339). Im dritten Roman ist jede Figur auf ihre eigene Weise einsam, laut Jaretzki als Folge des Kriegsgeschehens: »Ich, ich sage Ihnen, Schwester, daß der Krieg nicht aufhören kann, weil der Mensch draußen allein geworden ist ... weil einer nach dem anderen an die Reihe kommt, allein zu sein ... und jeder, der allein ist, muß einen andern töten ...« (S. 563). Jaretzkis Worte finden ein Echo bei Hannah Wendling: »– vielleicht, so dämmerte ihr jetzt, ist die Einsamkeit das Erste, ist Einsamkeit der Kern der Krankheit!« (S. 594) Das in Aphorismen geschriebene Kapitel 65 unterscheidet zwischen verschiedenen Formen der Einsamkeit und deutet auf die Versuche einiger Romanfiguren, einen Ausweg zu finden. Bertrands Versagen wird so geschildert:

Da gab es einen, der flüchtete vor seiner eigenen Einsamkeit bis nach Indien und Amerika. Er wollte das Problem der Einsamkeit mit irdischen Mitteln lösen, – er war ein Ästhet und deshalb mußte er sich umbringen (S. 596).

Bertrand hat also Selbstmord begangen, nicht weil er sich vor den Folgen der Denunziation Eschs fürchtete, sondern weil ihm im Gespräch mit Esch die Unlösbarkeit des Problems der Einsamkeit bewußt wurde. In einem kurz darauf folgenden Aphorismus sind die Anspielungen auf Pasenow und Esch unverkennbar:

Wer in der geistigen Vereinsamung ist, vermag sich noch in die Romantik zu retten, und aus der seelischen Vereinsamung führt immer noch ein Weg zum Du des Geschlechts, – doch für die Einsamkeit an sich, für die unmittelbare Einsamkeit läßt sich die Rettung ins Gleichnis nicht mehr finden (S. 596).

Hinter diesem Aphorismus muß wohl die Stimme des Erzählers

vermutet werden, denn als Verfasser kommen weder Pasenow noch Esch noch Huguenau in Betracht – sie werden alle in der dritten Person erwähnt –, allenfalls Bertrand, doch wird von ihm hier berichtet, daß er sich umgebracht habe. Wenn aber der Erzähler der ganzen Trilogie der Verfasser der Aphorismen ist, dann wirkt es befremdend, daß er eine Rettung aus der Einsamkeit als möglich darstellt, liefert doch die Romanhandlung keine Belege dafür. Pasenow und Esch sterben beide einsam, wie sie gelebt haben, leiden also weder an geistiger noch an seelischer Vereinsamung, sondern an der »Einsamkeit an sich«, wie übrigens auch Hannah Wendling (S. 615). Einzig die naive Gläubigkeit des Heilsarmeemädchens ist imstande, die Einsamkeit zu überwinden: »Wer in Christum ist, ist nie einsam« (S. 638). Trotz ihrer Bibelfrömmelei bleiben Pasenow und Esch von dieser Gnade ausgeschlossen. Im Sonett, das als Koda konzipiert wurde[32], ist des Menschen Einsamkeit endgültig: »Kein Traum hat jedes andern Traum getroffen, / einsam die Nacht« (S. 688). Wenn aber schon die Repräsentanten der partiellen und absterbenden Wertsysteme der Einsamkeit verfallen sind, dann erst recht der wertfreie Mensch, »der zum Henker einer Welt wird, die sich selbst gerichtet hat« (S. 703). Huguenau findet am Ende des Geschehens ins kaufmännische System zurück; lediglich seine Taten überleben, weil sie in das jeweilige Wertsystem passen (S. 703). Das aber erinnert an einen Passus aus der zweiten These des »Erkenntnistheoretischen Exkurses«: »Denn das effektive oder fiktive Wertsubjekt kann bloß in der Einsamkeit seines Ichs imaginiert werden, in jener unaufhebbaren brückenlosen und platonischen Einsamkeit, deren Stolz es ist, ausschließlich von den Vorschriften des Logischen abhängig zu sein« (S. 621). In ihm ist »die Angst des Menschen, der allmorgendlich zur Einsamkeit erwacht« (S. 706), er muß auf eine kalte Zone hinausblicken, »die wie ein Gürtel der Einsamkeit um seinen Standort gelegt« ist (S. 711). Innerhalb der Handlung der Trilogie gibt es keine Möglichkeit der Rettung aus der Einsamkeit, es sei denn ganz am Ende im Pathos der Prophetie (S. 717).

Einsamkeit ist ständig mit anderen Vokabeln verbunden, mit Stummheit, Starre, Leere[33] und Heimatlosigkeit, und heimatlos wie der Verlorene Sohn sind alle Romanfiguren. Schon vor seinem Verhältnis mit Ruzena muß Joachim erkennen, daß er »heimatlos wie Bertrand« ist (S. 37). Der Reisende, Esch, sehnt sich nach der Heimat seiner Kindheit und steht darum am Beginn des Schlafwandelns (S. 328, 333); für die Kolonisten, deren etwas verächtliche Bewegung der Hand an Bertrand erinnert, liegt die Heimat des Volkes unwiederbringlich hinter ihnen (S. 342). Auch für Dr. Bertrand Müller ist die Heimat unwiederbringlich verloren (S. 638), und Jaretzki faßt ihrer aller Schicksal in den Worten zusammen: »so richtig nach Hause kommt keiner mehr« (S. 602).

Noch häufiger als alle bisher erwähnten Vokabeln erscheint in Brochs Trilogie das Wort ›Freiheit‹.[34] Der Begriff ist im Kontext der *Schlafwandler* auf interessante Weise mehrdeutig, und es läßt sich daran der schon aufgezeigte Unterschied zwischen Pasenow und Esch einerseits und Huguenau andererseits weiter verdeutlichen. Diejenigen, die Angst und Einsamkeit kennen, wollen davon befreit sein. Freiheit wird also, wie z. B. Erlösung, Ziel romantischer Sehnsucht, auch für die, die die Mißstände der Welt als ›Pfuhl‹, ›Sumpf‹ oder ›Finsternis‹ betrachten (Pasenow), und für die, die einen Bruch oder einen ›fürchterlichen Buchungsfehler‹ entdecken (Esch). Esch braucht faßbare Stützen für seine Sehnsüchte. Anstelle der Kirchenlieder, die seinen Glauben an Erlösung untermauern, dienen ihm als Zeichen der Freiheit gewisse ›Insignien‹ (S. 357). In der Nähe des Neumarkts in Köln kauft er ein Buch mit dem Titel »Amerika heute und morgen«, das auf dem Umschlag »ein Bild der Freiheitsstatue, golden auf grünes Leinen gepreßt« (S. 287) aufweist, später kauft er noch einen »englischen Sprachführer mit dem anlockend fröhlichen Union Jack«. Er macht sich auch unverzüglich daran, »die englischen Vokabeln zu lernen, und hinter jedem Worte stand das Wort ›Freiheit‹ […], als sollte mit diesem Wort alles, was gewesen und in der alten Sprache ausgedrückt worden war, in Vergessenheit aufgelöst und erlöst werden« (S. 289). Zu Mutter Hentjens »Wiegenfest« schenkt er ihr eine kleine bronzene Freiheitsstatue, die sie zum Schillermonument und zum Eiffelturm auf das Bord setzt. »Da standen nun der Freiheitssänger, die amerikanische Statue und der französische Turm als Symbole einer Gesinnung, die Frau Hentjen nicht zu eigen war« (S. 301), die aber für Esch im zweiten Roman der Trilogie kennzeichnend ist. Daß Freiheit aber erst durch Opfer und aufopfernde Tat zu erzielen ist, erfährt Esch von Bertrand: »Jeder muß seinen Traum erfüllen, böse und heilig zugleich. Sonst wird er der Freiheit nicht teilhaftig« (S. 338). Dieser Spruch erscheint umgewandelt wieder in Eschs Gedanken (S. 348) und in den abschließenden Ausführungen des Erzählers, im letzten Kapitel der Trilogie (S. 711). Der Begriff Freiheit verschmilzt dann bei Esch fortan mit seinen niemals definierten Gedanken von Opfer, Rettung vor dem Tod (S. 379), Gerechtigkeit (S. 476) und Erlösung (S. 219), die eine für die Romantiker charakteristische Assoziationskette bilden. Joachim redet im selben Sinne, wenn er Bertrand von seiner Werbung um Elisabeth erzählt, und von seiner Hoffnung, »an ihrer Seite den Weg ins Freie wiederzufinden« (S. 150).³⁵ Die sich in dieser Hoffnung manifestierende Romantik bleibt Bertrand natürlich nicht verborgen: »Wissen Sie, Pasenow, das ist zwar wunderschön gesagt, nur möchte ich Sie daraufhin nicht heiraten« (S. 150). Der ästhetische Mensch durchblickt das Illusorische solcher Vorstellungen bei Joachim und bei Esch, vermag sich aber doch nicht völlig davon zu distanzieren: »ich bleibe einsam, aber es ist ein schönes Kleid« (S. 597). Der Ästhet ist noch nicht wertfrei; wertfrei ist nur »ein anscheinend absolut rationaler Mensch wie Huguenau« (S. 597).

Für Huguenau liegt der Sinn der Freiheit nicht in Befreiung von etwas, sondern eher in der Freiheit, etwas zu tun, in Handlungsfreiheit. Freiheit ist für ihn nicht Rettung vor der Einsamkeit, sondern liegt in der Einsamkeit als aktive Zukunftsmöglichkeit eingeschlossen: »dann hatte er große Sehnsucht, aus solchem Pferch herauszukriechen und draußen einer Freiheit und Einsamkeit teilhaftig zu werden« (S. 711). Der Deserteur Huguenau erlebt die Freiheit »als ein fröhlicher und leichtbeschwingter Tourist« (S. 393), der seine Freiheit im Hier und Jetzt ausnutzen will. In der für Esch symbolischen New Yorker Freiheitsstatue sieht der sachliche Huguenau nur einen Briefbeschwerer (S. 401), auf den er im Kaufvertrag mit Esch »großzügig« verzichtet (S. 457), weil Symbole keinen materiellen Wert haben. Die Lutherische »Freiheit eines Christenmenschen« (S. 500) ist ihm kein Begriff. Nur als Tänzer »hat er sein freies Handeln aufgegeben und handelt dennoch in höherer und luziderer Freiheit« (S. 567). Als Tänzer handelt aber Huguenau zugleich in der niederträchtigsten Weise. Nachdem er die Überrumpelung Pasenows eingeleitet hat, begibt er sich »leicht, fast tänzerisch an seinen Tisch zurück« (S. 411), als Tänzer begeht er den Mord an Esch: »– er senkt das Gewehr, ist mit ein paar tangoartigen katzigen Sprüngen bei Esch und rennt ihm das Bajonett in den knochigen Rücken« (S. 677). Hierin liegt eines der befremdendsten Probleme der *Schlafwandler*: der einzige wirklich freie, wertfreie Mensch benutzt seine Freiheit zu betrügen, zu erpressen und zu morden. Huguenau befindet sich »in der absoluten Wertfreiheit des autonom einsam gewordenen Individuums« (S. 702), und als wertfreier Mensch wird er »zum Henker einer Welt [...], die sich selbst gerichtet hat« (S. 703). Die Freiheit dieses schäbigen Verräters und Mörders bleibt aber trotz allem »das eigentliche, das eigentlich mystische Deduktionszentrum« (S. 710) seines Handelns und ist als Idee nicht von der Freiheit zu trennen, »in der die ewige Erneuerung des Humanen sich rechtfertigt« (S. 710). Die radikale Wertfreiheit des nur auf den eigenen Vorteil besonnenen Individuums wird hier mit fast taschenspielerischer Geschicklichkeit der humanistischen Idee der Freiheit des Menschen gleichgesetzt. Aus einer Wertfreiheit, die gleich Wertlosigkeit ist, wird die große Hoffnung der Menschheit auf Erneuerung und Erlösung abgeleitet. Huguenau wird weder idealisiert noch sentimentalisiert. »Denn Mord bleibt Mord, Bösheit bleibt Bösheit«, und »seine Philistrosität [...] bleibt der Punkt der absoluten Verworfenheit« (S. 712). Weiter ist es logisch und erkenntnistheoretisch annehmbar, daß ein Aufstieg erst dann möglich sein wird, wenn der absolute Nullpunkt überschritten ist.

Und fast scheint es Ausfluß der gleichen logischen Notwendigkeit, daß der Übergang von einem Wertsystem zu einem neuen jenen Nullpunkt der Wertatomisierung passieren muß, daß er über ein Geschlecht hinweggehen muß, das, bar jeder Beziehung zum alten wie zum neuen Wertsystem, eben in dieser Beziehungslosigkeit, in dieser an Wahnsinn grenzenden Gleichgültigkeit gegen fremdes Leid, in dieser radikalsten Wertentblößung die ethische und damit die historische Legitimation für die grausame Nichtachtung liefert, der alles Humane in Zeiten der Revolution ausgesetzt ist. Und vielleicht muß es so sein, weil bloß ein Geschlecht von solch absoluter Stummheit fähig ist, den Anblick des Absoluten und den aufbrechenden Feuerschein der Freiheit zu ertragen (S. 712 f.).

In diesem letzten Satz enthüllt sich jedoch die Taschenspielerei. Die Entwicklung der Motivkette ›Freiheit‹ führt über die Wertfreiheit Huguenaus zur Postulierung eines Nullpunkts – so weit geht die Analyse des Wertzerfalls, zu der alle Motivketten und Assoziationen hinlaufen. Durch Analyse läßt sich aber nichts über die Zukunft sagen, an diesem Punkt geht Analyse fast nahtlos in Prophetie über.[36] Der Roman verläßt den Boden des Realen, um in visionäre Bereiche vorzustoßen, die bisher von ihm selbst als unzulänglich und illusorisch dargestellt wurden.

Diese These läßt sich mit der Untersuchung einer letzten Motivreihe bekräftigen, an der der ›Hoffnung‹, denn die Trilogie endet mit der Beschwörung der »Stimme des Trostes und der Hoffnung und der unmittelbaren Güte« (S. 716). Im Esch-Roman taucht das Motiv »süße, nie erfüllte Hoffnung« an drei Stellen auf (S. 253, 330, 374). Das erstemal ist es ein resignierender, ableugnender Kommentar zu der unmittelbar vorhergehenden Darstellung der Möglichkeit menschlicher Annäherung in dem Anblick zweier aneinander vorübergleitender Schiffe – »ein Augenblick von zarter Erhabenheit« (S. 253). Die Vokabel ›zart‹ aber deutet, wie die Vokabel ›süß‹, auf die Unerfüllbarkeit der Hoffnung. Die zweite Stelle findet sich in einem Passus über den Reisenden (S. 330). Hier bezieht sich die »süße, nie erfüllte Hoffnung« auf die Vergeblichkeit des Versuchs, am Ziel der Reise Freiheit und Geborgenheit zu finden. Freiheit wird hier von Mord abhängig gemacht und dadurch entwertet; Geborgenheit wird durch das Motiv vom Schloß im Park angedeutet: »Ach, nie wird das Schiff bei dem Schlosse anlegen, auf dem die Geliebte wohnt« (S. 330). Zum drittenmal erscheint das Motiv, indem es die Möglichkeit der Erlösung verneint: »[...] dennoch neues Leben, Reich der Erlösung in der alten Welt. Süße nie erfüllte Hoffnung« (S. 374). Das Motiv ›Hoffnung‹ erscheint also im Esch-Roman nur mit negativem Vorzeichen, betont das Illusorische und Unerfüllbare der Sehnsucht nach Annäherung, Freiheit, Geborgenheit und schließlich Erlösung – doch sind dies alles Motive, die im Schlußkapitel der Trilogie positiv gedeutet werden. Im Huguenau-Roman wird es als »trügerische Hoffnung« bezeichnet, »den protestantischen Gedanken aus dem Grauen des Absoluten zu retten. Rührender Ruf nach Hilfe« (S. 583). Im Zusammenhang mit dieser »trügerischen« Hoffnung wird ein weiteres Motiv in negativem Sinne vorweggenommen, das dann im Epilog positiv erhoben wird; »aus der schwersten Finsternis der Welt, aus unserer bittersten und schwersten Finsternis wird dem Hilflosen der Ruf, tönt die Stimme« (S. 716). In dem Aphorismenkapitel wird Hoffnung abermals nur negativ erwähnt und die traditionelle Auffassung von Kindheit als Zeit der Hoffnung als Illusion entlarvt: »Es gibt nichts Hoffnungsloseres als ein Kind« (S. 596). Pasenow hegt eine ›verschwommene‹ Hoffnung, daß alles gut und einfach sich gestalten werde (S. 604); der Ich-Erzähler der »Geschichte des Heilsarmeemädchens« gesteht sich sein Versagen Marie und Nuchem gegenüber mit den Worten ein:

Denn selbst Nuchem und Marie sind mir fremd, sie, denen meine letzte
Hoffnung gegolten hat, die Hoffnung, daß sie meine Geschöpfe seien,
die unerfüllbare, süße Hoffnung, daß ich ihr Schicksal in die Hand
genommen hätte, es zu bestimmen [...] Trügerische Hoffnung, die Welt
formen zu dürfen (S. 616).

Sein Streben nach Gemeinschaft bleibt »vergebliches Hoffen«
(S. 617). Auch die im »Zerfall der Werte« vorgetragene Erkenntnistheorie steht vor der Frage der unerfüllbaren Hoffnung: »Bedeutet dies Relativierung aller Werte? Aufgabe jeglicher Hoffnung, daß mit der Einheit von Denken und Sein das Absolute
des Logos sich in der Wirklichkeit je manifestiere? Aufgabe der
Hoffnung, daß der Weg zur Selbstbefreiung des Geistes und der
Humanität jemals auch nur annäherungsweise beschritten werden
könne?« (S. 621). Die Verneinung dieser Frage, die Bejahung der
Hoffnung im Epilog scheint demnach eine heroische, aus der
Verzweiflung geborene Tat, die trotz der Analyse und der Darstellung im Roman in einer Art ›salto mortale‹ gewagt wird. Hoffnung
kann sogar sündig sein (S. 633) oder als Hirngespinst abgetan
werden (S. 642), doch wird sie bis zum Schlußkapitel nie mit
berechtigtem Optimismus oder heilbringendem Glauben gleichgesetzt. Erst dort, wo die analytische Darstellung endet und der
Sprung ins Prophetisch-Visionäre gewagt ist, wird sie zur »Messiashoffnung« (S. 715), die mit dem paulinischen Wort der Trilogie
abschließt: »tu dir kein Leid! denn wir sind alle noch hier!«
(S. 716) Abgesehen davon, daß Esch ermordet worden ist, Hannah
Wendling gestorben, Marguerite vielleicht einem Landstreicher
zum Opfer gefallen und Pasenow zusammengebrochen; abgesehen auch davon, daß das paulinische Wort nicht allzuweit von
dem Kirchenlied im ›Symposion‹ entfernt ist; der positive Schluß
der *Schlafwandler* wächst nicht unmittelbar aus der Trilogie heraus; er zerstört letztlich die choreographische Symmetrie und
bietet nicht viel mehr als »ein warmes und menschliches Klopfen
auf die Schulter«[37] des Lesers, der die Entwicklung des Zerfalls
miterlebt hat.

Anmerkungen

1 Hermann Broch, *Kommentierte Werkausgabe,* hg. v. Paul Michael Lützeler, Bd. 1: *Die Schlafwandler,* Frankfurt/M.: Suhrkamp 1978, S. 719-721; im folgenden zitiert als KW 1.

2 KW 1, S. 721.

3 Vgl. Brochs Selbstkommentar *Problemkreis, Inhalte, Methode der »Schlafwandler«,* KW 1, S. 723, wo er von »dem subjektiven Vokabular ›Erlösung‹, ›Rettung‹, ›Lebenssinn‹, ›Gnade‹« spricht.

4 Hermann Broch, *Briefe 1 (1913-1938),* KW 13/1, S. 148.

5 KW 13/1, S. 187.

6 KW 13/1, S. 99; vgl. auch KW 1, S. 743, 745.

7 KW 13/1, S. 175.

8 Man vergleiche folgende Stellen: KW 1, S. 163, 334, 342 mit den entsprechenden Stellen in älteren Ausgaben.

9 Siehe dazu P. Lopdell, *Epische Struktur und innere Erfahrung im Werk Hermann Brochs,* Göttingen 1969, S. 19 ff.

10 Siehe auch KW 1, S. 546, wo Pasenow von Marguerite sagt: »Des Vaterhauses beraubt.«

11 Broch, *Methodologischer Prospekt,* KW 1, S. 720.

12 Ebd.

13 KW 1, S. 32, 34.

14 KW 1, S. 25.

15 KW 1, S. 496.

16 KW 1, S. 176.

17 KW 1, S. 340.

18 KW 1, S. 364.

19 KW 1, S. 727.

20 Siehe auch KW 1, S. 580: »jener ›absoluten‹ Angst vor der ›Grausamkeit‹ des Absoluten, die Kierkegaard erlebt hat und in der Gott ›trauernd thront‹.«

21 KW 1, S. 488.

22 KW 1, S. 617.

23 Dieselben Worte werden später von Esch übernommen (KW 1, S. 660) und abermals stoßen die Worte auf die verständnislose Ablehnung Huguenaus.

24 KW 13/1, S. 178.

25 KW 13/1, S. 157: »Nichtsdestoweniger – und dies ist mein innerlichstes credo – gibt es einen Silberstreif am Horizont.«

26 Zum Thema »Arzt« s. auch KW 1, S. 72, 105, 138, 150, 336.

27 S. auch KW 1, S. 260, 273 (Chaos), 374, 529.

28 Diese Bezeichnung für Esch wird ständig wiederholt: KW 1, S. 221, 351, 414, 475, 532, 595.

29 Zum Thema ›Rebell‹ siehe vor allem KW 1, S. 464 ff.

30 Siehe auch KW 1, S. 253, 330.

31 Es ist auch zu bemerken, daß Dr. Bertrand Müller sein Interesse für Marie und Nuchem als unerlaubten Erlösungsversuch auslegt (KW 1, S. 618).

32 Siehe den Brief an Willa und Edwin Muir vom 17. 11. 1931, KW 13/1, S. 163.

33 Zum Motiv der Leere siehe im *Pasenow* KW 1, S. 39, 76, 87, 160, 161; im *Esch* KW 1, S. 187, 192, 240, 248, 256, 281, 303, 338, 341, 343, 356, 364, 379; im *Huguenau* KW 1, S. 387, 418, 422, 428, 435, 491, 572, 594, 596, 613, 640, 678, 693, 706, 708.

34 Zusammen mit verwandten Prägungen ›Befreiung‹, ›befreiend‹ usw. lassen sich circa 80 Stellen belegen, wovon etwa die Hälfte im *Esch* zu finden ist.

35 Später schreibt der alte Major von Pasenow schwärmerisch über »die innere höhere und wahrhaft göttliche Freiheit« (KW 1, S. 467) und über »die Gnade der Freiheit« (KW 1, S. 469).

36 Siehe Leo Kreutzer, *Erkenntnistheorie und Prophetie. Hermann Brochs Romantrilogie »Die Schlafwandler«*, Tübingen 1966. Der Versuch, die hoffnungsvolle Haltung am Ende der Trilogie zu rechtfertigen (siehe S. 193), bleibt aber ohne Überzeugungskraft.

37 KW 13/1, S. 172.

Thomas Koebner
Brochs Trauerspiel *Die Entsühnung* (1932)

Drei Aufführungen bedeuten keinen großen Erfolg. Häufiger ist
Hermann Brochs am ehrgeizigsten geplantes Drama, *Die Entsühnung*, auf der Bühne seit der Zürcher Premiere im März 1934
nicht gezeigt worden. Von der Sendung der stark amputierten
Hörspiel-Fassung, die Ernst Schönwiese herstellte, im Jahr 1961
sehe ich hier ab. Brochs »Trauerspiel in drei Akten und einem
Epilog«, von dem es immerhin eine autorisierte Buch- und eine
gekürzte Bühnenversion gibt, erweist sich bei der Lektüre als
feinfühlige Auseinandersetzung mit der historischen und gesellschaftlichen Krise zu Beginn der dreißiger Jahre – und in der Tat
weniger als Exempel eines neuen Theaters, das Broch vorge-
schwebt hat (nach seinen theoretischen Bemerkungen zum Stück
zu urteilen).[1]

  Die Fabel des Werkes ist nicht leicht erzählt, einmal, weil mehrere Handlungslinien nebeneinander geführt und miteinander ver-
woben werden, zum andern, weil mehrere dramatische Konzepte
mit ihren spezifischen Themen, Figuren und Szenen einander
durchdringen oder ablösen. Schon auf den ersten Blick lassen sich
zumindest drei Muster unterscheiden: erstens das Königsdrama
unter Wirtschaftsführern vor dem Hintergrund des sozialen Kon-
flikts; zweitens das Oratorium und feierliche Trauerspiel, in dem
– zumal im Epilog – über die Unglücksgeschichte der von Männern regierten Welt Gericht gehalten wird; drittens die expressionistische Stilisierung der Klage über den Widerspruch zwischen
reinem Idealismus und realpolitischem Pragmatismus.

  Das Königsdrama und das soziale Drama: Die Wirtschaftskrise
läßt die Filsmann-Fabriken nicht verschont. Die Firmenleitung
strebt danach, zumal der (schon 40jährige) Sohn des Gründers
verfolgt dies Ziel, sich auf Kosten der Arbeitsplätze und Löhne
zu sanieren. Die klassenegoistische Politik und die vorübergehende Stillegung der Produktion beschwören den Arbeitskampf
herauf. Der Mord eines Arbeiters durch einen »heruntergekom-
menen« Arbeitslosen verschärft die Lage. Am Ende setzt sich der
emotionslos sachlich und souverän taktierende Konzernmanager

Albert Menck durch: Eine Fusionierung mit dem Konkurrenzbetrieb rettet die Werke und die Aktienkurse – allerdings handelt es sich, so wird verkündet, um einen Pyrrhussieg, der den (nicht nur) wirtschaftlichen Kollaps nur hinausschiebt, weder die alte Ordnung retten noch eine neue durchsetzen kann. Filsmann Junior wählt den Freitod, da er sich der Macht über sein Familienunternehmen beraubt sieht. Sein Übervater Albert Menck, der sich von unten heraufgearbeitet hat, bleibt als müder, nicht als triumphierender Herrscher auf dem Plan zurück und gewinnt noch mehr Einfluß. Er sieht sich selbst aber nur als Werkzeug, ohne inneren Anteil am Besitz, als Fachmann, von dem Erfolge erwartet werden, funktionstüchtig bis zum Vernutztsein: »Und wir sind durchaus keine Kämpfer, die gegeneinander antreten, sondern einfach Marionetten, die etwas agieren, was man Wirtschaft nennt« (S. 57). Menck ist ein Held ohne Pathos, der jenen Figuren im Drama der Neuen Sachlichkeit gleicht, deren desillusionierte Realitätstüchtigkeit hier wie dort von ihren eigenen Schöpfern respektvoll bestaunt wird.

Die Arbeiter müssen sich mit weniger Geld in der Lohntüte zufriedengeben. Ihre Niederlage und Demütigung werden aber nicht weiter besprochen oder vor Augen geführt. Zwar lassen die ersten Szenen eine Parallelhandlung zwischen Oben und Unten, Direktionszimmer und Werkskantine, erwarten – im weiteren konzentriert sich das Drama aber auf das Spiel und Schicksal der Mächtigen. Dies wird von Zuschauerfiguren wie der Schriftstellerin Thea von Woltau (die sich von dem unternehmenden Wirklichkeits-Menschen Menck sehr angezogen fühlt, aber nicht in seine ›alten‹ Kreise einheiraten möchte) oder dem Redakteur Viktor Hassel teilnehmend-distanziert beobachtet. Broch entwickelt den Disput über Lösungen der Wirtschaftskrise und den ökonomischen Revierkampf in detaillierter Weise, die viel Kompetenz und Kenntnis zu verraten scheint. Volkswirtschaftlicher Sachverstand kommt deutlicher zum Vorschein als vergleichsweise in Bertolt Brechts *Heiliger Johanna der Schlachthöfe*. Doch bleibt die genaue Darstellung ökonomischer Verhältnisse am Ende sekundär. Im Umraum sozialer Konflikte zeichnet sich eine Art Königsdrama ab: Über der Sphäre derer, die stets Opfer sind, findet der Machtkampf der Großen statt. Sie, im Drama unters Licht gestellt, denken klischeehafter und verbohrter, handeln zynischer und leichtfertiger als die ›Verantwortung‹ dies erlaubt, die sie sich selber zuschreiben. Der angemaßte Nimbus der Industrie-Elite wird destruiert.

Das Oratorium und das feierliche Trauerspiel: Anstelle der Arbeiter werden allmählich die Frauen, die Mütter zu Antagonisten, gleichgültig ob sie im Salon oder in der Wohnküche leben. Es findet spätestens im zweiten Akt eine Erweiterung des Konfliktbereichs statt: Nicht nur der Streit zwischen Kapital und Arbeit, die Rechtfertigung der Ausbeutung und die ihr antwortende Empörung, bestimmen die zentrale Auseinandersetzung, sondern zusätzlich die Ur-Dissonanz zwischen Männern und Frauen/Müttern. In fast mystisch klingenden Suggestivformeln wird von dem Unheil gesprochen, das die Männer anrichten, und von dem Heil, das die Frauen bringen können – ungeachtet ihrer Niederlage, die auch in diesem Drama vorgeführt wird. Im chorischen Epilog, der Kantatencharakter hat, kommt diese Polarität am deutlichsten zum Ausdruck. Resümeehaft ziehen die oft in passiven und Opferrollen auftretenden Frauen ihre Schlüsse aus der traurigen Handlung: Die Männer agieren aus Schwäche und morden. Versöhnung und Entsühnung (daher wohl auch der Titel) kann nur von den Frauen, den Müttern in ihrem Schmerz erwartet werden. Wie dies geschehen soll, bleibt unklar. Durch die Geburt eines Kindes? – Erlöserideen, wie sie am Ende des wenig später konzipierten Romans *Die Verzauberung* ausgeführt werden, klingen hier nur diffus und unartikuliert an. Das soziale Drama weicht endgültig im Epilog dem Mysterienspiel, das den Gegensatz von männlicher Schuld und weiblichem Heilsbringertum stabilisieren will.

Das Stück changiert, zeigt nacheinander die Charakteristik herrschaftskritischer Literatur, die die Machinationen der Chefs an die Öffentlichkeit bringt, und die Charakteristik des feierlichen Trauerspiels mit religiöser Aura. Es hat Anteil an zwei Epochen: an der Neuen Sachlichkeit in Gestalt der demaskierenden Reportage über die obere Klasse und zugleich an dem archaisierenden neuen Pathos zu Beginn der dreißiger Jahre mit seinen klassizistischen und sakralen Elementen. Erik Regers Roman über die rechtsgerichtete, fast putschistische Verschwörung der Ruhrindustriellen, *Union der festen Hand* (1931), kann ebenso als verwandtes literarisches Zeugnis genannt werden[2] wie die Beispiele gänzlich unironischer Mythisierung von Mächten oder Urkräften, die Unterwerfung heischen. Brechts oratorische *Maßnahme*

(1930) oder Richard Billingers Dämonenspektakel *Rauhnacht* (1931) – so unvergleichbar unter etlichen Aspekten diese beiden Werke sein mögen, in der Abkehr vom ›sachlichen‹ Ton und im Verlust des Vertrauens auf die praktische Vernunft markieren sie den Wandel der Epoche, der ebenso in der *Entsühnung* merkliche Spuren hinterlassen hat. Auch Brochs Vorstoß in die Region des Überrealismus liegt die Erkenntnis zugrunde, die Ernst Toller wenige Jahre zuvor so formuliert hat:

Wir wissen, daß auch der Sozialismus nur jenes Leid lösen wird, das herrührt aus der Unzulänglichkeit sozialer Systeme, daß ein Rest bleibt von unlöslicher Tragik, bestimmt durch den Einbruch kosmischer Kräfte.[3]

Die expressionistische Stilisierung verstärkt vielfach die oratorische Komponente. Denn der erhaben-deklamatorische Ton einiger Reden, eine Stillage, in die oft ziemlich unvermittelt transponiert wird, hat nicht nur im zeitgenössischen Maestoso und Zeremoniell parteifeiernder oder fortschrittskritischer Literatur eine Parallele. Die Skala der Sprechweisen in Brochs Drama reicht von relativ geschmeidiger Konversation am Teetisch zu visionär stammelnder Monologlyrik (die letzten Verse über die Erfahrung des Transzendierens, die der Verschwörer Rosshaupt vor seinem Freitod spricht, sind zum Beispiel von Broch in die Gedichtsammlung *Patmos*, 1935, übernommen worden), von typenspezifischer Rollenrede zur emphatischen Deklaration an der Rampe, vom Verhandlungsgespräch zwischen Industriellen und Wortwechseln einer erregten Menge auf der Straße zur hochtrabenden Chorrede. In dieses Werk scheinen die Artikulationsformen und Varianten des Affektausdrucks von zwanzig Jahren deutscher Dramengeschichte eingegangen zu sein, ohne daß sie sich jeweils mit dem hier aufgefächerten Spektrum der Stände und Schichten in allen Fällen decken. Fast jede Figur verfügt zwar über ihre Umweltsprache, zugleich aber auch noch über eine andere, rhetorisch gesteigerte Ausdrucksweise, die der Intonation höherer, überpersönlicher Einsichten dient. Damit werden die gleichsam ›naturalistischen‹ Monologe und Dialoge im pathetischen Schub durchstoßen, die Aussagen von den Personen abgelöst und zum Konzert tremolierender oder trompetender Stimmen mit Flüstern und Schreien vereinigt. Diese Aufschwünge zum weihe- und oft auch salbungsvollen Vibrato, in nicht selten antiquiertem Vokabular und oft gestelztem Ausdruck, hat Broch im Expressionismus vorgeführt bekommen – zum Beispiel in den pamphlet-artigen Dramen Fritz von Unruhs (*Ein Geschlecht*, 1917) oder Georg Kaisers (*Gas-Trilogie*, 1917-20). Kaiser hat konsequenter als Broch Sprachtöne und Milieus in seinem Drama *Nebeneinander* (1923) verquickt, um zeitgenössische Existenzformen schärfer voneinander abzugrenzen: die expressionistische, hochfahrende Leidenschaftlichkeit, die neusachliche Kaltschnäuzigkeit und die bürgerliche, sentimentale Biederkeit. Auch die Werke von Ernst Toller bieten sich zum Vergleich an, sowohl die frühen Dramen *Die Wandlung* (1917) oder *Masse Mensch* (1920) mit ihrem messianischen, manchmal predigthaften Gestus, als auch das spätere Stück *Hoppla, wir leben* (1927), ein Werk, das gleichfalls ein Gesellschaftspanorama ausbreitet und zudem, wie die *Entsühnung* in einer Schicht, den Konflikt zwischen unzeitgemäßen revolutionären, sozusagen expressionistischen Impulsen und sachlichen Kompromissen in der sozialen Realität entwickelt.

Einem expressionistischen Drama entstammen etwa die Mütter der toten Söhne, die die Qual der Kreatur in Worte fassen: die alte Frau Filsmann, die Mütter des ermordeten Arbeiters Rychner und seines (später gehängten) Mörders Woritzki. Den großen Schmerz will Broch offenbar nicht in alltägliche Wendungen fassen. Und Ödön von Horváths Art, das fast stumme, schwer sich aussprechende, da kaum begriffene Leiden in der Spannung zwischen Phrase und Stille anklingen zu lassen, ist Broch fremd. Er weicht solcher Ausstellung falscher Sprache aus, weil er mit Ausnahme des einzig gegenwartsfrohen, da borniert den Umsatzprämien nachjagenden Handlungsreisenden Jeckel – eine Figur wie aus Hans Falladas Romanen, doch gesteigert zur Groteske, »in seinem Automatismus fast irrsinnig« (S. 14) – keine weiteren Repräsentanten der Kleinbürger-Masse mit ihrer Maskensprache auf die Bühne führt, und benutzt, hier noch abweichend von der Tradition österreichischer Sprachskepsis, für den Ausdruck der Grenzerfahrung recht ungeniert und eklektisch das Lexikon der klassischen Tragödie oder der Psalter-und-Harfen-Weisen: »[...] Über den Gräbern rauschen die Sterne, / und in der aberunendlichsten Ferne / sehet des Göttlichen liebende Bahn.« (S. 132) Aber auch die Romantiker, Fanatiker, Idealisten des Stückes – Männer der mittleren Generation, der Dreißig- bis Vierzigjährigen – fügen sich in die Kontur expressionistischer Dramengestalten: Der jüngere Filsmann ist beinahe von der Vorstellung besessen, daß seine Position von Konkurrenten und Sozialisten berannt und unterminiert wird. Der Sohn verteidigt die Herrenmoral des selbstherrlichen und selbstgerechten Kapitalismus von Gottes Gnaden, der die Vätergeneration bestimmt hat, und versteigt sich zu wahnwitzigen Behauptungen, die die Tatsachen verkehren: »Deutschland verblutet an seinem zu hohen Lohnniveau. Wenn wir wieder unsere Geltung auf dem Weltmarkt erringen wollen, so muß ... *er erhebt sich* ... mit der proletarischen Aussaugung der Betriebe endlich Schluß gemacht werden.« (S. 24) Der Vorwurf der kapitalistischen Aussaugung, historisch wohl nur allzu berechtigt, wird hier in der Rede Filsmanns in die Angstvision der »proletarischen Aussaugung« übersetzt. »Wir können es uns nicht mehr leisten, ein Luxusvolk zu sein. Mit dem marxistischen Sybaritismus geht es eben nicht weiter.« (S. 25) Beharrlich und kurios stellt der Sprecher die realen Verhältnisse auf den Kopf – und läßt dabei erkennen, daß er die Perspektive des Opfers einnimmt. Er fühlt sich betroffen, verfolgt, als Gegenstand unrechtmäßiger Handlungsweise. »Der deutsche Kaufmann und der deutsche Industrielle haben einen heroischen Kampf geführt. Wir sind ausgeblutet.« (S. 28) Aus diesem Kampf leitet Filsmann eine »heilige Pflicht gegenüber unserem Geschäft«, »gegenüber der Gesamtindustrie und dem Vaterland« (S. 28) ab. Antriebsstärker als Pasenow aus Hermann Brochs Romantrilogie *Die Schlafwandler*, hält Filsmann der Zeit sein von der Geschichte überholtes und diskreditiertes Credo entgegen. Als die Fassade dieses Industrieführer-Heroismus nicht mehr aufrecht zu erhalten ist, hängt sich der enttäuschte Idealist auf.

Einen ähnlichen Abgang wählt der völkische Verschwörer und baltische Freiherr Rosshaupt, eine verblüffend verständnisvoll als Schwarmgeist gesehene Inkarnation der Freikorps- und SA-Attentäter. Rosshaupt ist von fiebernd antikapitalistischer Gesinnung: Das Geld ist für ihn der Inbegriff des Übels. Der Verlockung, das Leben an Geld und Geldeswert auszurichten, widerstrebt er mit Force. Er, der sich nach Gemeinschaft über allem Parteienzwist sehnt, einer Gemeinschaft, die seiner Auffassung nach die des Blutes sein werde, sieht sich von der korrupten Welt abgetrennt, isoliert. Nur die Liebesleidenschaft zur wankelmütigen, verführerisch eleganten Ehefrau des Industriellen Filsmann, Gladys, und die Kontakte mit den Drahtziehern, die ihn als

Instrument des Landfriedensbruchs gebrauchen, durchbrechen den Schild seiner Einsamkeit. Eher handelt es sich bei Rosshaupt um einen anarchistischen Einzeltäter, zwischen den Klassen schwebend und außerhalb jedes Korps, als um den organisierten Exekutor republikfeindlicher Kräfte, die eine neue stramme und strenge Ordnung auf ihr Panier geschrieben haben. Intern ganz unverhüllt – so erfahren wir durch das Bühnengeschehen – vertritt die Gruppe der Industriellen diese antidemokratischen Interessen. Rosshaupt, ihr Helfer, empfindet Prophetenzorn und hängt apokalyptischen Visionen nach, mehr, als dem Kalkül der Auftraggeber recht sein kann. Als er, schon verlassener Liebhaber einer verheirateten Frau, ausgerechnet von einem Handlungsreisenden erpreßt und sein umstürzlerischer Furor durch politische Manöver gehemmt wird, entdeckt er keinen Platz mehr für sich in dieser verrotteten, berechnenden und ihren Vorteil suchenden Gesellschaft und schießt sich aus ihr hinaus. Dies scheint nicht gerade der typische Weg der rechtsradikalen ›Terroristen‹ gewesen zu sein, wenn man etwa an den Lebenslauf des Ernst von Salomon denkt. Rosshaupt, der Narr, den Ekel vor der Unvollkommenheit der Wirklichkeit auf den falschen Weg treibt, erinnert von Ferne auch an Esch aus den *Schlafwandlern* und dessen verrannte Hoffnung, daß erst der Mord die Welt aus ihrem gegenwärtigen Stand der ›Entartung‹ lösen und retten könne:

Ich hasse das Geld, oh, wie ich es hasse. Wie ich die Gesichter dieser Welt hasse, die vom Gelde zerfressen sind! An was glauben die noch? [...] Sie sind kein Volk mehr, ach, kein Volk ist mehr ein Volk, sie sind nur eine Gesellschaft, die darauf eingerichtet ist, sich gegenseitig Geld abzuluchsen. Sie haben keine Gemeinschaft, sie sind keine Gemeinschaft. Wir müssen über sie herfallen, mit Feuer und Schwert müssen wir über sie herfallen, mit Mord und Brand, damit sie wieder ein Volk werden und ihre Gemeinschaft halten. Ihr Blut ist in Geld erstickt, es muß erst wieder fließen lernen. Verrucht ist diese Welt, verrucht ist ein Deutschland, das kein Deutschland mehr ist, sondern ein Land von Profitjägern. Oh, wie unsauber, wie schmutzig ist es, oh, wie muß ich es hassen, damit ich es einmal werde lieben können. (S. 48 f.)

Die Rechtfertigung der Mordbrennerei scheint – will man dieser Selbstaussage des Verschwörers glauben – in einer Art heiliger Wut über die Verkommenheit dieser Welt zu bestehen. Daß die hier suggerierte Kraft nicht weit reicht, wird dann durch die Selbstentleibung des ›Revoluzzers‹ bestätigt. Dem Impuls, der

Rosshaupt umtreibt, will Broch seine Achtung nicht vorenthalten. Als einem fundamentalen Oppositionellen verleiht der Dramatiker diesem Landsmann und verzerrten Nachbild des Majors Tellheim die Würde dessen, der beinahe wie ein Don Quichote gegen seine Zeit kämpft und scheitert. Bereits die Beschreibung der Figur in der Auflistung der Hauptrollen läßt etwas von dieser Wertschätzung erkennen: Dort heißt es, Rosshaupt sei durch »militärisches Aussehen« gekennzeichnet – »dennoch ekstatischer Ausdruck, Typus Freiheitskämpfer« (S. 12).

Idealismus, der über Romantizismus und Ressentiment hinausreicht und mit Fanatismus verschmilzt, ist weniger leicht zu brechen. – Diese brisante Mischung kennzeichnet das Handeln und Verhalten des Gewerkschaftssekretärs und kommunistischen Redakteurs Karl Lauck, der seine naturwüchsigen Nachteile – er wird als leicht bucklig und schwächlich geschildert und erinnert an die Hauptfigur in Erich Mühsams Passions- und Revolutionsdrama *Judas* – durch politische Kraft, Haß und Machtgier ausgleicht. Auch er wird vergeblich geliebt – wie Filsmann und Rosshaupt von derselben Gladys, der Ehefrau und Angebeteten, so Lauck von der jungen Eva Gröner, der Direktionssekretärin in den Filsmann-Werken. Doch weibliche Zuneigung kann diesen Männern in ihrem Dilemma nicht helfen, ihre Eindimensionalität nicht aufheben, sie aus dem Raster ihrer Wahnideen und Obsessionen nicht heraushebeln. Der körperlich stigmatisierte Gewerkschaftssekretär Lauck bezieht aus der Ablehnung, die er auch von der Geliebten zu erfahren meint, nur um so mehr Energie. Bemerkenswert ist, daß Broch ihn als »Fanatikertypus« beschreibt (S. 12). Der Begriff ›fanatisch‹ ist spätestens 1934 im deutschen Sprachraum allgemein der Nazi-Bewegung zugeordnet worden: Dort galt fanatisch zu sein als Gütezeichen bedingungsloser Subordination unter den Befehl der ›nationalen Revolution‹ und des Führers. Broch läßt, als Lauck einen seiner perorierenden Ausbrüche hat, hinter der sozialistischen Rhetorik nicht nur einen gefährlichen Machthunger und eine sozusagen parteineutrale Gier danach erkennen, die Massen manipulieren zu können –, sondern auch eine Betrachterfigur dies lakonisch mit dem Satz kommentieren: »Das klingt geradezu fascistisch.« (S. 62) Der Gewerkschaftssekretär antwortet auf diese Zuordnung, die ihn doch im höchsten Maße treffen müßte, keineswegs abwehrend: »Jeder, der ein Ziel verfolgt, ist diktatorisch, ... das ist das Wesen des Politischen ...

ich gehöre nicht zu jenen, die warten können ... unsere Idee ist das Ziel [...] man muß jede Menschenmasse erst in die Panik der Führerlosigkeit geraten lassen ... es wäre Energievergeudung, früher einzugreifen.« (S. 62) Der Eifer des Agitators hängt – seine Aussagen lassen dies erkennen – mit der Angst vor den entfremdeten Gewohnheiten, aber eigentlich vor der »unheimlichen« Sexualität zusammen:

... die Geschäfte, die Ihr tätigt ... daß da Waren gekauft und verkauft werden ... das ist etwa nicht unheimlich? ... *er kommt in seinem Auf- und Abgehen an die Rampe und spricht nun ins Publikum* ... daß Ihr aus Euren Büros, aus Euren Ämtern auf die Straße tretet, daß Ihr die Straße überquert ... daß die Männer die Weiber suchen, die Weiber die Männer ... daß Ihr Euch zusammen ins Bett legt; das ist etwa nicht alles unheimlich? ... *er hat seine Stimme immer mehr erhoben, ins Publikum schreiend* ... alles, was Ihr macht, ist unheimlich, alles, alles ... und Ihr wißt es! (S. 62 f.)

Die politische Devise erscheint als vordergründiges Argument, hinter dem die wahren Antriebskräfte zu suchen sind, nämlich in der komplizierten Bewußtseins- und Triebdynamik der einzelnen Personen, die ihre Traumata mit konstruierten Wertsystemen verdecken: Filsmann, der aus dem Minderwertigkeitsgefühl des Erben verbal aggressiv die Alleinherrschaft anstrebt; Rosshaupt, der Untergrundkämpfer aus verletzlichem Schwärmertum, ein Reinheitsapostel und völkischer Parsifal; Lauck, der flammende Einpeitscher aus dem Leiden an körperlicher Versehrtheit. Der politische Streit verflacht in solcher Darstellungsweise zum Schattengefecht, das sich ›Schlafwandler‹ liefern: Der Rechtsanspruch der Arbeiterschaft versickert in der Genremalerei von Kantine und Küche und in der fortschreitenden Tiefendeutung, die am Ende alle Konflikte aus dem Riß zwischen Männern und Frauen ableitet. Broch will die Schattenzone hinter parteilichen Positionsmarkierungen beleuchten. Der Versuch, die am fast bürgerkriegsähnlichen Kampf zwischen Oben und Unten beteiligten Menschen, die ihnen gemeinsame Panik, Verletztheit, Hilflosigkeit und ordo-Suche in den Blick rücken, ist ebenso als Recht des dazwischenstehenden Betrachters zu verteidigen, wie es angreifbar bleibt, wenn der Autor die Konstellation der ökonomischen und sozialen Kräfte komplett durch die der Geschlechter oder rudimentär auch der Generation ersetzt – der einen einlinigen Erklärung also andere einlinige Erklärungen nachschiebt, wie bruchstückhaft diese auch immer bleiben.

Broch will im Drama wie in den *Schlafwandlern* zur Deutung der Epoche beitragen. Die Figuren der Zuschauer auf der Bühne, die ›Literaten‹ Thea von Woltau und Viktor Hassel, sehen sich in einer »Welt voll von Larven und Lemuren« (S. 49), in einer »gespenstischen Welt« (S. 50), in der das scheinbar Reale an Substanz verloren hat. Die Entfremdung, die so geschildert wird, ist mit der Erfahrung der Einsamkeit vernetzt – und mit dem Zustand des Wartens, den Hassel als Phase der ungetrösteten Glaubenslosigkeit schildert: »Wir wenden uns ab und warten, warten, bis das Geistige und Göttliche, an das wir glauben, wieder emporgetragen wird von der Woge des erkennenden Gefühls, in dem das Leben ruht.« (S. 50) Solcher ›Attentismus‹ (mit diesem Begriff ist u. a. die Abwarte-Politik der Sozialdemokratischen Partei im Wilhelminismus und in der Weimarer Republik beschrieben worden) widerstrebt natürlich dem heftigen Lauck. Doch erhellt, daß seine Aktivität zumal das auch von ihm geteilte Wissen um die Leere und die schier unbegreifliche Mechanik des äußeren Lebens durch den Lärm des Handelns betäuben soll. Dem Dramatiker stellt sich der Zwiespalt im Bereich der Wirtschaft, also das ›soziale Drama‹, als relativ und nachgeordnet dar. Die Zauberformeln von der »Blutsgemeinschaft« oder anderen Kollektiven gelten ihm als Ersatzmythen. Schattenhaft, doch anscheinend unabweislich, zeichnet sich für ihn die fundamentale Ungleichheit zwischen Männern und Frauen, dann auch noch: Müttern und Söhnen, Alten und Jungen, als Urprinzip von Krieg und Mord und Unrast ab, Ungleichheit, die sich nach seinem Urteil geschichtlich verhängnisvoll ausgewirkt hat: Der Lauf dieser Welt ist der Lauf einer von Männern verunstalteten Welt. In Konkurrenz dazu tritt die schon im Roman *Die Schlafwandler* ausgebreitete These von der Ortlosigkeit des Menschen und dem Verlust eines zentralen Wertsystems, den Spätfolgen einer radikalen Säkularisierung, die für den Zerfall der Moral in einzelne Moralen und die Abkältung des Verhältnisses zwischen dem Ich und seiner Welt in der Moderne verantwortlich zu machen sei.

Ob nun die blassere, geschichtsphilosophische Interpretation im Vordergrund steht oder die eher mutterrechtliche Heilsidee, Broch hat den Wunsch, diese Analysen grundsätzlichen Anspruchs immer wieder vorzutragen. Dies führt dazu, daß die Personen (etwa in I, 7; II, 2; II, 6; III, 7; im Epilog) aus ihren

Rollenschemata hervortreten und ausdrücklich oder unausdrück-
lich an der Rampe ins Publikum sprechen: Es überwiegt der
Gestus der Klage und Anklage aus tiefer und ratloser Verzweiflung den Gestus ideologischer Sprüchemacherei. Sei es wegen des
Wertzerfalls, sei es wegen der unverständigen Gewalt, die Männer
an sich und Frauen ausüben, Broch läßt in diesem Drama keinen
Platz für konkrete Hoffnungen. Ganz im Gegenteil, in den Reden
der verschiedenen Dramenfiguren klingt immer wieder durch,
daß die alten Ordnungen ruiniert seien und man sich in ihnen
eben gerade noch einrichte, während die neue Ordnung am Horizont nirgends deutlich in Erscheinung trete – bei dem, was da
zu erblicken sei, handle es sich fast immer um Wahnideen und
Wunschvorstellungen, um Fata-Morgana-Gebilde. Die Erkenntnis, in einer Zwischenzeit zu leben, aus der kein Königsweg in
die Zukunft führe, prägt auch das Denken und Handeln der
autoritativsten Erscheinung auf der Bühne, des Managers Albert
Menck. Ohne sich in seinem Tun wesentlich beirren zu lassen –
das vorwiegend auch in dem Finden von Rettungswegen besteht,
die nur aus einer prekären Situation in eine kaum weniger prekäre
Situation hineinführen –, formuliert Menck immer wieder demon-
strativ seinen Fatalismus: Er sieht sich als Funktionär in einer
Maschinerie, die »leerläuft und dennoch tötet« (S. 118). Er hat
gelernt, »daß es bloß Besiegte gibt« (S. 108). Er meint zu wissen,
daß die »Dinge« »stärker als die Menschen« seien (S. 95), und
gesteht sich ein, daß er zu alt ist, um noch andere Ziele zu
verfolgen – welche Ziele auch:

... zu alt ... aufgegeben von der Jugend, die andere Ziele hat ... welche
Ziele? ... ich weiß es nicht und sie sagen es mir nicht [...] Sie nennen's
Sozialismus und meinen doch was anderes, sie nennen's Nation und Volk,
und das Ziel ist doch noch dahinter verborgen ... Vielleicht ist's nur der
Glaube, den sie suchen und den wir nie besaßen und niemals werden
besitzen können. Welcher Glaube? Keiner weiß es ... wir ... wir waren
noch stolz, daß wir bloß an Geld und Macht glaubten ... wir haben Geld
und Macht besessen, und nun sehen wir, daß es nichts ist ... uns're Macht
geht ins Leere, unser Geld ist zu nichts geworden [...] uns bleibt nichts
übrig als unser Spiel zu Ende zu spielen, bis wir als leere Frucht vom
Baume fallen. (S. 119 f.)

Der Fünfzigjährige, Vertreter der neusachlichen Erfolgsgenera-
tion, die mit ihrer Statur und zweckrational-optimistischen, her-
ausfordernd ›unmetaphysischen‹ Haltung zu den auffälligen Ge-

sellschaftstypen der zwanziger Jahre gehört, konstatiert nun das Zerbrechen dieser Lebensform. Er agiert noch weiter, mit mehr Fortune als die nächstfolgende Generation, und versteht sich dennoch als Verwalter eines Unrechtssystems, das in mancherlei Sinn des Wortes abgewirtschaftet hat. Weitermachen im Zusammensturz – auf diesen gemeinsamen Nenner lassen sich offensichtlich die verderblichen Praktiken des alten, historisch überholten Regimes bringen, das zugleich Männerregime ist. Das neue Leben in einer neuen Welt, so scheint es, muß jenseits dieser Geschichte der Klassen- und Geschlechter-Dualitäten angesiedelt sein. Aus all den negativen Aussagen, die im Drama über die Gegenwart getroffen werden, läßt sich perspektivisch Brochs platonischer Traum von einer antimaterialistisch fundierten Lebensverfassung erschließen.

Wenn die Wirtschaftskrise als Glaubenskrise enthüllt und die Entsühnung nur von Seiten der Frauen und Mütter erhofft wird, dann kann das Drama bloß als Bestandsaufnahme der verfrühten Erwartungen und vorschnell fabrizierten Entwürfe fungieren. Die behauptete Gleichartigkeit der verschiedenen, unweigerlich in die Irre führenden Weisen, Glück und Geltung zu erreichen, verlangt nach einer, die einzelnen Fälle summierenden Existenzanalytik – gebietet ein episches Nebeneinander, das auch die anvisierten Zentralkonflikte aus den einzelnen Binnenkonflikten von angeblich regionaler Reichweite nur schwach hervortreten läßt. Brochs Dramaturgie geht einen problematischen Kompromiß ein: Das Drama, das die Unbehaustheit und die Relativität alter und neuer Leitbegriffe erweisen will, muß, um sich über eine gewisse Strecke hin überhaupt entwickeln zu können, mit ›Behelfsspannungen‹ auskommen. So konzentriert sich die Aufmerksamkeit denn auch für einige Zeit darauf, wie es Albert Menck gelingen wird, den drohenden Ruin zu verhindern und in geschickten Transaktionen das Weiterbestehen der Firma und des Konzerns zu sichern. Sein überlegtes Handeln, seine überlegene Geschicklichkeit, zugleich der Umstand, daß er sich nicht selber belügen kann, sichern ihm die Neugier und Zuwendung des Lesers/Zuschauers. So fördern auch die Prozesse der Dekouvrierung zur Teilnahme auf, Prozesse, in denen Personen wie Filsmann, Rosshaupt oder Lauck ihre dem ersten Blick zunächst verborgen bleibenden Schubkräfte offenbar werden lassen. So gelingen Broch gerade jene Szenen, in denen er sich am längsten von allem Deklaratorischen zurückhält

– in denen aus dem Stummsein, dem Brüten der Personen die in der Tiefe rumorende Emotion spontan hervorbricht. Beispiele für die oft schockierende Artikulation des Halb- oder Unbewußten sind etwa die Eruptionen des entlassenen Arbeiters Woritzki zu Beginn des Stücks: »Ein Krieg wär schon recht. [...] Alle gehört ihr niedergeschossen.« (S. 22 f.) Ein vergleichbares Beispiel ist die schrittweise Aufdeckung des Zweifels, den Eva Gröner an dem von ihr doch geliebten Karl Lauck hat:

... aber nun weiß ich's, du wolltest mich bloß von dir abhängig machen ... mich ganz in deine Gewalt bekommen ... du bist ja überhaupt kein Sozialist, dir kommt es bloß auf die Macht an. [...] Du sagst Zeitungs-phrasen, alles in dir ist Zeitungsphrase [...] und ich weiß, daß du mir nur nachgestellt hast, weil du Werksgeheimnisse bei mir vermutet hast ... dazu war ich dir wichtig ... zu sonst nichts [...] ich verachte dich ... dich mitsamt deinen Ideen *sie ist ins Schreien geraten.* (S. 100 f.)

Doch sind solche Szenen, in denen das Unvermutete plötzlich zu Gehör kommt, in der *Entsühnung* selten. Vielfach überwiegt der Schlagabtausch zwischen sentenzenhaft formulierten Parolen, die die Position der Figur oder die Auffassung des Autors kundtun, manchmal beides in einem, ohne daß sich in der Syntax da viele Unterschiede zeigen. Der rhetorische Charakter des Werks wird auch dadurch verstärkt, daß Broch eher zur Variation und Multi-plikation der Formeln als zu ihrer lakonischen Verkürzung neigt. Dies zeigt sich etwa in der Schlußszene des dritten Aktes: Der junge Arbeitslose Sebald, ein »netter Bursch von 25 Jahren« (S. 13), wandert durch freie Gegend in die helle Morgensonne hinein. Beinahe wirkt diese Figur wie ein Hoffnungsträger, der den Weg in das neue Leben, in die neue Welt eingeschlagen hat – ein Weg ins Licht offensichtlich, dessen Glanz nicht erkennen läßt, wo er enden wird. Auf der Tafel eines Bildstocks buchstabiert Sebald eine verkürzte Version des spätmittelalterlichen Grab-spruchs

> Ich lebe, weiß nicht, wie lang';
> Ich sterbe, weiß nicht, wann;
> Ich fahre, weiß nicht, wohin –
> mich wundert, daß ich noch fröhlich bin!

Daraufhin setzt eine durchaus wortreiche Durchführung (um diesen musikalischen Ausdruck zu gebrauchen) dieses Themas ein. Der Hauptgedanke wird in sonderbar lyrisierender und künstlich altertümelnder Stilistik hin- und hergewendet, bis es schließlich in den Schlußzeilen zu einem paradoxen Resümee kommt: »Ich ziehe hin, ein munterer Wandersmann, / Und doch hebt stets aufs neu die Totenklage an ...« (S. 123). Der von Broch aufgegriffene Spruch war bereits Martin Luther ein Ärgernis gewesen, der mit Recht meinte, die hier so bescheiden dokumentierte Unwissenheit wäre nicht gerade als christlich zu bezeichnen; der Christ wisse durchaus, wohin er fahre, und es wundere ihn auch nicht, daß er fröhlich sei. Vielleicht hat Broch diese theologische Kontroverse gekannt; aufschlußreich ist es auf jeden Fall, daß er sein Drama mit dem Eingeständnis der Unbekanntheit von Wegen und Zielen enden läßt – und auch damit, daß einer sich gerade darüber wundert und doch sorglos in dieses lichtvolle Dunkel hineinwandert. Der von Broch gewählte Titel *Die Entsühnung*, der zusätzliche Kenntnis zu verraten scheint, bezieht sich eher auf den Epilog, der an diese Szene anschließt und die ›Erlösung‹, wenn es eine gibt, durch den Schmerz und die Heilkraft der Frauen/Mütter verheißt. Fast wirkt dieser chorische Abschluß als Korrektiv des Eindrucks, den das Stück bis dahin suggeriert hat – den Eindruck vom zeitgenössischen Sozialsystem als einem großen Mechanismus, der weitertreibt und weiterläuft, zerstörerisch wirkt, ohne daß man ihn aufhalten könnte, Verstörung hervorruft, zumal auch keine Figur mehr seinen ursprünglichen Sinn zu nennen weiß. Nur gelegentlich sind in das Ignoramus der drei Akte schon auf den Epilog vorweisende Gedankenblitze aus archetypischen Regionen eingesprengt. Die Entscheidung des Regisseurs der Uraufführung, Gustav Hartung, die oratorische Komponente einzustreichen, den Epilog fortzulassen und den Brochschen Titel zu ersetzen durch das Zitat der Christus-Rede vom Kreuz: »Denn sie wissen nicht, was sie tun«, hat diesen eigentümlichen Bruch im Werk aufzuheben versucht.

Vermutlich hat Broch in seinem Drama die Endzeit-Stimmung in den bürgerlichen Schichten, die auch auf der Bühne vertreten sind, in den Jahren der Wirtschaftskrise ausdrücklicher und offener wiedergegeben, als dies in den agitatorischen Stücken zeitgenössischer Dramatiker wie Bertolt Brecht oder Friedrich Wolf möglich oder denkbar gewesen ist. Die Handlung des Stücks soll 1930 spielen; aber auch die Aufführung vier Jahre später in *dem* Theater der Emigranten und Vertriebenen läßt keinen Zweifel daran, daß Broch sich in scharfer Opposition zu der Euphorie sieht, die die nationalsozialistische Machtergreifung in Deutschland bei vielen ausgelöst hat. Die dort versprochene Zukunft hat mit der im Stück erhofften nichts gemein. Im Vergleich zur Brechtschen Dramatik, mit der sich Broch in den theoretischen Äußerungen zu seinem Drama kritisch auseinandersetzt, findet der Autor jedoch zu keiner fruchtbaren oder gewichtigen Alternative. Ein Drama, das sich mit einiger Konsequenz darum bemüht, die zeitgenössischen Konflikte als Schein darzulegen, verfolgt notwendigerweise das Prinzip der Entkräftung dieser, die historische Wirklichkeit bestimmenden Widersprüche. Nun könnte die Relativierung der Antagonismen durchaus auch für das Theater geeignet sein, wenn sie subtil und präzise in den bekannten Situationen das Unbekannte, Weggeschobene, Verdeckte zum Vorschein bringen würde. Solchem Ansatz, der sich in seinem Drama bisweilen findet, arbeitet Broch entgegen, wenn er die Figuren aus der Situation hinausspringen und Ketten von Signalbegriffen und Schlagworten sozusagen arienhaft anstimmen läßt. Er meint offensichtlich, in der theatralischen Veranstaltung die Lizenz eingeräumt zu erhalten, ungehemmter als sonst die Personen Erklärungen abgeben zu lassen, die nicht so selten an figurenenthobene Sprechblasen erinnern. Seine Intention, von der ›naturalistischen‹ Ebene auf eine stilisierte überzuwechseln, hat schon den Expressionismus beflügelt und kennzeichnet auch und wieder die Entwicklungsrichtung des Theaters seit 1930.[4] Doch Brochs Neigung, die Bühne für Proklamationen untereinander kaum verbundener Ideen freizugeben, die Szene zum Schalltrichter werden zu lassen, geht mit einem merklichen Verlust an realitätsgerechter Abbildung und erheblicher Verkürzung empirischer Verhältnisse einher. Für ein beobachtendes und Zeugnis ablegendes Drama wie für die *Entsühnung* wiegt dieser Mangel schwerer als für ein Theaterstück, das im Streit der Meinungen vor allem eine Fahne hissen will. Das Manko des Dramatikers Broch besteht vielleicht darin, daß er zuviel verstehen will und zu vieles gelten läßt.

Anmerkungen

1 Aus der *Entsühnung* wird nach der Kommentierten Werkausgabe (KW 7), hg. v. Paul Michael Lützeler, Frankfurt/Main: Suhrkamp 1979 zitiert.

2 Vgl. Ernst Schürer, *»Brochs ›Die Entsühnung‹ und das Drama der Neuen Sachlichkeit«*, in: Modern Austrian Literature 13/4 (1980), S. 77-98.

3 Ernst Toller, *Quer durch. Reisebilder und Reden*, Berlin 1930, S. 283.

4 Vgl. Rudolf Arnheim, *Theater ohne Bühne*, in: Die Weltbühne 28 (1932), 1. Hj., S. 863.

Walter H. Sokel
Hermann Brochs *Tierkreis-Erzählungen* (1933)

Brochs »Tierkreis«-Erzählungen aus dem Jahre 1933 – nur *Eine leichte Enttäuschung* ist vielleicht schon etwas früher, Ende 1932, entstanden[1] – werden zeitlich eingerahmt von zwei wichtigen poetologischen Dokumenten, dem Vortrag *Das Weltbild des Romans* vom Winter und Frühjahr – und die *Bemerkungen zu den »Tierkreis«-Erzählungen* vom November desselben Jahres. Sie beleuchten in wesentlicher Weise die dazwischen – oder kurz zuvor – entstandenen Erzählungen, ihre Strukturprinzipien, ihren ästhetischen Rang und ihre von Broch selbst unterschätzte Bedeutung für die Grundintentionen seines Schaffens. Dem hier nachzugehen wird unsere Aufgabe ein.

Die *Bemerkungen* enthalten einen Schlüsselbegriff für Brochs Poetologie – die Idee von den »drei Hauptebenen der Darstellung«.[2]

[...] erstens die Darstellung des äußeren Geschehens als Ebene des Unbewußten, zweitens die psychologische Ebene, das heißt die Darstellung der Gedanken der handelnden Personen, drittens die erkenntnistheoretische Ebene, welche die eigentliche Ebene des Autors ist [...] sozusagen die Ebene des Kommentars. (KW 5, S. 299)

Als Zugang zu den »Tierkreis«-Erzählungen wird es sich als nützlich erweisen, diese drei Darstellungsebenen mit den drei Bedeutungen des Traums im *Weltbild des Romans* zu verbinden.

In Brochs Vortrag kommt dem Traum eine poetologische Schlüsselstellung zu, da Broch Traum und Dichtung in engster Parallele sieht, ja sie in entscheidender Weise gleichsetzt. Dichtung verfährt nach der »Arbeitsweise des Traums«, denn auch der Traum wählt [wie die Dichtung] aus den ihm dargebotenen Realitätsfakten aus, um seine symboldurchtränkte subjektive Wirklichkeit herzustellen« (KW 9/2, S. 109). Das traumgleiche Wesen von Dichtung besteht also in der Herstellung einer »subjektiven Wirklichkeit«, die »nach einer [ihr] eigenen Syntax und Logik« Bruchstücke oder Elemente der Realität – »Realitätsvokabeln« – zu einem »Sinn« ihres autonomen Bereiches zusammensetzt.

Aus dem Zusammenhang, in dem diese Gleichung von Traum und Dichtung erscheint, geht aber hervor, daß sowohl unter dem Begriff »subjektive Wirklichkeit« wie unter dem Begriff »Traum« zweierlei zu verstehen ist. Einerseits ist das Traumhafte ein Element der Wirklichkeit selbst, der »Welt, wie sie wirklich ist«, die »auch das Phantastische, ja das Gespenstische«, einschließt, »das das Subjekt in ihr zu erfassen vermag« (KW 9/2, S. 105). Die Einbeziehung dieses Aspekts der Wirklichkeit in die dichterische Darstellung nennt Broch »erweiterten Naturalismus, in dem Franz Kafka einen berechtigteren Platz einnimmt als Ganghofer«.

Es ist ein erweiterter Naturalismus, der in einem tieferen Sinne die Welt so gibt, wie sie ist, der aber von der Reportage nicht gesehen wird und nicht gesehen werden kann, [...] weil sie nicht vorzustoßen vermag in jene Sphäre der traumhaft erhöhten Realität, die nicht mehr in den [Realitäts] Vokabeln begründet liegt, sondern in der Logik, in der Syntax, in der Architektur ihres Zusammenbaus (KW 9/2, S. 105 f.).

Hier wird das Traumhafte offensichtlich als dem Nachttraum verwandt verstanden, als »Ebene des Unbewußten«, das als Teil der Wirklichkeit auch Gegenstand mimetischer Darstellung sein müßte. Gleichzeitig ist das Traumhafte aber auch strukturschaffende, formende und ordnende Kraft, die nach eigenen, von der empirischen Tageswelt abweichenden Gesetzen verfährt. Bezeichnend ist es, daß Kafka in diesem Zusammenhang zum erstenmal von Broch als poetologisches Beispiel erwähnt wird und nicht bloß wie zuvor als bloßes Objekt seiner Bewunderung. Ungefähr gleichzeitig mit diesen Ausführungen oder kurz davor arbeitete Broch an der ersten Novelle des späteren »Tierkreis«-Komplexes *Eine leichte Enttäuschung*, die unter allen seinen Werken dasjenige ist, das den unverkennbar stärksten Einfluß Kafkas auf sein dichterisches Schaffen zeigt.[3] Am Anfang von Brochs »Tierkreis«-Jahr stellt also Kafka den gemeinsamen Nenner von Brochs Theorie und Praxis dar.[4] »Traumhaft erhöhte Realität« ist traumhaft im Sinne der Wirkung Kafkas.[5]

In demselben Vortrag bedeuten aber Traum (und subjektive Wirklichkeit) auch den Tagtraum, d. h. die Vorstellungen des Bewußtseins, die als »Wunsch- oder Angsttraum« die Welt zeigen, »wie sie gewünscht und wie sie gefürchtet wird« (KW 9/2, S. 111). Zwischen der ersten und der zweiten Bedeutung von Traum besteht ein Unterschied, der analog ist zu dem, der zwischen »unbewußter« und »psychologischer« Darstellungsebene obwaltet. Beide Ebenen stellen ja eine subjektive Wirklichkeit her. Doch bleibt im einen Fall diese Subjektivität »unbewußt«, während sie im anderen bewußt gemacht wird. In der Darstellung nun üben die beiden Ebenen von Subjektivität eine jeweils verschiedene Wirkung auf den Leser aus. Die »unbewußte« Subjektivität zieht den Leser in ihren Bann und verunsichert ihn in seiner eigenen rationalen oder für rational gehaltenen Erfahrungswelt. Die bewußt gemachte, explizite Subjektivität hingegen enthüllt dem Leser das von der Figur her gesehene Geschehen als Selbsttäuschung, Halluzination, »durchschaubare« Projektion von Vorurteilen. Während das erste Verfahren dahin tendiert, den Leser mit der Weltsicht der Figur zu identifizieren, erhebt ihn »die psychologische Darstellungsebene« über die Figur hinaus, da sie ihm von außen und damit auch von oben gezeigt wird. In der Terminologie des kanadischen Literaturtheoretikers Northrop Frye könnte man im ersten Fall von einer »mimetischen«, im zweiten von einer »ironischen« Wirkung sprechen. Selbstverständlich bezeugt nur die erste den Einfluß Kafkas, in dem Broch ja einen Dichter von »wahrhaft mythische[r] Naivität« sah (KW 9/1, S. 131), wobei »mythisch« die »Ebene des Unbewußten« sicherlich einschließt.

In den »Tierkreis«-Erzählungen nun macht sich dieser Unterschied im Begriff »subjektive Wirklichkeit« geltend als Gegensatz zweier sehr verschiedener Erzählstrukturen. Wir wollen, um diesen Unterschied zu beleuchten, einen Vergleich ziehen zwischen zwei Novellen der »psychologischen Darstellungsebene«, *Ein Abend Angst* und *Vorüberziehende Wolke*, und einer Novelle der »Ebene des Unbewußten«, *Eine leichte Enttäuschung*; zeitlich sind alle drei in nächster Nachbarschaft entstanden.

In *Ein Abend Angst* macht der Text dem Leser das Dargestellte als subjektiv, d. h. als Vorstellung des Protagonisten kenntlich, indem er das im Hauptteil Gezeigte am Ende als »unwirklich« entlarvt. Der die Erzählerperspektive bestimmende »junge Mann« hört, in einem Café sitzend, dem Gespräch eines an einem Nebentisch sitzenden, aber ihm unsichtbaren Liebespaares zu und kommentiert es dauernd mit innerem Monolog. In einem Menschen an der Bar stellt er sich den Ehemann der Frau vor, der gekommen ist, den Ehebruch zu bestrafen. Er sieht ihn nun, Mordwaffe in der Hand, zum Nebentisch gehen, um die Exekution zu vollziehen. Zu diesem Zeitpunkt »gestattete sich der junge Mann den Traum aufzudecken, ehe er endgültig in ihn versinken sollte, und

den daherkommenden Menschen verfolgend, blickte er zum Nebentisch. Aber der Nebentisch war leer. Das Paar war verschwunden«. Als nun der junge Mann die Rechnung »für die Herrschaf-
ten, die hier saßen«, bezahlen möchte, sieht ihn der Kellner
»verständnislos an«, worauf der junge Mann sich denkt: »Ich bin
wirklich besoffen ... zum Sterben besoffen« (KW 6, S. 161 f.)

Trotz der einsinnigen Figurenperspektive gibt es hier ein Kontrollverfahren, das das Geschehen als subjektive Mißdeutung einer
objektiven Wirklichkeit erkennbar macht. Zwar läßt der Text in
Bezug auf die Reaktion des Kellners eine gewisse Offenheit bestehen. Der Kellner, der zuerst auf den Hinweis des Protagonisten
auf das »verschwundene« Paar mit verständnisloser Verblüffung zu
reagieren scheint, da es anscheinend so ein Paar gar nicht gegeben
hat, antwortet danach auf den nochmals vorgebrachten Wunsch
des jungen Mannes, »auch für sie [zu] bezahlen«, mit der vieldeu-
tigen Bemerkung: »Alles ist bezahlt mein Herr.« – Somit bleibt
hier ein unaufgelöstes Moment bestehen, das Element eines episte-
mologisch Phantastischen – im Sinne T. Todorovs –, da ja der
Leser im Zweifel gehalten wird, was er als »wirklich« akzeptieren
soll. War das Liebespaar nur Einbildung des jungen Mannes oder
war es »objektive Wirklichkeit« innerhalb der Fiktion?[6] Doch
sind die Indizien, die das Paar als bloße Vorstellung oder auch
als spielerische Erfindung des Protagonisten erscheinen lassen,
um vieles gewichtiger, so daß der Leser dazu gedrängt wird, sich
für die Nichtexistenz des Paares zu entscheiden. Der Entschluß
der Figur (oder des Erzählers?), »den Traum aufzudecken«, erklärt ja das bis dahin als wirklich Geschilderte für unwirklich.
Alles deutet auf einen »psychologischen«, ja psychoanalytisch zu
verstehenden »Fall«.[7] Der Protagonist scheint sich ein ödipales
Dreieck zurechtphantasiert zu haben, in dem »die Welt, wie sie
gewünscht wird« – der junge Mann träumt sich in die Rolle des
knabenhaften Geliebten einer »mütterlichen« Frau hinein – sich
verwandelt in eine »Welt, wie sie gefürchtet wird«: die Todesdro-
hung der rächenden Vatergestalt, des Gatten der »Mütterlichen«.
Dieser psychologisch »durchschaubare« Tagtraum fungiert aber
auch als »Einbruchsstelle« des Metaphysischen (KW 9/2, S. 111),
als »Individuation« »der großen metaphysischen Todesangst«,
wobei der rächende Ehemann gleichzeitig zur Verkörperung des
Todes als »ungeheuerlichster« richtender Instanz des Daseins
wird.

Das Kontrollverfahren der Ablösung einer subjektiven durch eine objektive Wirklichkeit erlaubt es dem Leser trotz der Personalperspektive, die Erzähl- und Perspektivenfigur von außen zu begreifen und als Beispiel dafür zu erkennen, wie Psychologisches und Ethisch-Existentielles ineinandergreifen in der Projektion innerer Not auf die Außenwelt.

Diese Erkenntnisfunktion von Brochs Novellendichtung erscheint in noch viel stärkerem Ausmaß in der sozialpsychologisch interessanten Novelle *Vorüberziehende Wolke*. Die auf verdrängter Sexualität beruhende Angstvision eines alternden, kirchlich, monarchistisch und autoritär gesinnten Fräuleins der niedergehenden Oberschicht ist erkennbar als Symptom der kollektiven Angst der sich von der »Demokratisierung der Welt« (KW 6, S. 149) in ihrer traditionellen Daseinsform bedroht fühlenden Gesellschaftsklasse, zu einem Zeitpunkt, da Mitteleuropa zwischen dem Sturz der Monarchien und der Machtübernahme durch den Faschismus steht. Das Fräulein fühlt sich »von den beharrlichen Schritten eines untergeordneten Menschen« (KW 6, S. 149), eines »Mann[es] niederer Herkunft« (KW 6, S. 154) mit »leidenschaftlichem und eigentlich leidenden Ausdruck« (KW 6, S. 6, S. 147) auf ihrem Gang zur Schloßkirche verfolgt, was »in einem geordneten Staat eine[r] Dame nicht« passieren dürfte. Da für das Fräulein »je tiefer die Gesellschaftsklasse, desto üppiger das Überwuchern häßlicher geschlechtlicher Triebe« zu erwarten ist, »fühlte sich das Fräulein auf dem Schloßplatz geborgener«, obwohl als »spärlicher Ersatz für den militärischen Doppelposten«, der »einstens ... vor dem Schloß« gestanden hatte, nur »ein Photograph«, da war, »die Fremden erwartend, die sich mit dem Reiterstandbild zusammen abkonterfeien lassen wollten«. Trotzdem: »das Fräulein fühlte sich geborgen« (KW 6, S. 149 f.). Die Erzählmittel dieses sozialpsychologischen Porträts sind der auktoriale Kommentar – »und für einen Augenblick vergaß das Fräulein, daß auch Herrschergeschlechter sich fortpflanzten« etc. –, der hier »die erkenntnistheoretische Darstellungsebene« erreicht und es dem Leser erlaubt, die Figur als Demonstrationsobjekt einer historischen Situation und gesellschaftlich wie psychologisch bedingten Vorstellungswelt zu erkennen, zugleich aber die erlebte Rede der Protagonistin selbst, die mit so offensichtlichen Hinweisen wie »die Demokratisierung der Welt« sich als Repräsentantin einer zeittypischen Ideologie erweist, nämlich jener, die für die Lockungen des Faschismus besonders anfällig war. Der Leser kann daher die »subjektive Wirklichkeit« einer Hysterikerin als »objektiv«, d. h. als gesellschaftlich-historisch verursacht, »durchschauen«.

Das Mimetische an Brochs »erweitertem Naturalismus« wird hier besonders deutlich. Was dargestellt wird, ist ein »Typus« im Lukácschen Sinne, Vertreterin einer Gesellschaftsschicht in einer bestimmten historischen Konstellation, die gleichzeitig durchaus auch bestimmtes Individuum ist, deren projizierte Gefühle völlig persönlich und doch gleichzeitig gesellschaftlich repräsentativ sind.[8] Im Fryeschen Sinne ist die Darstellung ironisch, da der Leser ja aus höherer und freierer Sicht auf die von Vorurteilen zur Hysterie getriebene »Weltanschauung« des Fräuleins herabblickt. Als erkennbare Wiedergabe einer gesellschaftlichen, ja politischen Wirklichkeit ist sie aber ebenso mimetisch. Die subjektive Wirklichkeit, die dargestellt wird, ist also Spiegelung einer »objektiven« Wirklichkeit, von der klargemacht wird, daß sie für ihre Mitglieder paranoische Folgen hat. Was also Broch »die soziologische Funktion« der Kunst nennt, ist Lukács' Realismusbegriff eng verwandt.

In den beiden Novellen, die wir bis jetzt besprochen haben, ist es die Distanzierung des Erzählers vom »Traum« der Figur, der die psychologische bzw. soziologische Darstellungsebene kennzeichnet. Diese Distanzierung unterscheidet sie von der von Kafka inspirierten Darstellungsebene »des Unbewußten«, wie wir es an *Einer leichten Enttäuschung* beobachten können.

Die Novelle beschreibt den Entdeckungsgang eines Mannes, der zunächst nur A. genannt wird – an Kafkas K. erinnernd – und sich erst später als Andreas vorstellt, durch ein merkwürdiges Haus. A. hat dieses Haus zu Erzählbeginn erstmals bemerkt, obwohl er oft an ihm vorbeigegangen sein muß, da es in einer der verkehrsreichsten Geschäftsstraßen der Stadt liegt, in der er wohnt. Je mehr Andreas in das Innere des Hauses durch eine Reihe von Höfen eindringt und je höher er im Haus hinaufsteigt, desto stiller, ländlicher, abgeschiedener, ja dörflicher wird die Szene. »Erschreckend« (KW 6, S. 135) wirkt es auf Andreas, daß das Haus, das von der Fassade her »schmal« (KW 6, S. 127) und altmodisch erschien, zu außerordentlicher Höhe anwächst und ihm »wie ein richtiger langgestreckter Bergrücken« vorkommt. Auch kann Andreas unerklärlicherweise von der »Bergeshöhe« des vierten Stockwerks die Stadt, in der das Haus doch gelegen ist, nicht wiedererkennen. In dieser »luftigen Höhe« begegnet er einer jungen Wäscherin – wieder fällt uns die Parallele zu Kafkas *Prozeß* auf – namens Melitta, die da oben mit ihrem Großvater haust und »fast nie in die Stadt« kommt, obwohl sie doch mitten in ihr wohnt. Noch sonderbarer ist es, daß sie einen Fabrikschlot, der Andreas auf dem Weg nach oben aufgefallen ist, überhaupt noch nie gesehen hat und daß er selbst ihn jetzt auch nicht mehr wiederfinden kann. Er ist beim Aufstieg unerklärlich durstig geworden »wie ein Bergsteiger« und bittet Melitta um Wasser, wobei sie ihn »enttäuscht«, weil sie das Wasser hier oben als zum Trinken ungeeignet erklärt. Nach kurzem Gespräch mit Melitta unternimmt er den »Abstieg« durch ein finsteres Lederwarengeschäft des ersten Stocks, wo er »ein Stück hellen Chromlederfells« für einen überraschend »hohen Preis« ersteht. Beim Verlassen des Hauses befindet er sich zu seinem Erstaunen in einem »ziemlich entlegenen« Stadtteil, weit entfernt von der Straße, von der aus er in das Haus eingetreten war. »Glücklich« erreicht er noch den »Trambahnwagen«, der ihn – »es war nun die höchste Zeit« – »in seine Kanzlei brachte« (KW 6, S. 144).

Auch hier können wir erkennen, daß die Novelle die Projektion eines Wunsch- und Angsttraums darstellt. Eine »unerhörte Begebenheit« schildernd, steht sie von allen Novellen des »Tierkreis«-Komplexes der deutschen klassisch-romantischen Theorie der Gattung am nächsten.[9] Sie gliedert sich in zwei Teile – Aufstieg und Abstieg – und erfährt in der Begegnung mit Melitta, Andreas' »Enttäuschung« und seiner Weigerung »oben« zu bleiben, ihren »Wendepunkt«. Der erste Teil projiziert einen – im wörtlichen Sinne reaktionären – Wunschtraum, Utopie als Rückkehr aus dem modernen Großstadtdasein in vorindustrielle Idylle, in der man wie Melitta noch nichts oder nicht mehr von Fabrikschloten weiß. Der »Abstieg« nach dem »Wendepunkt« – Andreas' Entscheidung gegen das utopische Leben und für seine Rückkehr in die Welt »[seiner] Geschäfte« – fungiert als Vision der Selbstbestrafung seines gespaltenen Ichs. In dem finstern, gruftartigen Lederwaren-»geschäft« mit seinen toten Häuten, Sinnbild von Tod und Grab, verkörpert sich »Geschäft« als Dystopie und Kontrapunkt zu Melittas oberem »luftigen« und hellen Reich, das er selbst doch im Innersten begehrt. Schließlich erscheint die Macht, die das Haus doch über Andreas ausübt, in dessen unglaublicher Ausdehnung. Der »hohe Preis«, den er für die Preisgabe des Hauses bezahlen muß, wird ihm so noch einmal in objektivierter Verfremdung bewußt.

In den beiden anderen Novellen findet die visionäre, subjektive Wirklichkeit des Ichs keine Entsprechung in der Darstellung der »äußeren« Wirklichkeit des fiktiv Präsentierten. Im Gegenteil, der Erzähltext setzt ihr eine »objektive Wirklichkeit« entgegen, die den perspektivischen Horizont der Figur für den Leser durchbricht und relativiert. Der große Unterschied in *Eine leichte Enttäuschung*, wie auch in der Erzählung »Heimkehr«, besteht darin, daß in ihnen die »Entsprechung des inneren und äußeren Erlebens« (KW 5, S. 295) gezeigt wird, die diese beiden Erzählungen mehr als die anderen an Kafka erinnern läßt. Die Wunsch- und Angstvision ist hier nicht Gedankenbeschreibung, sondern szenisches Erlebnis einer fiktiven Wirklichkeit, die in geheimnisvoller Weise mit dem Perspektiventräger, dem »Helden«, der Erzählung verknüpft ist, ihm gewissermaßen »entgegenkommt« – so, wie das merkwürdige Haus Andreas ganz plötzlich auffällt, man könnte sagen: »überfällt«, wie Melitta, in deren Dasein sich die Utopie des Hauses als »locus amoenus« kristallisiert, ihm »geradezu in die Arme lief«, als Andreas »recht atemlos« oben »anlangt« (KW 6, S. 134), und wie der dreieckige Bahnhofsplatz der »Heimkehr« den »unschlüssig« in der fremden Stadt angekommenen A. in seinen Bann zieht, so daß er unbedingt hier auf diesem Platz ein Logis finden und auf Dauer bleiben muß. Der fiktive Raum und alles, was in ihm ist, verhält sich so, als entspräche er dem, was in den Figuren unausgesprochen vorgeht. Nicht die Gedanken des Bewußtseins sind Mittelpunkt des Erzählten, sondern das Erleben der Szene, des Raumes, dem sie begegnen, oder genauer gesagt, der ihnen entgegenkommt. Das Geschehen entwickelt sich spontan aus ihrem Suchen. Was sie suchen, bietet sich ihnen dar und stellt sie vor Entscheidungen, die ihre Konsequenz erproben. Dabei fällt der Unterschied zwischen Andreas und dem A. der *Heimkehr* auf. Andreas kann aus inneren Widerständen seiner Utopie nicht folgen, während A., wie auch der Fremde im *Meeresspiegel*, ihr unbedingt folgt. Die innere Gespaltenheit des Protagonisten macht *Eine leichte Enttäuschung* zum ›kafkaeskesten‹ Werk Brochs[10], während der ungebrochene innere Utopismus der Protagonisten von *Heimkehr* und besonders *Meeresspiegel* diese Erzählungen von Kafka entfernt.[11] In allen dreien ist es nicht der Erzähler, der uns die merkwürdige Entsprechung von innen und außen, Figur und Raum vermittelt, sondern es ist das Zusammenspiel der subjektiven Perspektive und der szenischen Darstellung.

Die einsinnige Figurenperspektive mit Ausschluß des allwissenden Erzählers bildet die Vorbedingung für die systematische, aber unkommentiert belassene Entsprechung von innerem und äußerem Erlebnis. Sie gewöhnt den Leser daran, die dargestellte Welt und ihr Geschehen aus der subjektiven Sicht des Protagonisten zu erleben.[12] Der unkritisch zum erstenmal an den Text herangehende Leser wird sich vielleicht nicht dessen bewußt werden, wie sehr zum Beispiel in *Eine leichte Enttäuschung* die Vergleiche und Metaphern des Protagonisten das »Weltbild« formen, das die Erzählung dem Leser bietet, obwohl der Anschein eines unabhängigen objektiven äußeren Geschehens aufrechterhalten wird. Doch markiert die sprachlich formulierte Sehweise des Protagonisten, d.h. der Umstand, daß alles in der Erzählung Gezeigte in der sprachlichen Formulierung erscheint, die sein Denken ihm gibt, das äußerst Schwankende der Grenzen zwischen »objektiver« und »subjektiver Wirklichkeit«, zwischen dem, was »objektiv«, unabhängig vom Protagonisten geschieht, und der Interpretation, die er dem Geschehen gibt. So wird die phantastisch anmutende Riesenhöhe des Hauses durch Andreas' Vergleich mit einem »richtigen Bergrücken« relativiert: Das Gleichnis erhellt den Umstand, daß die »erschreckende« Höhe den Eindruck auf Andreas nennt, der dem Leser wiederum nur durch Andreas' Bewußtsein vermittelt wird. Das Mimetisch-Unwahrscheinliche des Nicht-Wiedererkennens der Stadt von oben wird durch den Konjunktiv der Aussage als subjektiver Eindruck davor bewahrt, nur phantastisch zu sein.

ja, [man] hätte glauben mögen, die Stadt wäre nicht vorhanden oder zumindest so sehr beschnitten, daß sie nur mehr als Andeutung ihrer selbst da wäre (KW 6, S. 137).

Es ist die Sicht der Figur, die das verfremdende Erlebnis des plötzlichen Verschwindens des Gewohnten bestimmt. Das »als wäre« transponiert die Stadt buchstäblich ins Metaphorische, macht sie zur »Andeutung ihrer selbst«, zum Gleichnis und Symbol, löst also Wirklichkeit in Dichtung auf, deren Wesen ja Gleichnis, Andeutung, Suggestion ist. Durch die Versetzung der Stadt in das Gleichnis hebt Andreas »unbewußt«, d.h. unreflektierend, rein sprachlich, die ihm verhaßte großstädtische Wirklichkeit auf, sublimiert sie in das Medium der Dichtung.

In diesem Sieg des Dichterischen über das Physisch-»Wirkliche« – thematisch angezeigt auch durch die Schreibmaschinenreparaturwerkstätte und die Buchbinderei, die sich im stillen inneren Hof des Hauses befinden – liegt das Formprinzip der Entsprechung von außen und innen begründet.[13] Gleichnis wird – vielleicht in Anspielung auf das Ende von *Faust II* – im Erzählen zum Ereignis. (Melitta, »die Biene« und »Honigsüße«, wie ihr griechischer Name bedeutet, deren mythische Namensschwester die Nymphe war, die die Menschen die Süße des Honigs lehrte, verkörpert ja zugleich »das Ewig Weibliche« in der Utopie des Raumes, das Andreas wie Faust »hinanzieht«.)[14]

Was Andreas »unten« als Vergleich eingefallen war, begegnet ihm »oben« bei Melitta als körperliche Wirklichkeit. Unten im Hof sah Andreas an einer Tür die Grenze zwischen Sonnenlicht und Schatten verlaufen. »Das war wie eine Sonnenuhr, aber eine, die ungenau geht, und weil sich dies jeder Ordnung widersetzte, schien es auch wie ein Versprechen« (KW 6, S. 129). Oben bei Melitta nun gibt es tatsächlich eine Sonnenuhr. Sie ist ein »Fuchsienstock« – eine Blume, die A. bereits unten angezogen hat –, der Melitta und ihrem Großvater »als Sonnenuhr« »dient« (KW 6, S. 138). Melitta nennt diese Zeitmessung durch die Blume »sehr sinnreich«. Hier wird das Entsprechungsprinzip ganz klar. Was »unten« Gleichnis ist, subjektiver Einfall, und wie alles Untere und Irdische nur »ungenau« funktioniert, wird oben »sehr sinnreich[e]« Einrichtung, Ereignis der Vollkommenheit und Vereinigung von menschlichem »Sinn« und hilfreicher Natur: Uhr und Blume, Mechanik und Leben; es »dient« damit auch als »Symbol« jener Einheit und Totalität des Seins, die das Kunstwerk nach Broch »symbolisch vorausnehmen« soll (KW 9/2, S. 116 f.).[15]

Die Entsprechung von Innen und Außen ist die Utopie, die Dichtung nach Brochs Auffassung immer enthalten und darstellen soll. Sie ist der utopische Ort, der die »großen Menschheitsträume« (KW 9/2, S. 110) beschwört. Traum wird hier in einer dritten Bedeutung gebraucht, die das Subjektive des Nacht- und Tagtraums auf den beiden ersten Darstellungsebenen weit übersteigt. Diese utopische Forderung ist es, die Broch radikal von Kafka trennt.[16] Broch sucht nach einem letzten Sinn des Seins, der in seiner Einheit und Ewigkeit begründet liegt. Diesen Sinn erkennbar zu machen ist daher ethisches Gebot für den Dichter. Zu seiner formalen Erfüllung erfordert dieses Gebot die dritte Darstellungsebene, die »erkenntnistheoretische« Ebene des Kommentars. Sie ist »die eigentliche Ebene des Autors [...], nämlich jene, auf welcher er die dunkle und allgemeine Logik des Erlebnisses in die rationale Logik rationalen Verstehens umsetzt« (KW 5, S. 299). In den Erzählungen zeigt sie sich im Wechsel der Perspektive von der agnostischen Figuralperspektive zum abstrakt verallgemeinernden, begrifflich eindeutigen Kommentar, zur didaktisch klingenden Aussage über den Menschen, das Dasein und die Einheit des Seins. Besonders hervorstechend und regelmäßig vollzieht sich diese Ausweitung zum Allgemeinen in der *Heimkehr*, am wenigsten ausgeprägt finden wir sie in *Eine leichte Enttäuschung*. Dieser Kommentar wird aus einer Perspektive gesprochen, die nicht klar durchblicken läßt, ob sie die des Erzählers oder die der Figur ist. Obwohl sich solch allgemeine Reflexionen und Feststellungen inhaltlich und stilistisch deutlich vom Rest des Textes abheben und in der *Heimkehr* eine Ebene von Begrifflichkeit erreichen, die sich auffällig vom sonstigen Horizont des »Edelsteinhändlers« A. unterscheidet, könnten sie doch auch seine Gedanken sein; denn das Ich entäußert sich ja im Zustand der Entrückung seiner Subjektivität und wird Teil der »großen Menschheitsträume«. Gerade also das Verschwimmen der Grenzen zwischen Figurenbewußtsein und Autorenperspektive ist Korrelat der utopischen »Vorausnahme« der Alleinheit. Es liegt in dieser Verschmelzung der Perspektiven die Utopie der Totalität, die Dichtung als deren Symbol verkünden soll.

Gleichzeitig liefert der Wechsel vom epischen Präteritum zur grammatischen Gegenwart der verallgemeinernden Aussage auch das sprachliche Korrelat zu jener »Erlösung von der unermeßlichen Angst« (KW 9/2, S. 114), vor Tod und Vergänglichkeit, von der Dichtung den Menschen »befreien« soll. Das Fließen der epischen Zeit zum Ende hin ist ja formaler Ausdruck des zum Tode hin verfließenden Lebens. Durch die Herstellung von Gegenwart in der verallgemeinernden Aussage wird das Fließen aufgehalten und aufgehoben. Die sprachliche Gegenwart ist Entsprechung und »Symbol« der Ewigkeit. Als »Umsetzung« der »dunklen Logik des Erlebnisses in die rationale Logik rationalen Verstehens« hebt der erklärende Kommentar den Menschen als

Erzählfigur und als Leser in eine Einsicht hinauf, die das »Über-individuelle« und Universelle ist. Als bewußtmachende Erkennt-nis erlöst die dritte Darstellungsebene vom Irrationalen, Unbe-wußten, in dem der Mensch in der dumpfen Subjektivität seines Einzelschicksals, seiner»Individuation«, umherirrt und der er ver-haftet bleibt. Als grammatische Vergegenwärtigung befreit die Verallgemeinerung Leser und Figur vom Fluch der Zeit. Durch die erkenntnistheoretische Ebene wird Sprache Vor-Zeichen und »Versprechen« dessen, daß Wirklichkeit und Ewigkeit, Subjekt und All keine immerwährenden Gegensätze sind. Das Ringen um Deutlichkeit der Botschaft entfernt Broch radikal von dem von ihm so bewunderten, aber in »mythischer Naivität« verharrenden Kafka, für den Kunst ein Von-der-Wahrheit-Geblendetsein, nie-mals aber deren Verkündigung sein konnte.[17]

Hiermit gelangen wir auch zu dem Janusgesicht in den dichteri-schen Intentionen Brochs, welche gerade die »Tierkreis«-Novel-len und die sie umrankenden ästhetischen und literaturtheoreti-schen Gedanken besonders deutlich zum Vorschein bringen; sie rücken auch die im Grunde zwiespältige Beziehung Brochs zu Kafka in helles Licht. Der Bruch im Innersten von Brochs Poetik drückt sich in seinem Symbolbegriff aus.[18] Einerseits stellt das »Symbol« trotz seiner »naturhaften Herkunft« »vielleicht die ein-zige Realisierung der platonischen Idee in der Welt des Empiri-schen dar« (KW 5, S. 293), wobei »die Dichtung, oder richtiger das Dichtwerk, [...] in seiner Einheit« Symbol der Einheit des Seins ist (KW 9/2, S. 115). Andererseits ist die Beziehung des einzelnen Menschen zum Symbol eine ihm größtenteils »unbe-wußte« und kann auch für den Leser immer nur »unausgespro-chen« und »erahnt« bleiben (KW 9/2, S. 109). Was den Leser betrifft, gibt es hier also zwei diametral entgegengesetzte Intentio-nen: Wenn Dichtung Symbol des Absoluten, dessen utopische »Vorausnahme«, ist, dann muß diese Mission dem Leser klar werden. Das Werk ist dann Symbol im Goetheschen Sinne, und die »Idee« muß durch das Dargestellte »durchscheinen« können. Ein gewisser Grad von Transparenz ist also geboten. Andererseits ist aber das *Erlebnis* des Symbols irrational. Will es der Dichter schildern, will er »die Erschütterung« darstellen, »die die mensch-liche Seele überfällt, wenn sie einer derartigen Ur-Erkenntnis inne wird«, dann muß er einen Vorgang gestalten, in dem »das rationale Bewußtsein von dem Geschehen nur eine sehr geringe Rolle spielt« (KW 5, S. 295). Transparenz, die die Darstellung zur »Allegorie« machen würde, ist demnach zu vermeiden, ein gewisser Grad von Verfremdung, von »Traumhaftem« und »Phantastisch-Gespenstischem« unerläßlich. Broch schwankt also in den »Tierkreis«-Erzählungen zwischen zwei Polen (und, wenn man den soziologischen »Realismus« der *Vorüberziehenden Wolke* hinzunimmt, zwischen drei Prinzipien) der Darstellung. Der Gradmesser seines Schwankens ist aber die relative Nähe zu bzw. Ferne von Kafka.

Um den Leser die »Erschütterung« fühlen zu lassen, die die menschliche Seele überfällt, wenn sie einem Gegenstand begegnet, der Symbol ist, müssen zwei Erzählbedingungen erfüllt werden. Der Leser muß sich völlig mit der Figur identifizieren und gleichzeitig muß sie ihm im Tiefsten fremd bleiben. Einerseits darf er über die »objektive Wirklichkeit« der fiktiven Erzählwelt nicht mehr wissen als die Figur, deren »Erlebnis« er von innen her teilen soll. Es darf ihm nicht gestattet werden, sich über die Figur zu erheben, sie von außen zu betrachten. Er muß völlig in ihren Sehhorizont gebannt bleiben. Dadurch erst erlebt er die existentielle Subjektivität, durch die »das Überindividuelle« vom Menschen Besitz ergreift. Andrerseits aber ist dieser Vorgang begrifflich nicht verständlich, er vollzieht sich ja auf der »Ebene des Unbewußten«. Er kann daher auch von der Figur nicht reflektiert werden. Ihr Handeln, ihre Motivierung bleiben unfaßbar. Aus dem Text der *Heimkehr* z. B. erfährt der Leser nicht, *warum* ein vorher nie gesehener Platz in einer fremden Stadt, der überhaupt keine Beziehung zu A.s Biographie zu besitzen scheint, plötzlich eine unwiderstehliche Schicksalsgewalt über ihn gewinnt. Wie es Beda Allemann für Kafkas Josef K. feststellte, bleibt die Figur dem Leser in vieler Hinsicht fremd und rätselhaft, weil sie nicht auf Grund der Mimesis eines empirischen Menschen konzipiert ist. Wesentliche Information, die man nach den Regeln eines fiktiven Porträts erwarten müßte, wird vorenthalten. Trotz der Intimität, die die fast völlig konsequente Figurenperspektive herstellt, bleibt Wesentliches von dem, was in der Figur vorgeht, unausgesprochen und ihr Verhalten daher rätselhaft. Auch fehlt jegliche Biographie. Nichts erfährt der Leser von der Vorgeschichte der Figur.[19] Plötzlichkeit steht an Stelle von Entwicklung, Unerklärliches an Stelle von Kausalität. Das Symbol, das zwar immer naturhaften, d. h. mimetisch dargestellten Ursprungs ist –

ein Haus in einer Geschäftsstraße, ein dreieckiger Bahnhofsplatz, der Meeresspiegel (sicherlich das archetypisch Transparenteste der drei) – nimmt »grundlos« eine menschliche Seele in Beschlag. Das ist es, was Broch als das »Irrationale« am »Erlebnis« des Symbols sieht und was drei seiner »Tierkreis«-Erzählungen in verschiedener Weise darstellen. Wie Kafka ist es Broch hier nicht um den empirischen Menschen, seinen »Typ«, seine Psychologie und Soziologie zu tun – obwohl diese Hinsichten keineswegs völlig fehlen –, sondern um das Ereignis, den »Fall«, die Art und Weise, wie eine unsichtbare Realität von einem Bewußtsein Besitz ergreift und wie sich der Mensch dazu verhält bzw. verhalten *kann*. In der paradoxen Verquickung von intimster Leser-Identifikation mit unaufhebbarer Fremdheit der Erzählgestalt besteht das eigentlich »Kafkaeske« dieser »Tierkreis«-Erzählungen. Broch zwingt den Leser dazu, über den Vorgang nachzudenken, und hindert ihn daran, sich ablenken zu lassen durch Bekanntschaft mit Biographie und Psychologie desjenigen, der den Vorgang vollzieht.

Anmerkungen

1 Zur Chronologie der »Tierkreis«-Erzählungen vgl. Richard Thieberger, *Hermann Brochs Novellenroman und seine Vorgeschichte*, in: Deutsche Vierteljahrsschrift für Literaturwissenschaft und Geistesgeschichte 36 (1962), S. 562-582, bes. S. 581 f.

2 Vgl. dazu den für das Verständnis von Brochs Poetologie grundlegenden Aufsatz von Paul Michael Lützeler, *Erweiterter Naturalismus. Hermann Broch und Emile Zola*, in: Zeitschrift für deutsche Philologie 93 (1974), S. 214-238, bes. S. 228-231, sowie auch sein Buch *Hermann Broch – Ethik und Politik. Studien zum Frühwerk und zur Romantrilogie »Die Schlafwandler«*, München 1973, S. 68-73.

3 Vgl. dazu Walter Jens, *Statt einer Literaturgeschichte*, Pfullingen 1957, S. 121, der Kafkas Einfluß gerade auf diese Novelle besonders hervorhebt und behauptet, »daß das hier beschriebene Haus aus dem ›Prozeß‹ sein könnte«.

4 Daß Broch gerade »zur Zeit der ersten Erzählungen des ›Tierkreis‹-Komplexes eine neue Ausdrucksmöglichkeit für das Unterbewußte, Unbewußte« entdeckt zu haben glaubte, beweist sein Brief an Daniel Brody vom 30. 3. 1933, den Thieberger zitiert (S. 578).

5 Für die wachsende Bedeutung, die Kafka für Broch seit den frühen dreißiger Jahren gewinnt, vgl. Manfred Durzak, *Hermann Broch, Der Dichter und seine Zeit*, Stuttgart, Berlin, Köln, Mainz 1968, S. 97.

6 So wird die im Text dargestellte Situation auch von Zeidler gesehen. Vgl. Lothar Eric Zeidler, *Struktur, Perspektive und sprachliche Gestaltungsformen in Hermann Brochs »Die Schuldlosen«*, Diss. New York University 1962 (Microfilm Ann Arbor, Michigan), S. 76.

7 Zur Transparenz des psychoanalytischen »Falles« in dieser Erzählung vgl. Gerda Utermöhlen, *Hermann Brochs Novellenzyklus »Die Schuldlosen«*, Diss. Heidelberg 1963 (masch.), S. 103.

8 Vgl. dazu Lützelers ausgezeichnete Analyse der Urfassung dieser Novelle im Nachwort der von ihm betreuten Ausgabe von Hermann Brochs *Barbara und andere Novellen*, Frankfurt: Suhrkamp 1973, S. 340-343.

9 Wolfgang Düsing weist auf Brochs Unterscheidung von »Novelle« und »Roman« hin. Während die Novelle die »Totalität einer Situation zur Darstellung bringt«, ist die »Totalität eines Menschenlebens« das Thema des Romans. *Der Novellenroman. Versuch einer Gattungsbestimmung*, in: Jahrbuch der deutschen Schillergesellschaft 20 (1976), S. 539-565, S. 542. Zur Beziehung von Brochs Erzählungen zur Gattungsgeschichte der Novelle vgl. Lützeler, *Nachwort. Hermann Brochs Novellen*, in: *Barbara und andere Novellen*, S. 324-333, 339 f., 349 f.

10 Daß gerade im Prinzip der Ichspaltung die Verbindung Brochs zu Kafka liegt, hat vor allem Peter Waldeck erkannt. Doch hat er die beträchtlichen Gradunterschiede in der Bedeutung, die dieses Prinzip für Brochs Werk besitzt, unterschätzt und es undifferenziert angewendet. Vgl. *Hermann Brochs »Der Meeresspiegel«. Vorstudie zum »Tod des Vergil«*, in: Orbis Litterarum 23 (1968), S. 55-72.

11 Allerdings ist auch *Eine leichte Enttäuschung* von »geheimer Stimmigkeit geradezu durchleuchtet«, so daß selbst diese Erzählung sich in vieler Hinsicht grundlegend von Kafka unterscheidet, wenn auch in viel geringerem Maße als Brochs sonstige Erzählungen. Vgl. Utermöhlen, S. 59, 72.

12 Das wurde auch von Zeidler (S. 189) bemerkt.

13 In ganz anderem Sinne wird dieser Tatbestand von Zeidler interpretiert (S. 194).

14 Der Name Melitta weist natürlich auf die Figur des Imkers in den *Schuldlosen* voraus.

15 Vgl. dazu Utermöhlen, S. 68.: »Was zuerst nur ›wie‹ eine ›ungenaue‹ Sonnenuhr war, ist oben eine wirkliche und genaue, ein vom Großvater gestiftetes Zeichen der anderen, natürlichen Ordnung, die dort wenn nicht sichtbar, so doch erahnbar geworden ist –«.

16 Ernst Schönwiese sieht Broch »den genau umgekehrten Weg« wie Kafka »beschreiten«, nämlich zur plötzlichen Transparenzwerdung

des Geschehens. »Einleitung« zu Hermann Broch, *Die unbekannte Größe und frühe Schriften,* in: *Ges. Werke,* Bd. 10, Zürich 1961, S. 15.

17 Vgl. dazu Utermöhlens prägnante Formulierung: »Wenn [Broch] in Kafka den Mythenbildner des ›Agnostizismus‹ sehen wollte, so hätte er sich selber wohl eher – wäre das nicht ein Paradoxon – als Dogmatiker bezeichnen können« (S. 226).

18 Vgl. zu Brochs Symbolbegriff auch Manfred Durzak, *Hermann Brochs Symboltheorie,* in: Neophilologus 52 (1968), S. 156-169, wo allerdings ganz andere Aspekte behandelt werden.

19 Auch Zeidler (S. 186) weist auf die völlige Losgelöstheit der Hauptfigur von jeder erklärenden, dem Leser die Figur »vorstellenden« Biographie hin.

Ernestine Schlant
Brochs Roman *Die Unbekannte Größe* (1933)
Mit Hinweisen zum Filmskript *Das Unbekannte X* (1935)

I

Die Liebesbeziehungen in Hermann Brochs Romanen sind grundsätzlich problematischer Natur.[1] Darin unterscheidet Broch sich nicht wesentlich von vielen anderen Schriftstellern der Moderne.[2] Auffällig für Brochs Romanwerk jedoch ist die in verschiedensten Variationen konstant wiederkehrende Situation, in der ein schwacher oder abwesender Vater und eine kompetent wirtschaftende Mutter den Sohn solcherart tabuisieren, daß sein Heranreifen in die Mannes- und Vaterrolle äußerst problematisch wird. Diese ödipale Primärsituation ist in Brochs Werk jedoch meist verschleiert; von Interesse sind der Verdrängungsmechanismus des Sohnes sowie die Auswirkungen und Folgen dieser Verdrängung.

Die nicht bewältigte Auseinandersetzung mit der Vaterfigur wird von Brochs Romanfiguren als beunruhigende Mehrdeutigkeit erfahren. Die kompensierende Suche nach Eindeutigkeit und klarer Trennung der verschiedenen Interessen- und Aufgabengebiete entspricht nur an der Oberfläche dem Wunsch nach Ordnung; denn eigentlich bedeutet diese Suche ein Verdrängen der ungelösten Problematik. In dem Maße aber, in dem die Romanfigur verdrängt, lädt sich die Umwelt mit den verdrängten Inhalten auf – sie wird zur Chiffre des Verdrängten, das dem Verdrängenden auf Schritt und Tritt als nach außen projizierte Introversion entgegensteht. Dieser Mechanismus, der für alle männlichen Hauptfiguren in Brochs Romanschaffen zutrifft, sei am Beispiel Richard Hiecks dargestellt.

Richard Hieck, die Hauptfigur des Romans *Die Unbekannte Größe*, ist das älteste der fünf zu Romanbeginn lebenden Kinder von Katharine Hieck. Katharines Mann, Richards Vater, ist bei Romanbeginn bereits sieben Jahre tot. Seit dem Tod des Vaters hat Richard, als ältester Sohn, die Rolle des Familienoberhauptes übernommen. Katharine Hieck, blond, blauäugig, mollig, mit einer wasserhellen Stimme, scheint der Prototyp des »Wiener Mad'ls«

zu sein und ist das Vorbild für die Wirtin Sabest in der *Verzauberung*. Sie ist ein Tagesmensch, bäuerlichen Herkommens, nüchtern und praktisch. Im Gegensatz dazu war ihr Mann ein »Nachtmensch«, »zart«, »unheimlich«, »schattenhaft«, und Hieck bekommt das »Gruseln«, wenn er an seinen Vater denkt. Durch das »eigentümlich Flackernde, das vom Vater ausging«, brachte er alles »in eine Atmosphäre unfaßbarer Unsicherheit«, während unter seinem Blick »sich das Gefüge aller Beziehungen auflöste«.[3] Gerade an dieser Stelle, wo Richards Erinnern an seinen Vater psychologisch durchleuchtet werden sollte, werden Richards Reaktionen als ursächlich in den Vater projiziert und solchermaßen ontologisiert. Der Einfluß des toten Vaters bleibt jedoch äußerst tiefgreifend und steht auch mit Richards Berufswahl als Mathematiker in engster doppeldeutiger Beziehung.

[...] es war gewissermaßen eine Umkehrung seines Einflusses und des väterlichen Wesens, daß sich Richard so verbissen an die Schule und an das Studium geklammert hatte: in der Schule und ihrer Regelmäßigkeit hatte er wenigstens einen Teil der Eindeutigkeit gefunden, die ihm als Kind genommen worden war. Und wohl eben deshalb hatte er bald eine geheime Zuneigung zu klaren und mathematischen Dingen gefaßt, eine Zuneigung, die sich in der Mathematikstunde zu der Vorstellung verdichtete, daß er selber einstens diese beglückend eindeutigen Dinge der Klasse vermitteln werde (S. 17 f.).

Doch die Mathematik als Symbol der Eindeutigkeit steht in dem Roman im Dienst einer anderen Wissenschaft, nämlich der Astronomie. Nachdem Richard Hieck sich um einen Posten an der Sternwarte beworben hat, scheint ihm plötzlich »gerade die Astronomie der tiefere Sinn seines mathematischen Studiums gewesen zu sein« (S. 25). Aber mit dem Hinwenden zur Astronomie schwindet die mathematische Eindeutigkeit und es wird Richard

schreckhaft klar, daß es des Vaters Liebe zum Nachthimmel gewesen war, die ihn von der Astronomie wie von einem verbotenen Land ferngehalten hatte: nicht seinen Kindern, sondern der Nacht hatte die Liebe jenes Mannes gegolten, und immer noch bewirkte sein unheilschwangerer Einfluß, daß das Zwiespältige nicht durch das Eindeutige ersetzt werden durfte, die Tiefe der nächtlichen Sphäre und ihr dunkles Licht nicht durch die Helle der Erkenntnis. (S. 25)

Die Verbindung des Vaters mit dem Nachthimmel ist für Richard außerdem noch in einem Kindheitserlebnis verankert. Während eines Nachtspazierganges von Vater und Sohn wirft der Vater Blumen, die der Sohn für die Mutter bestimmt geglaubt hatte, in den Fluß und sagt dazu: »Sterne im Wasser« (S. 16).[4]

Der Nachthimmel wird somit zum Psychogramm von Richards ungelösten Konflikten. Als Gegenstand wissenschaftlicher Forschungen bietet er ein weitgespanntes Sublimationsgebiet, bleibt jedoch gleichzeitig Brennpunkt beunruhigender persönlicher Assoziationen. Der Zwang, die Umwelt unter dem Zeichen dieses problematisierten Nachthimmels sehen zu müssen, ohne daß der Zwangscharakter dieser Sehweise bewußt wird, zieht sich durch den ganzen Roman. An ihm lassen sich die Verdrängungsprozesse ablesen wie auch die nie befriedigenden Sublimierungsversuche.

Schon der erste Absatz des Romans ist von richtungsweisender Bedeutung. Der Leser findet die Beschreibung einer wissenschaftlichen Szene – den Physiksaal einer Universität, und er verfolgt, wie der Laboratoriumsdiener die »kreuz und quer mit mathematischen Formeln beschriebene schwarze Tafel« (S. 11) abwäscht. Die schwarze Tafel mit den mit weißer Kreide beschriebenen Formeln ist bereits Vorwegnahme des gestirnten Himmels. Doch eröffnet dieser einleitende Abschnitt mehr als nur einen Einblick in das wissenschaftliche Milieu und die mathematische Forschung. Die »angenehme Empfindung«, in welcher der Abschnitt gipfelt, und die den »Zuschauer« überkommt, während der Diener die Tafel abwäscht, hat mit Mathematik nichts zu tun. Vielmehr hängt sie mit der Beobachtung zusammen, »wie die Tafel unter den breiten feuchten Strichen schwarz und glänzend wurde, wie das Kreidewasser weißlich heruntertropfte, und [...] der Diener schließlich am unteren Tafelrand mit einem horizontalen Abschlußstrich die noch in Bewegung befindliche Tropfenschicht auffing...« (S. 11).

Es bedarf keiner besonderen Spitzfindigkeiten, in diesem Abwaschen der Tafel einen sexuellen Akt, spezifisch einen onanistischen, beschrieben zu sehen. Die breiten feuchten Striche, unter denen das Kreidewasser weißlich heruntertropft und der Abschlußstrich, mit dem die noch in Bewegung befindliche Tropfenschicht aufgefangen wird, lassen diese Interpretation als naheliegend erscheinen. Richards Verdrängen dieser Bedeutung erhöht gerade deren Stichhaltigkeit. Der Text betont den Verdrängungsprozeß, indem er gerade das herausstellt, was zu verbergen gesucht wird. So heißt es: »Zum Beispiel wurde Richard Hieck durch die

schwarz-glänzende Tafel an den Samt des Nachthimmels gemahnt.« (S. 11) Das »zum Beispiel« folgt unmittelbar auf die
Feststellung der »angenehmen Empfindungen«, doch werden
diese Empfindungen im Text nicht auf die Tafel zurückgeführt,
sondern auf die feuchten Striche und den horizontalen Abschlußstrich des Laboratoriumsdieners. Es ist deutlich, daß Richard den
Ursprung der »angenehmen Empfindungen«, d. h. die Onanie,
verdrängt. Dies wird auch bestätigt dadurch, daß er an den Samt
des Nachthimmels »gemahnt« werden muß.

Dem Tafelabwischen des Laboratoriumsdieners geht eine kurze
und irrelevant anmutende Beschreibung des Physiksaals voraus.
»Auf dem langgestreckten Katheder am Fuße des Amphitheaters
stand eine Garnitur merkwürdig gekrümmter Glasgefäße...«
(S. 11). Diese Beschreibung ist für den Fortgang der Handlung
vollkommen unwesentlich und als Charakterisierung eines Phy-
siksaales höchst unzureichend, doch erhält sie durch die möglichen sexuellen Assoziationen ihre wesentliche Bedeutung. Man
erkennt in dem langgestreckten Katheder und der Garnitur merkwürdig gekrümmter Glasgefäße eine Andeutung von Phallus und
Hoden. Es fällt jedoch auf, daß die Anatomie (Phallus und Hoden)
von der Handlung (Onanie) getrennt ist. Man könnte daraus
schließen, daß die Interpretation der Bilder nicht stichhaltig ist,
zöge sich diese Trennung nicht durch den ganzen Roman und
thematisierte sie damit nicht die extremen sexuellen Hemmungen
und Schwierigkeiten, mit denen Richard Hieck belastet ist.

Erst nachdem Richard in dieser Umgebung und mit den entsprechenden Assoziationsphantasien vorgestellt ist, wird die emotio-
nale Bedeutung des Nachthimmels deutlich gemacht. Richard
erkennt, daß die Liebe seines Vaters »nicht seinen Kindern, sondern der Nacht« (S. 25) gegolten hatte und »daß es eben des Vaters
Liebe zum Nachthimmel gewesen war, die ihn von der Astronomie wie von einem verbotenen Land ferngehalten hatte [...]«
(S. 25). Wenn der Vater die Nacht liebte, wen liebte er damit? Das
Weibliche? Frauen? Die Mutter? Dann ließe sich Richards Fern-
bleiben von dem »verbotenen Land« als ödipale Anerkennung
des väterlichen Territoriums erklären. Dem entspricht Richards
Vorstellung, wenn es heißt: »[...] er hatte plötzlich unzüchtige
Gedanken. [...] Frauen waren Nachtmenschen, wenn es wirkliche
Frauen waren oder sie als Frauen gelten sollten [...] Eine wirkliche
Frau mußte aus der Nacht geboren sein, aus der Nacht plötzlich

auftauchend, geschlossenen Auges wie die Nacht selber, auf daß man in sie versinken könne, hineinstürzen wie in die Schwärze des Nachthimmels.« (S. 20)

Doch durchbricht auch hier Richards zurückgestaute Verdrängung klar gewollte Zuordnungen. Denn in seiner Erfahrungswelt sind nicht die Frauen die Nachtmenschen, sondern der Vater. Sollte dies eine Feminisierung des Vaters bedeuten, für die Richard sogar unbewußt Zugeständnisse macht, wenn er den »wirklichen Frauen« solche, »die als Frauen gelten sollten«, zur Seite stellt? Oder bedeutet die Liebe des Vaters zum Nachthimmel eine narzißtische Neigung, wobei der frühe Tod des Vaters mit einem »Versinken« oder »Hineinstürzen« »wie in die Schwärze des Nachthimmels« umschrieben werden könnte?

Die Faszination des Nachtmenschen Vater mit dem Nachthimmel wird von Richard nie hinterfragt. Doch auch der Autor Broch schweigt sich hierüber aus und schneidet jede weitere Untersuchung ab, indem er diese Eigenschaften ontologisiert. Dementsprechend läßt er seine Kunstfigur Richard vor einer Auseinandersetzung mit der ungeheuer ambivalent aufgeladenen Vaterfigur in einen simpel-dualistischen Chauvinismus flüchten. Hier werden die »wirklichen Frauen« sogleich mit »unzüchtigen Gedanken« verbunden (wobei jedoch das Adjektiv »unzüchtig« auf Schuldgefühle und Verdrängungsmechanismen hinweist, die zu einer Dualisierung der Frau führen müssen). Im Gegensatz zu diesen »wirklichen Frauen« stehen dann »die Kolleginnen in den lichten Hörsälen« (S. 20). (Wenn eine Kollegin wie Erna Magnus diesen Dualismus durchbricht, reagiert Richard mit Unbehagen und stößt sich an der »Mehrdeutigkeit« dieser Welt.)

Höhepunkt der Bedeutung des gestirnten Nachthimmels als wissenschaftlich-sublimiertes Forschungsobjekt und mehrdeutig-sexueller Beziehungspunkt ist die Szene, in der Richard Hieck die mathematische Assistentin Ilse Nydhalm zu einem Besuch der Sternwarte einlädt. Richards Gefühle Ilse gegenüber sind vollkommen unklar, was sich in mühevollen Verdrängungen und ständigen Verwirrungen bemerkbar macht. Hier wird besonders klar, wie die von Richard verdrängte Sexualität ihm von außen, entfremdet, entgegenstarrt, und Ereignisse sowie Gegenstände zwanghaft mit sexuellen Bedeutungen überlagert.

Auf dem Weg zur Sternwarte spricht Richard »zögernd, weil er wußte, daß es nicht am Platz war« (S. 90) von Meteoriten und erklärt: »Es ist wahrscheinlich, daß die Mondkrater durch riesige Meteoritfälle entstanden sind.« (S. 90) Was an dieser Bemerkung ist »nicht am Platz«, es sei denn, man unterschiebt ihr eine sexuelle Bedeutung? Auf der Sternwarte angekommen, zeigt Richard Ilse sein Arbeitszimmer. Als Ilse das Ledersofa bemerkt, das Richard nie benutzt hat, reagiert er wiederum mit »einem jähen unbehaglichen Gefühl« (S. 91). Der Rundgang beginnt, indem die beiden »erst die stillen Treppen« (S. 91) hinaufsteigen und den Meridiansaal passieren, der »schweigend und dunkel dalag«, und dann auf eine Dachterrasse hinaustreten. Hier weist Richard auf ein »verhülltes Instrument«, einen Kometensucher. Der Blick von der Terrasse geht »über die schwarzen Wipfel der Tannen hinweg; schwarz stachen sie in des Raumes Dunkelheit. [...] In den Betonboden der Terrasse war ein flaches Geleis eingelassen« (S. 92). Im Kontext der sexuellen Symbolik ist der Umweg über die Dachterrasse eine Art Vorspiel, wobei jedoch die »stillen Treppen«, der »schweigende und dunkle Meridiansaal«, der »verhüllte« Kometensucher und das unbenützte Geleise dieses Vorspiel nur als latent andeuten. (Die in den Himmel stechenden schwarzen Tannen gehören interessanterweise nicht zum Bereich der Sternwarte.) Ilse, die zuerst erwartet hatte, daß Richard sie sofort zum Hauptrefraktor bringen würde, möchte nun gern auf der Terrasse bleiben, doch Richard, »in merkwürdiger Ungeduld drängte weiter« (S. 92). Richards Ungeduld ist »merkwürdig«, weil er selbst ja den Umweg vorgeschlagen hatte, doch jetzt, da er damit bei Ilse Erfolg hat, darüber keine Freude empfinden kann. Will er denselben Eindrücken, die Ilse zum Bleiben verlocken, entkommen?

Unter seiner Führung gehen sie weiter durch eine Glastür in einen engen Korridor, »und dann öffnete Hieck eine gewöhnliche schmale Tür und nun war man plötzlich in einem Kuppelraum, eine leichte Überraschung, denn man sah nicht in die Höhe, sondern hinunter« (S. 92). Entgegen Ilses Erwartungen, »im Gewölbe des Türmers das Wesentliche zu erblicken« (S. 91), sehen sie von einer kleinen Galerie aus »in einen verhältnismäßig kleinen, beinahe brunnenartigen Raum hinein« (S. 92). Unter deutlichem Bezug auf Ilses enttäuschte Erwartungen heißt es: »[...] und keineswegs ein Turm, sondern in mäßiger Höhe wölbte sich die Eisenkonstruktion der Kuppel«. In diesem engen Raum sieht man allerdings »schräg und glänzend die mächtige Röhre des

Refraktors stehen« (S. 92), für die sich unten im Brunnen »die Instrumenten- und Sucheranlage mit dem ledergepolsterten Beobachtersitz« befindet. Damit wiederholt sich in etwa das Arrangement im Physiksaal der ersten Szene des Romans, wo der langgestreckte Katheder mit der Garnitur »merkwürdig gekrümmter Glasgefäße« am Fuße des Amphitheaters stand – also auch hier das langgestreckte Objekt mit Gefäßen, bzw. Instrumentenanlage, das aufs engste und von innen her mit dem umgebenden Raum verbunden ist.

Auf der Galerie stehend beobachten Ilse und Richard: »Ein Mann schraubte an dem komplizierten Mechanismus da unten herum« (S. 92). Hier und bei späteren Bezügen auf die Handhabung dieser Anlage lassen sich wiederum Anspielungen auf die Onanie erkennen. Ebenso läßt die Beschreibung der Kuppel an sexueller Deutlichkeit nichts zu wünschen übrig. »Die Kuppel wölbte sich braun und ein wenig unheimlich; die Eisenkonstruktion warf ihre Schatten in die Krümmung hinein. Unterhalb ihres Randwulstes blitzte eine Kreisschiene, auf der sie mit Rollen aufsaß.« (S. 94) Die braune und ein wenig unheimliche Kuppel mit dem Randwulst läßt sich als Eichel erkennen, als überdimensional dem Refraktor aufgesetzter Kopf. Das konzentrierte Interesse der Anwesenden richtet sich nun auf das Öffnen der Kuppel, ein Vorgang, der ausschließlich von Männern bewerkstelligt wird. Losska, der Mann an der Instrumentenanlage, ist »nervös« und »herrisch«, während man auf den Diener wartet, dessen Aufgabe es ist, den »Kurbelmechanismus an der Wand in Funktion zu setzen«. Die Handhabungen des Dieners an der Kurbel bereiten auf die Klimax der Szene vor. »Der Spalt in der Kuppel schob sich langsam und mit leisem Knirschen auseinander. Ein Streifen Nachthimmel. Der Refraktor war genau auf den Spalt gerichtet.« (S. 94) Am anderen Ende des Refraktors sitzt Losska, nun »ganz bei der Sache. Alle Nervosität schien von ihm abgefallen, er war in seinem Element. Ohne daß er hinschaute, betätigten seine Finger – selber ein nervöser, präziser Mechanismus – die Stellschrauben . . .« (S. 94). Bei all diesen Vorgängen bleibt Richard, obwohl »beflissen«, so doch untätiger Zuschauer.

Nachdem der Höhepunkt erreicht ist und »alles in Ordnung« ist, lädt Losska Ilse ein, nun an seiner Statt auf dem ledergepolsterten Beobachtersitz Platz zu nehmen. Ilse hat sich diese Einladung in der vorhergehenden Unterhaltung verdient, in der sie als gelehrige Schülerin dem Chauvinismus der beiden Männer zustimmte. Was aber bekommt Ilse jetzt zu sehen? »Ilse sah ein milchiges Etwas mit ungenauen Rändern, die sich leicht zu bewegen schienen.« (S. 94) Natürlich sind das die Sterne am Nachthimmel, die Ilse durch ein Teleskop sieht, das ihrer Kurzsichtigkeit keine Rechnung trägt. Doch gleichzeitig ist es eine Andeutung von ejakuliertem Sperma, was durch den Bezug auf seine Beweglichkeit ausdrücklich hervorgehoben wird.

Erinnert man sich an die einleitende Szene des Romans, so fallen weitere Parallelismen auf: in beiden Fällen bewegt sich in einer mit sexuellen Bedeutungen aufgeladenen Szene Weißliches auf schwarzem Hintergrund. In beiden Fällen wird die Onanie vor Zuschauern angedeutet. In beiden Fällen ist Richard passiver, wenn auch interessierter Zuschauer und wird einem »Diener« eine wesentliche, aktive Rolle zugewiesen.

In der Szene auf der Sternwarte wird einer jungen Frau ein Platz auf dem männlich-lederbezogenen Sitz angeboten. (Als weiterer Hinweis auf Richards sexuelle Passivität dient auch, daß er das Ledersofa in seinem Arbeitszimmer noch nie benutzt hat.) Ilse wird in dieses ausschließlich männliche Betätigungsfeld nur um den Preis ihrer Fraulichkeit zugelassen, was sie bereitwillig und gelehrsam akzeptiert. (Deshalb auch kann Erna Magnus, die diesen Preis nie bezahlen würde, nicht eingeladen werden. Im Gegensatz zu Ilse ist Erna eine sexuell klar definierte Figur. Ein Vergleich von Ilse und Erna macht klar, daß es in dem Roman nicht um den falschen Dualismus von Wissenschaft und Sexualität geht, wie Richard sich zu glauben bemüht, sondern um eine figurenspezifische sexuelle Definition. Das Verwischen geschlechtsspezifischer Zuordnungen umgibt Richard wie auch Ilse mit einer ins allgemeine projizierten Aura der Mehrdeutigkeit.)

Die wiederholte Betonung von Technik und Mechanik zeigt auf eine technizistische Verdrängung. Sexualität wird zu einem Funktionieren der Apparatur, wofür die modernsten Instrumente am vorteilhaftesten erscheinen. (Bemerkenswert dabei ist, daß auch die passive Zuschauerrolle mit einer »automatischen Beobachterbühne« modernisiert werden sollte.) Richard und Losska beklagen »in dem gleichen verschämten Hauspatriotismus« (S. 93), daß die Instrumente »nicht mehr ganz modern« (S. 92; ähnlich S. 93) seien und die Kuppel sogar noch »von Hand bewegt werden« müsse (S. 94). Das »verschämte« Zugeständnis, technisch veraltet, d. h.

nicht maximal leistungsfähig zu sein, findet in der Notwendigkeit eines »Dieners« seine Bestätigung. Auffällig ist hierbei jedoch, daß sowohl der Diener wie auch die Technisierung die gleiche Funktion erfüllen: sie entpersönlichen die Vorgänge, ermöglichen eine Distanzierung der angeblich Hauptbeteiligten und eine Fragmentierung der Handlungsfolgen bis ins beinahe Unkenntliche und leisten der Berührungsangst unter dem Deckmantel der Wissenschaftlichkeit Vorschub.

Im Gegensatz zu den detaillierten Andeutungen der männlichen Anatomie und Onanie fehlen Hinweise auf die weiblichen Eigenschaften. Der Nachthimmel jenseits des Spaltes ist mit Ausnahme der Sterne leer, hohl, undifferenziert. Diese in verschiedenen Bildern und Assoziationen verwendeten amorphen, gewölbten Räume stehen mit Dunkelheit und Nacht in Verbindung, in die sich, dem jeweiligen Zusammenhang entsprechend, die »Helle« der Erkenntnis, der Sterne, usw. eingraviert. Dabei ist festzuhalten, daß Broch bei dem Versuch, den Sexualakt zwischen zwei heterosexuellen Personen zu beschreiben, selbst über Romane hinweg dem Bild eines leeren, sich selbst reflektierenden Hohlraumes verhaftet bleibt.[5]

Man könnte in einer weiteren Untersuchung auf die Frage eingehen, ob die weibliche Sphäre nicht auch angst- und furchterregend ist und deshalb undifferenziert bleiben muß, weil sie ödipal besetzt ist. Denn das Bild der »Nachtfrauen«, in die man »versinken könne« (S. 20), ist vom »mütterlichen Schoß der Nacht« (S. 40) nicht prinzipiell getrennt.

Wie nun reagieren Ilse und Richard auf das Hervortreten einer Sexualität, die, wenn auch gehemmt und fragmentiert, sich nicht verdrängen läßt? Auf dem Nachhauseweg von der Sternwarte folgt die nachträgliche Bewußtwerdung des Erlebten, bei der beide Teilnehmer sich der emotionalen Komponenten klar werden. Damit führt Broch von der Sexualität zur Liebe über.

Die Schwierigkeiten und Hemmungen, die die Figuren mit der Sexualität erfuhren, bleiben auch hier weiterhin bestehen, doch werden sie von der körperlichen auf eine metaphysische Ebene transportiert. Liebe wird als nie erreichbares Erkenntnisziel gesetzt; das Ungenügen dieser Liebe reflektiert das Ungenügen der Erkenntnissuche. Diese platonistisch inspirierte Abwertung der Wirklichkeit dient als Folie für die Unfähigkeit, Liebe als Glück,

Erfüllung oder Leidenschaft erfahren zu können. Dementsprechend können weder Richard noch seine gelehrige Schülerin Ilse die Liebe als persönliche Bereicherung, als Freude oder dergleichen erfahren. Sie sind sich selbst so entfremdet, daß das Erlebnis verdrängt wird, der Verdrängungsmechanismus aber das Erlebte von außen her, verfremdet, wieder an sie heranträgt, bar jeden Inhaltes und jeglicher Assoziationen, als »reines« Wort. Die beiden müssen sich von der Liebe in Gestalt des Wortes sozusagen überfallen lassen, wobei der Überfall erschreckend, nicht beglückend ist. Bei Richard heißt es: »Die Liebe. Plötzlich fiel ihm dieses Wort ein; schreckhaft fiel es ihm ein. Aber er vermochte keinerlei Vorstellung damit zu verbinden.« (S. 98) Parallel dazu ist bei Ilse die Reaktion nicht viel anders. »Die Liebe. Plötzlich war das Wort da, und Ilse Nydhalm erschrak so sehr, daß das Wort wieder verschwand.« (S. 98) Unmittelbar darauf folgt der elegische Kommentar: »In sich beschlossener, einsamer Klang« (S. 98).

Man möchte versucht sein, diese eigenartige Liebeserfahrung, die nur als vereinzeltes Wort, »schreckhaft«, losgelöst von jedem Zusammenhang bewußt wird, als Darstellung der Gehemmtheiten der beiden jungen Leute anzusehen und in dieser Darstellung eine Kritik Brochs zu erblicken. Dies ist auch richtig, solange Broch seine Figuren in Handlungen verwickelt, sie als verwirrt, scheu, schwitzend, usw. darstellt. Doch strebt er über seine Helden hinaus auf die Darstellung einer irrationalen, d. h. nicht durch die Wissenschaft, sondern durch die Intuition und Emotionen aufschließbaren »Erkenntnis« zu, und hier wird seine Position problematisch.

Verfolgt man das Verhältnis zwischen Richard und Ilse, so stellt sich heraus, daß es, je ernster es sich als Verbindung entwickelt, desto pathetischer und metaphysischer wird. Broch selbst hat sich oftmals über das »Pathos der Liebe« lustig gemacht und es kritisch durchleuchtet. Die spezifisch ironische Perspektive in vielen von Brochs Liebesszenen entsteht dabei aus dem Zusammenprall von körperlichen – und meist auch kleinbürgerlichen – Verhaltensweisen mit metaphysischen Ansprüchen und Erwartungen. Die ironische Darstellungsweise ließe eigentlich eine kritische Lösung erwarten. Diese Erwartung wird jedoch enttäuscht. Brochs sezierende und oft unbarmherzige Beobachtungen z. B. von körperlicher Unbeholfenheit in Augenblicken höchster emotionaler Intensität führen zu keiner Analyse dieser Hemmungen. Richards sexuelle Gehemmtheit z. B. wird vor dem Hintergrund dieses Pathos ontologisiert. Das heißt, daß die psychologischen Ursachen trotz Brochs oftmals äußerst scharfsichtiger und treffender Einsichten nicht mehr in einem kausalen und genetischen Zusammenhang gesehen werden müssen, sondern als »gegeben« akzeptiert werden können. So wird auch nie die Frage gestellt, ob die metaphysische Ebene nicht als Zuflucht und Ausflucht anzusehen und ob die Flucht in die Metaphysik nicht aus der gehemmten Sexualität abzuleiten ist. Man gewinnt den Eindruck, daß diese Art von Liebe eine Umstilisierung der Liebesunfähigkeit ist.

Dies zeigt sich klar in der engen Verbindung von Liebe, Einsamkeit und Tod, die als Triade in häufigen Wiederholungen die Beziehung von Richard und Ilse begleitet. Als Richard und Ilse sich zum erstenmal küssen, wird dieser Kuß sofort »pathetisiert«, d. h. er wird einerseits als Ausdruck körperlichen Ungenügens gesehen, andererseits zum Ausgangspunkt metapyhsischer Sublimationen gemacht (wobei außerdem die Passivität der Erlebenden ins Auge fällt): »[Es] finden sich ihre Gesichter zum unbeholfenen Kuß, losgelöst von ihrem Willen, losgelöst von ihrem Sein, getragen von der Woge der Dunkelheit, die über ihnen zusammenschlug. Klang der Einsamkeit, einsamer Klang des Todes.« (S. 108)

Man braucht sich nicht um weitere Textzitate zu bemühen (obwohl es deren genügend gibt), um sich darüber zu verwundern, wie ein Liebeserlebnis, ein gerade ausgelöster Kuß, so unmittelbar zu Einsamkeit und Tod führen kann. Mit einem Hinweis auf Brochs These, daß die irrationale Erkenntnis aus der Liebes- und Todeserkenntnis gespeist wird, ist es nicht getan. Ganz im Gegenteil liegt hier der Ansatz zu einer Kritik an Broch, in der zu zeigen wäre, daß der metaphysische Aufbau einer Liebes- und Todesmystik (wie dies dann im *Tod des Vergil* auch geschieht) die Tatsache verdeckt, daß es dem Autor unmöglich ist, anders als pathetisch über die Liebe zu sprechen. Es ist interessant, daß die Liebe als »unbekannte Größe« auf dem Umweg über die Einsamkeit mit dem Tod in Verbindung gesetzt wird, und zwar nicht als ekstatischer Liebestod, der sich die totale Erfüllung vorspielt, sondern als erkenntnismäßige, zerebrale Extremsituation. Die Sexualangst und die in ihrer Gehemmtheit scharfsichtig dargestellte Sexualität ließen eine Flucht in die »Liebe« als psychologisch äußerst zutreffend erscheinen. Diese Möglichkeit wird von Broch jedoch nie in Betracht gezogen. Im Gegenteil wird das Unvermögen zu einer beglückenden und erfüllenden Sexualität auf einer »höheren« Ebene mystisch verbrämt und als Erkenntnissuche dargestellt. So ist Broch gezwungen zu übersehen, daß dieser Platonismus, an dem er zeit seines Lebens festhält, zu seinen eigenen Einsichten über die Geschichtlichkeit gewisser Phänomene in Widerspruch steht und daß er ihm viele zutreffende Analysen psychologischer wie auch politischer Natur unmöglich macht.

Dabei ist es nur folgerichtig, daß der Begriff »Liebe« merkwürdig leer bleibt oder sich nur mit solchen Bedeutungen und Assoziationen füllt, die mit Angst und Schrecken und dergleichen zu tun haben. Deshalb löst der »unbeholfene Kuß«, der noch als Kritik am gehemmten Richard verstanden werden kann, einen lyrisch freischwebenden Kommentar aus, der von keinem Glück der Liebe weiß, sondern nur von Angst und Grauen, Einsamkeit und Tod (wobei wiederum die Passivität der Erlebenden und die Entpersönlichung auffallen):

Klang der Einsamkeit, einsamer Klang des Todes. Es war ohne Begehren. Es war mehr als Begehren. Es war Ausgeliefertsein und war Angst. Es war kein Entzücken. Es war mehr als Entzücken. Es war das Herausgehobensein aus dem Meere, es war der Augenblick auf dem Wogenkamm, das Preisgegebensein dem Sonnenwinde, der über die Dunkelheit dahinstreicht. Es war nicht Verzweiflung. Es war mehr als Verzweiflung. (S. 108)[6]

Man kann hier eine Verdrängung erkennen, die so erfolgreich ist, daß sie sich nur noch als Sublimation, als metaphysische Erkenntnismystik offenbaren kann. Dabei ist die feine Trennungslinie zwischen Broch und seinen Kunstfiguren aufschlußreich. Broch ironisiert die sexuellen Gehemmtheiten, doch nirgends die freischwebende Metaphysik der »Liebe«. Gerade an dem Punkt, wo er die Bezogenheiten der beiden Phänomene aufeinander kritisch analysieren und damit die enorme Reichweite des Sublimierungsprozesses gestalten könnte, trennt er die beiden Sphären radikal. Die philosophische Ebene der Erkenntnismystik wird absolut gesetzt und liefert bei Betrachtungen *sub specie temporis* den als Pathos in Erscheinung tretenden Blickwinkel, ohne selbst Gegenstand kritischer Analyse zu werden.

Diese Beobachtung läßt vermuten, daß Broch die metaphysische Ebene dermaßen wichtig war, daß er sie keiner Kritik unterziehen konnte. Dementsprechend seine Figuren zeichnend, stellt er Richard Hieck als jemanden dar, der sich nie Gedanken über den

Inhalt oder Ausdruck seiner Liebe macht, sondern nur darüber, ob er diese Liebe auch richtig »erkenne«. Brochs Kritik an Richard (über den Spott an seiner Unbeholfenheit hinausgehend) bezieht sich typischerweise auf dessen mangelhaftes Erkenntnisstreben, nicht auf sein Verständnis der Liebe überhaupt. So zeigt er an Richard, wie schwierig bzw. unmöglich es ist, zu einer Erkenntnis der Liebe zu kommen, ohne je auf den Inhalt dieser Erkenntnis einzugehen, geschweige denn zu fragen, ob »Erkenntnis« überhaupt der richtige Weg zur Liebe sei.

Damit zeichnen sich zwei klar umrissene weiße Gebiete auf der psychischen Landkarte des Autors ab: erstens werden die psychologischen Ursprungserfahrungen tabuisiert, was in den Kunstfiguren als Ontologisierung der psychischen Konstellationen erscheint. Da sowohl Tabuisierung wie Ontologisierung einem rationalen Lösungsversuch den Weg versperren, muß zweitens eine metaphysische Ebene gesetzt werden, auf der die Lösung in Form eines in sich statisch ruhenden Zyklusdenkens vorgegeben ist. Dieses Zyklusdenken erklärt – und ist Vorwand für – die ungeheure Passivität, das »Ausgeliefertsein«, »Herausgehobensein«, »Preisgegebensein« (S. 108), für das Aufgeben jeglicher Kontrolle. Gleichzeitig jedoch ist es der sprechendste Ausdruck für die Ausweglosigkeit, die entsteht, wenn Verdrängungen ontologisiert werden.

Auch auf der metaphysischen Ebene bleibt der Hell-dunkel-Kontrast erhalten, selbst wenn, dieser Ebene und ihrer Funktion entsprechend, alle persönlichen Bezüge fehlen. Die Passivität, die bereits bei der gehemmten Sexualität wesentlicher Bestandteil war, findet sich auf dieser Ebene ebenfalls wieder. Hier allerdings ist die Passivität aus der reinen Beobachterrolle in ein Mit-sich-Geschehen-Lassen übersteigert (z. B. »Ausgeliefertsein« etc.). So wird die Verdrängung auf dieser »höheren« Ebene nicht überwunden oder gelöst, sondern sie wird wörtlich »aufgehoben« zu einem von kosmischen Kräften Kontrolliertwerden. Auch dieses kosmische Walten ist im Kontext von hell-dunkel dargestellt, wobei die Abfolge der beiden Kontraste den Zyklus beschreibt.

Eine dunkle Wolke ist die Vergangenheit, aufgehoben werden wir aus dem Meer der Finsternis, von der Flut gehoben und geworfen in die blinde Einsamkeit. Hier ist die Grenze der Sehnsucht, und das Helle schlägt zurück in die Woge des Einst. (S. 107)

Dieser Kommentar leitet *sub specie aeternitatis* eine kurze Liebesszene ein. Erst nach diesem hoffnungslosen Bild der Ohnmacht und des Geworfenseins kann Ilse sich schluchzend an Richard lehnen, wobei der Kontrast zwischen ernstgemeintem Pathos und platonistisch abgewerteter Wirklichkeit nochmals besonders betont wird, wenn es von Richard heißt: »Die Lippen auf ihrem Haar, hielt er sie ungeschickt umfangen« (S. 107).

Da die Analyse von dem Hell-dunkel-Kontrast ausging, müssen wir abschließend nochmals darauf zurückkommen. Gegen Ende des Romans tritt mit zunehmender Häufigkeit eine Variante des Hell-dunkel-Kontrastes auf, die als Versuch einer Synthese gedeutet werden kann. Es ist das Bild einer kristallischen Landschaft. Dieses Bild, das auch im *Tod des Vergil* häufig anzutreffen ist, kennzeichnet in der platonistischen Geographie der *Unbekannten Größe* das Gewölbe, in dem Meer und Himmel sich spiegeln, in der Astronomie das Weltall. Als Richard zu Beginn des Romanes eines Nachts an mathematischen Problemen arbeitet, passiert ihm folgendes:

[...] er sah eine kristallische Landschaft vor sich – [...] – eine erleuchtet sternenhafte Landschaft, in der die Zahlengruppen zwar nicht als solche zu sehen, wohl aber so leicht einzuordnen waren, daß man die den Zahlen geöffnete, mit Zahlen sich füllende Landschaft in eine beglückend logische und gleichzeitig ein wenig karussellhafte Bewegung versetzen konnte. (S. 22)

Hier wird ein intellektueller Erkenntnisprozeß bildlich dargestellt. Gleichzeitig erinnert die den Zahlen geöffnete und mit Zahlen sich füllende Landschaft, die man außerdem noch in Bewegung versetzen kann, an sexuelle Analogien, was auch dadurch betont wird, daß es sich bei dieser Erkenntnis um einen »Vorstoß in mathematisches Neuland« (S. 22) handelt und das Ganze »ein Stück schöpferischer Aufhellung« (S. 22) darstellt. Diese Landschaft wird in die »kristallische Landschaft des Todes und der Unsterblichkeit« variiert (S. 99), wenn Richard hofft, durch Erkenntnis »unsterblich« zu werden, und findet gegen Ende des Romans in der »kristallischen Landschaft der Erkenntnis« (S. 140) ihre Entsprechung. Das Bild erreicht seine größte Eindringlichkeit, als Richard gegen Ende des Romans Ilses Gesicht betrachtet: »[...] hell in kristallisch durchsichtiger Landschaft sah er die graue

Helle ihrer Augensterne [...]« (S. 139). Die »graue Helle ihrer Augensterne« in »kristallisch durchsichtiger Landschaft« bedeutet die Aufhebung des Hell-dunkel-Kontrastes und kann als dessen »Lösung« oder Synthese verstanden werden. Es wird damit angedeutet, daß es Richard gelingt, Ilse und die Wissenschaft in seiner Erkenntnissuche symbolisch zu vereinen. Diese Vereinigung bringt jedoch keine Lösung von Richards psychologischer Problematik, noch deutet sie auf Selbsterkenntnis. Auch in der Synthese bleibt die Mehrdeutigkeit erhalten. So betont die »graue Helle« von Ilses »Augensternen« geradezu die ihr fehlende geschlechtsspezifische Definition, da die »Helle« der »Sterne« im Kontext des ganzen Romans männliches Aufgabengebiet und männliches Effluvium bezeichnete.[7]

Die Überlagerung von Ilse und Wissenschaft mag Richard als Erkenntnisfortschritt erscheinen. Außerdem kann Broch in diesem Bild »symbolisch« die Möglichkeit einer platonistischen Einheit und Ganzheit vorentwerfen, die sich jedoch – wie er selbst nur allzu bereit ist zuzugeben – *sub specie temporis* niemals verwirklichen läßt. Dies jedoch aus Gründen, die mit denen Brochs nichts gemeinsam haben. Wo Broch auf dem unüberbrückbaren Unterschied zwischen unzulänglicher Wirklichkeit und idealer Ganzheit besteht, könnte eine Analyse der dargestellten Problematik zu einem Aufbrechen des Zyklusdenkens und dynamischen Änderungen führen. Diese Einsicht wird von eben dem Autor umgangen, der in viele seiner männlichen Hauptfiguren Erkenntnissuche als Wesenscharakteristik hineinprojiziert. So ist es dann nur folgerichtig, wenn der Roman *Die Unbekannte Größe* mit einer in kosmische Dimensionen gesteigerten Verdrängung endet.

Und aus der Dunkelheit, aus der man gekommen ist, wird man zu neuer Dunkelheit fortschreiten, auf schwarzem Grunde stehen die Sterne, und sie werden in die Fläche dunklen Wassers gleiten, auftauchend in der Größe und Erhabenheit des Todes. (S. 141 f.)

II

Das Filmskript *Das Unbekannte X* entstand ungefähr eineinhalb Jahre nach Fertigstellung des Romans *Die Unbekannte Größe*, im Frühjahr 1935, auf Vorschlag des Wiener Vertreters der Paramount Filmgesellschaft.[8] Zu dieser Zeit hatte Broch bereits die Arbeit an dem Roman *Die Verzauberung* begonnen, in dem er sich mit den politischen Ereignissen im benachbarten Deutschland, mit dem Nationalsozialismus und mit Hitler auseinandersetzen wollte.

Obwohl die Hauptpersonen des Filmskripts mit denen der *Unbekannten Größe* identisch sind, ist das Skript keine Überarbeitung des Romans, sondern bringt eine neue Handlung. In beiden Fällen sind die Hauptpersonen der wissenschaftliche Assistent Richard Hieck, seine Helferin Ilse Nydhalm, Professor Weitprecht und der Dozent Kapperbrunn. In beiden Fällen steht die wissenschaftliche Forschungsarbeit in kontrapunktischem Verhältnis zu einer sich anbahnenden Liebesbeziehung zwischen Richard und Ilse. Die Beziehung der beiden, die sich zu Ende des Romans bereits zu einer allgemein anerkannten festen Verbindung entwickelt hatte, wird in dem Skript noch einmal gerafft rekapituliert.

Wo im Roman der wissenschaftliche Durchbruch der Quantentheorie thematisiert wurde[9], befaßt sich das Skript mit der Verifizierung von Einsteins allgemeiner Relativitätstheorie. Die allgemeine Relativitätstheorie wurde von Einstein erstmals 1915, während des Ersten Weltkrieges, formuliert und stellte zur Zeit der Romanhandlung für Wissenschaftler wie Weitprecht, Kapperbrunn und Hieck kein wissenschaftliches Neuland mehr dar. Doch blieb Einsteins Formulierung lange Jahre hindurch Gegenstand heftiger Debatten, da die nicht-euklidischen Räume äußerst hohe Ansprüche an das Vorstellungsvermögen stellen. Die Debatte nahm in Deutschland in den zwanziger Jahren antisemitische Töne an, wie Broch das in den »Vier Reden des Studienrats Zacharias« in dem Roman *Die Schuldlosen* zeigt. Um diesen Debatten die wissenschaftliche Grundlage zu entziehen, war die Verifizierung der Einsteinschen Hypothese unerläßlich. Diese Verifizierung sollte von Expeditionen geleistet werden, die bei Sonnenfinsternis die Abweichung der Lichtstrahlen im Schwerefeld der Sonne messen und damit zu Aussagen über Einsteins Theorie gelangen wollten.

Von 1919 an, der ersten Sonnenfinsternis nach Beendigung des Ersten Weltkriegs, versuchten verschiedene Expeditionen diese Lichtablenkung zu messen. Broch war über diese Expeditionen mindestens so weit unterrichtet, daß er sie in seiner Vorbemerkung zum Filmskript erwähnen konnte (S. 251). Dabei fällt jedoch auf, daß er von Sotral anstatt Sobral spricht, von Cordillo Dowes anstatt Cordillo Downes, und von Wallot anstatt Wallal. Der Fehler scheint auf dem falschen Lesen einer handschriftlichen Notiz zu beruhen, vielleicht auch auf falscher Information. Wichtig ist hier, daß Broch sich anscheinend auf nur eine Informationsquelle stützte, denn sonst hätte er die falschen Buchstaben erkennen müssen. Auch anderweitig zeigt sich im Skript das Desinteresse an einer genauen Darstellung der wissenschaftlichen Daten: So läuft z. B. die Expedition an, sobald die Gelder zur Verfügung stehen, ohne daß der Autor dabei den Zeitpunkt für das notwendige Eintreten der Sonnenfinsternis im Auge behält.[10] Desgleichen ist Professor Weitprecht, dem in seinen wissenschaftlichen Arbeiten Einstein Modell stand, gleichwohl keine Kopie dieses Vorbildes. Beiden gemeinsam ist eine gewisse Weltfremdheit und die zunehmende Teilnahme an politischer Verantwortung. Doch ist damit Einsteins Modellrolle erschöpft, wie Broch das in dem Skript auch fordert, wenn er von Weitprecht sagt: »Er ist vom Typus Einsteins, soll aber nicht dessen Maske haben.« (S. 149)

Das Filmskript besteht aus vier Teilen. Im ersten Teil wird das kleinbürgerliche und kleinstädtische Universitätsleben mit einer an Karikatur grenzenden Beobachtungsschärfe gezeichnet. Ist im Roman Richard Hieck der Mittelpunkt des Interesses und weitet sich der gesellschaftliche Blickwinkel gerade so, daß Richard als Sohn aus kleinbürgerlichen Verhältnissen erkannt wird, so ist das Panorama im Skript wesentlich umfassender. Die Intrigen der Kollegen, die Eifersucht der Professorenfrauen, die Engstirnigkeit der Studenten, die Mißgunst der Bevölkerung enthalten Elemente einer Gesellschaftskritik, die in der *Unbekannten Größe* fehlen, jedoch in der *Verzauberung* wesentliche Faktoren sind. Die Manipulierbarkeit der betrunkenen Massen wird durch Kapperbrunn vorgeführt, als er die gegen Weitprechts »Irrlehren« demonstrierenden Studenten zu einem »Vivat« vor dem Hause des Professors führen kann.

Der zweite Teil befaßt sich hauptsächlich mit den Vorbereitungen zu der Expedition. Da die Gelder für die Expedition von der Regierung als Ausdruck politischer Animosität nicht zur Verfügung gestellt werden, versucht Kapperbrunn, die Gelder durch die Gründung einer Weitprecht-Gesellschaft zu beschaffen. Kapperbrunn, der in seinen flinken Bewegungen, im schnellen Erfassen eines Vorteils und in seiner Weltgewandtheit an Huguenau aus den *Schlafwandlern* erinnert, spielt geschickt mit den kleinlichen Ambitionen der Spießbürger, die in ihrer Eitelkeit nicht erkennen, für welch »gute Zwecke« er ihre Habgier ausnützt. (Als Pragmatiker scheut er dabei auch weniger ehrenvolle Mittel nicht, um sein Ziel zu erreichen. So hofiert er z. B. eine häßliche Professorentochter, damit diese ihren Vater unter Druck setze.) Nachdem Kapperbrunn sich bereit erklärt hat, auch seine »geringen Ersparnisse zur Verfügung« (S. 177) zu stellen, bricht Broch diese Konzeption ab und läßt wie einen *deus ex machina* ein Schreiben von der amerikanischen Fellerock-Stiftung eintreffen, in dem Weitprecht eine großzügige Finanzierung der Expedition sowie eine Professur angeboten werden.

Der dritte Teil beschreibt die Expedition selbst. Hier verwendet Broch als Staffage all das romantische Zubehör, das in einem Massenmedium wie dem Film anziehen sollte: die Schiffsreise; die sich anbahnende Beziehung zwischen Ilse und Richard, unter sternenübersätem Nachthimmel, bei der Kapperbrunn als von vornherein nicht ganz ernstzunehmender Rivale die romantische Spannung erhöht; endlich die Ankunft auf der Tropeninsel mit ihren höchst malerischen Eingeborenen; der Aufstieg durch Dschungel und Gefahr, mit Lagerfeuern und Nachtwachen, und die Errichtung des Arbeitslagers auf einem Berg; und schließlich die Sonnenfinsternis selbst. Die Spannung, die sich an die Erwartung der Sonnenfinsternis knüpft, wird auf zwei Gruppen konzentriert: die Forschergruppe mit ihren wissenschaftlichen Apparaten und die abergläubischen Eingeborenen, die in den Apparaten Instrumente vermuten, mit denen die Sonne »getötet« werden soll. Am Gegenstand der Sonnenfinsternis, die einerseits durch wissenschaftliche Messungen eine »verrückte« Theorie beweisen soll und andererseits von den Eingeborenen als »böser Zauber« betrachtet wird, polarisiert Broch das wissenschaftliche Fortschrittsdenken im Gegensatz zum magischen Denken. Dabei findet die kleinstädtische Ablehnung der Einsteinschen Relativitätstheorie in dem angstvollen Benehmen der Eingeborenen einen gemeinsamen Nenner: es ist beide Male die Angst vor Erkenntnisvorstößen.

Obwohl Kapperbrunn häufig darauf Anspielungen gemacht hat, aus der Wissenschaft auszusteigen, kommt sein Entschluß, auf der Insel zu bleiben und Südsee-»Farmer« zu werden, als die

Gruppe wieder aufbricht, doch überraschend. Wohl ist der weltgewandte Manipulator und flinke Menschenkenner von einem gewissen Kulturekel erfaßt und städtemüde; er ist ein Skeptiker, sogar Zyniker, der seiner Arbeit als einem Handwerk nachging, ohne es in große metaphysische Zusammenhänge einzubauen. Doch kann man ihm die Begeisterung, die er für die Eingeborenen an den Tag legt, nicht recht glauben – schon deshalb nicht, weil Kapperbrunn als jemand dargestellt wird, der eigentlich keiner echten Begeisterung mehr fähig ist. Es hat vielmehr den Anschein, daß Broch in dieser Figur eine Variante durchzuspielen versucht, die sich von Eduard von Bertrand in den *Schlafwandlern* (wo Bertrand ebenfalls zuerst in die Tropen und dann in ein abgelegenes Schloß flüchtet) über die Städteflüchter Landarzt und Marius Ratti in der *Verzauberung* bis zu Andreas in den *Schuldlosen* immer wiederfindet.

Der vierte Teil des Skriptes beschreibt den Siegeszug der Gruppe von San Francisco durch die Vereinigten Staaten nach New York. Die Reise gipfelt in New York in einer Ansprache Weitprechts beim Bankett der Fellerock-Stiftung ihm zu Ehren. So wie Kapperbrunns Entschluß, auf der Tropeninsel zu bleiben, nicht aus seinem Charakter motiviert erscheint, so ist auch diese Rede nicht auf Weitprecht, den Typ des »geistesabwesenden Gelehrten«, gemünzt, dem man keine zusammenhängenden Sätze, geschweige denn eine leidenschaftliche Ansprache zutraut. Die Rede enthält vielmehr die tiefsten politischen Überzeugungen Brochs aus diesen Jahren.

Die Rede ist ein interessantes Dokument für die Interessenverlagerung, die sich in Brochs Werk in dieser Periode abzeichnet. Einerseits sind die Ursprünge in den Aufsätzen der vorhergehenden Jahre noch klar zu erkennen, wo es Broch um die religiös-»platonische« Einheit »dichterischer und wissenschaftlicher Erkenntnis« ging; andererseits aber zeichnet sich das größere politische Interesse ab, das sich an der politischen Gegenwart entzündet und in der *Verzauberung* überwiegend artikuliert wird. Wurde in den früheren Arbeiten noch die Einheit rationaler und irrationaler Erkenntnis als die »Basis aller Religiosität« betrachtet und implizite als das Schutzmittel gegen politische Demagogen gewertet, verlangen die jüngsten politischen Umstürze in Deutschland eine schärfere Stellungnahme. Dementsprechend beinhaltet Weitprechts Rede einen scharfen Angriff auf die Idyllisierung einer vorwissenschaftlichen Blut-und-Boden-Mythologie und polemisiert gegen die nazistische Heimatideologie. Auch die Wissenschaft wird jetzt nicht in einem rein ideellen, sondern in einem sozialen und politischen Zusammenhang gesehen. Dies betont Broch/Weitprecht deutlich, wenn er die »Stimmen« (der nazistischen Heimatideologie) zu Worte kommen läßt:

[...] kehren wir also zurück – so rufen diese Stimmen, – verlassen wir eine Welt abstrakter, blutleerer Spekulationen und kehren wir zurück in die bessere Welt des schlicht Sichtbaren und des gesunden Menschenverstandes, kehren wir zurück zur Erde und, wenn es sein muß, sogar zur flachen Erdscheibe, kehren wir zurück zur heimatlichen Scholle, wie wir sie kennen und lieben, schauen wir nicht mehr über sie hinaus, denn aus dieser Erde selbst erwächst uns die wahre Erkenntnis, sie ist unseres Lebens einzige Erkenntnisquelle, ... sie soll uns genügen, weil alles, was darüber hinausgeht, uns heimatlos macht. Ist doch die Wissenschaft nicht Frucht des Bauernlandes, sondern der heimatlosen Städte. Und so glauben die Stimmen, die also rufen, den Geist verneinen zu dürfen, damit die heimatgebundene Seele und die Seele der Landschaft seinen Platz einnehme, und sie glauben das Recht zu haben, die reine Erkenntnis des Verstandes zu verdammen und das Geheimnis des Mythos an seine Stelle zu setzen. (S. 235)

Diesem Gedankengang entsprechend kehren Weitprecht, Hieck und Ilse Nydhalm zur »städtischen« Forschungsarbeit zurück, während Kapperbrunn, der die Wissenschaft nicht als Mission, sondern als Handwerk sah und sie nicht als Erkenntnissuchender, sondern als Pragmatiker anging, einer Idyllisierung der Eingeborenen verfällt.

An dieser Stelle müßte ein Problem zur Sprache kommen, das Broch jedoch nie berührt, vielleicht, weil er sich dessen gar nicht bewußt ist. In den ersten Teilen des Skriptes stellt Kapperbrunn sich in den Dienst einer guten Sache. Doch scheint dieser Dienst ihm nicht zu genügen, scheint gegen die Skepsis und die Kulturmüdigkeit nicht genügend Halt zu geben, so daß er sich trotz seiner zivilisatorischen Fähigkeiten auf die Tropeninsel absetzt. Erklärt Broch damit alle, die nicht an der Erkenntnissuche teilhaben, für Angstmythologien und Weltflucht anfällig? Weitprecht und seinem kleinen Kreis der wissenschaftlichen Erkenntnissucher entspricht in dem späteren Roman *Der Tod des Vergil* die dichterische Erkenntnissuche Vergils. In beiden Fällen ist dies ein elitärer Vorgang, von außergewöhnlichen Individuen geleistet, der die großen Scharen der vielleicht Erkenntniswilligen, doch der Erkenntnis nicht Fähigen wie auch die Handwerker und Praktiker, beinahe automatisch den Demagogen überläßt. Diese radikale Trennung erlaubt es Broch nirgends in seinem Werk, Figuren zu entwerfen, die, wenn auch weniger elitär als der »rein« Erkenntnissuchende, trotzdem an der guten Sache, einer besseren Zukunft, mitarbeiten könnten. Für Broch war die Hoffnung auf eine bessere, weniger angsterfüllte Zukunft nicht an konkrete Handlungen von Einzelnen oder gar von Mehreren gebunden. Seine, ich möchte sagen: verzweifelte Hoffnung, die im Realen keine Anhaltspunkte, geschweige denn Bestätigungen fand, schuf sich deshalb eine Geschichtstheorie, in der erst jenseits eines apokalyptischen Nullpunktes eine Utopie sich realisieren sollte.

In seiner radikalen Dualisierung verfällt Broch selbst einer Mythologisierung, wenn er die Wissenschaft als rationale, die Dichtung als irrationale Größen gegeneinanderstellt und sie dann aus entgegengesetzten Perspektiven aufeinander Bezug nehmen läßt. Er formuliert den Höhepunkt dieser Verkreuzung in Weitprechts Satz: »So ist die Wissenschaft die Dichtung der Heimatlosen« (S. 235). Dieser Satz ist ein eindrucksvolles Dokument für Brochs Bedürfnis nach einer Synthese, doch hält er näheren Untersuchungen nicht stand. Zum einen zeigt sich an ihm die Nostalgie nach Verlorenem (d. h. nach der »Heimat«), zum anderen der Versuch, den Blut-und-Boden-Mythos mit dem Mythos einer »heimatlosen Wissenschaft« zu bekämpfen. Daraus ergibt sich ferner eine Gegenüberstellung von rationaler Wissenschaft/Stadt/Heimatlosigkeit und irrationaler Dichtung/Land/Heimat, bei der die »falsche« Mythologisierung von Blut und Boden nicht mehr von der »echten« Suche der irrationalen Erkenntnis (wie Broch die Dichtung bezeichnete) unterschieden werden kann. Brochs eigene Ambivalenz, aus dieser Polarisierung die Konsequenzen zu ziehen, zeigt sich in der sympathischen Darstellung des Landarztes in der *Verzauberung* und im Filmskript in Kapperbrunns salopper Ansicht: ». . . ob ich ein Stück mathematischer Wildnis rode oder ein Stück Urwald ausputze . . . das ist doch eigentlich egal . . . so oder so, die Grenze wird ein Stückchen ins Unbekannte verschoben . . .« (S. 237).

Brochs Ambivalenz beruht außerdem auch darauf, daß er selbst zu sehr von den Manifestationen nicht-wissenschaftlicher Erkenntnis überzeugt ist, als daß er nicht auch bereit wäre, Zugeständnisse an irrationale Größen zu machen, und zwar in einer der Blut-und-Boden-Mythologie nicht fremden Ausdrucksweise. So läßt er Weitprecht sagen:

[...] niemandem wird es beifallen, die Geheimnisse des Blutes, des Volkstums, der Heimat und der Sprache zu leugnen, wer aber die Erkenntnis bekämpft, weil sie diese Geheimnisse nicht besitzt, und wer diese Geheimnisse der Erkenntnis aufpfropfen will, der verrät, daß er die Absicht hat, die Erkenntnis zu mißbrauchen: er ist der Soldat, der den Archimedes erschlug, und der dann doch die Erkenntnis des Archimedes für Kriegszwecke verwendete. (S. 236)

Meint Broch/Weitprecht hier die »Geheimnisse«, die Mutter Gisson in der *Verzauberung* noch besitzt und die Marius sich mit Gewalt anzueignen sucht? Die Differenzierungen dieses »Geheimnisses«, das Mutter Gisson im Roman verkörpert und *ist*, im Gegensatz zu Marius, der es *haben* will, werden im Roman breit ausgefächert untersucht. Weitprechts Rede zeigt, daß Broch sich zu dieser Zeit bereits so sehr in diesen Gedankenkomplex eingearbeitet hatte, daß er auch Weitprecht, der für diese »Geheimnisse« höchst unzugänglich scheint, diese Sprache in den Mund legt.

Es geht Broch in dieser Rede aber auch um eine Stellungnahme zu dem problematischen Verhältnis von reiner und angewandter Forschung (wie er es ähnlich, wenn auch wesentlich ausführlicher, in den »Stimmen« der *Schuldlosen* wiederholt). In einem frühen Gespräch zwischen Kapperbrunn und Hieck hatte sich Kapperbrunn zu dem »mystischen Glauben« bekannt, »daß jede wirkliche Erkenntnis auf dieser Welt schließlich in das praktische Weltgeschehen eingreift, eingreifen muß [...]« (S. 172). Für Kapperbrunn ist das jedoch kein Anlaß zu Freude, denn er ist nicht bereit, von der »wirklichen Erkenntnis« auch auf deren »gute« Verwertung zu schließen. Im Gegensatz zu den »reinen« Wissenschaftlern, die über die Suche nach der »wirklichen Erkenntnis« hinaus nicht auf deren praktische Anwendung reflektieren, sieht der Pragmatiker Kapperbrunn sofort die negative Seite. »... und was einmal in der Physik ist, das gerät unweigerlich in die Technik, und was in der Technik ist, das gerät unweigerlich in die Rüstungsindustrie, und es wird eine nette neue Todesart daraus ...« (S. 172) Und zynisch wiederholt er ausdrücklich: »[...] ja, jede wirkliche Erkenntnis hat ihre praktische Auswirkung« (S. 172).

Obwohl Weitprecht nicht an dieser Unterhaltung teilgenommen

hatte, gibt er in seiner Ansprache darauf eine Antwort (eine Antwort, die Richard Hieck dem Dozenten schuldig geblieben war). Auch er sieht die Rüstungsindustrie am Ende einer Entwicklungskette, die von der freien Forschung ausging, doch nur dann, wenn die Wissenschaft »national« werde. Von der Vorstellung ausgehend, daß die Wissenschaft die »Dichtung der Heimatlosen« sei, an »keinerlei Volk, an keinerlei Land gebunden« (S. 235), warnt er, daß sie erst im Zurückholen in die Heimat »national« werde, sie »wird zur Halbwissenschaft der Halb- und Viertelgebildeten«, »der Rüstungsindustrie« dienend (S. 235). Weitprecht formuliert als Gegenposition dazu die Notwendigkeit, sich in den »Dienst der Erkenntnis« zu stellen und damit die »Pflicht« zu übernehmen, die Erkenntnis »gegen den teuflischen Mißbrauch zu schützen und dafür zu sorgen, daß [sie] das bleibe, was sie in ihrem innersten Wesenskern ist, nämlich stetig zunehmende Humanität« (S. 236). Eine interessenfreie, internationale Forschungsgemeinschaft, deren Forschungsergebnisse ausdrücklich nicht für nationale Zwecke »mißbraucht« werden können, ist sicherlich ein erstrebenswertes Ziel, dem jedoch zu keiner Zeit große Chancen zugestanden werden dürften. So bleibt Weitprechts Appell auch im allgemein-Abstrakten schweben und kann nicht als ernstzunehmender Schachzug gegen den Nationalismus und die Rüstungsindustrie des militanten Hitler-Deutschland verstanden werden. Im Gegenteil betont Weitprechts Rede das beständig deutlicher hervortretende Dilemma Brochs, wie man einer immer »teuflischer« werdenden Welt Halt gebieten könne: nämlich mit nichts als dem Glauben an ein Humanitätsideal und daran, daß »die Leidenschaft für das humane Ideal weiter wachse« (S. 237).

Broch rang sich in der langen Krise der nächsten Jahre, bis zur Verfassung der *Völkerbund-Resolution* von 1937, selbst zur Erkenntnis der Wirkungslosigkeit dieser Position durch. Deshalb konnte er die geplante Trilogie, für die *Die Verzauberung* der erste Teil sein sollte, nicht zu Ende führen. Doch auch im Exil gelang es Broch im Gegensatz zu seinen essayistischen Arbeiten nirgends, über eine Kritik an den politischen und sozialen Gegebenheiten zu einer Gestaltung seines Ideals durchzubrechen und seinen Glauben an dieses Ideal mimetisch darzustellen.

Für den Broch-Historiker ist das Filmskript ein interessantes Dokument. Es hat dieselben Hauptfiguren wie der Roman *Die Unbekannte Größe*, doch ist die Problematik enger an die zur selben Zeit entstehende *Verzauberung* gebunden. In Bezug auf die Charakter-Typologie zeigen sich Variationen einer Problemkonstanz, die das Skript von Brochs anderen Arbeiten nicht wesentlich unterscheiden. So interessiert das Skript vor allem als Dokument einer intellektuellen Phase, in welcher Broch sich an das Material seines nächsten großen Romans heranarbeitet.

Anmerkungen

1 Vgl. dazu Wolfgang Rothe, *Gescheiterte Liebhaber. Erotismus und Sexualneurose im Werk Hermann Brochs*, in: *Broch heute*, hg. v. Joseph Strelka, Bern: Francke 1978, S. 101-131.

2 Dazu auch Andreas Bertschinger, *Hermann Brochs »Pasenow« – ein künstlicher Fontane-Roman? Zur Epochenstruktur von Wilhelminismus und Zwischenkriegszeit*, München und Zürich: Artemis 1982, bes. S. 181-184.

3 Hermann Broch, *Die Unbekannte Größe*, Kommentierte Werkausgabe, Bd. 2, hg. v. Paul Michael Lützeler, Frankfurt/M.: Suhrkamp 1977, S. 15-17. Alle Zitate aus Brochs Werk folgen dieser Ausgabe. Die Seitenzahlen werden im Text fortlaufend mitangegeben.

4 Dazu auch Roderick H. Watt, *Hermann Broch's »Die Unbekannte Größe«: The Central Symbol of Sterne im Wasser*; in: Modern Language Notes 89, October 1974, S. 840-848.

5 So heißt es z.B. bei der Liebesszene zwischen Joachim und Ruzena in den *Schlafwandlern*: »[...] so daß wie eine Muschel im See sie sich aufschloß und er in ihr ertrinkend versank.« Hermann Broch, *Die Schlafwandler* (Kommentierte Werkausgabe, Bd. 1), hg. v. Paul Michael Lützeler, Frankfurt/M.: Suhrkamp 1978, S. 45. Die Muschel im See variiert den gewölbten Hohlraum, wobei die Gefahr durch das Bild der Muschel als einer möglichen vagina dentata noch erhöht wird. Die Beschreibung, daß Joachim »versank«, wird bei Richard wörtlich wiederholt, wenn er von den Frauen phantasiert, »daß man in sie versinken könne« (S. 20).

6 Broch schiebt hier bei dem Versuch, das Irrationale einzufangen, lyrische Passagen in den Text, der die Handlung beschreibt, ein, wie das in der *Verzauberung* ausgebaut und im *Tod des Vergil* überhandnehmende Praxis wird, während diese Versuche in den *Schlafwandlern* als Traumszenen noch deutlich abgegrenzt sind.

7 Unter Richards Führung – für die der Besuch der Sternwarte symptomatisch war – wird Ilse zunehmend »jungenhaft« (S. 121) und treten

Ähnlichkeiten zwischen ihr und Richards Bruder Otto hervor. So dringen z. B. unbewußte Assoziationen verzerrt in Richards Bewußtsein, wenn er vage empfindet, daß Ottos Verhalten irgendwie »mit Ilses sonderbar weiblicher Unweiblichkeit« (S. 128) zusammenhing. Ilse wird fortschreitend ent-weiblicht, wird spezifisch zu einem Kind, und zwar zu einem der Hieck-Geschwister, wobei ihre Zuordnung sowohl »jungenhaft« wie auch »schwesterlich« sein kann (S. 119, 121, 138). Richard ist sich der Ent-Weiblichung Ilses zugunsten ihrer Verwissenschaftlichung vage bewußt, denn »er fühlte, daß er Ilse Nydhalm, daß er der Liebe etwas schuldig blieb« (S. 116), und er wußte, daß »Ilse sich ihm anpaßte und mit ihm gemeinsam eine mathematische Welt zu errichten trachtete [...]« (S. 116).

8 Dazu die Korrespondenz von Hermann Broch mit seinem Verleger Daniel Brody in *Hermann Broch – Daniel Brody. Briefwechsel 1930-1951,* hg. v. Bertold Hack und Marietta Kleiß, Frankfurt/M.: Buchhändler Vereinigung 1971. Vgl. die Briefe Nr. 365, 366, 367 und 368 vom 18., 20., 23. und 27. 3. 1935.

9 Dazu Ernestine Schlant, *Hermann Broch and Modern Physics,* in: Germanic Review 53 (Spring 1978), 69-75.

10 Im Gegensatz zu Weitprechts Glauben, daß die Theorie sich irgendwann sowieso durchsetzen müsse, weil sie richtig sei, drängt Kapperbrunn zur Expedition, weil er befürchtet, daß Weitprecht als »schrullenhafter Sonderling« abgetan und die Theorie von jemandem anderen neu »entdeckt« würde (S. 176). Die Voraussetzung einer Sonnenfinsternis erwähnt er nicht.

Jürgen H. Petersen

Hermann Brochs Komödie *Aus der Luft gegriffen* oder *Die Geschäfte des Baron Laborde* (1934)

Wenn jemand auf den Gedanken kommen sollte, sich Brochs *Aus der Luft gegriffen* durch das Studium der Rezeptionsgeschichte dieser Komödie zu nähern, so wird er bald erfahren, daß dergleichen unmöglich ist. Denn eine Rezeptionsgeschichte dieses Werkes existiert noch kaum. Im Jahre 1934 geschrieben, wurde Brochs zweites Theaterstück erst 1979 im Bd. 7 der von Paul Michael Lützeler besorgten »Kommentierten Werkausgabe« gedruckt, während Brochs erstes Theaterstück, das Trauerspiel *Die Entsühnung*, zwar ebenfalls erst spät, aber immerhin 1946 als Teilabdruck, 1961 in der Hörspielfassung, 1972 in englischer Übersetzung erschien. Da kann es nicht wundernehmen, daß von *Aus der Luft gegriffen* in der nicht unbeträchtlichen Broch-Literatur so gut wie nie die Rede ist. In Thomas Koebners[1] Monographie findet das Werk so wenig Berücksichtigung wie in der von Ernestine Schlant[2], in dem Sammelband *Hermann Broch. Perspektiven der Forschung*[3], der 1972 den Stand der Broch-Philologie präsentierte, findet sich keine Analyse des dramatischen Werkes, und selbst Manfred Durzak, der zu den am besten ausgewiesenen Kennern der Brochschen Dichtungen gehört, richtet in seinem Broch-Buch, das den Untertitel *Dichtung und Erkenntnis*[4] trägt, sein Augenmerk keineswegs auf Brochs dramatische Kunst. Lediglich in seinem Metzler-Band[5] findet die Komödie eine kurze Erwähnung. Immerhin war es Durzak, der an anderer Stelle[6] einen ersten Interpretationsversuch unternahm, aber es ist bezeichnend für die Unbekanntheit von Brochs Komödie, daß Durzak von einer »unter einem Pseudonym mit beträchtlichem Erfolg in Wien«[7] inszenierten Aufführung sprechen kann, die in Wahrheit nie stattfand: *Aus der Luft gegriffen* wurde erst am 6. 10. 1981 an den Städtischen Bühnen Osnabrück in einer respektablen Inszenierung uraufgeführt, bezeichnenderweise also an einem »Provinztheater«. Erst 1983 folgte eine zweite Inszenierung am Wiener Akademietheater.[8]

Es ist zu fragen, woran es lag, daß die Komödie eines sonst keineswegs unbekannten, wenn auch nicht gerade publikumswirksamen Autors so gar keine Resonanz fand. Gewiß, die Zeiten ihrer Entstehung waren nicht leicht, aber deshalb der Aufführung von Lustspielen keineswegs abhold, wie die Spielpläne der großen Häuser innerhalb und außerhalb des »Reiches« zeigen. Es mag auch von Bedeutung gewesen sein, daß Broch auf ökonomische Usancen anspielt, Erinnerungen an die Weltwirtschaftskrise aber nicht willkommen waren, doch zeigt das Trauerspiel *Die Entsühnung* die verheerenden Folgen wirtschaftlicher Verfallserscheinungen für das gesellschaftliche Gefüge wie für die individuelle Existenz in weitaus drastischerer Weise als *Aus der Luft gegriffen*. Trotzdem wurde es 1934 in Zürich mit großem Erfolg aufgeführt. Die Bühnenwirksamkeit des Trauerspiels besaß offensichtlich sogar einen derart stimulierenden Effekt, daß Broch sich dazu entschloß, es auch weiterhin mit dem Theater zu versuchen, und es ist nicht auszuschließen, daß er der *Entsühnung* mit *Aus der Luft gegriffen* ein komödiantisches Pendant an die Seite stellen wollte. Die Parallelen sind jedenfalls auffallend genug. In beiden Stücken spielen ökonomische Probleme eine große Rolle, in beiden greift Broch also auf eigene Erfahrungen zurück, die er als Textilindustrieller machen mußte, in beiden Dramen taucht das Motiv des Selbstmords mehrfach auf, beide spielen im gleichen Milieu. Die Behandlung dieser Erscheinungen folgt jedoch dem Prinzip der Verkehrung: Alle Selbstmorde im Trauerspiel gehen auf die Zerstörung des jeweiligen Individuums zurück, in der Komödie drükken die Selbstmordabsichten hingegen meist recht banale und oberflächliche Konflikte aus, *Die Entsühnung* endet mit einem Selbstmord, *Aus der Luft gegriffen* beginnt mit einem fünffachen Suizidversuch, die wirtschaftlichen Kalamitäten stürzen die Menschen dort in Not, Mord, Selbstmord, hier indes werden sie mit Hilfe einer spielerischen Hochstapelei gelöst. Angesichts so enger, wenn auch reziproker Beziehungen zwischen den Stücken wird die Frage nach der unterschiedlichen Rezeption beider Werke besonders dringlich. Natürlich können Zufälle eine Rolle gespielt haben, doch ist es nicht von der Hand zu weisen, daß auch die Charakteristika der Brochschen Komödie dazu beigetragen haben könnten, daß diese nicht die gebührende Beachtung bei Verlegern, Theaterleuten und Literaturwissenschaftlern fand.

Man mag freilich einwenden, daß Brochs Bühnenstück alle Anzeichen einer echten Komödie besitzt, daß es insofern nicht am Werk, sondern an den Zeitläuften, am Unverstand der Rezipienten lag, wenn sich so gut wie niemand um das Stück kümmerte. Alle Elemente der Komödie kommen vor, die vielberufene Heiterkeit, die sich in spritzigen Dialogen, in Verwechslungen, in situationskomischen Szenen zur Geltung bringt, die Lösung der zunächst aufgetürmten Probleme in einem vielfachen happy end, und auch das Aufeinandertreffen höchst unterschiedlicher, einander karikierender Menschentypen fehlt nicht: Der zunächst so pflichtbewußte Bankier trifft auf den so gelassen-heiteren Hochstapler, dieser auf dessen liebesenttäuschte Tochter sowie auf deren nach außen hin so wohlanständigen Bräutigam usf. Die Erwartungen, die der Begriff ›Komödie‹ hervorruft, werden von Brochs Stück also durchaus erfüllt. Schon die Handlungsstruktur macht dies deutlich. Der durch die geschäftlichen Eigenwilligkeiten seines designierten Schwiegersohns in große Kalamitäten geratene Bankier Seidler sucht sich ebenso das Leben zu nehmen wie seine mit ihrem Verlobten so unglückliche Tochter, ebenso auch wie deren den Ruin auslösender Bräutigam; aber auch der im gleichen Hotel lebende und völlig mittellose Hochstapler Laborde läßt sich von seiner Geliebten, die die eigene finanzielle Krise zum Anlaß für den gemeinsamen Suizid nimmt, überreden, den Freitod zu suchen. Die parallel verlaufenden Selbstmordvorbereitungen von fünf Figuren wirken von vornherein so grotesk, daß schon in dem »Vorspiel« an die Stelle des Tragischen das Komische als zentrales Moment tritt. Und da schließlich die Selbstmorde allesamt nicht zustandekommen, weil Labordes Begleiterin Stasi einen Kurzschluß auslöst und so das gesamte Hotel ins Dunkel taucht, kommt die Komik auf einen ersten Höhepunkt: Die Lächerlichkeit des Vorfalls, der gleichwohl allesamt von ihrem Vorhaben abzubringen vermag, hebt die Lächerlichkeit des Vorhabens selbst ins Bewußtsein. Nichts hinderte Herrn Seidler, den Kopf in die Schlinge zu stecken, nichts seine Tochter, den Revolver abzufeuern, nichts den Bräutigam Ruthart, sein Pülverchen zu schlucken – im Dunkel oder nachdem wieder Licht geschaffen wurde. Die Diskrepanz zwischen der Bedeutung des Vorhabens und der Nichtigkeit des Vorfalls, der dessen Ausführung verhindert, schafft jene Fallhöhe des Komischen, von der schon Jean Paul in der *Vorschule der Ästhetik* gehandelt hat.[9] Auch das Motiv der »verkehrten Welt« sorgt für die komisch-unterhaltsame Wirkung von Brochs Drama: Ein ehrenwerter Bankier nutzt die Künste eines Hochstaplers und saniert so sein Unternehmen. Doch auch das ganz und gar Erwartete tritt ein: Der Hochstapler sucht das Weite, nicht ohne zuvor einen Griff in die Hotelkasse getan zu haben, seine Geliebte wird die wohlanständige Gattin des Hoteldirektors, und der unglückselige Mitarbeiter Seidlers wird zwar nicht dessen Tochter heiraten, aber Gelegenheit bekommen, die Scharte seiner Fehlspekulationen auszuwetzen. Schließlich gibt es eine ganze Reihe von Begleiterscheinungen, die Brochs Drama den Anstrich des Komischen geben und die durchaus zum Arsenal jener Mittel zählen, die die Komödie seit eh und je nutzte: querlaufende Liebesbeziehungen, Bettgeflüster, Verwechslungen, düpierte Polizisten, betrogene Betrüger usw. Man sagt nicht zuviel, wenn man Brochs Komödie als ein durchaus der Tradition dieser Gattung verpflichtetes Werk bezeichnet, in dem der Autor die Mittel der komischen Unterhaltung perfekt zu gebrauchen weiß und zudem ein in der deutschen Komödie seltenes Niveau in den witzigen Dialogen einhält. Nochmals gefragt: Warum blieb es dennoch unbeachtet?

Dazu dürfte die Tatsache beigetragen haben, daß *Aus der Luft gegriffen* eben nicht nur die Erwartungen der Komödien-Freunde erfüllt, sondern sie auch enttäuscht und den Leser bzw. Zuschauer durch manche Eigenschaften irritiert. Auffällig ist ja nicht nur, daß das happy end zwischen Stasi und dem Hoteldirektor von dem unglücklichen Ausgang der Beziehung zwischen Agnes und Ruthart, in Sonderheit aber zwischen Agnes und Laborde konterkariert wird. Vielmehr bleibt am Schluß des Stückes im Rezipienten ein ganz und gar der Heiterkeit der Komödie widersprechendes Gefühl der Betroffenheit zurück, welches daher rührt, daß Seidlers Bank tatsächlich durch betrügerische Manipulationen gerettet wird, daß ausgestreute, aber falsche Börsengerüchte, gefälschte Wechsel, wertlose Öl- und Industrieaktien in ihrem Zusammenspiel schließlich einen Staat, in diesem Fall China, so übertölpeln, daß dieser die Zeche zu zahlen hat. In traditionellen Komödien findet sich am Ende ein Mäzen, der die Tochter heiratet und das nötige Geld beibringt, oder ein Glückszufall löst die Probleme. Aber daß kriminelles Handeln als Lösungsinstrument fungiert, wirkt ungewöhnlich. Ungewöhnlicher noch ist, daß man dergleichen als komisches, als komödiengemäßes Element akzeptiert, wenn auch, wie gesagt, beim Rezipienten durchaus Irritationen geweckt werden. Es ist deshalb zu untersuchen, auf welchem Wege und mit welchem Ziel Broch kriminelle Handlungen als komisches Element nutzt und wie es ihm gelingt, einerseits die Ansprüche einer Komödie durchaus zu erfüllen, andererseits jedoch deren Rahmen zu sprengen.

Der entscheidende Kunstgriff besteht wohl darin, daß dem Leser bewußt gemacht wird, wie wenig die geschäftlichen Praktiken des Hochstaplers Laborde von denen abweichen, welche die dem Anschein und der allgemeinen Einschätzung nach so korrekten, bürgerlichen Bankiers wie Seidler und Ruthart anwenden. Dadurch erhält die Komödie Brochs einen doppelten Boden: Der Hochstapler traditionellen Musters dekuvriert die Tatsache, daß auch die ökonomischen Usancen der bürgerlichen Welt im Grunde dem Prinzip der Hochstapelei folgen. Da sich jedoch Kriminelle wie Laborde immer wieder neu – nämlich nach jedem gelungenen Coup – als Hochstapler bloßstellen, während der gewöhnliche, angesehene Geschäftsmann sich und der Welt als gut beleumundet gefällt, erweist sich der Hochstapler als der letztlich ehrlichere. Das ist komisch, entbehrt aber auch keineswegs einer höchst gesellschaftskritischen Komponente, hier verbindet sich die Heiterkeit des Spiels mit der Absicht, den Rezipienten zu einer kritischen Reflexion über die als ganz normal geltenden Verfahrensweisen der Geschäftswelt zu veranlassen.

Denn gehört es nicht in der Tat zu deren selbstverständlicher Sorge, täglich die eigene Bonität glaubhaft zu machen, auch und gerade dann, wenn man in Schwierigkeiten ist? Muß man nicht notfalls Prosperität vortäuschen, um schließlich wirklich zu prosperieren? Ist die Aktienbörse nicht heutzutage ebenso wie in den »golden twenties« eine Gerüchteküche, die mit gezielten Falschmeldungen und Indiskretionen, natürlich auch mit berechtigten Spekulationen und wahren Meldungen in Aktion gehalten wird – stets in der Absicht, einen Gewinn herauszuschlagen und also den anderen einen Verlust zuzufügen? Und reagiert nicht erst recht der Devisenmarkt auf politische Ereignisse, Strategien, Veränderungen wie ein Seismograph, so daß die »Währungsspekulation« mit entsprechenden Gerüchten auch heute noch täglich zu Gewinn (oder Verlust) kommt? – Dergleichen empfinden wir als selbstverständlich, gilt als nicht anfechtbar, ist aber eben in Wahrheit nicht weit von jenen Praktiken entfernt, welche man als Hochstapelei bezeichnet: Mit Hilfe von Vorspiegelungen, Gerüchten, Indiskretionen und Meldungen wird in der Tat der Gewinn »aus der Luft gegriffen«. In Brochs Komödie gibt es eine Stelle, die diese keineswegs als ehrenrührig geltenden Machenschaften dem Leser ins Bewußtsein hebt. Laborde spricht davon, daß er die Wertpapiere seiner Gesellschaft in New York deponiert habe: »Wir haben unsere Aktien in New York deponiert... infolge gewisser Vereinbarungen... Sie verstehen...« Und der Bankier Seidler begreift sofort, daß hier irgendwelche üblichen, aber vor der Öffentlichkeit zu verbergenden Abmachungen eine Rolle spielen, vielleicht die, daß die Bank ihren Einfluß bei der argentinischen Regierung geltend macht. Jedenfalls repliziert Seidler sofort: »Ja, ich verstehe...« (KW 7, S. 255) Die Pausenpünktchen bilden in diesem Dialog die sprechendsten Partien. Nun will – vor allem wenn sich die politischen Verhältnisse zwischen den USA und Argentinien nicht in wünschenswerter Weise entwickeln – Laborde seine Papiere lieber in Europa, lieber in Seidlers Bankhaus deponieren und zugleich beleihen. Und wiederum versteht Seidler den Schachzug Labordes richtig: »Und wenn Sie jetzt frisch belehnen, so glauben Sie, New York mit entwerteten Dollars zurückzahlen zu können... (KW 7, S. 256) Laborde also bewegt sich in Bahnen, welche geschäftsüblich sind und als reell gelten – auch wenn die ganze Geschichte mit der Traktoren-AG in Argentinien nur vorgespielt ist. Es gilt jedenfalls als akzeptabel, daß man Einfluß auf Regierungen zum Vorteil des eigenen Geschäfts nimmt und daß man zugleich Devisenspekulationsgeschäfte betreibt, die ihrerseits ja nicht unabhängig sind von der jeweiligen Politik der jeweiligen Regierungen. Brochs *Aus der Luft gegriffen* führt vor, wie weit die gängigen Geschäftspraktiken in Wahrheit als hochstaplerisch und anfechtbar zu gelten haben. Laborde weiß das; darum kann gerade er so virtuos mit jenen Mechanismen umgehen, die die ökonomische Welt beherrschen. In seinem ersten Monolog spricht er die weitreichende Identität von Wirtschaftspragmatik und Hochstapelei aus: »Oh, das Leben des Hochstaplers ist voller ethischer Skrupel, es ist keineswegs so glatt und einfach wie das Leben jener, welche meinen, keine Hochstapler zu sein, weil sie sich in den überkommen Gleisen bewegen.« (KW 7, S. 244) Man meint nur, da existierten Unterschiede; in Wahrheit waltet hier Identität. Selbst Agnes kommt im Verlauf der Handlung zu dieser Ansicht. Ruthart gegenüber äußert sie sich auf folgende Weise über Laborde: »Und wenn es selbst ein Hochstapler wäre, und wenn es selbst das sogenannte Verderben wäre, so wäre mir ein solches Verderben immer noch lieber als [...] Eure sogenannte Korrektheit, die im Grunde nicht minder hochstaplerisch, aber dafür verlogener und langweiliger ist ...« (KW 7, S. 272) Und wenn der Hoteldirektor gegenüber Herrn Seidler die Ansicht äußert, er, der Bankier, zähle eigentlich zu den Abenteurern, weil »sich die Phantasie an Ihre Person heften kann« (KW 7, S. 251), dann bedeutet dies ja doch, daß ein Mann der Finanz- und Geschäftswelt genau genommen so undurchsichtig ist wie die Glücksritter, welche in den internationalen Hotels ihr Unwesen treiben. Schließlich trägt Seidler selbst dazu bei, die Korrektheit der Finanzwelt als bloße Maskerade zu enthüllen. Als Ruthart, der ohne Erlaubnis eine Million in das Ölgeschäft gesteckt und damit Seidlers Bank ruiniert hat, Seidler vor Laborde warnen will, indem er ausruft »Sie sind im Begriff auf einen Schwindler hereinzufallen«, stellt Seidler ihn kurzerhand bloß: »Seien Sie nicht so hart gegen sich.« (KW 7, S. 261) Diese Demaskierung entbehrt wahrhaftig nicht der Komik, sie ist aber zudem auch kritisch. Das dichterische Verfahren Brochs zeigt auch in solchen kleinen Dialogsequenzen die doppelte Dimension von Komik und dekuvrierender Kritik der bürgerlichen Geschäftspraktiken.

Am deutlichsten tritt diese doppelbödige Komik dadurch zutage, daß der Hochstapler Laborde mit weitgehend üblichen Tricks das fallierende Bankhaus Seidler wieder flottmacht. Der Rezipient bekommt stets beides zu Gesicht: die Virtuosität, mit der Laborde die ökonomischen Mechanismen auszunutzen weiß und auf legalem Geschäftsweg so manchen übers Ohr haut, und die darin schlummernde Kritik am System, das sich den Praktiken der Hochstapelei weit öffnet, ja unterwirft. Gewiß existiert ein Punkt, an dem Labordes Vorgehen mit den Bankusancen nicht mehr übereinstimmt, wo wirklich nur noch von Kriminalität gesprochen werden kann, nämlich als Laborde vorschlägt, das Geld für einen Firmen-Kredit durch gefälschte Wechsel zu beschaffen. Aber selbst an dieser Stelle verknüpft Broch noch Komik mit Gesellschaftskritik. Komisch wirkt nämlich, daß Seidler die Sache durchschaut hat, sich aber durch die Geschäftsvirtuosität Labordes so hat beeindrucken lassen, daß er sich nicht wehrt. Laborde bekennt: »Die Wechsel, die ich Ihnen übergeben werde, sind selbstverständlich gefälscht ... aber das brauchen Sie nicht zu wissen, und für die Zwecke des Kreislaufs ist das auch ganz gleichgültig ... das nehme ich auf mich ...« Und Seidler antwortet bündig: »Danke, ich wollte es nur bestätigt haben ...« (KW 7, S. 301) Doch hinter dem Witz dieses Dialogs wird eben auch wieder die Kompromittierbarkeit der bürgerlichen Welt in Gestalt des renommierten Bankiers erkennbar. Wenn Seidler schließlich immer wieder Laborde dazu drängt, in seine Bank einzutreten und sein Nachfolger zu werden, so werden für den Rezipienten die Parallelen zwischen Hochstapelei und internationaler Finanzwirtschaft überdeutlich erkennbar.

Die enthüllende Gesellschaftskritik, welche das Moment der Heiterkeit insofern verstärkt, als sie sich in einer höchst ironischen Identifizierung von Hochstaplertum und Geschäftspraxis zur Geltung bringt, verhindert, daß Brochs *Aus der Luft gegriffen* eine Oberflächen- und Situationskomödie wie tausend andere darstellt. Wirkliche Tiefe gewinnt das Stück aber erst dadurch, daß Broch den kriminellen Hochstapler mit einer alles übertreffenden Lebensklugheit sowie mit der Fähigkeit ausstattet, auf die anderen Figuren lebensbereichernd, ja verlebendigend zu wirken. Laborde erweist sich auf dem Feld der Liebe als der einzig aufrechte Charakter, der die Gefühlshochstapeleien der meisten Menschen bloßstellt und für sich und auch für Agnes die Konsequenzen aus der Einsicht zieht, daß Liebe sich letztlich nur in der Sehnsucht erfüllt, da sie – realisiert und in einer Ehe fixiert – verkümmern muß. Gewiß ist es ein Moment brillanter Komik, daß die Erwartungen des Zuschauers auch hier ins Gegenteil verkehrt werden, wenn sich der Hochstapler als der einzige Realist unter lauter Gefühlsschauspielern erweist. Vor allem aber erhält Brochs Komödie auf diese Weise eine humane Dimension, die sie hoch über die meisten Stücke dieses Genres hinaushebt.

Schon am Morgen nach den mißglückten Selbstmordversuchen schlägt Laborde der Bankierstochter Agnes in aller Direktheit und Aufrichtigkeit vor, »ein neues Leben zu beginnen«. Dieses würde darin bestehen, daß Agnes sich aus ihrer »Unwirklichkeit« löst, in die sie sich »festgerannt« hat, weil ihr eingeredet wurde, »daß Geld die einzige Wirklichkeit sei« (KW 7, S. 242 f.). Indem sie dieser Auffassung folgte, entzog sie ihrem Leben nämlich das reale Fundament, denn sie ist bereit, Ruthart zu heiraten, obwohl sie ihn nicht liebt. Laborde hat das erkannt und wirft ihr mit Recht Hochstapelei vor: »Ein Hochstapler sind Sie ... Sie leben über

Ihre seelischen Verhältnisse ... Sie wollen sich und anderen eine seelische Wirklichkeit vortäuschen, die Sie nicht besitzen ... mehr noch, die Sie nicht einmal besitzen wollen ...« (KW 7, S. 243) Natürlich ist es komisch, wenn ein Hochstapler einer braven Bankierstochter Hochstapelei vorwirft, aber dergleichen ist hier eben nicht nur komisch, sondern zugleich überaus bedenkenswert. Denn Laborde hat ja recht, wenn er die Tatsache aufdeckt, daß Agnes des Geldes und der Erziehung wegen einer Lüge anhängt und so der Unwirklichkeit anheimfällt. Die einzige Unwirklichkeit, die man nach Laborde ernstnehmen soll, ist die der Liebe, eine Unwirklichkeit nämlich, »die sich selbst aufhebt, weil sie die des Herzens ist« (KW 7, S. 244). Der Hochstapler setzt also nicht auf Geld, auf Wohlstand, auf Wohlleben oder Macht, sondern auf die Echtheit des Gefühls. Unwirklichkeit haftet der Liebe nur insofern an, als sie – nämlich in Form der Sehnsucht – »die Unendlichkeit vorwegnimmt« (KW 7, S. 244). Der Liebende sehnt sich nach der Unendlichkeit des Glücks, und da sie nicht zu erreichen ist, fällt auch er der Unwirklichkeit anheim. Aber wenn er die Realisierung gar nicht beabsichtigt, wenn es beim Schwebezustand der Sehnsucht bleibt, dann ist die Unendlichkeit vorweggenommen. Wirkliche Liebe hat es also mit Verzicht zu tun, so Laborde. Darum kann er Seidler gegenüber, der ihn zum Bleiben auffordert, auch ganz unbefangen die Bitte äußern: »Lassen Sie mir die Türe offen ... zum Ausfliegen ... und zum Wiederkommen ...« (KW 7, S. 302) Denn in der Sehnsucht besteht die Wirklichkeit der Liebe.

Auch Agnes sieht es am Ende so. »Abschiednehmen ist immer ein Stückchen Tod«, meint sie, und Sichfreigeben »ist ein Stückchen Sterben« (KW 7, S. 302 f.). Die »Rückkehr in die Bindung« hingegen kann immer nur vorübergehend sein, auch wenn gerade sie den Liebenden »ein Stückchen weiterleben« läßt. Man »muß die Freiheit und den Tod von Zeit zu Zeit berühren, um wieder ein Stückchen weiterzuleben«, formuliert Agnes und dankt Laborde dafür, daß er ihre Liebe geweckt und ihr den Weg in »die Wirklichkeit der Sehnsucht« (KW 7, S. 303) gewiesen hat. So verdankt sie dem Hochstapler die Einsicht in die Wirklichkeit des Lebens und damit eine neue Existenz: »Ich liebe, kein Zweifel, ich liebe ihn, er ist das Leben« (KW 7, S. 260), ruft sie nach dem ersten Gespräch mit Laborde aus, und zu ihrem Vater sagt sie: »Laborde gehört zu den Menschen, die die anderen wieder leben lehren, wenn es nicht weitergeht.« Natürlich erfüllt es sie mit Melancholie, daß der Geliebte nicht in Bindungen leben will, daß »man ihn ziehen lassen« (KW 7, S. 293) muß. Aber daß dies die Sehnsucht nicht untergräbt, sondern schürt, ist der Trost, den die Geliebte erfährt.

Nein, im Gegensatz zu den anderen »liebenden« Personen lebt Laborde nicht über seine Verhältnisse, ist der Baron kein Gefühls-hochstapler. Agnes treibt er zu Beginn die Hochstapelei aus, wie gezeigt wurde, aber Stasi, seine Gefährtin, hat bei ihm offenbar nichts gelernt. Sie will sich das Leben nehmen, weil Laborde mittellos ist und angeblich ihre Liebe nicht erwidert (KW 7, S. 240), am nächsten Tag jedoch wechselt sie mit Ruthart süß träufelnde Liebesschwüre und verschwindet schließlich mit ihm sogar im Schlafzimmer. Am Abend des folgenden Tages sodann verlobt sie sich mit dem Hoteldirektor. Ruthart, der es nach eigenen Worten »als Glück betrachtet hat«, Agnes sein »Leben widmen zu dürfen« (KW 7, S. 273), übernimmt sich mit solchen Behauptungen einfach, denn in Wahrheit hat er sich inzwischen mit Stasi eingelassen, doch beruht auch dieses Verhältnis auf falschen Versprechungen. Die Einwilligung, mit ihr zu fliehen, zieht Ruthart in dem Moment zurück, da er sie in die Tat umsetzen soll, und er wendet sich, nachdem diese Gefühlshochstapelei aufgedeckt wurde, wieder Agnes zu, die ihm jedoch längst mitgeteilt hat, daß sie ihr Verlöbnis löst, und dies aus gutem Grund: »Walther, [...] bedenke, daß wir uns nicht lieben« (KW 7, S. 274). Und schließlich muß offenbleiben, ob nicht auch der Hoteldirektor über seine Gefühlsverhältnisse lebt. Denn was ihn mit Stasi verbindet, bleibt dunkel, wenn man von dem einzigen in dieser Hinsicht aufschlußreichen Satz absieht, den Stasis späterer Gatte beim Anblick dieser Frau fallen läßt: »Welch ein Prachtweib.« (KW 7, S. 239)

Die Verkehrung der Vorurteile, mit denen jeder Rezipient der Figur Labordes begegnet, in die Einsicht, daß der Hochstapler der einzig Aufrichtige in einer Gesellschaft ist, die den Ruf bürgerlicher Wohlanständigkeit genießt, auch der einzig wirklich Liebende unter einer Fülle von Figuren, die Gefühle nur vorspiegeln, gehört zu dem Arsenal komischer Mittel. Aber Brochs Komödie funktioniert nicht wie die vielen anderen einfach nach diesem Prinzip. Der Hochstapler stellt sich hier nicht als ehrenwerter Mann heraus, sondern er bleibt, was er ist – und hebt damit ins Bewußtsein, daß die Welt der Wohlanständigen, blickt man hinter die Fassaden, so fragwürdig wirkt wie die der Hochstapler. Es erweist sich nicht der Hochstapler als anständiger Bürger, sondern der anständige Bürger als Hochstapler. Das ist es, was das Stück Brochs aus dem Rahmen der geläufigen Komödienliteratur löst. Der Leser bzw. Zuschauer muß sich umstellen. Und dies bleibt ihm auch nicht erspart, wenn er den Hochstapler als aufrichtig Liebenden kennenlernt. Denn der in der traditionellen Komödie zu erwartende Schluß, daß der Hochstapler sich wandelt, bei der Geliebten bleibt (und sich hinter der Fassade der Bürgerlichkeit verbirgt wie die anderen), tritt nicht ein: Laborde verläßt Agnes, aber wiederum nicht böswillig (so daß man seine Vorurteile bestätigt sehen könnte), sondern als Liebender. Er nimmt die Sehnsucht als Kern jeder wahren Liebe mit und hinterläßt sie zugleich seiner Geliebten, der er damit zu einem neuen Leben verhilft. Dieses Verfahren, Erwartungen des Rezipienten zugleich zu erfüllen und zu enttäuschen, steht hier im Dienst einer komischen Poesie, die die Oberflächenmerkmale der Komödie im Sinne Hegels »aufhebt«, d. h. zugleich bewahrt (in den Verwirrspielen, den geistvollen Dialogen, der Heiterkeit eines im ganzen guten Ausgangs), zudem aber auch auflöst (im Sinne der geschilderten Verkehrung) und schließlich drittens auch auf eine höhere Ebene hebt. Denn die Trennung der Liebenden am Ende der Geschichte bedeutet zugleich die Besiegelung ihres Bundes, das happy end von Stasis Liebesabenteuern hingegen enthüllt die Gefühlsmaskerade des Paares ebenso wie die Rutharts, und die bevorstehende Rettung der Bank stellt nicht nur einen lustspielgemäßen Schluß, sondern auch den Höhepunkt einer gesellschaftskritischen Enthüllungsaktion dar.

Daß diese Doppelschichtigkeit nicht gleich als das verstanden wurde, was sie wohl wirklich ist – nämlich als eine Neuerung, welche die Komödie auf ein Niveau hebt, das sie vor Broch noch nicht erreicht hatte –, sondern eher als Verstoß gegen den Typus Komödie überhaupt, ist vielleicht begreiflich, zeugt aber nicht vom Scharfblick der damals zuständigen Theaterleute. Allerdings ist Brochs eigenes Urteil über sein zweites Theaterstück extremen Schwankungen ausgesetzt gewesen. Einerseits spricht er von einem »Schmarrn«, »den ich mit aller Gewalt unter meinem Niveau gehalten habe (eine fürchterliche und aufreibende Arbeit!)« (Brief an Daisy Brody vom 16. 10. 1934, KW 13/1, S. 296), andererseits heißt es: »Ich [glaube], darüber ein ziemlich objektives Urteil zu besitzen. Es ist sicherlich präzise, reinliche Theaterarbeit von sehr gutem Niveau« (Brief an den S. Fischer Verlag vom 25. 11. 1934, KW 13/1, S. 321). Da wundert es nicht, daß er beide Urteile in einer Äußerung miteinander kombinieren kann: »Das zweite Stück, das ich geschrieben habe, ist nämlich ein Schmarrn, und ist trotzdem gut. Es ist ein ›literarisches Wagnis‹ für das Theater geworden« (Brief an Daisy Brody vom 16. 10. 1934, KW 13/1, S. 296). Die letzte Äußerung trifft den Sachverhalt wohl am genauesten. Denn es erschwert die Aufführbarkeit des Stückes, daß es so diffizil und geradezu verletzlich ist, weil Broch es gewissermaßen in mehreren Schichten konstruierte und das Werk folglich beim Rezipienten eine differenziertere Aufnahmebereitschaft voraussetzt als eine Komödie traditionellen Stils.

Vielleicht sollte man davon absehen, *Aus der Luft gegriffen* noch mit jenen wenigen dramentheoretischen Überlegungen Brochs in einen Zusammenhang zu bringen, die er anläßlich seines ersten Stücks, der Tragödie *Die Entsühnung*, unter dem Titel *Erneuerung des Theaters* veröffentlichte. Denn man mag einwenden, daß Äußerungen zur Tragödie nicht eine Komödie zu erläutern vermögen. Indes war *Die Entsühnung* tatsächlich lediglich der Anlaß für Brochs Darlegungen, er bezieht sich in ihnen nirgends direkt auf sein erstes Theaterstück, vor allem entwickelt er eine Schichtentheorie, die an *Aus der Luft gegriffen* eher als an *Die Entsühnung* denken läßt. »Wenn es also eine Erneuerung des Theaters geben soll«, so heißt es da, »so muß wieder der Weg gefunden werden, der, auf naturalistischer Basis errichtet, dennoch zum Stildrama führt. [...] In dem Augenblick, in dem auf der Bühne das eigentliche Problem sichtbar wird, in diesem Augenblick muß auch die sophokleische Schicht erreicht sein und der Naturalismus ins Abstrakt-Stilistische umschlagen.« (KW 9/2, S. 60) Man darf hier nicht mit allzu strenger literaturwissenschaftlicher Elle messen, sondern muß sich auf die etwas schief wirkende Terminologie Brochs einlassen. Dann jedoch erkennt man, daß er im Drama zwei Schichten unterscheidet, die miteinander verbunden werden müssen, wenn eine Erneuerung eintreten soll. »Naturalismus« bezeichnet hier die Oberflächenstruktur des Dramas, seinen Zusammenhang mit der gesellschaftlichen, historischen Wirklichkeit. In *Aus der Luft gegriffen* läßt sich die gesamte Kernhandlung, Fall und Rettung der Seidlerschen Bank unter Zuhilfenahme fragwürdiger, aber im großen und ganzen stets gebräuchlicher Geschäftspraktiken, als naturalistische Schicht bezeichnen, und ebenfalls die verzwickten Liebesgeschichten, die sich um die Kernhandlung ranken. Die zweite, die tiefere Bedeutungsschicht, von Broch als »sophokleisch« bezeichnet, kommt dahinter zum Vorschein, nämlich die Dekuvrierung bürgerlicher Wohlanständigkeit und Korrektheit als hochstaplerisch und die Enthüllung der erotischen Maskerade, hinter der die Gefühlsleere sichtbar wird. Daß beides ausgerechnet von einem Hochstapler geleistet wird, gehört zum artistischen Raffinement Brochs, der auf diesem Weg sein Ziel, mehrschichtig zu dichten, in seiner Komödie erreicht und ihr damit einen hohen Rang verschafft hat.

Anmerkungen

1 Thomas Koebner, *Hermann Broch. Leben und Werk*, Bern: Francke Verlag 1965.
2 Ernestine Schlant, *Hermann Broch*, Boston: Twayne 1978.
3 *Hermann Broch. Perspektiven der Forschung*, hg. v. Manfred Durzak, München: Wilhelm Fink Verlag 1972.
4 Manfred Durzak, *Hermann Broch: Dichtung und Erkenntnis. Studien zum dichterischen Werk*, Stuttgart: Kohlhammer 1978.
5 Manfred Durzak, *Hermann Broch*, Stuttgart: Metzler 1967.
6 Manfred Durzak, *Epilog des Wertzerfalls: Zur Originalfassung einer Tragödie und zu einer Komödie von Hermann Broch*, in: The Germanic Review 41 (1966), H.3, S. 218-242.
7 Ebd., S. 234.
8 Vgl. Paul Michael Lützeler, *Hermann Broch als Dramatiker*, in: Neue Zürcher Zeitung, 17./18. 3. 1984.
9 Jean Paul, *Vorschule der Ästhetik* (2. Auflage), §§ 26-35.

Wendelin Schmidt-Dengler
Hermann Brochs Roman *Die Verzauberung* (1935)

1. Wie einer zu schreiben beginnt

»Und ich schreibe dies nieder, weil draußen der Schnee fällt und weil es dunkelt, wiewohl es noch früh am Nachmittag ist« (S. 12)[1] – so will ein alternder Landarzt sich und seine Leser einstimmen, wenn er sich anschickt, eine Geschichte zu erzählen, deren Zeuge und Integrationsfigur er war. Das Schreiben und die Winterruhe der Natur sind synchron und auch sympathetisch; der Schluß des Buches gibt dem Erzähler nach getaner Arbeit nochmals Gelegenheit, dem Sommer hohes Lob zu zollen. Das ganze Buch ist abgestellt auf den Wandel der Jahreszeiten, von ihm, so hat man von Anbeginn an den Eindruck, schreibt sich der Erzähler an die Ereignisse heran. Am Anfang wird heimelige Stimmung suggeriert, die Ur-Situation des Erzählens förmlich, am warmen Kamin, allerdings nicht ein Erzählen vor versammelten Hörern, sondern allein am Schreibtisch. Erzählt wird von schauerlichen Dingen: Vom Auftreten eines seltsamen Menschen namens Ratti im Dorfe Kuppron, der im Berg Gold suchen will; er zieht nahezu alle in seinen Bann, mit Ausnahme jener, die im Oberdorf um Mutter Gisson herum sich als widerstandsfähig erweisen; die Enkelin der Mutter Gisson, Irmgard, stirbt bei einem heidnischen Ritual durch Mörderhand den Opfertod; dahinter steht die geheimnisvolle Inszenierung durch Ratti. Die Goldsuche scheitert vorerst. Am Rande erwähnt wird der Selbstmord des Ritualtäters Sabest, am Ende stirbt denn auch Mutter Gisson, und ein Kind wird geboren: »Mutter Gisson ist gestorben, und Agathe hat ihr Kind« (S. 368) – dieser Satz signalisiert am Ende Beruhigung, Stabilisierung, was immer auch geschah. In dem »Kommentar« aus dem Frühjahr 1940 hat Broch selbst diese Rückkehr zu einem Alltag, der offenbar selbst durch Gewalt nicht hintergehbar ist, hergestellt: »Nach dieser Klimax beginnt das Dorf sich wieder zu zivilisieren, sogar der Narr [sc. Marius Ratti], welcher nunmehr die Dorfherrschaft ergriffen hat, fügt sich wieder in den Alltag ein, aber Menschliches ist für immer verloren gegangen.« (S. 384) Eines ist gewiß: was immer Broch am Ende mit Marius Ratti vorhatte – der Erzähler, der namenlose Landarzt, sollte wieder an den Alltag glauben können.

Es ist daher nur folgerichtig, wenn der Arzt seine Erzählstrategie auf jenen Wettersignalen aufbaut, die Wiederkehr anzeigen, dort aber, wo Ungewöhnliches geschah, die Abweichung alert registriert. Anfang und Ende der Erzählung des Arztes korrespondieren so in überdeutlicher Manier. Im ersten Kapitel ist es der jählings einsetzende Vorfrühling, der den *ordo* der Natur offenkundig verwirrt. Ein Tag, der den »Winter in die Schattenwinkel der Welt zurückgedrängt« (S. 13) hat, ein falscher Vorfrühling also, der mit geradezu verstimmender Absicht die Falschheit dieses neuen Propheten Marius Ratti mitbedeutet. Ein »Schneegewitter« (S. 22) wiederum, selbst eine höchst unnatürliche Erscheinung, setzt diese Widernatur außer Kraft. Und die Handlung klingt ebenso mit abnormalem Wetter aus: Mutter Gisson stirbt im November, da das Jahr sich noch einmal aufrafft und »all seine Stärke« zusammenholt »zu zitternder Pracht und goldenem Klang« (S. 334). Doch auch da die Korrektur: »Bis zum Begräbnistag hielt das Sommerwetter an. Mutter Gisson ging von der Sonne in die Erde. Doch am nämlichen Abend noch setzte der Winter blitzartig mit einem Schneesturm ein. Innerhalb einer Viertelstunde war die Temperatur um 25° gefallen.« (S. 367) Broch (oder sein Erzähler) restituieren somit im rustikalen Raum etwas, das im urbanen der Einsatz von Musils Roman *Der Mann ohne Eigenschaften* gründlich ironisiert hatte: mit dem Wetter Stimmung zu machen. Was in Musils Roman den Einsatz abgibt, der meteorologische Bericht, der selbst wieder spöttisch unterlaufen wird, das erscheint bei Broch am Ende in dieser Form als unerhörtes Ereignis: »Innerhalb einer Viertelstunde war die Temperatur um 25° gefallen.« Musil kehrt die Relation um: Bei ihm expandiert der sich wissenschaftlich exakt gebärdende Wetterbericht und wird – im Erzählkontext – durch ein Wort, das »altmodisch« wirkt, widerrufen: »Es war ein schöner Augusttag des Jahres 1913.«[2]

Benötigt wird in der *Verzauberung* die Ordnung der Jahreszeiten, um die Ordnung der Erzählung zu garantieren; auch wenn der Erzähler das Erzählen grundsätzlich problematisiert, so bleibt als Rest doch die Hoffnung, dieses durch den Jahresablauf wiederherstellen zu können. Von ihm lassen sich auch jene Riten herleiten, die den Höhepunkt der Handlung (Irmgards Opferung) abgeben. Es ist allerdings kein »Jahr des Herrn«, sondern das Jahr eines Teufels oder Widerdämons, in jedem Falle auch nicht das Jahr eines neuen unbekannten Gottes. Die Wetterparadoxien umrahmen die Ereignisse, denen gegenüber der Erzähler selbst eine eigentümlich ambivalente Haltung einnimmt.

Als Grund für sein Schreiben erscheint im *Vorwort* die als nicht realisierbar erachtete Hoffnung, »damit des Wissens und des Vergessens habhaft« zu werden (S. 9). Der ganze Roman ist zwar darauf ausgerichtet, dem Vergessen entgegenzuwirken und das Geschehene aufzubewahren, doch ist zugleich offenkundig, daß der Erzähler seine Schreibarbeit als eine Tilgung versteht, »um eines anderen Wissens willen, das stärker werden sollte denn jegliches Vergessen« (S. 9). Ehe man dem Arzt die einzelnen Widersprüche in seiner Haltung vorzählt[3], sollte man in Rechnung stellen, daß er als Erzähler im Zeichen der Paradoxien angetreten ist: doch nicht nur im Zeichen dieser – er zweifelt daran, erfassen zu können, worum es ihm gehen müßte. Die Einleitung ist denn auch von der Verneinung bestimmt, die privative Vorsilbe »Un-« gibt Substantiven und Adjektiven die Aura des Unfaßbaren (»Unendlichkeit«, »Unordnung des Unmittelbaren«, »Ungeduld«, »unergründlich«, »das Unvergeßliche im Vergessenen«) und schlägt sich nieder in der Formel, »das Unsichtbare im Sichtbaren« »nachzeichnen« zu wollen (S. 11), die als das verbindlich-unverbindliche Programm des Erzählers gelten kann.

Was der Arzt vermittelt, ist stets auf ihn als Integrationsfigur zu beziehen; die aus Kuppron mitgeteilten Ereignisse sind stets insofern zu relativieren, als sie von dem in sich ebenso inkonsistenten Temperament des Arztes kommentiert werden. Unmöglich ist es, den Bericht des Arztes so zu neutralisieren, daß über die Aktivität Rattis und ihre Folgen ein eindeutiges Urteil zu fällen wäre. Es geht nicht an, den Roman in eine sich quasi objektiv gerierende Geschichtsschreibung zu verwandeln und die Person des Chronisten so zu eskamotieren, daß eine unwidersprüchliche und in ihrer politischen Diagnose klare Darstellung eines auch erzählbaren Zusammenhanges sich herauspräparieren ließe. Viel eher soll der Leser durch dieses Ich, das sich über sich selbst nicht im klaren ist, teilhaftig der Bedrohung und Faszination werden, die von Marius Ratti ausgeht.

2. Die Krisen eines Berg- und Bauernromans

Kein Roman hat Broch solche Schwierigkeiten bereitet wie dieser. Zu Lebzeiten galt er ihm bereits als Nachlaßroman.[4] Auch der Leser hat diesen Umstand ernst zu nehmen: er hat kein geschlossenes Ganzes vor sich, das der Autor durch sein Imprimatur einer Öffentlichkeit vorzulegen gewagt hätte. Es liegt das Ergebnis einer fast zwanzig Jahre während den Arbeit vor, der man nicht den Charakter des Definitiven, sondern den des Vorschlags wird zuerkennen müssen. Die verschiedenen Fassungen der durchgeführten Textpartien verraten trotz der vergleichsweise geringfügigen Abweichungen deutlich, daß das Verhältnis Brochs zu diesem Buch von einer ihn selbst immer unsicherer machenden Undeziertheit geprägt ist. Die Kühnheit, mit der selbst Goethe 1935 in die Schranken gefordert wird (»Ich schreibe ein Buch, das ein Faust zu werden verspricht«[5]), rächt sich bitter in der Krisenserie ab dem Frühjahr 1936, die ihr Ende in bezug auf dieses Buch erst mit dem Tod 1951 findet. Der zweite Band der neu geplanten Trilogie soll schon in Angriff genommen werden, und der erste ist nicht in gültiger Form fertiggestellt. Das »Stadium unentschiedener Entscheidung«, von dem Broch 1936 schreibt[6], grundiert die weitere Werkgenese. War es schon riskant, Mitte der dreißiger Jahre sich auf das Genre des Heimatromans einzulassen, die völkischen Autoren auf ihrem eigenen Terrain zu schlagen, und zwar mit einem Verfahren, »an das kein ›Blut-und-Boden‹-Vorhaben der Nazi heranreicht«[7], so wurde dies noch bedenklicher, als in der Emigration dem Autor der Aktionsraum und der Hintergrund entzogen waren. Aber nicht nur diese arg reduzierte Aktualität bedroht das Werk: ein Weiterschreiben scheint kaum möglich, »einfach weil die inneren und äußeren Voraussetzungen verloren gegangen sind«.[8]

Auch das Ende des Romans bereitet offenkundig Sorgen: Wie aus dem »Kommentar« von 1940 hervorgeht, hätte Ratti die Dorfherrschaft übernehmen sollen, und nicht Irmgard, sondern Mutter Gisson wäre »dem Toben zum Opfer« gefallen (S. 384). In der Inhaltsangabe mit dem Titel *Demeter oder die Verzauberung (Inhalt)* hingegen bleibt Irmgard das Opfer, während Marius das Dorf hätte verlassen sollen, »spurlos verschwunden, aus dem Spurlosen kommend, ins Spurlose gehend« (S. 381). Eine exakte Datierung dieses Textes scheint eine der wichtigsten Aufgaben der Broch-Philologie: Da nach dem vorläufig letzten Befund dieser Text zwischen 1938 und 1951 entstanden sein kann[9], könnte er vor dem Kommentar von 1940 oder nach diesem verfaßt sein. In beiden Fällen bedeutet dies aber, daß Broch für das Ende keine klare Lösung parat hatte. Glaubhafter scheint immerhin, daß die Inhaltsangabe nach dem »Kommentar« entstanden ist: Ratti hätte somit seinen mythischen Status als Wanderer gewahrt. Zudem wäre die Konfrontation Ratti-Gisson viel zu direkt erfolgt, wenn diese und nicht Irmgard das Opfer des Tobens wäre. Ratti als Wanderer: dies würde zugleich bedeuten, daß er immer noch umgeht, immer noch droht, über den Dörfern.

Ein weiteres Zeichen der Undeziertheit ist auch der Titel. »The best idea for title comes in the very last moment when the book goes to print«, so tröstete sich Broch noch 1949 in einem Brief an den Verleger Knopf.[10] Doch ist die Titelgebung für den Werkcharakter alles andere denn peripher. Wenn Broch während der Arbeit mit unterschiedlichen Arbeitstiteln operiert (»der alte Roman, der große Roman, der große Bauernroman, Bergroman, unvollendeter Roman, Country Doctor, Alpenbauernroman, Gebirgsroman, chthonischer Roman«[11]), wenn mit Sicherheit *Die Verzauberung* als bevorzugter Titel für die erste Fassung feststeht, wenn die dritte vermutlich unter *Demeter* hätte firmieren sollen[12], so ist damit in jedem Falle angezeigt, welchen Aspekt der Autor als Leser und Deuter seines Werkes akzentuiert haben wollte. Sicherlich jedoch führt der Titel, den Stössinger seinem Kompilat gab, in die Irre: *Der Versucher* konzentriert das Leserinteresse allzu sehr auf die Figur des Ratti, bezieht nicht die in den anderen Titelgebungen so deutlich – je nach zeitlicher Abstufung – zum Tragen kommenden Perspektiven wie die des Regionalen und die des Mythischen ein; schließlich kommen auch jene Komponenten zu kurz, die durch die Bezeichnungen *Country Doctor* und *Verzauberung* mitgedacht werden können: die Rolle der Erzählerfigur und das Massengeschehen.

Sowohl in bezug auf die Rezeption als auch in bezug auf die Produktion erscheint dieses Buch nie statisch: dem Autor war ein erlösendes Finale an der Arbeit nicht vergönnt; die Leser bekamen des Autors Leistung in je verschiedener Gestalt zu Gesicht: als der *Versucher* (1953) in einer Fassung, die sich – zu diesem Zeitpunkt durchaus legitim – nicht um die sonst erforderlichen philologischen Vorkehrungen bemühte; als *Demeter* (1967) als Fragment der dritten Fassung; als *Bergroman* (1969) in der historisch-kritischen Ausgabe von Frank Kress und Hans Albert Maier und zuletzt als *Die Verzauberung* (1976) in der von Paul Michael Lützeler besorgten neuen Werkausgabe, welche die erste Fassung von 1935 bietet und welcher nun denn auch die meisten Interpretationen verpflichtet sind. So wenig zielführend Spekulationen über die Vollendung der zweiten und dritten Fassung sind und so angebracht es ist, von der ersten Fassung bei der Analyse auszugehen, weil sie schließlich doch fertiggestellt wurde, so ist die Einmaligkeit dieses höchst komplexen Produktions- wie Rezeptionscharakters stets zu berücksichtigen. Broch hat sich einer thematischen und formalen Herausforderung gestellt, in der Folge aber auch eingesehen, wie wenig das gewählte Verfahren der Intention entsprach. Kritik, die Broch das Mißlingen vorhält, verfehlt ihre Funktion ebenso wie jene, die – wie anfänglich geschehen – auch dieses Werk hochjubelte.[13] Die Brüchigkeit ist zuletzt überzeugender Ausdruck der Krise, nicht nur des Autors, sondern des Romans überhaupt, überzeugender in jedem Falle, als es ein glatter Abschluß und ein rundes Ganzes wären. Der Verzicht darauf ist die Konsequenz, die der Autor redlich zu ziehen hatte.

3. »Rustikalseminar über philosophische Belange«[14]

Die Schwierigkeiten beginnen – wie schon angedeutet – beim Erzähler. Wer immer sich auf die Suche nach einer »Botschaft« macht, die der Roman enthalten soll[15], wird diesen geschickt vorgeschobenen und die Ereignisse differenzierenden Kommentator berücksichtigen müssen. Seine unterschiedliche Reaktion auf die Figuren, seine geringe Festlegbarkeit macht auch den Leser mehr und mehr unsicher. Auch wenn man nicht so weit gehen muß, um in ihm die Hauptfigur zu erblicken[16], so wird doch jede Analyse davon ausgehen müssen, daß es der Landarzt ist, der – in der ersten Fassung mit größerer Deutlichkeit als in der dritten – den Gesamtkontext überhaupt erst herstellt. Die durch ihn repräsentierte »Spannung von Handlungsverstrickung und Reflexionsdistanz«[17] erzeugt erst das Kraftfeld, innerhalb dessen sich die zwei anderen Hauptfiguren, Marius Ratti und Mutter Gisson, entfalten und innerhalb dessen jene Antithesen zum Tragen kommen, die den Roman in seiner Gesamtheit strukturieren. Dabei verweigert der Erzähler seine Biographie. Als geradezu hanebüchen wird der solenne Einsatz jedes Lebensberichts verurteilt: »Vielleicht wäre es richtiger, mit meiner Kindheit zu beginnen, [...]« (S. 13) In der dritten Fassung verzichtet der Arzt auf diesen Einsatz zugunsten einer Verherrlichung der Erinnerung gegenüber dem Ereignis: »Jede echte Erinnerung meint mehr als das Ereignis, an das sie anknüpft, [...] das Gewesene, das zur Dauer gelangt, reicht über sich hinaus, reicht stets von Geburt bis zu Tod, enthält stets, sonst wäre es nicht Dauer, das Unabänderliche im menschlichen Sein.«[18] Somit tritt der erinnerte Augenblick gegen die durch das Erzählen zu entwickelnde Kausalität.

Nur an einer Stelle verrät in der *Verzauberung* der Arzt etwas von seinem früheren Leben: die Geschichte mit der Ärztin Barbara, die er liebte, deren politische Tätigkeit er aber nicht ernst nahm, ist exakt an eine Stelle gesetzt, in der sie die Lage des Arztes einerseits parallelisiert (»Leid um den Tod der Suck Anna«), andererseits kontrastiert (»Freude über die Errettung des Wetchy-Buben«, S. 187). Sein Aussteigen aus der Wissenschaft gründet gleichermaßen in dem Überdruß an der Stadt wie auch in der Fehldiagnose, die er bei einem Kinde stellte: er irrte, die Kommunistin Barbara nicht (S. 200 f.). Mit der Barbara-Episode ist die Erinnerung des Erzählers an die Stadt gelöscht. Es gilt für ihn auszubrechen aus der Endlichkeit des Stadtlebens in die Unendlichkeit der Berge, der einzig und allein durch die des Meers ein Gegengewicht geboten wird. Berge und Meer werden, fast im Sinne eines naiven naturtherapeutischen Konzepts, vom Arzt als Orientierungsinstanzen beschworen. Mit Recht ist mehrfach bemerkt worden, in welch gefährliche Nähe sich Broch eben dadurch zu jener Blut-und-Boden-Mystik begeben hat, auf deren Vermeidung es ihm doch gerade ankam.[19] Zwar wird alles eliminiert, was den Verdacht heimatkundlich fundierter Regionalprosa erwecken könnte: Schon die Namen der Figuren und Örtlichkeiten bieten keinen Stützpunkt der Lokalisierung; die *Sage vom Kuppron* hinwiederum enthält keinen konkreten Anschluß an irgendeine regionale Überlieferung, sondern erweckt in allen drei Fassungen den Eindruck eines synthetisch hergestellten Mythos.[20] Am deutlichsten wird dieser antinaturalistische Gestus in der Sprache. Die geradezu outrierte Dialektflucht bewirkt eine seltsame Hymnik in den Reden der Bauern. Bei Agathes großem Auftritt scheint dem Chronisten die gehobene Sprache keineswegs aufzufallen. Das »Zungenreden«[21] gefährdet am ehesten durch seine plakative Bedeutsamkeit die Botschaft. Emphase ersetzt an solchen Stellen die Diagnose, und es scheint, als wollte Broch die Realistik dadurch retten, daß er den Arzt, nachdem er selbst in diesen zweifelhaften Prosarhythmus verfallen war, wieder nüchtern kommentieren läßt (S. 70-72). Diese Stilbrüche sind kalkuliert. Als Marius Irmgard behext und das uralte Motiv des ἱερὸς γάμος, der Vermählung von Himmel und Erde, anspricht, qualifiziert der Arzt das Sprechen in Trance sofort als »hochtrabendes Gewäsch« ab (S. 211), erweist sich als ironischer Interlocutor, da sich Marius Irmgard mit den Worten »Ich bin der Löwe« vorstellt (S. 212), und vermerkt nüchtern nach einer tönenden Suada: »Kein Zweifel, er [sc. Marius] litt an Wortassoziationen« (S. 213). Facit: Nicht allen wird die Gabe des »Zungenredens« zugestanden. Was Agathe, Irmgard und Mutter Gisson dürfen, darf Marius nicht. Doch der Landarzt sieht ein, daß die Kraft dieser Rede, mag sie auch dazu da sein, »männliche Unfähigkeit zu bemänteln« (S. 212), suggestiv wirkt und ihn schaudern macht. So wird in einem die Gefahr faschistischer Rhetorik entlarvt, zugleich aber der kritische Prozeß dadurch sistiert, daß der Hörer in seiner Befangenheit belassen wird.

Besonders markant ist der Stilbruch nach dem Opfertod Irmgards, wenn der alte Lax mit dem Wort »Beileid« die Kollision von düsterer Archaik und zeitgemäßer Konvention markiert. »Sinnesverwirrung im Augenblick der Tat ist ein Strafausschließungsgrund«, stellt der beflissene Wenzel eifrig fest, und dekuvriert damit die sehr pragmatische Haltung jener, die unter dem Schutz eines ehrwürdig und unantastbar wirkenden Rituals ihr Unwesen treiben und sehr wohl die Konsequenzen im Alltag bedenken (S. 281).

Zwar lenkt der Erzähler eindeutig die Sympathien des Lesers weg von Marius Ratti hin zu Mutter Gisson, doch ist es ihm nicht möglich, die entscheidenden Unterschiede auch im Formalen zu markieren. So verwundert es nicht weiter, daß viele Analysen darauf hinauslaufen, zwischen ihm und Mutter Gisson und Ratti eine Unzahl von Analogien aufzuzeigen.[22] Es ist vor allem die Konvergenz der Antipathien wider den unglücklichen Wetchy, die Mutter Gisson verdächtig macht. Für sie ist der Unterschied zwischen Wetchy und Marius gering: beide fürchten sich vor ihr, wie sie mit nicht geringem Stolz verkündet (S. 148 f.). Zwar weiß Mutter Gisson um das richtige Ritual und sorgt aus ihrer Zeitlosigkeit heraus für die gewissenhafte Trennung der Kulte (S. 42), doch ist sie mit Ratti in der Ablehnung des Wetchy einig, auch wenn sie ihn nicht, so wie dieser und sein Anhang, verfolgt. Bezeichnend, daß in der Inhaltsangabe Mutter Gisson von diesem Verdacht entlastet werden sollte, da sie es ist (und nicht wie in der *Verzauberung* der Arzt), die Wetchy, der an einem Baum wie gekreuzigt hängt, losschneidet (S. 379). Am bedenklichsten wird unserem Empfinden nach ihr Verhalten nach der Ermordung der Enkelin Irmgard: kein Eingriff in das Ritual erfolgt, nicht Empörung oder Schmerz erschüttern sie, sondern ein abgeklärtes Wissen um die Umstände dieses Todes und seine »tiefere« Notwendigkeit zeichnen sie aus: Ihr Verhalten scheint den Mord, diesen sinnlosen Rückfall in eine vorgeschichtliche Epoche, mittelbar zu rechtfertigen. Eine Demeter, die um ihre Persephone nicht trauert, da sie um den Sinn der Entrückung weiß. Der Opfertod scheint unausweichlich nötig, vor allem aber stellt der Erzähler fest: »War nicht alles zunichte geworden, da Mutter Gisson mit ruhiger Hand die selige Tote, das strahlende Opferkind zu sich nahm und in die Obhut einer Landschaft führte, zu der es keinen Zugang mehr gab? Wurden sie nicht alle, die da gewartet hatten, in den Alltag zurückgeschickt, in jenen Alltag, aus dem der Marius sie entführt hatte!« (S. 282 f.) In dem Mythos der Mutter Erde, den Mutter Gisson repräsentiert, erhält das Verbrechen eine Sinnhaftigkeit. Der Arzt muß immer nachhaltigere Spekulationen über das Verhalten Mutter Gissons anstellen: »War es nicht, als ob Mutter Gisson in der Dunkelheit lächelte?« fragt er sich. Er kommt trotz allem am Ende zu einer »Gewißheit« (S. 287), die er – trotz der herrschenden Dunkelheit – aus dem Verhalten Mutter Gissons abzuleiten vermag und in der die konkrete Mordtat ihren Schrecken verliert. Der brutal-naiven Opfergläubigkeit des Ratti (»Die Erde trinkt das Blut und rein sind wieder ihre Quellen … Kraft und Gerechtigkeit entfließen ihr wieder …«, S. 280) stellt der Arzt seinen Glauben in eine platonisch begründete Palingenesie, die er in die Formel faßt: »[…] im Sein seiner selbst wohnt das Göttliche in uns.« (S. 287) Und Mutter Gisson verdammt den Mord nicht; sie bezeichnet ihn ihrem Schwiegersohn Miland gegenüber als »nutzlos« (S. 304)[23], da für sie in diesem Stadium der Weisheit Lebende und Tote offenkundig eine Einheit bilden: »Sie sprach für die Lebenden und Toten zugleich, denn sie waren ihr eines.« (S. 308)

Die Opferszene, die dramaturgisch den Höhepunkt des Romans abgeben soll, wird zum künstlerischen und ethischen Desaster. Bezeichnend auch, daß Broch sich bis zu dieser so peinlichen Partie in der zweiten Fassung nicht herangewagt hat, ja sogar statt Irmgard die Mutter Gisson zum Opfer machen wollte. Dies wohl nicht zuletzt, um – im Sinne seiner Massenwahntheorie[24] – die weise Frau als die »echt[e] Heilsbringer[in]« von dem »dämonischen Demagogen« Ratti abzuheben und sich so prophylaktisch dem ja auch späterhin geäußerten Vorwurf zu entziehen, daß sich der Mutter Gisson »agrarideologisches Ordnungsdenken« »nur graduell, nicht prinzipiell von den zivilisationsfeindlichen Parolen des Marius unterscheidet«.[25] Um indes doch fundamental die Gesinnung der Mutter Gisson von der des Marius zu differenzieren, ergeht sich diese noch in ihrer Sterbestunde in einem hausgemachten Platonismus, der sich emphatisch auf das Ganze versteht und von partikulären Interessen abhebt. »Wer nicht das Ganze fühlt, ist nicht mehr Weib.« (S. 363) Zur Künderin des Gottes wird eine alte Dörflerin, eine Alpen-Diotima, als deren gelehriger Hörer der Landarzt erscheint. Und das alles ist Broch selbst suspekt geworden, wie aus der Formulierung »Rustikalseminar über philosophische Belange«[26] 1940 im Brief an Wolfgang Sauerländer sehr deutlich hervorgeht.

4. Sinnlose Stadt

Indes wäre es verfehlt, Brochs Intention allein aus dieser Antithese Marius-Gisson, die sich für treffende Kritik am Massenwahn doch als fragwürdig erweist, zu verurteilen. Je intensiver seine Studien in bezug auf Massenpsychosen werden, um so fragwürdiger wird für Broch das Romankonzept. Die »neue Technik des Vergil« erweist das ältere Werk als überwunden[27]; die geänderte politische Situation macht einiges überflüssig, läßt vieles als bedenklich erscheinen. Indes war dieser Roman an der Front des antifaschistischen Kampfes angesiedelt, an einer Front, die es auch nach dem Kriege nicht aufzugeben galt.

Dingfest zu machen sind in diesem Roman mit Deutlichkeit die seltsamen Praktiken, mit denen Ratti und die Seinen sich durch-zusetzen verstehen. Entscheidend ist dabei, daß Marius und auch sein Sekundant Wenzel nicht ausschließlich negativ gezeichnet werden. Mit ihm, dem nicht Seßhaften, empfindet der Erzähler mitunter Sympathien, auch wenn ihm die Stimme der Vernunft nur zu deutlich sagt, was da an Widersinn getrieben werde. Wie Huguenau im dritten Teil der *Schlafwandler* in die Kleinstadt, so dringt Ratti in das Dorf ein; seine plötzlichen Auftritte verstören und verleihen ihm die Aura des Numinosen: Erstarrung und Lähmung sind die Konsequenzen seines autoritativen Verhaltens (S. 31, 143). Fast in jedem Kapitel wird Marius Raum für seine – das Paradox sei gestattet – arrangierten Epiphanien gewährt. Er scheint immer aus dem Nichts zu kommen, immer eine sich bildende Gemeinschaft oder Gruppe in seinen Bann zu ziehen. Er nimmt bei der Opferszene die Dirigentenpose ein (S. 268), sichtbarer Ausdruck der jäh usurpierten Macht.[28] Von aufdringli-cher Symbolik, die sich stets leicht auf den historischen Hinter-grund beziehen läßt, sind alle seine Handlungen begleitet. Am deutlichsten wird die kulturpolitische Mission Rattis bei seinem Erscheinen im Hause Milands: »Und so vollzog sich der Eintritt des Marius unter den Klängen eines Jazzs, dessen müder Rhyth-mus aus dem Kasten kroch und auf der dunkel-verräucherten Stubendecke herumhüpfte.« (S. 30) Marius dreht das Gerät ab: mit dem Jazz Age wird kurzer Prozeß gemacht. Denn Marius bekämpft alles, was aus der Stadt kommt; er hat Teil an der Tierwelt (S. 80, 82). Er fasziniert durch die Tat (S. 227) und durch seine Rhetorik; als Leonhard Nistler Opfer des Stolleneinbruches wird, hat er sofort jene Rede parat, die bis 1945 viele Mütter als Nekrolog auf ihre Kinder anhören mußten: »Härmt Euch nicht, Mutter, denn Euer Sohn ist für eine große Sache gefallen, und nicht nur wir, die wir hier um Euch herum sind, auch unsere Kinder und Kindeskinder werden seines Heldentodes in Dankbar-keit gedenken.« (S. 331) Der Erzähler sucht sich Rattis dadurch zu erwehren, daß er ihn durchgehend als Narren bezeichnet, zugleich aber mit diesem Wort doch die Kraft der Suggestion, die von ihm ausgeht, verhängnisvoll verfehlt. Dieser vom Arzt bei-nahe bewunderte Heimatlose, dieser nicht Seßhafte, dieser rätsel-hafte Wanderer wird auch mit dem Kommunismus (S. 80, 232) in Verbindung gebracht, was wohl nicht, wie im Fall der Barbara-Episode auf konkrete politische Bezüge hindeuten soll. Das Faszinosum, das von Marius ausgeht, sucht der Erzähler zu paralysieren, indem er Marius der Kleinbürgerlichkeit zeiht (S. 14, 342). Doch werden die Symptome, an denen eben jene Kleinbürgerlichkeit kenntlich werden könnte, nicht mitgeliefert. So wenig eine penibel durchgeführte Identifikation (etwa Ratti = Hitler, Wenzel = Goebbels oder Dollfuß, Wetchy = der Jude) der Intensität der durch die Figur des Marius geleisteten Kritik am Faschismus Genüge tut, so hat Broch doch sorgsam genug die Fährten gelegt, die zu den bereits etablierten totalitären Regimen im Deutschen Reich, in Italien und wohl auch in Österreich führen.[29] Die Widersprüchlichkeit des Marius wird aus dem Nachwort evident, da er, um die Goldsuche fortzusetzen, »vielerlei städtische Einrichtungen wie Advokaten und Ingenieure hierfür herangezogen hat« (S. 369). Daß es indes zu einer Abdeckung aller Symptome des Faschismus durch die symbolisch-parabelhafte Gestaltung kommt, ist ein Anspruch, den der Roman nicht einlöst und Broch offenkundig auch nicht einlösen wollte. Viel zu sehr ist Marius Gefangener seiner agrarideologischen Voraussetzungen, viel zu wenig wird durch diese Reduktion auf das Dorf jene für die Nationalsozialisten so wichtige Massenpsychose thematisch. Zwischen dem Sportpalast und einer ländlichen Zeremonie besteht nicht nur ein quantitativer, sondern auch ein qualitativer Unterschied. »Man schreibt nicht ungestraft einen Bauernroman«, stellte Broch – in anderem Kontext – schon 1935 fest.[30] Indes: er ließ sich auf dieses ihm unvertraute Genre ein, prophylaktisch zugleich Tribut und Kritik an einer Mode. Die Haßtirade des Marius auf die Stadt nötigt dem Erzähler sogar wider seinen Willen Zustimmung ab (S. 342). »Man darf [...] keine Städte bauen. Die Städte sind die Festungen der Menschen, die sie gegen die Natur gebaut haben. Der Regen hat in den Städten keine Macht, er ist kein Segen und kein Fluch. Er ist nichts als eine Unbequemlichkeit. In den Städten sind die Straßen gepflastert und asphaltiert, und nirgends trittst du auf die Erde. [...] Die Städter werden sich selber vernichten und das Unglück auch über uns bringen. Wenn die Vernunft auf die Vernunft trifft, wird Mord daraus. Die Menschen wissen schon heute nicht mehr, wie sie leben sollen mit ihren Maschinen, die gegen die menschliche Hand geschaffen sind, mit ihrer Wissenschaft, die gegen das natürliche Geheimnis gerichtet ist. [...] Die Städte werden veröden und ein Bauernpflug wird hart an die Straßensteine und an die Tramwayschienen knirschen. Durch die leeren Fenster dieser Häuser werden die Vögel streichen, und in den Gassen wird das Getier sein, das sich die Einöde der Steine zum Versteck gewählt hat.«[31]

Diese Sätze finden sich nicht in der *Verzauberung*, obwohl man sie rechtens dort vermuten könnte. Sie stehen am Ende des Romans *Sinnlose Stadt. Roman eines einfachen Menschen* (1934) von Guido Zernatto, der von 1936 bis 1938 Staatssekretär im Kabinett Schuschnigg und Generalsekretär der Vaterländischen Front war und als solcher gewiß nicht verdächtig, Parteigänger der Nationalsozialisten zu sein. Diese Worte spricht der Held des Romans, der sich enttäuscht über die Widersprüchlichkeit der Stadt aus dieser zurückzieht und in der Resignation doch den Triumph der rustikalen Einfachheit über städtisches Zwitterwesen vorauskostet.

Mit den Reden Rattis hat Broch eine Haltung wie die des Helden bei Zernatto sehr gut getroffen, allerdings wird nicht merkbar, ob diese karikiert und damit denn auch kritisiert wird. Zu sehr scheint Brochs Landarzt selbst in den Sog dieses stadtfeindlichen Denkens geraten zu sein, als daß er ihm widerstehen könnte, zu nahe scheint die Sprache Mutter Gissons bei der Rattis zu liegen, obwohl der Autor stets angestrengt deren fundamentale Differenz herausstreichen möchte. Mutter Gisson, Anwältin des Bodenständigen in ihrem »Berghof«, »dem man die gotische Entstehung noch an den Fenstergewänden und Kragsteinen anmerkt« (S. 35), ist dem Vaganten Marius komplementär, aber beide vereint ergeben erst das Ganze dieser ländlichen Gesellschaft. Im sozialen Spektrum des Romans erscheint die Stadt nur mehr als abstrakter Gegenpol, nicht einmal eine negative Kontrastfolie vermag sie abzugeben. Der Konflikt wird allein im ländlichen Raum ausgetragen.[32]

5. Die Mütter sind es!

»Weiberherrschaft, Weiberherrschaft ... Haßherrschaft ... die Städte sind das Unglück der Welt«, schreit der hysterische Ratti in seinem letzten Auftritt (S. 342). Stadt und Frau korrespondieren in diesem Gedankengut. In der Stadt war es der Ärztin Barbara nicht vergönnt, Mutter zu werden. Barbara gegenüber hat der Arzt einmal versagt, da er die falsche Diagnose stellte; als Arzt ist er auch Mutter Gisson unterlegen, da sie ihren Sohn mit Hilfe eines seltsam archaischen Inkubationsritus im Falle einer akuten Appendicitis vor dem Tode rettet. Mittelbar wird so das wissenschaftliche Spezialistentum gegen das Erdwissen der Mutter Gisson abgewertet, auch wenn es gleich heißt, daß sie die ärztliche Wissenschaft nicht verachte, sondern nur »untrüglich« um deren Grenzen wisse (S. 37). Mutter Gisson ist Allegorie für Wissen oder Erkenntnis, und wer dies nicht begriffen hat, dem winkt das Anagramm Gisson/Gnosis mit dem Zaunpfahl.

Und Mutter Gisson weiß auch um ihr Frau-Sein, wie sie auch in einem Ratti das Mann-Sein abspricht. Das erfolgt jedoch nicht in bezug auf dessen Geschlechtlichkeit, sondern in bezug auf seine Instabilität, sein Vagantentum. »... nur die Männer wandern ... Frauen bleiben und wissen«, erklärt Mutter Gisson. Und: »Ein Weib, das übers eigene Wissen hinaus will, das ist ohne Liebe und ist Haß, und ein Mann, der auf seinem Wissen ausruht, der ist auch der Haß.« Damit wird Ratti, weil »er auf seinem Wissen« sitzt, »wie ein Weib« zum Un-Mann schlechthin (S. 172); zu fragen wäre, ob nicht dadurch auch der Ärztin Barbara, die den Arzt zwar »mit unendlich träumender Weiblichkeit« durchtränkt (S. 199), das Frau-Sein abgesprochen wird. Sie und Irmgard verbindet der Wunsch nach einem Kind (S. 192, 207), beide sind behext, fanatisiert oder verzaubert, Barbara vom Kommunismus, Irmgard von Marius, beide werden zu Opfern, beide sind verhinderte Mütter.[33] Irmgards Tod indes wird von Mutter Gisson verklärt, da sie selbst stirbt: »[...] dein Leben war von Anbeginn ein schönes Sterben, ein lichtes Leben war dein Sterben stets ...« (S. 365) Irmgards Nekrolog wird von der idealtypischen Mutter gehalten, Barbaras Tod nur lapidar mitgeteilt.

Aber der Verdacht, daß nur von »Frauen so starker Art« (S. 34) das Glück durch Vererbung herleitbar wäre, wird sanft abgebogen, indem nicht der Mutter Gisson Enkelin Irmgard, sondern Agathe zur Mutter jenes Kindes gemacht wird, dessen Geburt am Ende trotz der durch Rattis Auftreten sich verdüsternden Perspektiven den Grund zu neuer Hoffnung legt. Mit einer Formulierung, die fast als Kryptozitat aus Vergils vierter Ekloge zu werten ist, erscheint im Kind der Agathe der Geist der neuen Epoche: »Und es will mir scheinen, als ob mit dem Kind der Agathe eher die neue Zeit kommen wird als mit den Reden des Marius, es will mir scheinen, als ob sich in Agathens Geist die neue Frömmigkeit vorbereitet, die die Welt braucht und die sie will, und daß Agathens Kind dies einst wird verwirklichen können.« (S. 369 f.)[34] Wichtig ist die Mutter, »Agathens Geist«, des Vaters Peter Sabest bedenklicher Charakter ist vergessen.[35] Agathe handelt aus dem Geist der Mutter Gisson, in dem schließlich – so will es der zusehends naturfrommer werdende Erzähler – alle Widersprüche sich verflüchtigen. Zwar weiß der Erzähler von der Gewalt, die an Irmgard verübt worden ist und prophezeit die Rache der Natur (S. 369). Durch Mutter Gisson hat der Erzähler schließlich auch das »Unvergeßliche im Vergessenen, [...] das Unsichtbare im Sichtbaren« (S. 11) erfahren können. Am nachhaltigsten in der Sterbeszene der Mutter Gisson, da aus der Natur noch einmal Irmgard klagen kann, da ihre »Stimme stumm vom Weiher her« ertönt (S. 364).

Ohne solche Paradoxien kommt Broch in diesem Buch nicht aus. Die Stimme ist stumm, das Schweigen klagt (S. 359), der Tod fällt mit der Geburt zusammen, im Sichtbaren wird das Unsichtbare vermutet, und zwar ehe noch auf das Sichtbare hingewiesen und dessen Qualitäten analysiert werden, so daß vor lauter Unsichtbarem das Sichtbare nicht augenscheinlich wird.

Brochs Verzauberung versucht, Ganzheit aus dem Geiste der Mütterlichkeit herzustellen, ein Restitutionsversuch, der unternommen wurde, ehe die Katastrophe eingetreten und ihre Konsequenzen absehbar waren. Durch eine im Mütterlichen gründende Heilserwartung, durch den Erdmythos sollte der falsche Mythos des Wanderers Ratti paralysiert werden. Zu fragen ist, ob nicht durch das Artefakt dieses Mutter-Gisson-Komplexes die analytische Kraft des Textes gemindert wird. Hätten die Leser 1936 *Die Verzauberung* vorgesetzt bekommen, so wäre die scharfsichtige Darstellung von Symptomen der Verführung und Verführbarkeit ihr historisches Verdienst gewesen; ob dem Roman auch ein aktuelles zukommt, indem es Naturschutz und Naturverständnis argumentativ zu stützen vermag[36], muß vorerst unentschieden bleiben.

Anmerkungen

1 Hermann Broch, *Die Verzauberung* (Kommentierte Werkausgabe, hg. v. Paul Michael Lützeler, Bd. 3), Frankfurt/M.: Suhrkamp² 1980. Nach dieser Ausgabe wird in der Folge zitiert (Seitenangabe in Klammern). – Eine eindringliche Analyse der Fachliteratur ist in diesem Beitrag nicht zu leisten. Dafür sei auf den umfassenden Forschungsbericht von Paul Michael Lützeler verwiesen: *Brochs »Verzauberung«*, hg. v. Paul Michael Lützeler, Frankfurt/M.: Suhrkamp 1983, S. 239-296. Besonders für die komplizierte Entstehungsgeschichte ist Lützelers konziser Bericht a.a.O., S. 239-253 unentbehrlich.

2 Robert Musil, *Der Mann ohne Eigenschaften*, in: *Gesammelte Werke in neun Bänden*, hg. v. Adolf Frisé, Reinbek bei Hamburg 1978, Bd. 1, S. 9.

3 Mark W. Roche, *Die Rolle des Erzählers in Brochs »Verzauberung«. Anmerkungen zu den erzähltechnischen Problemen des Romans*, in: *Brochs »Verzauberung«* (Anm. 1), S. 144 f. führt das von ihm gewählte Verfahren in der Schlußbemerkung ad absurdum und vermittelt so eine gute Einsicht in die komplexe Verfassung des Erzählers als Chronist und Tagebuchschreiber.

4 Brief vom 12. 1. 1947 an George Saiko, zitiert nach: *Brochs »Verzauberung«* (Anm. 1), S. 78.

5 Brief vom 4. 11. 1935 an Edit Rényi-Gyömröi, zitiert nach: *Brochs »Verzauberung«* (Anm. 1), S. 49.

6 Brief vom 10. 11. 1936 an Egon Vietta, zitiert nach: *Brochs »Verzauberung«* (Anm. 1), S. 59.

7 Brief vom 7. 8. 1940 an Benno W. Huebsch, zitiert nach: *Brochs »Verzauberung«* (Anm. 1), S. 73.

8 Brief vom 28. 3. 1940 an Wolfgang Sauerländer, zitiert nach: *Brochs »Verzauberung«* (Anm. 1), S. 71.

9 Vgl. dazu die Ausführungen Paul Michael Lützelers, *Hermann Brochs Roman »Die Verzauberung« – Darstellung der Forschung, Kritik, Ergänzendes*, in: *Brochs »Verzauberung«* (Anm. 1), S. 247 f.

10 Brief vom 18. 6. 1949 an den Alfred A. Knopf Verlag, zitiert nach: *Brochs »Verzauberung«* (Anm. 1), S. 86.

11 Vgl. die Zusammenstellung von Lützeler in: *Brochs »Verzauberung«* (Anm. 1), S. 251-253.

12 Ebd., S. 252.

13 Vgl. Lützeler, a.a.O., S. 288 f., und Norbert Mecklenburg, *Erzählte Provinz. Regionalismus und Moderne im Roman*, Königstein/Ts. 1982, S. 170 f.

14 Brief vom 28. 3. 1940 an Wolfgang Sauerländer, zitiert nach: *Brochs »Verzauberung«* (Anm. 1), S. 71.

15 Vgl. dazu Mecklenburg, a.a.O., (Anm. 13), S. 178.

16 Vgl. dazu: *Gespräch Tübinger Studenten über Hermann Brochs Roman »Die Verzauberung«*, in: *Brochs »Verzauberung«* (Anm. 1), S. 98 f.

17 Mecklenburg, a.a.O. (Anm. 13), S. 144.

18 Hermann Broch, *Bergroman. Die drei Originalfassungen textkritisch herausgegeben von Frank Kress und Hans Albert Maier*, dritte Fassung, Frankfurt/M. 1969, S. 1.

19 Vgl. Mecklenburg, a.a.O., S. 177, und Carole Duebbert, *Hermann Brochs »Verzauberung« als Anti-Heimatroman*, in: *Brochs »Verzauberung«* (Anm. 1), S. 226-236.

20 Vgl. dazu *Brochs »Verzauberung«* (Anm. 1), S. 13-19.

21 Vgl. dazu Hermann Broch, *Die Schuldlosen. Roman in elf Erzählungen* (Kommentierte Werkausgabe, hg. v. Paul Michael Lützeler, Bd. 5), Frankfurt/M.: Suhrkamp ²1977, S. 104, wo dieser Terminus auf die Magd Zerline angewendet wird. Allerdings hat Brochs Bemerkung in bezug auf diese Redeweise auch für *Die Verzauberung* Gültigkeit: »So hatte es A. gehört, und es war nicht ausgemacht, daß Zerline so gesprochen hatte.« Erst wenn man in Rechnung stellt, daß es nicht um mimetische Effekte geht, wird man diesem »Zungenreden« auch in der *Verzauberung* gerecht: das Geheimnis, das hinter der Alltagsrede liegt, soll kenntlich gemacht werden. In jedem Falle war Brochs Verleger Brody dadurch in hohem Maße verstört. Vgl. dazu auch Manfred Durzak, *Die Einsetzung des Ich-Erzählers. Erzählstrukturelle Probleme in Brochs Nachlaßroman*, in: M. D.: *Hermann Broch. Dichtung und Erkenntnis*, Stuttgart 1978, S. 153. Zum »Zungenreden« vgl. ferner Mecklenburg, a.a.O. (Anm. 13), S. 137.

22 Vgl. etwa Thomas Koebner, *Mythos und ›Zeitgeist‹ in Hermann Brochs »Die Verzauberung«*, in: *Brochs »Verzauberung«* (Anm. 1), S. 173 f., und Mecklenburg, a.a.O. (Anm. 13), S. 143 f.

23 So akzentuiert Broch auch die Parallele Barbara-Irmgard. Vgl. dazu Ernestine Schlant, *Die Barbara-Episode in Hermann Brochs Roman »Die Verzauberung«*, in: *Brochs »Verzauberung«* (Anm. 1), S. 222 und S. 225.

24 Hermann Broch, *Massenwahntheorie. Beiträge zu einer Psychologie der Politik* (Kommentierte Werkausgabe, hg. v. Paul Michael Lützeler, Bd. 12), Frankfurt/M.: Suhrkamp 1979, S. 27.

25 Mecklenburg, a.a.O. (Anm. 13), S. 146.

26 Vgl. Anm. 14.

27 Brief vom 18. 8. 1939 an Stefan Zweig, zitiert nach: *Brochs »Verzauberung«* (Anm. 1), S. 70.

28 Vgl. Elias Canetti, *Masse und Macht*, Frankfurt/M. 1980, S. 442.

29 Vgl. dazu auch Mecklenburg, a.a.O. (Anm. 13), S. 152.

30 Brief vom 8. 9. 1935 an Daisy Brody, zitiert nach: *Brochs »Verzauberung«* (Anm. 1), S. 48.

31 Guido Zernatto, *Sinnlose Stadt. Roman eines einfachen Menschen*, Leipzig 1934, S. 267-269.

32 Mecklenburg, a.a.O. (Anm. 13), S. 169, meint, daß Broch »*gleichzeitig* drei verschiedene Konzepte erzählter Provinz« benutzt, und zwar: »das kritische Konzept des Modells [...]; das poetische Konzept des Mikrokosmos, das die kleine Welt des Dorfes symbolisch zur Welttotalität ›ergänzen‹ soll; und das [...] metaphysische Konzept, das die Provinz als diesseitige zum Gleichnis einer jenseitigen Heimat verklärt. [...] Entweder die Provinz verweist auf das nationalsozialistische Deutschland *oder* auf die Welttotalität *oder* auf ein metaphysisches Jenseits. Da sie im ›Bergroman‹ alle drei Funktionen zugleich erfüllen soll, erfüllt sie keine überzeugend.« (Hervorhebung von Mecklenburg) Zu fragen wäre, ob das Ineinander der drei aufgezeigten Funktionen für die Auffassung von Provinz für diese nicht kennzeichnender ist als die Festlegung derselben auf nur eine und ob eine solche Festlegung im Sinne einer Monosemisierung nicht doch noch problematischer wäre. Daß Broch jedoch dem Roman und damit auch der »erzählten Provinz« zu viel zugemutet haben dürfte, ist kaum zu bestreiten.

33 Vgl. dazu auch die in Anm. 23 genannte Arbeit von Ernestine Schlant.

34 »Magnus ab integro saeclorum nascitur ordo«, heißt es bei Vergil (Ecl. 4,5), wobei zugleich auf das Ordnungsdenken zu verweisen ist, das der Arzt zu Beginn (S. 11) und auch späterhin bemüht: »Nach welchen Ordnungen begann sich hier die Welt zu gliedern; sollte es eine neue Ordnung werden?« (S. 81) Zum Ordnungsdenken Brochs vgl. Sigrid Schmid-Bortenschlager, *Dynamik und Stagnation. Hermann Brochs Ordnung des politischen Chaos*, Stuttgart 1980, besonders S. 163-165.

35 Nach der Inhaltsangabe soll dessen Vater »ein triebdurchschüttelter Mensch« (S. 375) sein.

36 In diese Richtung zielt Mecklenburgs (a.a.O., Anm. 13) Versuch, die Bedeutung des Buches für unsere Gegenwart zu bestimmen, dessen »relative[r] Rang unabhängig von seiner problematischen Stellung zwischen Regionalismus und Moderne« (S. 179) doch zu würdigen wäre.

Jean-Pierre Dubost
Brochs Romandichtung *Der Tod des Vergil* (1945)

Der Roman ist ein Kreis. Seine Finalität – die Absorbierung der Welt in die Glorie der Illusion – setzt bestimmte ästhetische Operationen voraus. Einerseits muß aus der Diskontinuität des Realen die Illusion einer Weltkohäsion gewonnen werden, andererseits müssen die generativen ästhetischen Operationen, die zur Abrundung einer solchen Absolutheit der romanhaften Wirklichkeit nötig sind, verdeckt bleiben, damit die narrative Maschinerie weggezaubert und der ganze Zauber in das fiktive Kontinuum hineingeholt wird. Ohne diese Tarnung der romanhaften Apparatur (deren Vorhandensein das Bewußtsein des Lesers bloß streifen darf, ohne wahrgenommen werden zu dürfen, denn in dieser Latenz bloß ist der Illusionsreiz wirksam) würde der Roman seine Glaubhaftigkeit, die Frische seiner Ursprünglichkeit, seine »miraviglia« einbüßen.[1] Das Verführerische an der traditionellen Romanform beruht auf der erzähltechnischen Beherrschung der Präsentation der Welt, in der vollkommenen Deckung der Selbstpräsentation und ihres Entzugs. Zwei Realitäten gehen dabei unter, oder besser: werden durch die halluzinierte Präsenz des Erzählten aufgehoben: die Realität der textuellen Maschinerie einerseits, die chaotische Diskontinuität der Welt andererseits. Für die bürgerliche Romanform sind Weltdarstellung und Welt untrennbar: die Darstellung *ist* die Welt. Ihre fiktive Präparierung, die Willkürlichkeit ihrer Zeichen, der Entwurfcharakter des dadurch angebotenen Möglichen (die Virtualität des fiktiven Modells, aber auch und eben dadurch seine Wirksamkeit) können und dürfen nicht zum Erscheinen gelangen. Die Willkürlichkeit des Scheins und die sophistische Maschinerie, die zur Produktion von Realitätseffekten nötig ist, gehen in der Selbstmanifestation des Fiktiven gänzlich auf; der Würfelwurf verschwindet in der Frische der Darstellung. So tauchten in einem Leben und Tod auf. Die Welt, völlig neu gesehen, erscheint in der tückischen Evidenz ihrer Reife, als sei dies alles kein Anfang, als sei das Blatt, worauf gewürfelt wird, die siebte Fläche ohne Zahl, als hätte sich die Äußerlichkeit der Welt in der Vollkommenheit der Schrift unmittelbar ausgebreitet. Als würde der Abgrund anfangen, wo der Text aufhört (wie in einem Alptraum eine Straße oder eine Schiene plötzlich aufhört und man stürzt). Dieses Verschwinden einer Welt nach dem Text, die die Bedingung der romanhaften Vollkommenheit ist (denn am Ende der Lektüre stirbt unser Begehren nach anderen Varianten des Lebens einige Zeit ab) entrückt den Roman aus jeder Zeit, und dies um so mehr, je mächtiger die Illusion des Realen ist. Jedoch beruht die Intensität der fiktiven Darstellung auf einer Aporie: sie verdankt ihre Vitalität ihrem Tod. Was aus dem Roman einen Tod macht, ist gerade seine Vollkommenheit, die jede Zeitlichkeit ereilt und den textuellen Zufall in der Logik des Geschehens auflöst. »Der Roman ist ein Tod; er macht aus dem Leben ein Schicksal, aus der Erinnerung einen nützlichen Akt und aus der Dauer eine gelenkte bedeutungsvolle Zeit«, schrieb Roland Barthes in einem frühen Essay.[2] Aber dieser Tod (der darin besteht, daß in seiner Vollkommenheit der Roman wie ein Kreis in der Mitte der Welt ist) verlangt den Kontext einer ursprünglichen, mythischen Szene: nämlich der Erzählung inmitten der Gemeinschaft. So fällt der Höhepunkt des Romans mit jener Zeit zusammen, in die die »Krönung« des Schriftstellers hineinfällt: mit dem 19. Jahrhundert[3], mit einer Epoche also, die sowohl die Sakralisierung wie die Verdammung der Literatur in sich trägt. Denn spätestens mit Baudelaire (früher aber noch mit Nerval oder Sade in Frankreich) hört die Stimme des Schriftstellers auf, das soziale Band zu zelebrieren. Im Bannkreis der romantischen Sakralität und aus der immanenten Logik einer gleichen Funktion heraus (der »poète maudit« erlebt nicht weniger die numinose Aufgabe seiner schriftstellerischen Verantwortung als der sich selbst sakralisierende, wegweisende Dichter) tendiert die Literatur, an der Kippe der Modernität und den Triumph des Romans begleitend, zur Morbidität, indem sie im steigenden Maße die letale Teleologie einer Welt ohne Telos – einer Welt, die kein anderes Ziel als deren Willen, also deren Machtwillen hat – zum Ausdruck bringt. Daher kann man sagen, daß die innere Logik des Romans, und die Form von Tod, die sie impliziert, sich auf eine konträre Art zu jenem anderen Tod gesellt, gegen den sich die Abrundung des Romanhaften aufrichtet: mit den Auflösungsmomenten der Modernität. Daß der Roman, von seiner ursprünglichen Form[4] bis zu seinen späteren Entstellungen als Geschichte einer Verformung, eines Zerfalls verstanden wurde, die das *Symptom* eines historischen Übels wäre (die Begleiterscheinung einer Zersetzung des Sozialen), trifft bloß eine Seite seiner Realität, seine symptomatische, eher müßte man aber sagen: seismographische Funktion. Diese Dekadenzthese, die so unterschiedliche Denker wie Lukács oder Broch teilten, setzt voraus, daß die romanhafte Konstruktion als solche, indem sie das Chaos des Daseins beherrscht, Eros und nicht Thanatos dient. Denn für Hermann Broch ist das Ideal der Literatur stets ein klassisches geblieben. Die Anspielungen auf die Notwendigkeit eines Ringens um die Idee einer (neuen) Einheitlichkeit sind bei ihm eine Konstante, die man sein ganzes Leben hindurch verfolgen kann. Die Bemühung, die Zerrissenheit der Moderne, den Verlust des sozialen Bandes, die Delegitimation zu überwinden; das Anstreben einer neuen Einheit durch die individuelle und kollektive Erfahrung der Zersplitterung hindurch, die Versöhnung von Form und Leere, bedingen unveränderlich Brochs Denken von den frühesten Schriften bis zu den massenpsychologischen Arbeiten.[5] An deutlichen Aussagen Brochs über diese Ungebrochenheit seiner Grundposition fehlt es nicht.

Lange bevor er mit den ersten Arbeiten am *Tod des Vergil* anfing, war seine ästhetische Theorie schon gefestigt. Es ist hier nicht der Ort, diese darzustellen, jedoch ist es nötig, vor der Problematisierung des Textes an ihre Hauptmomente zu erinnern. Ein 1933 gehaltener Vortrag *Das Weltbild des Romans* (fünf Jahre also bevor die ersten Entwürfe aufs Papier gebracht werden) dokumentiert auf die prägnanteste Art die ästhetische Position Brochs und seine Auffassung vom Verhältnis zwischen Romanform und Tod.[6] An beide sei hier bloß skizzenhaft erinnert: was die spezifische Qualität des Romans ausmacht, ist nicht seine Abbildfunktion, sondern seine syntagmatische Natur: es geht nicht um die »Realitätsvokabel«, sondern um ihre Anordnung, um ihre Syntax. Hier erweist sich Hermann Broch durchaus als aristotelischer Poetiker: eine Erzählung, *mythos*, ist »systasis ton pragmaton«. Die Verwendung der »Realitätsvokabeln« (also: der rein semantische Gehalt textueller Komponenten) garantiert noch keine richtige Schilderung der Welt, so lautet die Argumentation, denn »auch der Wahnsinnige verwendet richtige Vokabeln. Es kommt auf die Syntax an, auf die satzmäßige Verbindung, auf die sprachliche Logik, innerhalb welcher die Vokabeln verwendet werden« (KW 9/2, S. 105). Das Korrelat hierzu ist, daß jede Form von narrativer Parataxe nichts anderes als eine Unmittelbarkeit von Welt und Text ausdrückt, die Negation der Kunst selbst. Ohne dies weiterzuentwickeln, geht Broch im Nachhinein einerseits davon aus, daß »selbst in den höchstentwickelten Kunstformen auch noch alle Vorformen weiterleben«, daß aber, obwohl »die Architektur des Dichtwerkes von ebenso großem Gewicht ist wie die einer Sonate, wir dennoch im Bereich des Textuellen über keine Harmonielehre verfügen« (KW 9/2, S. 108). Eine Erklärung findet er darin, daß »die Nachschübe aus der Gefühlssphäre, aus dem Irrationalen [...] hier viel diffuser als bei der Musik« sind (ebd.). Daraus folge, daß die Musik »einer wesentlich rationalen Sphäre angehört«. Das Verhältnis von Textform und Welt wäre eines von Regularität und Chaos, Kristall und Wolke. Andererseits unterstreicht aber Broch die Kontinuität von Formen. Das Verhältnis zwischen Tradition und Variation wird festgestellt, aber nicht reflektiert. Die Überbetonung des Überlebens von »Vorformen« (von »Ur-Syntax« ist auch die Rede) wird durch die Opposition von textueller Syntax und Weltchaos untermauert. Es fällt nicht schwer, den impliziten Nietzscheismus, der dieser Opposition zugrunde liegt, zwischen den Zeilen zu lesen: der Text ist eine aktive Kraft; es geht hier darum, einen Feind zu bewältigen, und dieser Feind heißt: Chaos, Tod (KW 9/2, S. 110). In diesem Augenblick nimmt aber die Argumentation erneut eine Wende. Denn der Tod (das »Feindliche an sich«) ist »gleichzeitig von konkretester Lebensnähe« (ebd.). Der Feind, der zu bewältigen war, wird in die Dichtung aufgenommen, und durch diese Öffnung der Dichtung zur Furcht entsteht der Text an seiner Grenze. Der Tod, dieses »namenlose Unheil«, wird gesprochen. Der Text stottert aber nicht die Vokabeln des Schreckens, sondern wird als »metaphysisches Agens« (ebd.) in der angstbefreienden Architektur der Dichtung zum Ausgangspunkt neuer Formen. »Das Dunkle, das Drohende, das Todesschwangere« besitzt »eine Einbruchstelle«, und diese ist gerade die Literatur als ein Schreiben an der Grenze. Versucht man die Argumentationskette zu erfassen, so muß man feststellen, daß die logische Folgerung zweierlei ästhetische Positionen impliziert, deren Naht- oder Bruchstelle schwer auffindbar ist. Die genuin aristotelische Position, die darin besteht, im Text die Zusammensetzung der Realien zu sehen und in der Notwendigkeit dieser Zusammensetzung die Gewähr einer zirkelhaften Bedingung von Ethik und Ästhetik (denn von der richtigen Anordnung der »Realitätsvokabeln« hängt die ethische Semantik ab, und nicht von der Semantik der Vokabeln selbst: die Form ist, für Broch, durchaus *Wertform*) – sie ist mit der Aufforderung einer Arbeit an der Grenze nicht ohne weiteres vereinbar. Zur gleichen Zeit konnte z. B. Georges Bataille seine Schreibweise auf den gleichen Imperativ (»l'expérience des limites«) stellen, ohne sich dem ersten Moment des Arguments verpflichtet zu fühlen. Ähnliches gilt auch für Artaud. Diese Spannung zwischen ästhetischem Pathos (Broch selbst gibt dies am Ende dieses Vortrags zu) und der Aufforderung einer gastfreundlichen Haltung den dunklen Mächten gegenüber bedingt ganz und gar sein Denken und seine literarische Praxis.[7] Heißt dies, daß zwischen dem *Tod des Vergil* und dem ästhetischen Ideal (das für Broch das ethische einschließen *muß*) das Verhältnis zirkelhaft ist, daß der Kreis der Argumente sich im Kreis des Schreibens wiederholt, daß das Spiel das Gesetz vollzieht und dessen Regeln in seine eigenen übersetzt? Eine Antwort darauf ist nur möglich aus der Immanenz der Lektüre heraus. Nur die Verfolgung des Prozesses, der dieser Text *ist*, kann die Porosität des Werkes *und* seine Materialität gleichzeitig erfassen: seine Porosität, die gerade darin besteht, daß alle soeben bestimmten Momente im Werk explizit und diskursiv erfaßbar sind; seine Materialität, die bedeutet, daß die Form von Antwort, die dieser Text gegen den Kulturtod wendet, gleichermaßen am diskursiven Gehalt wie am Geschehensschema ablesbar ist. Ob die Rede, in den textuellen Prozeß eingefangen, an ihren Ursprung zurückkehrt, ob also der Todesnachen der Schrift zur Helligkeit des Projekts zurückfindet, wird der Horizont unserer Frage und unserer Lektüre sein.

Der Roman beginnt mit einem überlangen, durchkonstruierten Satz, in dem die sich durch das ganze Buch hinziehende Spannung zwischen formaler Strenge, grammatischer und symbolischer Syntax, und dem Erzählten selbst in ovo schon ganz vorhanden ist (dieser Satz ist tatsächlich ein Ei: die textuelle Differenz im aktiven Zustand ihrer Genese).[8] In seiner statischen Geschlossenheit hält dieser Ursprung das Distinkte und das Indistinkte, Leben und Tod, Bewegung und Ruhe. Es ist das Geschehen einer gleitenden Annäherung an den Ort des Todes (Brundisium). Das Wasser ist »*beinahe* spiegelglatt«, es herrscht also eine *fast absolute* Ruhe, keine Windstille. »Es wurde Abend«: das Buch öffnet sich im Augenblick der »*hecceitas*«, zwischen Tag und Nacht, an der

Grenze der kosmischen und symbolischen Unterschiede par excellence. Am Anfang ist kein Wort, nur »die Töne des Lebens«, ein Hämmern oder ein Ruf, der vom Ufer hergeweht zum Schiff gelangt. Etwas steuert mit Leichtigkeit seinem Ziel entgegen, die Welt bietet kaum Widerstand: es weht nur ein leiser, kaum merklicher Gegenwind. So ist alles schon geschehen: der Tod ist *schon da*, als Schrift, denn »auf dem unmittelbar hintendrein folgenden Schiffe befand sich der Dichter der Äneis, und das Zeichen des Todes stand auf seine Stirne geschrieben« (KW 4, S. 11). Alles ist schon geschehen, alles muß nur noch entfaltet werden, das Buch muß seinem Schicksal gehorchen, das schon unwiderruflich auf seine Fläche, als Zeichen, geschrieben ist. Die Heimkehr im Schiff nimmt bereits jene andere, jenseits des narrativen Todes, vorweg: dieses zweite Gleiten, wenn das Buch in immer längeren Atemzügen sich überholend einholen wird, wenn der Todesnachen jenes zuerst erscheinende Schiff verdoppeln wird wie sein auratischer Körper. Alles ist schon enthalten, auch der Übergang zu dieser zweiten Hülle der Schrift, der letzte Kapiteltitel (»Äther – die Heimkehr«) setzt dort an, wo in der Geschlossenheit des Ursprungs die Öffnung wartet und ruht, die über dem Meer waltende und wartende innere Öffnung des Werks, seine Matrix und Mutter: »perlmuttern war darüber die Muschel des Himmels geöffnet« (KW 4, S. 11). Es wird noch viel Geschriebenes sich ereignen, bevor der Text der Hauptfigur (aber sie ist sowohl der absolute Schwerpunkt des Erzählgeschehens und die Metapher seiner Idee selbst) das Wort gibt:[9] denn Vergil ist nichts anderes als das Ablesen jenes Zeichens, das ihm auf die Stirne geschrieben steht, er ist, wie der erste Satz, und wie, in diesem ersten Satz, jeder Ort seiner symbolischen Ordnung (ob Erde, Wasser oder Himmel), zugleich Angelpunkt und symbolische Monade. Zugleich ist er aber, für uns Leser, der Psychopomp, der uns durch die Irrgänge der textuellen Pyramide geleitet wird. Es gilt also, ihm zu folgen.

Ihm folgen? Das heißt aber, sich in die Aporien hineinbegeben, deren dramatische Inszenierung der Roman selbst ist. Denn die Figur des Vergil ist der Ort einer labyrinthischen Textarbeit. Auf einer ersten Ebene der Lektüre scheint sie narrativ stabil: der Roman ist nichts anderes in dieser Hinsicht als die Erzählung eines langen Sterbens, jener achtzehn Stunden, die seine Ankunft am Hafen von seinem Tod trennen. Auf diesem Niveau des Textes ist Vergil Subjekt seiner Selbsterzählung. Seine Angst, seine Hoffnungen, die Erinnerung an sein Leben (an seine Kindheit in Andes, an Plotia), seine Todesängste, seine Träume, die Halluzinationen seiner Agonie konstituieren einen kohärenten, von Anfang bis Ende ununterbrochenen Erzählstrang. Ein Resümee dieser Begebenheiten wäre möglich und reichhaltig, wie für jeden »gut geführten« Roman. Es dominiert das Introspektive, das Bekenntnishafte, insofern der Roman ein Roman des schlechten Gewissens ist. Vergil erlebt nicht nur das Leiden der Agonie, die Epiphanie der Anamnese, das Grauenhafte der Todesangst, des Fiebers; er wird auch von den Erinnyen verfolgt. Schon auf dem Weg zum kaiserlichen Palast präfigurieren die Beschimpfungen, denen er auf seiner Bahre im Wirrwarr des Elendsviertels ausgesetzt ist, die keifenden Weiber [KW 4, S. 41-44], das später eintretende Motiv der Verfolgung des Schuldigen durch Schreckensgestalten. Diese moralische Introspektion gerät aber in Widerspruch zum gewählten Erzählmittel, denn die Stimme des Gewissens gehört nicht dem Bereuenden. Eine andere Stimme raubt ihm die seine, die Stimme einer unlokalisierbaren, grundsätzlich äußerlichen Erzählinstanz. Es ist zunächst jene erste Form »lyrischen Kommentars«, die aus dem Subjekt des Bekenntnisses das Objekt der Erzählung macht. So wie die anklagenden Gestalten und Stimmen Metaphern des moralischen Gesetzes sind, so wird, durch den ganzen Roman hindurch, die Figur des Vergil jener Anklage ausgeliefert, die zugleich das Sprachrohr seines Gewissens ist. Erst nach einer langen, grauenvollen Katabase kommt Vergil (im dritten Teil: »Erde, die Erwartung«, KW, S. 219-412) wieder zu seiner Stimme. Der lyrische Kommentar tritt indes dauernd über seine Ufer. Nicht nur aus seinen inneren Ufern (denn diese Gedankenlyrik ist bekanntlich ein Experiment der möglichst größten Ausspannung von Satz und Wort), sondern auch über die Grenzen der romanhaften Illusion hinaus, die fiktive Kohäsion unaufhörlich zerstörend. Die Maßlosigkeit solcher diskursiven Auswucherungen innerhalb des narrativen Geschehens sind eigentlich nichts anderes als der emphatische Zustand jener vorher erwähnten »inneren Außenseite« der Vergil-Figur. Sie verschlimmert die Paradoxie, die sich aus der Nicht-Lokalisierbarkeit der Stimme des sich selbst reflektierenden Subjekts ergibt, und ermöglicht eine unaufhörliche Umstülpung des Textes. Die verschiedenen Labyrinthe, die Vergil zu durchlaufen hat (real oder fiktiv, zunächst durch die Stadt, bis zum Ort seines Todes, und dann in seiner Todeskammer durch alle Räume des Schrekkens hindurch – aber der größte Schrecken ist eben die Schrankenlosigkeit des Durchbruchs, hinter jedem Traum ist ein anderer möglich, Anklage und Agonie sind grauenvoll ineinander verschachtelt), sind ein Aspekt des textuellen Labyrinths. Das narrative Labyrinth ist die Kehrseite des ersten, der Räume, in denen Vergil sich bewegt.[10] Um unser Vorhaben, Vergil durch die Irrgänge seines Sterbens zu verfolgen, kann es also bloß schlecht bestellt sein. Vielleicht macht dieses Buch also nicht nur seine Erzählbarkeit unmöglich, sondern auch noch die Definition seines Themas selbst. Keine Lektürehypothese, die den soeben beschriebenen labyrinthischen Strukturen nicht Rechnung trägt, kann dem Text gerecht werden. Die einzige Möglichkeit, sich aus diesem Labyrinth hinauszuretten, scheint also seine Benützung zu sein. Oder, mit anderen Worten: es liegt an der Kohärenz der Form selbst, wenn die Beschreibung dieses Textes die narrativen Dimensionen im Hintergrund läßt und an ihre Stelle das eigentliche Agens des Erzählens setzt, nämlich den Raum: wenn also die labyrinthhafte Struktur von Form und Inhalt die Narratologie zugunsten einer Topologie des Schreibens verdrängt.

Die Zeit, die alle durchlaufenen Räume bindet, sie ineinander gleiten läßt, ist ein ununterbrochener Fluß: vom ersten Satz bis zum letzten bleibt Vergil hingetragen, widerstandslos dem Fluß der Zeit, des Schreibens, ausgesetzt: ein »Hingestreckter«. Zuerst im Schiff, dann auf seinem Sterbebett, schließlich im Todesnachen. Aus der Passivität des »Helden« und der Permanenz jener todesträchtigen Abdrift ergibt sich jener Chiasmus von Raum und Zeit, jenes Kreuzen zweier Gegenbewegungen (er gleitet in den Tod hinein, der geschriebene Raum gleitet ihm entgegen), die den Antagonismus von Zeit und Raum zugleich aufhebt. Zu behaupten, alles sei ein einziges Gleiten oder das Ziel dieser Schreibweise bestehe darin, aus dem Fluß der Dinge das Ruhende zu gewinnen, (»denn nur das Ruhende ist zur Wegweisung imstande, nur das Einmalige, das aus dem Fluß der Dinge herausgegriffen, herausgerettet ist«, KW 4, S. 20), kommt insofern aufs gleiche hinaus, als das Kontinuum dieses todesträchtigen Gleitens durch die reine Form einer fließenden Linie beschreibbar ist. Aufhebung der Zeit, Reversibilität von Zeit und Raum? Der Todestrieb, die Zerstörung jeder Form von Artikulation, beherrscht jedes Moment der Beherrschung, oder umgekehrt: der Text besteht aus einer (im Prinzip) unendlichen Parataxe von syntaktisch wohlgeformten Isolaten und monströsen Variationen. Dennoch gibt es kein Moment in der Zeit- und Raummetamorphose, das nicht von der Stimme des Gesetzes durchdrungen wäre: an Stelle von »Realitätsvokabeln« also eine symbolische Axiomatik. Sie entspricht einerseits einem metaphysischen Programm (Innen und Außen, Nähe und Ferne, Oben und Unten, diese ständig wiederkehrenden symbolischen Komponenten markieren einen genuin metaphysischen Denkraum: sie sind in dieser Hinsicht sozusagen ontologische Himmelsrichtungen), andererseits liefert sie die Anhaltspunkte seiner unaufhörlichen Entgrenzungen. Eine aufmerksame Analyse ihrer Variationen und Kombinationen beweist uns, daß der textuelle Prozeß einerseits die in solchen Oppositionen implizierten narzißtischen Strukturen sprengt und daß andererseits die Opposition jeweils gesetzt wurde, um aufgehoben zu werden. An diesem Aufhebungsprozeß läßt sich festmachen, was für den ganzen Text gilt: es geht in diesem Werk weder darum, daß eine ursprünglich erschaute Differenz ästhetisch verarbeitet und verfeinert wird, noch darum, daß die ursprünglich gesetzten, dann negierten und neuverteilten Oppositionen zum Verschwinden gebracht werden. In ihrer scheinbaren Unabänderlichkeit ermöglichen sie die reichsten Kombinationen. Die »Realitätsvokabeln« sind wahrhaftig aufgehoben. Angst und Tod werden ausdrückbar, artikulierbar, die Opposition von Gefühl und Verstand wird überwunden in der Umkreisung einer trächtigen Leere. Das Abenteuer des Todes (und dies kann nur heißen: der Prozeß des Entgrenzens des Vorstellens angesichts des »absoluten Unwerts«, d. h. des Verschwindens an sich) wird also nur als Erzählung *und* Zersetzung des Erzählens (be)schreibbar: der metaphysische Unwert an sich (die Unvorstellbarkeit) wird durch jenen Prozeß gebannt, der ihn als undarstellbare Größe zugleich absorbiert und verschiebt: der Tod hat ein Gesicht, das Grauen unzählige Namen. Den Unwert Unwert nennen, sagt über seine Vielfalt nichts aus. Ihn nennen heißt, in der Maske des Scheins auf die Inszenierung seiner Scheinvorstellung hinweisen. An die Nacht können nur Hymnen gerichtet werden, das Ideal einer Überwindung des Scheins ist ein Scheinideal. So mündet die Rede über das »namenlose Unheil« in den Zauber seines Scheins: die Agonie wird zur Musik ihrer Erzählung:

Und tiefgebückt unter der ungeheuren Last der blind-unbewegten, unsichtbar-durchsichtigen Weltenleere, fluchterstarrt, fluchtgelähmt, und die belasteten Schultern niedergebeugt, und mit trocken-leblosen Händen den blind fingerigen Schatten auf der mondhellen, mondtrockenen Fläche berührend, tastete er sich an ihr entlang, begleitet von seinem neben ihm hergleitenden tiefgebückten Schatten, tastete er sich hartzitternd ins Dunkle zurück, unwissend dessen, was er tat oder nicht tat, tastete er sich zu dem Wandbrunnen hin, tierartig vom Wasser angelockt, tierartig nach dem Noch-Irdischen, nach dem Noch-Lebendigen, nach dem Noch-Bewegten lechzend; und so, schädelhängend, tierartig kroch er durch die erstarrte Trockenheit dem urtierischesten aller Ziele, dem Wasser zu, um in ur-tierischer Notwendigkeit tiefgebückt wie ein Tier an der silberrieselnden Feuchte zu lecken. (KW 4, S. 154-155)

Heißt dies, daß der Kreis doch nicht aufzubrechen, daß der Schein letzten Endes stärker ist, als der Versuch, ihn symbolisch zu Tode zu denken? Die Antwort, die der Text darauf zu geben trachtet, ist nicht punktuell; die Etappen seines Gelingens sind gleichzeitig die Ausgangspunkte seiner Negation. Im Dialog mit Augustus, der Vergils Gelingen lobt und die Zeitlosigkeit seines Werks rühmt, kommt dieses Dilemma explizit zur Sprache:

»Oh, Cäsar, ich sage es bereits, meine Bilder sind lediglich solche der Oberfläche.«
 »Sie genügen dir nicht, weil du von ihnen eine Todeserkenntnis und eine Todesaufhebung verlangst, die im Irdischen niemand zu geben imstande ist ... Auch mein Werk hast Du unter diese übertriebene Forderung gestellt.«
 »Meine Bilder genügen nicht, weil sie ...«
 »Du stockst ... Vergil, Du weißt, daß du unrecht hast.«
 »Die Zeit, Augustus ... geheimnisvoll sind wir der Zeit verhaftet, geheimnisvoll zieht sie dahin ... ein leerer Strom ... ein Strom der Oberfläche ... und wir kennen weder seine Richtung noch seine Tiefe ... und doch muß er sich zum Ring schließen.« (KW 4, S. 329)

Da die Stimme, die hier spricht, im Labyrinth einer Schrift ertönt, in der nicht die fiktive Dramatisierung einer Existenz stattfindet, sondern die Dramatisierung der Schrift selbst, spricht hier, am Moebiusband des Erzählens, das Buch selbst. Ja, seine Bilder sind noch »lediglich solche der Oberfläche«; der Abstieg, der im vorigen Kapitel stattgefunden hat und das Grauen aussagte, bleibt zu plastisch.[11] Das Buch, im Versuch, die Schriftrolle seines Todes aufzurollen, bleibt einem Strom der Oberfläche ausgeliefert. »Und doch muß [es] sich zum Ring schließen.« Um welchen Ring kann es sich aber hier handeln? Im Dialog mit dem Machthaber, mit dem Symbol der politischen Macht an sich, Augustus, klafft das Mißverständnis auf. Augustus versteht in Vergils moralischen Gewissensbissen (warum noch schreiben, wenn das moralische Gesetz in einem unumgänglich bleibt?), versteht unter Pflicht Ordnung, Gehorsam, Staat. Dieser politischen *Syntaxis* gegenüber steht, mit Vergil, ein Prinzip von Pflicht und Formung, das unter gleichen Worten die Negation des ersten ist. Wird die Gerechtigkeit zur Pflicht, soll der Mensch nicht auf die Gerechtigkeit horchen, sondern ihr gehorchen, dann verschwindet das Gesetz im Augenblick seines Mißverständnisses. Das Gesetz gebietet die Freiheit seines Verfolgens, das ist seine (genuin Kantsche) Paradoxie. Gleichermaßen gebietet die Pflicht zur Form die Abkehr von jeder ästhetischen Norm. Das Werk ist Distanz zu seinen unzähligen, vorgezeichneten Mustern, seine höchste Pflicht ist seine Selbstdifferenz, sein Öffnen der Zeit, sein Aufschub. Der politische Mensch, der Mensch der politischen Verantwortung, übt ebensogut Verrat an der Gerechtigkeit, wenn er vom Werk eine Unterordnung unter die politische Syntaxis, vom Erzählen jene tödliche Zirkelhaftigkeit von Form und Wert, jene Übersetzbarkeit verlangt, die letzten Endes die moralische Pflicht des Dichters negiert und seine Unterordnung zu *schon* gesetzten, *schon* vorgestellten Zwecken bedeutet. Der Konflikt zwischen den zwei Prinzipien (also zwischen Vergil und Augustus) spitzt sich zu, der Kaiser gerät in Wut, er interpretiert die Absicht Vergils, die *Äneis* zu vernichten, paranoid: mit Recht sieht er darin eine Weigerung an politischer Unterordnung, die für ihn Vernichtung und Verleugnung seines politischen Werks und seiner Macht bedeuten muß. Doch kommt Vergil unvermittelt auf sein Vorhaben zurück: er wird den Text nicht vernichten, er verlangt, daß Augustus das (noch unfertige) Manuskript mit nach Rom nimmt. Wie geschieht das? Narrativ gesehen, recht unmotiviert. Denn plötzlich kippt die Stimmung um, Vergil redet Augustus mit Octavian an, alte Erinnerungen werden wach (KW 4, S. 368-370). Diese erste Versöhnung zwischen zwei soeben als antagonistisch dargestellten Prinzipien ist einerseits unerwartet und ohne erzählerische Motivation, andererseits gehört sie zur labyrinthhaften Logik des Buchs. Der Knabe Lysanias, der Vergils »Psychopomp« schon auf den allerersten Seiten war und in sich Kindheit, Erinnerung und Sklaventum vereint (individuelle Sehnsucht und politische

Hoffnung zugleich), wiederholt diese erste Versöhnung, indem er Verse aus der *Äneis* rezitiert. Negiert sich der Text in diesem Augenblick? Soll der Antagonismus von zwei unvereinbaren Syntaxen widerrufen werden? Oder verkörpert diese unerwartete Wendung die Doppelstruktur von Sehnsucht und Hoffnung, die sich hier als das eigentliche Agens des Textes erweisen würde? Man könnte es glauben, gäbe es Zeichen dafür, daß diese Stelle die Kulmination einer Spannung bedeutet und zugleich den Willen zur Ruhe, einen anderen Todestrieb also als jenes »destruo«, das bisher die Bewegung selbst des Textes war. Nach diesem Augenblick der Versöhnung und der Ruhe beginnt aber eine Verdoppelung des Textes, die uns daran zweifeln läßt, daß die Sehnsucht, die Lysanias verkörpert, in der Indifferenz der Unschuld badet. Denn das, was die Rezitation des Knaben auslöst, stammt »nicht aus dem Gedächtnis, nicht dem des Knaben und nicht dem eigenen, sondern kam aus der Fremdheit des Immer-Vorhandenen ...« (KW 4, S. 371). Am Anfang war, wie wir schon sahen, die Syntax aufeinander zeigender »Realitätsvokabeln«. Die Fremdheit dieses ersten Satzes (seine hieratische Strenge, seine statische Todesträchtigkeit, seine halluzinatorische Natur, um so größer, als der Schriftsteller auf jeden *stupor* verzichtet hat), die Fremdheit dieses »Immer-Vorhandenen«, tritt jetzt wieder ein: im Fieber eines nunmehr definitiven Hinschwindens wird Vergil noch einmal auf seiner Bahre getragen, der Ursprung (re)zitiert sich in traumhafter Konfusion, Sätze verlieren ihre Syntax, bruchstückhaft treten Leerstellen ein, und Vergil hat nur noch Zeit, zu sagen, daß sein Ring dem Lysanias, dem Kind, gehört. Hier könnte sich das Buch schließen, Figuren, Geschehen, Reden, Erzählformen könnten sich rückwärts einsammeln ins Ursprungsei der Schrift. Damit aber würde das Buch seine Logik negieren, der Kreis würde sich *bloß* schließen, die Zeit wäre bloß reversibel. Doch gebietet die Logik des Labyrinths, daß sich der Text vorwärts einhole, daß die nunmehr rückwärtig erlebte Weltgenese sich im Gleiten des Todesnachens vollziehe. Damit das Buch sich wirklich negiert, ist mehr nötig als die Dramatisierung der Notwendigkeit dieses Selbstmordes und mehr als die dialogische Inszenierung ihrer Grundprinzipien. Die höchste Negation des Buchs ist sein Nachleben, ein anderes Leben nach der Schrift, nach dem Erzählen, wenn die narrative Strecke über die *passio* des Leidensweges hinausgeht (und somit über das platonischchristliche Abendland hinaus). Waren die drei ersten Kapitel die Position der Aporie, so ist das letzte das Buch nach dem Buch: erst jetzt vollkommen und wahrhaftig ein *Totenbuch*. Mit dem Eindruck eines Murmelns fängt das Buch an, sich selbst zu *träumen*. Die Variationen und Kombinationen erreichen einen paroxystischen Zustand der Reduktion, das Buch driftet ab von seinen bisher immer auffindbaren Referenzen. Am Ende erreicht es das Sakrale, der Kreis hat sich geschlossen, »entsunken war das Bild, entsunken die Bilder, allein, sie unsichtbar aufbewahrend, hielt das Brausen an« (KW 4, S. 453). An die Stelle der »Realitätsvokabel« tritt eine Syntax an der Grenze des Vorstellens.

Es geht um Sinn, um »Bedeutung«, höher aber als jedes Begreifen (S. 453). Es tritt das »reine Wort« ein, ein Logos ohne Referenz, ohne andere Referenz als sich selbst. Die Sprache des Erhabenen ist jenseits des Darstellbaren, sie ist die Herausforderung der Metaphysik, reine Differenz, Eros und Thanatos: »erhaben über alle Verständigung und Bedeutung, endgültig und beginnend, gewaltig und befehlend, furchteinflößend und beschützend, hold und donnernd, das Wort der Unterscheidung, das reine Wort, das Wort des Eides« (KW 4, S. 453). Vergil (er besitzt aber schon längst kein Zeichen des Menschlichen mehr, da er durch alle Stufen des Lebens und der Zeit rückwärts durchgedrungen ist, bis er nur noch Sehen, und dann Blindheit wurde), der an den Anfang der Kosmogonie, die dieser Text ist, zurückgekehrt ist, zum Wort selbst (»ein schwebendes Meer, ein schwebendes Feuer, meeresschwer und meeresleicht, trotzdem immer noch Wort« (KW 4, S. 454), gerät in die Versuchung, es zu greifen, es festzuhalten. Aber das Gesetz der Schrift ist ihr Verbot: »er konnte es nicht festhalten, und er durfte es nicht festhalten; unerfaßlich unaussprechbar war es für ihn, denn es war jenseits der Sprache« (KW 4, S. 454). Zwei Interpretationen sind jetzt möglich: die erste, humanistisch und religiös, sieht in diesem letzten Satz die Aufschlüsselung einer Reue. Das Bekenntnishafte würde hier im Bekenntnis einer Schuld kulminieren. Die andere (sollte man sie »fiktiven Realismus« nennen?) trägt der Tatsache Rechnung, daß dieser letzte Satz geschrieben wurde. Es wird geschrieben, daß das Wort jenseits der Sprache ist. Dieser Satz war das letzte Wort. Jenseits des Buchs ist kein Buch, weil das Buch im Buch schon war. Wo kann es noch »Realitätsvokabeln« geben, wenn die Schrift die Syntax der Leere ist?

Anmerkungen

1 Mit dem Terminus »Roman« wird hier jene glorreiche Epoche gemeint, die grob gesagt mit dem sogenannten englischen »bürgerlichen Roman« im 18. Jahrhundert ansetzt und bis in die erste Hälfte des zwanzigsten hineinreicht. Über die innere Logik einer Entwicklung des bürgerlichen Romans nach dem englischen Paradigma (Defoe, Ridcharson, Fielding) s. I. Watt, *The rise of the novel*, 1957, dt. *Der bürgerliche Roman*, Frankfurt/M.: Suhrkamp 1974.

2 In: *Le degré zéro de l'écriture*, 1953; dt.: *Am Nullpunkt der Schrift*, Frankfurt/M.: Suhrkamp 1982, S. 48.

3 Paul Bénichou, *Le sacre de l'écrivain, 1750-1830. Essai sur l'avènement d'un pouvoir spirituel laique dans la France moderne*, Corti 1973, sowie *Le temps des prophètes. Doctrines de l'ère romantique*, Gallimard 1977.

4 S. z. B. Richardson, Robert Chasles oder Balzac: nicht die Periodisierung ist hier absolut entscheidend, sondern die Epochalität. – Es wäre ein Hohn auf Hermann Brochs geschichtsphilosophische Bemühungen, würde man vergessen, daß er seine Arbeit als ein Denken an der Grenze einer Kultur verstand und daß die Problematik des »Kulturtodes« weit über den unmittelbaren historischen Kontext hinausreicht. Hätte Broch nicht das Gefühl gehabt, daß mit der politischen Katastrophe, die der Nationalsozialismus bedeutete, die ganze Frage der abendländischen Kultur überhaupt tangiert würde, hätte er den *Tod des Vergil* eben nicht geschrieben. Zur gleichen Zeit kompromittierte sich zwar Heidegger mit dem neuen Regime, jedoch reicht die Tiefe seiner Reflexion, was die »Epochalität« der modernen »post-metaphysischen« Welt betrifft, weit über den Brochschen Ansatz hinaus. Die Ironie dieses Chiasmus wirft aber direkt die Frage der Wertaporien der Moderne auf, die wiederum Broch viel schärfer als Heidegger konturiert hat.

5 Diese Unverrückbarkeit einer früh erreichten Weltinterpretation gilt nicht nur für den diskursiven Anteil seines Denkens; sie ist bis in den Gebrauch von Metaphern zu verfolgen. Das symbolische Material, das im *Tod des Vergil* vorzufinden ist, existierte schon in den frühesten Gedichten (wie z. B. im Sonett *Mathematisches Mysterium* [KW 8, S. 13] aus dem Jahre 1913), die Poetik steht in starker Kontinuität. Die assimilierende, spiralenartige Entwicklung seines Denkens läßt sich aber nicht ohne weiteres architektonisch denken. Gerade das Experiment, das der *Tod des Vergil* bedeutet, wirft die Frage auf, ob es überhaupt möglich ist, Konstruktion und Destruktion zu hierarchisieren.

6 *Das Weltbild des Romans. Ein Vortrag* (KW 9/2, S. 89-118).

7 Die Aufforderung einer Entgrenzung des Vorstellens wird bei Broch

unaufhörlich betont. Die philosophische Bewegung seines Denkens tendiert immer zu jenem Punkt, auf dem die extremste Subjektivität an ihrer Negation zerschellt. Zwar ist der Tod der »Unwert« an sich, aber dieser Unwert wird in das Wissen geholt: erst durch den absoluten Charakter dieser Negation fundiert sich, in seiner erkannten Endlichkeit, der Mensch als ethisches Wesen. Das »Wissen um die Einsamkeit«, die »Gewißheit der Seeleneinsamkeit, im Erkennen der Nacht und des grenzenlos dunklen Meeres« erhebt das Ethische über die Erkenntnis, »die Kategorie des Seins über die Kategorie des Denkens« (KW 10/2, S. 159-160).

8 Eine aufmerksame Analyse des Textes läßt erkennen, daß die symbolische Potentialität dieses ersten Satzes tatsächlich enorm ist, daß das Thema schon gegeben ist und daß die Zerstreuung von Bildern und Symbolen, die aus der inneren Artikulation des Satzes heraus sich ereignet, den symbolischen Bestand des ganzen Buchs nahezu gänzlich erfaßt, vorausgesetzt, man deckt die strukturalen Unterscheidungsmerkmale auf, die die symbolische Syntax des Satzes tragen: es ergeben sich dann die folgenden Merkmale und Elemente: hohl / glatt / polynuklear einerseits; Luft, Erde, Wasser andererseits – wobei das Element »Feuer« Bestandteil der ersten Reihe ist, also zum Merkmal »polynuklear« gehört. Die zerstreuten und kombinierten Elemente sind überzählig. Aus *hohl + Erde* ergeben sich die späteren Symbole Höhle, Grotte, Gruft, Gewölbe mit ihren Erweiterungen (also: Nachthöhle [der Liebe unter dem Gewitter]; atemumwandete Höhle der Traumgezeiten; bebendes Höhlengebirge; schwebende Höhle der Nacht; aufgebrochene Höhle des Innen und Außen etc. Aus dem einzigen Merkmal *»glatt«* entstehen: hingebreitet, ausgebreitet, unermeßlich, unermeßbar etc.; aus der Kombination *hohl + Erde + Wasser* »der geöffnete Bergdom des Meeres« etc.; s. J. P. Dubost, *Pour une lecture selon l'espace de la Mort de Virgile de Hermann Broch*, Diss. Aix-en-Provence 1969, S. 254).

9 Nämlich erst S. 56 (KW 4), wenn der Hofbeamte Vergil anredet und dieser zur Antwort gibt: »Ich habe keine Wünsche mehr.«

10 Die Doppelheit der labyrinthischen Struktur rührt also daher, daß auf der Ebene der erzählten Welt sich die Strukturen der Erzählmaschinerie verdoppeln. Vergil ist sowohl Einschreibfläche des Schreibprinzips wie erzählter ›Gegenstand‹. Keines der beiden textuellen Spiegelbilder ist aber etwas anderes als ein Element des Gesamtlabyrinths, dieser Aporie einer formalen Behandlung des ästhetischen Wertproblems. Jedes Übertreten narrativer Gesetzlichkeit wiederholt das Gesamtlabyrinth, der Text entgeht sich, indem er in seine Irrgänge flieht; dies ist seine konstitutive Dekonstruktion. Oder, mit anderen Worten: sein Verbot ist sein Gesetz, dem er ständig

gehorchen muß, dem er ständig »aus-gesetzt« ist. Daher scheint mir die Darstellung, die Götz Wienold von der Organisation des Romans gibt, von vornherein auf eine falsche Bahn zu lenken, wenn gesagt wird, daß »im *Tod des Vergil* [...] das Ich des Sterbenden Erfahrungssubstrat und Beobachtungssubjekt zugleich« ist (s. Götz Wienold), *Die Organisation eines Romans. »Der Tod des Vergil«*, in: *Materialien zu Hermann Brochs »Der Tod des Vergil«*, hg. v. Paul Michael Lützeler, Frankfurt/M.: Suhrkamp 1976. Auch die Formulierung Walter Hinderers, die Personen des Romans würden »nicht von außen nach innen« projiziert, »sondern umgekehrt von innen schon innerlich, wesenhaft gesehen« (ebd., S. 280) trägt der Realität der textuellen Aporie, wie sie soeben definiert wurde, keine Rechnung. Eine solche Aussage, die diesseits des Textes getroffen wird, vollzieht gerade eine Rückverwandlung textueller Elemente in jene »Realitätsvokabeln«, die Brochs syntaktisches Verfahren schon überwindet.

11 Zwar ist jede auch nur kurze Passage dieses Werks unerzählbar, was an der Kompositionstechnik selbst liegt, da der Erzählprozeß in der Materialität der Sprache entsteht: als formales Variations- und Kombinationsspiel. Jedoch könnte man skizzenhaft die wesentlichen Artikulationen dieser undurchdringlich dichten Phase herausarbeiten (ohne den Anspruch zu erheben, dadurch mit ähnlichen Versuchen konkurrieren zu wollen; in dieser Hinsicht ist die Lektüre des vorher zitierten Aufsatzes von Götz Wienold besonders zu empfehlen). Im Wechsel zwischen Gedankenlyrik und diskursiven Auswucherungen zeichnen sich verschiedene Etappen einer initiatorischen Katabase ab: zunächst konstituiert sich die symbolische Axiomatik, die dem Text später erlauben wird, die Spannung, auf der er beruht, ins Extreme zu steigern. Auf eine Art Hymne an die Nacht (S. 61-70) folgt die Anamnese, die verschiedene Figuren des Ursprungs vereint: Ursprung des Schreibens, Begehren der Präsenz, halluzinatorische Vergegenwärtigungen (S. 70-80). Dann erst ereignet sich der eigentliche Abstieg, der seine Hauptthematik (das Spiel und das Gesetz) an jene zentrale Episode knüpft, die den Streit der Betrunkenen in der Nacht evoziert (S. 90-137). Nach dieser Phase, die die moralische Angst sich paroxystisch steigern läßt, stürzt Vergil in immer tiefere Schächte, in eine zentrale Leere, in eine tiefe Todesfläche, bis zum Ort des Opferaltars, bis hin zum Verschwinden des Raums selbst. All dies ist musikalisch durchgeführt: Beruhigung, Bewußtseinswerdung, Ausdehnung des Vorstellungsfelds, Umkehrung und Zerstörung, Lethargie, Apokalypse, Ataraxie. Mitten im Grauen vernimmt aber schließlich Vergil die Stimme der Botschaft des Anderen, ein unendliches Murmeln (S. 210-218). Daraufhin treten Ruhe und Schlaf ein. Am nächsten Tag erscheint die Welt neu; dieser Teil wird hauptsächlich

aus Dialogen bestehen, namentlich aus dem Dialog mit Augustus, der dann die nächste Wende ermöglicht (Vergil wird die *Äneis* doch nicht verbrennen), bevor der Text schließlich sein »Nachleben« anfängt.

Michael Winkler

Brochs Roman in elf Erzählungen
Die Schuldlosen (1950)

Der »Roman in elf Erzählungen« *Die Schuldlosen*[1] ist das letzte Prosawerk und zugleich die einzige größere Arbeit, die Broch nach Kriegsende fertigstellen konnte. Doch fällt es vielen Lesern auch heute noch schwer, das Buch als vollendet zu bezeichnen. Denn selbst nach wiederholter Lektüre hat sich der ursprüngliche Eindruck nicht ganz zerstreut, daß dieser Roman merkwürdig unausgeglichen und wohl am besten mit den Verlegenheitsfloskeln »unkonventionell« oder »experimentell« zu charakterisieren ist. Sieht es doch so aus, als herrschten statt einer einheitlichen Konzeption und statt der widerspruchsfreien Ausgestaltung aufeinander bezogener Themenkomplexe eine willkürlich wirkende Formenvielfalt und eine Fülle fast zufällig sich ergebender Stilvariationen vor. Und verrät das nicht eher eine ästhetische Verlegenheit als einen künstlerisch überzeugenden Reichtum an Darstellungsmitteln? Kritische Vorbehalte dieser Art wenden sich nicht nur gegen einzelne Schwächen in der gestalterischen Ausführung; sie stellen die Gesamtstruktur des Werkes in Frage, besonders das Verhältnis seiner einzelnen Teile im Gefüge des Ganzen. Auch wenn der befremdet distanzierte Leser sich nicht an der überholten Vorstellung orientiert, ein Roman müsse eine organisch integrierte Erzählentwicklung aufweisen, so möchte er doch gern einen bruchlosen Zusammenhang erkennen und nicht nur »ein sich ständig verwandelndes Vexierspiel, ein Rätselspiel mit vielen Teillösungen«.[2]

  Der plausibelste Grund für diese vermeintliche Schwäche schien bisher in der außergewöhnlichen Entstehungsgeschichte des Buches[3] zu liegen. Daher bot das unerwünscht Zufällige, das, wie Broch selbst andeutet, den ersten Anstoß zur Umarbeitung alter Erzählungen in einen Novellenroman gab, boten die Disparatheit seiner ursprünglichen Ansätze und das noch dazu in relativ kurzer Frist Erzwungene seiner Fertigstellung zumeist Anlaß zu kritischer Nachsicht. Auf jeden Fall hat sich die ohnehin sehr zurückhaltende Forschung darauf festgelegt, *Die Schuldlosen* fast ausschließlich von den fraglos akzeptierten Schwierigkeiten ihres Entstehungsprozesses her zu analysieren. Zu diesem Mißverständnis hat Broch gewiß auch selbst und nicht nur unfreiwillig beigetragen. Jedenfalls haben seine stückweise bekannt gewordenen Selbstinterpretationen[4] auch zur einseitigen Fixierung auf seine (bei recht unterschiedlichen Anlässen geäußerte) Unzufriedenheit mit dem Dichten geführt, haben jenen prinzipiellen Überdruß herausgestellt, der ihn an einer öffentlichen Wirkung seiner schriftstellerischen Produktion zutiefst zweifeln ließ. Solche Einwände auch der eigenen Praxis gegenüber, die ihm als verantwortungslose Spielerei erschien, begleiten aber Brochs Werk neben den Selbstrechtfertigungen von Anfang an. Sie können hier nicht zur Diskussion gestellt werden. Vielmehr sei an die Tatsache erinnert, daß *Die Schuldlosen* keineswegs unter schwierigeren Umständen entstanden sind als z. B. der *Vergil*-Roman oder *Die Schlafwandler* und daß Broch ihnen gleichfalls ein Höchstmaß an dichterischer Konzentration zugute kommen ließ. Dem sei die Annahme zur Seite gestellt, daß er sich hier nicht leichtsinnig auf ein literarisches Projekt eingelassen hat, an dem ihm eigentlich nicht viel liegen konnte. Im Gegenteil ist als Prämisse zu postulieren, daß Broch aus innerer Notwendigkeit einen Erfahrungs- und Problemkomplex in *dichterischer* Gestaltung bewältigen wollte, demgegenüber sein gesamtes übriges Werk in seiner fragmentarischen Vielseitigkeit wenigstens vorübergehend in den Hintergrund trat. Das bedeutet nicht nur *de facto* eine entschiedene Aufwertung des Dichterischen und einer neuen Romanform; es würde auch die Überlegung zulassen, daß Broch sein gewissermaßen testamentarisches Werk als eine Art Gesamtabrechnung mit seiner Epoche und seiner eigenen Existenz als Denker und Dichter verstand. Dann ergäbe es sich von selbst, daß sein letztes Buch nicht aus zufälligem Ungeschick, sondern nach einem Gesetz seiner Kreativität in der Form eines vielschichtigen Erzählkunstwerkes entstehen mußte.

Broch greift dazu auf einen alten Plan zurück, einen zur Romantotalität sich ergänzenden Zyklus von Novellen zu schreiben, in denen archetypische Konstanten menschlicher Erfahrung vermittels exemplarischer Konkretisierung von primären Symbolassoziationen erkennbar werden. In ihrer verwirklichten Form wird diese Textsorte Novellenroman[5] von einem höchst bewußt ausgearbeiteten System interner Verweise, Verknüpfungen und variierender Übereinstimmungen getragen, deren motivbedingte und thematische Konsistenz das Buch zu einem überraschend vielseitigen artistischen Gebilde machen. Diesen nuancenreichen Kunstcharakter gilt es zu betonen – auch gegen Brochs späte Neigung, das absichtsvoll Kunstfertige als Eitelkeit des Ästheten zu verwerfen. Auf der künstlerischen Leistung zu bestehen, ist um so legitimer, als Broch selbst ja den Roman auch verstanden hat als die Realisierung von dichtungstheoretischen Reflexionen, die sich in seinen Gedanken zum Altersstil und zur Rolle des Mythischen und Irrationalen in der erzählenden Prosa kristallisieren. Sie enthalten die Forderung nach symbolischer Totalitäts- und Simultaneitätsdarstellung und haben die kunstvolle Vereinigung gerade auch einander widersprechender Erlebniselemente zur Voraussetzung. Als strukturierendes Beziehungssystem, das sich in subtilen Verästelungen, Abwandlungen und Kontrastierungen über den gesamten Roman erstreckt, sind signifikante Aspekte von Mozarts Oper *Don Giovanni* zu erkennen, die als leitmotivische Konstanten dem Roman seine interne Kontur verleihen.

Damit ist nicht gemeint, daß es Broch primär darum ging, die Tradition eines literarisch-kulturellen Mythos um eine Neuinterpretation zu bereichern oder diese Tradition aus der Perspektive jüngster Erfahrung zu widerlegen. Eher ist es wohl so, daß der Don-Juan-Stoff in der allgemein bekannten Figurierung durch da Ponte/Mozart seinen thematischen Absichten entgegenkam, ohne sie freilich in jeder Hinsicht zu befriedigen. Daher ist es müßig zu fragen, warum sich Broch nicht enger an seine »Vorlage« gehalten hat, zumal er sie sehr genau gekannt haben muß – eine Schlußfolgerung, die sich aus dem genauen Vergleich einzelner Textkorrespondenzen ergibt, auch wenn sich Broch selbst zu dieser nicht rein philologischen Frage nur ganz nebensächlich äußerte. Das hat wieder damit zu tun, daß er sich nicht dem Mißverständnis aussetzen wollte, ihn habe eine »literarische« Intention[6] geleitet. Mehrmals verwies er zur Selbstrechtfertigung auf Kafka, dessen »wahre Größe« für ihn darin bestand, daß er »ohne jede Kunstabsicht, geschweige Literaturabsicht einfach wie aus einem traumhaften Zwang heraus etwas aufgeschrieben hat, das Realitätseinsicht höchsten Grades gewesen ist«.[7] Und über sich selbst sagte Broch, daß alle von ihm »gezeichneten Gestalten zuerst traumartig mir aufgestiegen sind, niemals nach freier Wahl, niemals aus der Außenwelt herangeholt (oder eben nur mittelbar), und daß ich sie daher zuerst immer von innen gesehen habe, also in stärkster, in lyrischer Identifikation«.[8] Damit deutet er aber indirekt auch an, daß seine Gestalten erst im Gewand romanhaft-literarischer Personalisierung (und damit nicht unbedingt in falschem Kostüm oder entstellender Verkleidung) verständlich werden. Letztlich konnte auch der Dichter Broch, so sehr er sich vom Mythischen des lyrischen Zyklus den Blick in »*die* Kunst der Zukunft«[9] versprach, nicht über den Schatten des Romans springen. Wie zu zeigen sein wird, hat er sich sehr ausgiebig darauf verlassen, daß der fiktionale Symbolisierungsprozeß von der Verarbeitung literarischer Motive abhängig ist, ohne dadurch dem Narzißmus einer *l'art pour l'art*-Ästhetik verfallen zu müssen.

Bemerkenswert ist zugleich, daß die Don-Juan-Thematik bei Broch sehr früh auftritt und wenigstens unterschwellig sein gesamtes Werk durchzieht.[10] Die *Don Giovanni*-Anspielungen jedoch wurden erst für *Die Schuldlosen* systematisch entwickelt und sind z. B. in den »Tierkreis«-Erzählungen vom Beginn der dreißiger Jahre nicht einmal andeutungsweise zu bemerken. Erkennbar ist freilich eine sehr frühe Vorliebe fürs Parodieren klassisch gewordener literarischer Stoffe. Die damit verbundene satirische Absicht tritt im Spätwerk wieder besonders deutlich hervor. Broch wollte vor allem die sentimental übertreibende Gefühlsunsicherheit und die Phrasen des wortstarken Rhetorikers entlarven und nahm daher die gedankenlose Stereotypik in der Gefühls- und Vorstellungswelt des Spießbürgers aufs Korn. Er bevorzugte zur Benennung dieser Art von Kitsch den Ausdruck »Seelenlärm«, den er gern mit theatralischem Pathos, mit einer verlogen märchenhaften Idyllik und mit den Konventionen einer opernhaften Kulissenwelt identifizierte (vgl. S. 18, 25, 101, 112, 228, 239). Die Stilisierungstraditionen der Oper, ihr dekorativer Prunk und ihr Sinn fürs kulinarisch Erhabene werden für Broch also zu Chiffren für eine der nüchternen Wirklichkeit entfremdete Mentalität, die ihre Unfähigkeit zu sinnvoller Orientierung im Leben hinter einem Schwall grandios wirkender Worte und Gefühle verbirgt. Von dieser Kritik bleibt auch Mozarts *Don Giovanni* oder wohl genauer seine Rezeptionsgeschichte im bürgerlichen Bewußtsein nicht verschont. Doch gilt der satirische Angriff auf das Opernhafte vor allem dem Thema der rauschhaften Selbstauflösung im Liebestod und seiner philiströs-imitativen Trivialisierung. Wagners *Tristan und Isolde* gibt daher die Folie ab für die methodisch konstruierte Erotik in der mißglückten Vereinigung von Zacharias und Philippine, die »wohl zu der außerordentlichen Ekstase des Liebestodes hätte führen können« (S. 43 f.), aber im »pathetischen Gestus« (S. 44) steckenbleibt und in einer total lieblosen Ehe endet. Diese Erfahrung erlaubt es dem späteren Studienrat, aus »Selbsthaß und Selbstekel« auf die »Nicht-Existenz der Liebe« zu schließen und den »Zweisamkeitstraum vom Liebestod und vom Selbstmordwunder« durch die Ideologie der »wahren Männergemeinschaft und der wahren Brüderlichkeit« (S. 158) zu ersetzen.[11]

Broch verwendet Motive aus der Welt der Oper aber nicht nur zum Zwecke satirischer Entlarvung und Kontrastierung. Vielmehr dienen sie ihm auch dazu, durchaus positiv zu verstehende Werthaltungen zu verdeutlichen, ja sogar die Vorbildsgestalt des Romans, den zeitlos alten Imker, als mythische Figur zu profilieren. Dieser scheinbare Widerspruch löst sich auf, wenn man Brochs Verständnis des Mythischen zu Rate zieht. Er zitiert z. B. am Ende seines Essays über *Hugo von Hofmannsthals Prosaschriften* folgende Worte aus dem *Buch der Freunde*, die auch seine eigene Überzeugung ausdrücken: »Mythisch ist alles Erdichtete, woran du als Lebender Anteil hast. Im Mythischen ist jedes Ding durch einen Doppelsinn, der sein Gegensinn ist, getragen: Tod = Leben, Schlangenkampf = Liebesumarmung.«[12] Diese Vorstellung von der komplementären Koinzidenz der Gegensätze im Mythischen ermöglicht es ihm, die fanatisierten Tiraden des Zacharias, die man als Arien der Gehässigkeit und große Solonummern der Verblendung bezeichnen könnte, im Gesang von Melittas Großvater nicht nur durch ein Gegenbeispiel zu kontrastieren, sondern sie in dieser ihrer Widerlegung aufzuheben. Dazu ist der Hinweis zu beachten, daß die »Protestversammlungen gegen die Einsteinsche Relativitätstheorie« (S. 142), die Andreas und Zacharias zusammenbringen, in einem »Kammermusiksaal« stattfinden, in dessen Mauernischen sich »Ställe für die Büsten der Tonheroen« (S. 143) von Mozart bis Wagner befinden. So wird gleich zu Beginn ihrer Bekanntschaft angedeutet, daß hier normale Verhältnisse und Funktionen in ihr Gegenteil verkehrt worden sind und wieder ins rechte Lot gebracht werden müssen. Diesem Zweck dient vor allem die Figur des naturverbundenen Imkers, dessen Ausdrucksweise als »ferner Gesang der Schwerelosigkeit« (S. 252) erscheint. Seine Stimme als eines der zentralen Strukturelemente, »eine einzige Stimme, die das Chorhafte bewältigte und, [...] gewissermaßen über sich selbst hinausschwingend, zu einer Art Arie wurde« (S. 253), repräsentiert die geglückte Vereinigung unterschiedlicher Erfahrungsaspekte zu harmonischem Ausgleich. In seiner Gestalt kommt häuslich-familiäre Eintracht zum Ausdruck, wie sie sich beispielsweise im zweistimmigen Singen mit seiner Frau und später mit seiner Pflegetochter andeutet (vgl. S. 84 u. 132). Ebenfalls verweist der Einklang seiner naturhaft-geselligen Gefaßtheit als positives Gegenbeispiel zurück auf die als »Liebesduett« (S. 22) parodierte »Verflechtung der Stimmen« (S. 26; auch S. 21) in der ersten Geschichte, die der junge Mann als die wohl triviale Dreieckstragödie einer Frau zwischen zwei ungleichen Männern und zugleich als umkehrende Vorwegnahme seines eigenen Dilemmas überhört. Das Singen des zum Richter werdenden Imkers unterscheidet sich aber auch von der Erzählweise der Dienstmagd Zerline, die in »ein flüsterndes Psalmodieren« (S. 103) übergeht und dann als »ein psalmodierendes Zungenreden« und als »Singsang« (S. 104; auch S. 110) bezeichnet wird. Ihrem Sprechen ist die teils hilflose, teils rachsüchtige Gehässigkeit einer vom Schicksal enttäuschten alten Frau zueigen, die auf ihr Lebensende hin durch Verführung und Denunziation und zum Schluß durch einen gelinden Mord zu ihrem Recht zu kommen sucht.[13]

Brochs Tendenz, ein Motiv in seiner polaren Gegensätzlichkeit und, besonders gegen Ende des Romans, im sozusagen mythischen Ausgleich seiner konträren Implikationen zu verwenden, läßt sich an allen Bildkomplexen des Romans exemplifizieren; selbst in scheinbar nebensächlichen Motiven (Regenbogen, Blumen, vergessener Hut, das Hinken usw.) ist sie nachzuweisen. Am Bild des Donners kann man sie besonders gut illustrieren. Als der »verlorene Sohn« A. sich endgültig entschieden hat, im Hause der Baronin von W. heimisch zu werden und zum Zeichen dieser Absicht seine im Bahnhof aufbewahrten Koffer holen geht, heißt es, daß er, zukunftsorientiert, »zum Stadteingang hinauf« blickte,

als erwarte er von dort die Stimme, die den Stimmen der Ferne die letzte Antwort geben würde. Wird es die Stimme des Kindes sein oder die des Gerichts, wird der Blick des Kindes dort aufscheinen oder der des Vaters? Es war beides zugleich, denn der verhallende leise Donner, der jetzt über den Himmel hinzog [...], verklang so leise [...], daß das Gewesene und das Kommende zur Einheit wurde, aufgenommen in unhörbarem Nachklang, in Zeitlosigkeit versinkend und in einer Ewigkeit, die das Lächeln des Lebens und das des Todes zugleich ist. (S. 83)

Der Donner mag hier als ein zunächst etwas zufällig wirkendes Requisit, als nicht ganz ernst gemeinte Beschwörung jenes Theaterdonners (S. 264: »un orribile tempesta«) erscheinen, den Don Giovannis betrogene Widersacher am Ende des 1. Aktes der Oper auf sein Haupt herabwünschen und dem er sich mit trotzigem Wagemut stellt (S. 266: »odi il tuon della vendetta«). Das Motiv wird von Broch nach der vierten Rede des Zacharias dann wieder aufgenommen, wo es als »leises Donnern« und als »das ferne Grollen« (S. 165) aus dem »mütterlichen All« (S. 166) beginnt und sich im Gewitter seiner nächtlichen Züchtigung entlädt. Die Szene ist vom Geist persiflierender Komik geprägt und spielt sicherlich mit parodistischer Intention auch auf die Arie der Zerlina an – »Batti, batti, o bel Masetto, / La tua povera Zerlina« (S. 252) –, deren bereitwilliger Masochismus bei vertauschten Rollen in die »Exekution« (S. 169) des Zacharias mit dem Staubwedel übernommen wurde. Die Ähnlichkeit der beiden Situationen wird außerdem noch dadurch unterstrichen, daß die pervers erotische Bestrafung sich jeweils unmittelbar an ein Trinkgelage anschließt, zu dessen Vorbereitung auch die berühmte »Champagnerarie« (S. 250: »Finch' han del vino / Calda la testa, / Una gran festa, Fa preparar«) kurz zuvor aufgefordert hatte.

Offensichtlich kündigt der Donner als unterschwelliges Motiv bei Mozart und Broch die drohende Strafe und die Warnung vor dem Gericht an, das mit der Figur des Vaters assoziiert wird. Für den ungebundenen A. jedoch gibt es wenigstens anfänglich die Möglichkeit der Rettung durch die sozial verantwortliche Bindung an das Kind. Damit ist sowohl die Aufforderung zur altruistischen Liebe gegenüber der unschuldigen Melitta, einem Findel- und Waisenkind (S. 84), gemeint, als auch die Sorge um die Sicherung einer geordneten Zukunft. An dieser Aufgabe scheitern alle Figuren des Romans. *Die Schuldlosen* sind daher vor allem ein Buch der Abrechnung und des Gerichts. Seine zentrale Figur ist ein Mann, der »entscheidungs-schüchtern« (S. 94, 95) und »verantwortungsscheu« (S. 261) keine Bindungen eingehen kann und deshalb mit der Attitüde ethischer Gleichgültigkeit (vgl. S. 26, 37, 51, 172, 246, 269) sich nur seinen eigenen

Belangen, vor allem einem »Hang zum bequemen Wohlleben« (S. 260), widmet. Dafür ist seine Fähigkeit, ohne große Anstrengung viel Geld zu verdienen, chiffrenhaftes Indiz. Zugleich ermöglicht ihm seine Neutralität (S. 146, 148), von der Inflation (S. 56, 86) dermaßen zu profitieren, daß er praktisch ohne Arbeit und damit auf Kosten anderer höchst bequem leben kann. Seine Namenlosigkeit (S. 25, 26, 30, 34, 154) verrät die Anonymität des unauffälligen Egoisten und des passiven Parasiten, der sich gelegentlich als Ebenbild Gottes (S. 28, 29 u. als Parallele dazu 242) sieht, sich zumeist aber als finanzkräftiger Gast und permanenter Flüchtling (S. 136, 261) erweist. Er hat ein Bedürfnis nach Heimat (S. 51, 64, 230, 233, 244, 266), ohne sich freilich eindeutig engagieren zu wollen. Die »Relativitätstheorie« (S. 142, 146) ist ihm Sinnbild einer als chaotisch empfundenen Desintegration alter hierarchischer Ordnungen, nach denen er sich sehnt, zugleich aber auch willkommene Entschuldigung für eine traditions- und normenfreie Existenz, die sehr leicht die Orientierung verliert.

Diese Gestalt A. lebt, ihm zunächst unbewußt, eine zeitgenössische Variante der Don-Juan-Existenz nach und identifiziert sich dann in bewußter Anlehnung dermaßen mit seinem Vorgänger, über den er aus Erzählungen (der Magd Zerline) erfährt, daß er dessen Rolle übernimmt und sie in stellvertretender Angleichung zu Ende spielt. Auffallend ist dabei, daß er als reicher Junggeselle durchaus nichts Luxuriöses an sich hat, daß sein Leben als verklemmter Erotiker eher zum frugal Bescheidenen tendiert. Nichts von der rücksichtslos verschwenderischen Festlichkeit des Don Giovanni haftet ihm an. Aber sinnvollerweise ist für ihn das Essen von markanter Wichtigkeit und übernimmt eine sehr ähnliche Funktion wie Festgelage und Gastmahl in der Oper. Bei Don Giovanni sind sie Ausdruck einer unbedenklichen Freizügigkeit, die davon ausgeht, daß sein Leben und Besitz ihm allein gehören und daß sie ihm zu schrankenloser Verfügung stehen. Tisch und Tafel sind bei ihm immer voll, sowohl zur Ablenkung von seinen wahren Absichten als Gastgeber und damit als Maskerade, die verführerisch täuscht, wie auch zum Schluß als letzte Herausforderung an seine Opfer, die ihm freilich zum Verhängnis wird.

Der Roman spielt auf diese Verhältnisse mit subtilen Abwandlungen an. Zunächst sind die Rollen noch vertauscht: die Baronin, verführungsbereit im doppelten Wortsinn, lädt ihren Untermieter A. spontan dazu ein, »gleich mit uns zu Abend zu essen«, während

Hildegard die Gefahr wittert und darauf besteht, daß der Gast »immer auf seinem Zimmer zu speisen« (S. 69) hat. Damit wird in Erinnerung gebracht, daß die Verführung ihrer Mutter durch den Baron von Juna mit einer Einladung zum Abendessen (S. 102) begonnen hatte. Die Familienmahlzeit, die vom Bild des Vaters »in richterlichem Ornat« (S. 71) gewissermaßen überwacht wird, findet folglich ohne »die Festbeleuchtung zu Ehren des Gastes« (S. 72) statt. Denn noch dominiert die Haltung gefahrbewußter Abwehr. Doch als sich die beiden Zimmernachbarn ihre Komplizenschaft am Tode Melittas eingestanden haben, muß A. zugeben, daß auch er nicht daran denkt, seine Routine zu ändern. »Welche Mahlzeiten gedenken Sie auszulassen? Selbst wenn Sie heute mittag fasteten, es wird Ihnen am Abend desto besser schmecken« (S. 224), stellt Hildegard fest, und sie verweist damit zurück auf die perverse Bemerkung der Zerline zur im Bett wartenden Melitta: »Das Schönste ist ein Hochzeitsessen ohne Bräutigam [...]« (S. 181), eine Bemerkung freilich, die durchaus ihre Logik besitzt. Denn A., der sein Liebesverhältnis zu der »kleinen Wäscherin« (S. 194) in kürzester Zeit als Belastung empfindet und sich innerlich schon von ihr gelöst hat, war gerade fast zwanghaft einem »Restaurant, dem besten der Stadt« (S. 214), zugestrebt und hatte sich dort einer Mahlzeit »von fünf Gängen« dermaßen hingebungsvoll gewidmet, »daß er darüber Melitta schlechterdings vergaß, und als er nach Kaffee und Kognak das Kino aufsuchte, da fand er, daß eine geschaute Liebesgeschichte eigentlich weitaus schöner als eine selbsterlebte ist« (S. 215). Damit steht aber seiner Aufnahme in den Familienkreis als Gast und Sohn (S. 232) nichts mehr im Wege. Auf diese Weise wird ebenfalls seine Unterwerfung unter die »Fütterungsleidenschaft« (S. 245) der Zerline vorbereitet, die ihn im Alten Jagdhaus zu einem immer fetter werdenden Vielfraß macht. Neben der bürokratischen Überwachung seiner Finanzen und der Erbschaftsformalitäten bleibt ihm nur noch der Appetit auf ein gutes Essen, der praktisch zur Sucht wird: eine Verblendung, die dann zu dem komischen Mißverständnis führt, sein blinder Richter lasse sich mit der Einladung zu einem Kaffee und einem guten Bissen (vgl. S. 284) abspeisen.

Aus dieser Manie einer scheinbar selbstzufriedenen Völlerei, die eine »träge Lebensverdauung, träge Schicksalsverdauung« (S. 249) verrät, spricht natürlich auch der Wunsch, endlich reinen Tisch zu machen (dazu auch S. 31) und ein Schuldkonto zu begleichen, das sich kaum bemerkt über die Jahre hin angehäuft hat. Denn nur so ist eine Befreiung aus jenem Alten Jagdhaus möglich, in dem sich A. wie in einem selbstgewählten Gefängnis verschanzt hat. Eine Erlösung aus dem Zustand schier endlosen Dahindämmerns kann aber nur aus der Konfrontation mit dem Tode hervorgehen. Die Motive einer solchen Auseinandersetzung, die vor allem eine Selbstbegegnung ist, sind in der Symbolik des dreieckigen Parks vorbereitet, auf den sich A.s Suche nach dem Schutz mütterlicher Ordnung immer wieder verwiesen sieht. Im Mittelpunkt dieses Parks, »an der schrägen Verschneidungsstelle der beiden S-geschwungenen Hauptwege«, die das Zeichen der Unendlichkeit bilden[14], steht ein Kiosk mit einer Uhr, welche »die ewige Stelle des Todes« anzeigt. Das ganze Gebäude hat das »Aussehen eines Grabes« (S. 198 u. 232). Diese Kennzeichnung erscheint zunächst als wenig sinnvoll, zumal wenn man sie vom Gesichtspunkt mimetisch-realistischer Plausibilität her zu verstehen versucht. Als abstrakt chiffrierende Bildverkürzung jedoch spielt sie auf Grabmal und Statue des Komturs an, der als Steinerner Gast zum Todesboten und Fürsprecher einer Ewigkeit wird, die mit dem Schuldbekenntnis auch die Abkehr vom bisherigen Lebenswandel fordert. Ohne daß dieses statuenhafte Grabesbild mit irgendeiner bestimmten Person etwas zu tun hat, erinnert sie an die Vergänglichkeit der Zeit als einer zentralen Erfahrung des Menschen. Die tatsächliche Begegnung mit dem Tode geschieht daher auch im Pathos einer Konfession, die die traditionelle Höllenfahrt trotz der hymnischen Aufschwünge in A.s Selbstanklage und Beichte entdämonisiert und in einen gefaßt ertragenen Freitod verwandelt. Aus der Opernvorlage bleibt allein der Verweis auf jene höllische »Kälte« (S. 271) erhalten, die den strafenden Komtur – »l'uomo bianco« (S. 298) in Leporellos Worten – umgibt, bevor die Flammen aus der Tiefe den zur Verdammnis bestimmten Verführer verschlingen.

A.s metaphysische Rettung wird vorbereitet in der Absage an ein Leben, das immer mehr in eine Hölle auf Erden hineingezogen wurde. Seine Lösung aus diesen Verstrickungen ist jedoch auch von der Erinnerung an die schuldfreie Liebe der Melitta abhängig, der als Wäscherin die symbolische Aufgabe einer reinigenden und von Schuld befreienden Hilfskraft (vgl. S. 86) zugesprochen wird.[15] Zu ihr fühlt sich A. anfänglich wie Faust zu Gretchen hingezogen[16], indem er dem unbewußten Zwang einer Attraktion folgt, die ihn impulsiv durch das Labyrinth ihres Hauses nach oben führt, ihn aber beim Abstieg wie in einer Höhle – »in diesem dunklen Gewölbe« (S. 139) – die Orientierung und »das Gefühl für Zeit« (S. 139) verlieren läßt. Ohne die Hilfe eines »Führers« (S. 138) hätte er den Weg verloren. Dieses Motiv des Abstiegs verweist als Variation der Totenbeschwörung und des *descensus ad inferos* gleichfalls auf den Faust-Stoff. Am eindringlichsten kommt dies in der Novelle *Erkaufte Mutter* zum Ausdruck, die als eine ans Makabre grenzende Travestie des Faustischen Gangs zu den Müttern bezeichnet werden kann. In der zentralen Szene schlägt Hildegard aus einem sadistischen Antrieb, der der perversen Vereinigung von religiöser und sexueller Inbrunst und Berechnung entspringt, einen Todes- und Teufelspakt vor, der die totale Verkehrung der christlich-romantischen Liebesmystik bedeutet. Darin zeigt sich auch, daß *Die Schuldlosen* praktisch nur im Personengefüge der älteren Generation die Erzählung einer erotischen Verführung bzw. der Liebesverweigerung sind. Für die nachfolgende Generation, also für die historische Zeit der zwanziger Jahre, ist sehr viel stärker eine Disposition zum Sich-verführen-Lassen ausschlaggebend. Sie steigert sich zur Erwartung, mißbraucht, und schließlich zu der Aufforderung, vergewaltigt zu werden. Dem Kalkül dieses tyrannischen Befehls zufolge wird der Geschlechtspartner zum »Führer ins Totenreich« (S. 218), von dem daher weder Befriedigung noch Befruchtung mehr erwartet wird. Denn es geht allein noch »um Vernichtung, Mord und Selbstmord« (S. 218). Darin liegt das wahrhaft Höllische eines pervertierten Don-Juanismus begründet, der lediglich in infernalischer Kälte (S. 219, 220) bzw. vampirischer Animalität (vgl. S. 223) dahinvegetiert. Er kann somit allein noch die Impotenz erzwingen und provoziert nur mehr den »frivolen Gedanken an Leichenschändung« (S. 223).

Die Vertauschung der Positionen von A. und Hildegard ist jedoch nicht bloß als eine Umkehrung traditioneller Rollen und demgemäß als Variation des barockalen Masken- und Verkleidungsspiels zu sehen. Es wird hier auch Bezug genommen auf die durchaus ambivalente Haltung der Donna Anna in der Oper, deren erster Auftritt in Begleitung des maskierten Don Giovanni mit den Worten beginnt: »Non sperar, se non m'uccidi, / Ch'io ti lascio fuggir mai« (S. 222). Er gipfelt in dem wütenden Ausruf, daß sie den nächtlichen Eindringling auf immer wie eine verzweifelte Furie (»come furia disperata«) verfolgen wolle. Und damit denkt sie nicht unbedingt nur an Rache für das, was gerade in ihrem Schlafzimmer geschehen sein muß und worüber sie sich nie eindeutig erklärt. Hildegard, die Aspekte dieser Rolle übernimmt, tut bei ihrer ersten Begegnung mit A. zunächst auch so, als wäre es allein ihre Absicht, »die Wohnung vor dem Eindringling zu schützen« (S. 55). Doch schon die rhetorische Frage des Erzählers hinsichtlich ihrer Unruhe: »Oder war es etwa gar, weil sie den Gast erwartete, ihn einzuholen, ihn zu begrüßen?« (S. 55) suggeriert Ambivalenz. Deren sexuelle Implikation ist fast überdeutlich betont, wenn Zerline, die sich sogleich als Kupplerin betätigt, dem Fremden das Schlafzimmer zeigt, »als führte sie einen Bräutigam in die Kammer«, und ihn einlädt, »doch einzudringen und das Bett zu begutachten« (S. 60).[17] So wird eine sexuell motivierte »symbolische Besitzergreifung« (S. 40) vorbereitet. Sie hat im Entgegenkommen der Haustochter, wie es sich in deren abschließender Bemerkung: »Sie sehen, auch ich bin käuflich« (S. 69) ausspricht, ihr Äquivalent.

Das Fräulein Hildegard (S. 55, 57), die den Geliebten erwartet und statt seiner mit einem Adoptivbruder vorliebnehmen muß, daher in der erzwungenen »Liebesvereinigung« auch symbolischen Inzest begeht, bleibt nach außen hin »eine alte Jungfer« (S. 64) wie Zerline. Sie nimmt damit Züge der Donna Elvira an, die als die Elvire des Romans zugleich ihre Mutter ist, und zwar nach einem Kompositionsprinzip, das die drei Frauen als »Formabwandlungen ein und desselben Gesichts in verschiedenen Personen« (S. 69 f.) versteht. Gemeinsam ist gerade den Kinderlosen ein »nonnenhafter« Gesichtsausdruck (vgl. S. 70; auch S. 82, 97 u. 282, 290), der Hildegard zum Schluß wie ein Gespenst erscheinen läßt, das immer noch in jeder »näherkommenden Gestalt« eines Fremden den »einstigen Diplomaten« – eine Anspielung auf den Herrn von Juna, A.s Vorgänger (vgl. S. 100) – vermutet. Wie Donna Elvira ihr Lebensende im Kloster (S. 306: »ritiro«) zubringen will, so versinkt Hildegard in die Namenlosigkeit und in eine frigide Frömmelei, die aber latent zur »Teufelsvermählung« (S. 286) und »Hexenschaft« (S. 289) bereit ist. Aus Prüderie und steriler Reinlichkeitsmanie fürchtet sie das »Überwuchern häßlich geschlechtlicher Triebe« (S. 283), möchte sich aber ebenso gern dem »siegenden Verfolger« (S. 289) hingeben, der sie aus ihrer Vereinsamung erlöst. Dieser Verführer erscheint als hinkender Dämon, was als Verweis auf diabolische Absicht zu verstehen ist (vgl. S. 146, 162, 181, 191, 220, 231, 280, 283, 286, 290). Er untersteht folglich der Symbolik der Hakenkreuzfahne, die das polare Gegenteil des Andreaskreuzes repräsentiert. Es heißt »In der Windstille hängt [diese Fahne] unbeweglich längs der Stange herab« auf dem »Mittelgiebel des Schlosses« (S. 286), womit eine sexuelle Konnotation verbunden ist, die auf A.s »Schlaffheit« (S. 222) in der Liebesszene mit Hildegard und auf seine versäumte Begegnung mit Melitta »auf dem Schloßplatz« (S. 212) zurückverweist. Auch deutet ihre markant rote Farbe – »das Rot der Emporkömmlinge, das Rot der Herabziehenden« (S. 287) – in einer abstrakt-symbolischen Ballung thematischer Implikationen nochmals auf die Verflechtung von Blut (als Sinnbild der Liebe wie des Todes) und Feuer, die mit der heilsgeschichtlichen Vorstellung vom »Jüngsten Gericht« (S. 288) zusammenhängt.

Damit wird ganz am Ende des Romans nochmals das Motiv des Gerichts variiert, das als eine Art *basso profundo* von Anfang an gegenwärtig war. Denn schon als der junge Mann in dem Pariser Café war A. trotz seiner sarkastischen Beschwichtigungsversuche von der Angst besessen, bald von einem »Prüfer« (S. 24 u. 256) und Rächer geholt zu werden. Bei dieser Gelegenheit war ihm auch zum erstenmal die Opernfigur des Komtur und Steinernen Gastes eingefallen, der ihm fortan in unterschiedlicher Gestalt und in der Stunde des Todes wieder als »Père de la Victoire« (S. 31) begegnen wird. In ihrer letzten Auseinandersetzung jedoch wird A. einen Sieg und zwar über sich selbst erringen, nachdem er die Rolle eines unverbindlichen Zaungastes im Leben, die er auch als großzügiger Gastgeber spielt, mit der Aufgabe des urteilenden »Richters in eigener Sache« (S. 185) vertauscht hat.

Angeregt dazu wird er freilich nicht durch den »Herrn in richterlichem Ornat« (S. 71), der als »Gerichtspräsident« (S. 81) versagt hatte, als es um die Bestrafung des zum Mörder gewordenen Herrn von Juna (vgl. S. 116) ging. Obwohl sich A. als »Hausherr« (S. 66) wenigstens andeutungsweise auch seiner Rolle anzugleichen sucht, bleibt der Baron als betrogener Ehemann eine eher zeremonielle Vaterfigur, die ihre Autorität als »Mittelpunkt« (S. 73) des Frauendreiecks mit fast impotenter Willenlosigkeit und in früher Vergreisung aufgegeben hatte. Damit hat er seine Funktion an den wohl gleichaltrigen Imker abgetreten, der zugleich eine Art mosaischer[18] Gesetzgeber wird (vgl. S. 268). Denn seine Blindheit mag wohl neben der traditionellen Emblematik unparteilicher Justitia auch darauf verweisen, daß er A. zwar aus der Gefangenschaft und Hörigkeit seines selbstgewählten Exils führen, ihn aber nur in den Tod und nicht ins Leben in einem verheißenen Land der Zukunft geleiten kann. Doch indem sich A. auf den von ihm gewiesenen Weg der Einkehr begibt, die zur wahren Heimkehr wird, bringt sein Tod als sühnendes Opfer und als »Läuterung« (S. 272) nicht die Zerstörung, sondern eine Art metaphysisch fundierter Selbstbewahrung. Während sein dämonisches Vorbild in der Hölle zerrissen[19] und damit erst eigentlich zum »dissoluto punito« wird, bleibt A.s Körper fast intakt und in der geometrisch-symbolischen Stellung des Andreaskreuzes (S. 275) auf dem Boden liegen. Darin zeigt sich noch einmal jene höchst bewußt und kunstvoll praktizierte Schreibtechnik des variierenden Anspielens, die Brochs Roman *Die Schuldlosen* zu einer gelegentlich etwas erzwungen und abstrakt wirkenden, doch insgesamt sehr subtilen Umgestaltung der Oper *Don Giovanni* machen.

Anmerkungen

1 Broch wird zitiert nach den Bänden der »Kommentierten Werkausgabe« [KW], hg. v. Paul Michael Lützeler, Frankfurt/M.: Suhrkamp 1974-1981; Belegstellen aus den *Schuldlosen* sind mit Nennung der Seitenzahl direkt im Text vermerkt, desgleichen die Zitate aus der Oper, für die die Ausgabe *Mozart's Librettos*, Cleveland/USA: Meridian 1961 verwendet wurde.
2 So Hermann J. Weigand in seiner Einführung zu Bd. 5 der *Gesammelten Werke*, Zürich 1954, S. 6.
3 Dazu Richard Thieberger, *Hermann Brochs Novellenroman und seine Vorgeschichte*, in: DVjs 36 (1962), S. 562-582, u. Manfred Durzak, *Werkgeschichte und Genese von Brochs »Die Schuldlosen«*, in: M. D., *Hermann Broch – Dichtung und Erkenntnis. Studien zum dichterischen Werk*, Stuttgart: Kohlhammer 1978, S. 169-191.
4 Sie liegen im Anhang von Bd. 5 u. im Bd. KW 13/3: *Briefe 3 (1945-1951)* nunmehr vollständig vor und dürfen als bekannt vorausgesetzt werden.

5 Dazu Wolfgang Düsing, *Der Novellenroman. Versuch einer Gattungsbestimmung*, in: Jb. d. dt. Schillergesellschaft 20 (1976), S. 539-565.

6 Vgl. dazu KW 13/3, S. 64 u. 371 neben vielen anderen Beispielen.

7 KW 13/3, S. 189.

8 KW 13/3, S. 536.

9 KW 13/3, S. 216 u. 377.

10 Als offensichtliches Beispiel vgl. die Novelle *Ophelia* (KW 6).

11 Das Motiv des Selbstopfers ist im Werk Brochs zentral, und zwar auch mit fragwürdigen Implikationen. Dazu gehört die nicht parodistisch gemeinte Reflexion am Ende der Zweiten Novelle: »Gewiß, allein schon die gemeinsame Todesbereitschaft ist ein ethischer Befreiungsakt« (S. 44).

12 Es ist die dritte Fassung des Essays, vgl. KW 9/1: *Schriften zur Literatur 1: Kritik*, S. 300-332. Die eindringliche Beschäftigung mit Werk und Gestalt Hofmannsthals, besonders im Jahre 1948, war für Broch immer zugleich auch eine Überprüfung seines eigenen Lebenswerkes und damit seiner eigenen Vergangenheit und ihrer kulturellen Wurzeln. Daher enthält seine immer verständnisvollere Analyse von Hofmannsthal und seiner Zeit nicht nur eine interessante Auseinandersetzung mit dem Wien der Jahrhundertwende, sondern stellt auch die wohl beste Einführung in die Vorstellungswelt seines Alterswerkes dar. Nicht zufällig hatte Broch einen beträchtlichen Teil vor allem der Kindheits- und Jugendproblematik seiner Andreas-Gestalt schon in der gleichnamigen Romanfigur Hofmannsthals entdeckt.

13 Das Motiv des trancehaften Psalmodierens und des hypnotischen Singsangs durchzieht Brochs Gesamtwerk. Vor allem in der *Verzauberung* (KW 3) charakterisiert es die Sprechweise des Verführers Marius, der die Erlösung durch einen »mythischen« Ritualmord verspricht. Die faszinierte Aufforderung seines Opfers Irmgard: »Tue es« (dort S. 213) klingt wieder an im »Tu's rasch« (S. 42) der todesbereiten Philippine und, mit neuer Bedeutung, im »Tu's; dazu sind wir hier« (S. 264) des Großvaters kurz vor dem freiwilligen Tod des Andreas.

14 Auf die Bedeutung der S-förmigen Pfade und ihre geometrische Ähnlichkeit mit dem Andreaskreuz (S. 20, 21, 30, 77, 275) verweist Ernestine Schlant, *Hermann Broch*, Boston: Twayne 1978, S. 138.

15 Diese Rolle stellt eine Affinität zwischen Melitta und der jugendlichen Zerline her, die auf ihre »Wäscherinnenhänd« verweist, jedoch die Behauptung: »Jeder Mann braucht die gute starke Hand, die ihn von der Schuld reinwäscht« (S. 105) abweist.

16 Diese Parallele wird auch dadurch unterstrichen, daß das von A. bestellte Handtäschchen (S. 173, 226, 227) die Funktion des Schmuckkästchens übernimmt und beide Geschenke als Versprechen der Liebe

zum direkten Anlaß für den Ruin der hintergangenen Liebenden werden.

17 Zur weiteren Entfaltung dieses Motivs vgl. S. 104 u. 211, wo es auf Zerline bzw. Melitta übertragen wird.

18 Möglicherweise wird damit eine jüdische Thematik angedeutet.

19 So sind wohl seine letzten Worte zu verstehen: »Chi l'anima mi lacera! / Chi m'agita le viscere! / Che strazio ohimè! che smania / Che inferno! che terror!« (S. 302).

Hartmut Kircher
Hermann Brochs Sonett-Gedichte

Für Karl Otto Conrady zum 60. Geburtstag

Hermann Brochs erstes gedrucktes Gedicht ist ein Sonett. Es erschien 1913 in der Zeitschrift ›Der Brenner‹:

MATHEMATISCHES MYSTERIUM

Gemessen tut sich Unbewußtes auf
Und im Unendlichen entschwebt die Welt.
Ich fühle, wie sich Urteil fällt;
Erstaunend folg’ ich seinem Lauf.

Auf einsamen Begriff gestellt
Ragt ein Gebäude steil hinauf:
Und fügt sich an den Sternenhauf
Von ferner Göttlichkeit durchhellt.

Gebunden muß das Ich erkennen,
Daß es die Wahrheit in der Form nur hält
Und mag an dieser kalten Flamme wohl verbrennen.

Doch sind der Form Erscheinungen auch ungezählt,
Nichts kann sie von der Einheit trennen.
In tiefster Tief’ erscheint: durchsonnt die Welt.

(KW 8, S. 13)

Die Wahl der Gattung ist nicht zufällig. Broch hat ihr offensichtlich einen hohen Stellenwert beigemessen. Einige seiner wichtigsten und schönsten Gedichte sind in Sonettform geschrieben, aber auch rein numerisch stellen die knapp drei Dutzend Sonette aus seiner Feder einen beachtlichen Anteil an seiner gesamten lyrischen Produktion dar. Gereizt haben mag Broch an dieser Gattung, wie viele andere Autoren, die vorgegebene Verpflichtung zu formaler Disziplin und die damit korrespondierende klare innere Gliederung. Beides entspricht seinem künstlerischen Selbstverständnis und dem hohen Anspruch, den er – wie in den Romanen, so auch in der Lyrik – an sich selbst stellt. In einem Brief, der einige Prinzipien seiner Auffassung von der »Arbeit« des Dichtens enthält, benennt er am 11. November 1934 gegenüber Herbert Burgmüller »das oberste Gebot, dieses furchtbare Gebot, das dem Dichter auferlegt ist: *Strenge*« (KW 13/1, S. 316).

Für Sidonie Cassirer ist das *Mathematische Mysterium* ein »exceedingly obscure poem«[1], und es ist wohl tatsächlich nicht ganz eindeutig und auf Anhieb verständlich. Es sei der Versuch unternommen, hier zunächst und durchaus vorläufig das Gedicht unter poetologischem Aspekt zu betrachten. Einen Ansatzpunkt dazu könnte das erste Terzett bieten: »Gebunden muß das Ich erkennen, / Daß es die Wahrheit in der Form nur hält / Und mag an dieser kalten Flamme wohl verbrennen.« Das ließe sich etwa folgendermaßen auslegen: Dichtung, verstanden als Streben nach Wahrheit, bedarf ihrem Wesen nach unbedingt der formalen Bändigung, um sich ihrem Ziel zu nähern – selbst wenn nicht auszuschließen ist, daß die Aussage des lyrischen Ichs auf dem Wege stringenter sprachlicher Gestaltung etwas von ihrer Ursprünglichkeit einbüßen muß.

Verfolgt man diesen Gedankengang einmal weiter, so läßt sich auch das zweite Terzett als eine Fortsetzung der poetologischen Überlegungen verstehen: »Doch sind der Form Erscheinungen auch ungezählt, / Nichts kann sie von der Einheit trennen. / In tiefster Tief erscheint: durchsonnt die Welt.« Das Sonett erlaubt also, bei aller Strenge, ja fast mathematischen Regelhaftigkeit, doch eine gewisse formale Vielfalt. Der Spielraum für die unterschiedlichsten dichterischen Ausdrucksmittel ist weit genug, und dennoch geht der entscheidende Vorteil, die Einheit, nicht verloren. Im tektonischen Bau des Sonetts sind alle Teile einem zentralen Punkt zugeordnet und zugleich in frei schwebendem Wechselspiel aufeinander bezogen. Das Sonett ist ein fest in sich geschlossenes Gefüge, und als solches, so könnte man im Blick auf die Schlußzeile weiterfolgern, ist es ein Spiegelbild des harmonisch geordneten Kosmos.

Broch wäre nicht der einzige, der auf diese Weise seine Auffassung vom Sonett dichterisch gestaltet hätte. Man denke beispielsweise an Goethes berühmtes Sonett über das Sonett (»Natur und Kunst, sie scheinen sich zu fliehen [...]«), in dem es heißt: »[...] Vergebens werden ungebundne Geister / Nach der Vollendung reiner Höhe streben. / Wer Großes will, muß sich zusammenraffen; / In der Beschränkung zeigt sich erst der Meister, / Und das Gesetz nur kann uns Freiheit geben.«[2] Daneben wäre an Johannes R. Becher zu erinnern, der nicht nur ein sehr umfangreiches

Sonett-Œuvre hinterlassen, sondern sich auch verschiedentlich auf theoretischer Ebene mit der Gattung auseinandergesetzt hat. In einem seiner Sonette über das Sonett wendet er sich gegen destruktive formale Spielereien, gegen eine Aushöhlung der Gattung von innen heraus: »Wenn Form nur ist: damit sie sich zersprenge / Und Ungestalt wird [...] – Alsdann erscheint, in seiner schweren Strenge / Und wie das Sinnbild einer Ordnungsmacht, / Als Rettung vor dem Chaos – das Sonett.«[3] Das Gedicht Bechers ist zwar primär als Ausdruck der Opposition gegen die politischen Wirren und gegen den Zusammenbruch aller ethisch-moralischen Kategorien im Dritten Reich gemeint [4], ist aber zugleich auch im übergreifenden Sinne als grundsätzliche Charakteristik der Gattung zu werten.

Freilich kann der Versuch, Brochs *Mathematisches Mysterium* poetologisch zu interpretieren, keine Plausibilität beanspruchen, wenn nicht die Quartette mit in die Betrachtung einbezogen werden. Indizien finden sich auch dort. Das sei hier nur knapp skizziert: Das noch ungestaltete Material, auf das am Anfang des Sonetts hingedeutet wird (Unbewußtes; ins Unendliche entschwebende Welt), konturiert sich, so könnte man frei paraphrasieren, im Verlauf des dichterischen Prozesses zu einem schöpferisch-gedanklich durchdrungenen Gebilde (Gebäude; von Göttlichkeit durchhellt).

Die beiden Quartette verhalten sich in gewissem Sinne antithetisch zueinander. Noch deutlicher ist dies bei den Terzetten: Wird im ersten auf die einengende Wirkung der gattungsspezifischen Formstrenge hingewiesen, so wird im zweiten dagegengehalten, daß sich gerade daraus die Möglichkeit ergibt, die Welt als eine (alle Gegensätze umfassende) Einheit darzustellen. Die beiden Terzette zusammengenommen wiederum stehen, gleichsam als Synthese, antithetisch zu den beiden Quartetten, indem sie das dort aufgeworfene Problem auf eine abstraktere Ebene heben und beantworten. Damit hat das Sonett jene *innere* Struktur, die Johannes R. Becher als Hauptmerkmal zur Unterscheidung vom bloßen Vierzehnzeiler definiert hat: »Uns scheint, das Wesen des Sonetts besteht darin, daß es eine wahrhaft dialektische Dichtungsart ist, [...] daß es nach einem *inhaltlichen* Schema aufgebaut ist, und zwar das erste Quartett als These, das zweite als Antithese und die folgenden beiden Terzette als Synthese. Satz, Gegensatz in den beiden [...] Quartetten und Aufhebung in dem zwei

Terzette umfassenden Schlußsatz kennzeichnen die *reine* Form des Sonetts.«[5]

Daß Hermann Brochs Denken maßgeblich vom Prinzip der Antithetik geprägt ist, läßt sich vielfach belegen und ist in der Forschung oft herausgestellt worden. Gerade auch hinsichtlich seiner Gedichte hat deren mit dem Autor befreundeter Herausgeber Erich Kahler dies betont: »Die Antithetik seines Ausdrucks entspringt ja dem einen Grunderlebnis der mystischen coincidentia oppositorum, von dem alle Äußerungen Brochs Kunde geben [...]«[6] Hieraus ließe sich durchaus Brochs Vorliebe für die Sonettform erklären. Und diese Annahme läßt sich im übrigen durch einen weiteren Gesichtspunkt stützen, wenn man mit Walter Baumann das Reimen als »Symbolisierung der *coincidentia oppositorum*«[7] versteht. Der Reim bzw. das Reimschema ist eines der wichtigsten konstitutiven Elemente des Sonetts. Bereits August Wilhelm Schlegel hat in seiner *Vorlesung über das Sonett* (1803/04) ausgeführt, daß gerade in dieser Gattung dem Reim über die rein klangliche Wirkung hinaus eine zum Inhaltlichen analoge Funktion im Sinne von Frage und Antwort zukommt.[8] Zwar hat Broch, zumindest zeitweise, die Verwendung des Reims sehr skeptisch beurteilt – das wird noch zu erläutern sein –, doch hat er andererseits immer wieder auf dieses Stilmittel zurückgegriffen.

Es sprechen einige Argumente dafür, daß man das *Mathematische Mysterium* auch als poetologisches Sonett lesen kann. Auf jeden Fall aber ist dies nur *eine* der möglichen Verständnisebenen. Einen interessanten Hinweis hat Sidonie Cassirer gegeben. Sie vermutet, Broch habe in diesem Gedicht eine künstlerische Gestaltung dessen versucht, was er in dem wenige Monate später ebenfalls im ›Brenner‹ erschienenen Essay *Ethik* auf philosophische Weise erörtert habe.[9] In der Tat finden sich dort einige Formulierungen, die diese Hypothese stützen. Brochs Essay ist aus einer intensiven Beschäftigung mit Kant, insbesondere mit den Kritiken, hervorgegangen. Er würdigt hier Kant als den ersten und einzigen, der in seinem Wahrheitsbegriff »klar und zwingend den Ausgangspunkt und die Grundlinie seiner Philosophie vor Augen« geführt habe, indem er konsequent zurückgegangen sei »auf die ewige Einsamkeit und Einheit des Ichs« (KW 10/1, S. 247). Kant habe es gewagt, »den Lauf des Denkens und Fragens nicht aufzuhalten, ihn bis zu den Wirbelschlüssen der Antinomien zu verfolgen, um von hier, von den *Grenzen* aus, das Bewußtsein zu überblicken und aufzuzeigen, daß es unendlich viele Betrachtungsarten des Objektes geben kann, daß Theorie und Welterklärung unendlich viele Möglichkeiten der praktischen Vernunft ergeben, daß aber die Aufgabe der Erkenntnistheorie in den Formen des Denkens, in der *schwebenden Gesetzlichkeit des Ichs* liegt« (KW 10/1, S. 245).

Diese Passage wurde so ausführlich zitiert, um zu zeigen, daß die zum Teil fast wörtlichen Anklänge die Annahme wahrscheinlich machen, daß Broch sich in dem Sonett *Mathematisches Mysterium* auf poetische Weise mit der erkenntnistheoretischen Problematik im Sinne der Kantschen Transzendentalphilosophie beschäftigt hat. (Kant ging, daran sei hier stark verkürzt und vereinfachend erinnert, bekanntlich von der Existenz einer objektiven Realität aus. Die »Dinge an sich« bestehen außerhalb des menschlichen Bewußtseins. Sie wirken auf die menschlichen Sinne, wodurch die sinnliche Anschauung entsteht. Zu dieser empirischen Komponente der Erkenntnis kommt jedoch als wichtigere die »reine«, d. h. begriffliche Anschauung hinzu. Diese enthält die Anschauungs*formen*, zu denen die empirische Anschauung das Sinnesmaterial liefert. Die reinen *Begriffe* sind Denkformen, die im erkennenden Geiste vor und unabhängig von aller Erfahrung, apriori, bereitliegen. Die Erforschung dieser Verstandes-Kategorien nennt Kant »transzendental«. Aus der sinnlichen Wahrnehmung resultiert nur ein »Gewühl von Empfindungen«, das erst Ordnung und Sinn erhält, wenn es durch die apriorischen Anschauungsformen des menschlichen Verstandes auf Gegenstände bezogen wird, bzw. es wird erst durch die »transzendentale Einheit der Apperzeption« zu einem Begriff vom Gegenstand verarbeitet.)

Für Broch ist die bei Kant beobachtete »Einheitlichkeit der Geistigkeit« das, was dieser »gemeinsam hat mit dem tiefsten Mystiker, ja mit dem Religionsschöpfer« (KW 10/1, S. 245). In dieser Formulierung mag ein Anhaltspunkt für das Verständnis des Gedichttitels zu finden sein. Desgleichen und ergänzend in Brochs abschließender Würdigung der Vorgehensweise des gerühmten Philosophen: »Die Methode Kants ist eine ›wache‹ und mathematische, und nirgends wird die Ahnung des Fichteschülers Novalis ›Reine Mathematik ist Religion‹ [...] wahrer als in diesem System« (KW 10/1, S. 248).

Im Kontext der zeitgenössischen philosophischen Diskussionen erweist sich Broch mit seinem Bekenntnis zur »Einheit« bei aller Formenvielfalt (im letzten Terzett) als Anhänger des »Ganzheits«-Denkens, das zu Beginn des Jahrhunderts sehr populär war. Beeinflußt u. a. von der Philosophie Hans Drieschs und der »Gestalt«-Psychologie von Christian Ehrenfels und Wolfgang Köhler war der Eklektiker Broch beispielsweise entschiedener Gegner der von Wilhelm Dilthey propagierten Trennung von Natur- und Geisteswissenschaften[10].

Wenn es also naheliegt, vom Inhaltlich-Philosophischen her einen Zugang zu dem schwer zu entschlüsselnden Sonett zu suchen, so muß die hier eingangs eher hypothetisch explizierte poetologische Betrachtungsweise, die sich auf eine zweite Verständnisebene des Gedichts richtet, dennoch nicht verworfen werden. Denn die poetologische und die erkenntnistheoretische Dimension liegen nicht so weit und zusammenhanglos auseinander, wie es auf den ersten Blick scheinen mag. Dies ist nicht zuletzt in Hermann Brochs Auffassung von Wesen und Funktion der Dichtung begründet: »Dichten heißt, Erkenntnis durch die Form gewinnen wollen [...]«, schreibt er am 25. November 1932 an Daisy Brody, die Frau seines Verlegers (KW 13/1, S. 223). Hier berühren sich die beiden Verständnisebenen, sie bedingen einander und durchdringen sich wechselseitig.

Was die äußeren Formgesetze des Sonetts betrifft, so unterwirft Broch sich ihnen keineswegs allzu pedantisch. Hinsichtlich des Strophenbaus orientiert er sich am traditionellen romanischen Modell mit einer aus zwei Quartetten bestehenden Oktave und einem aus zwei Terzetten bestehenden Sextett. Ein Sonett im Shakespeare-Typ, also mit drei alternierend reimenden Quartetten mit jeweils neuen Reimen und einem strophisch abgesetzten Verspaar mit wiederum neuem Reim (abab / cdcd / efef / gg), gibt es bei Broch nicht. Ebensowenig ein durchgängig im Alexandriner geschriebenes Sonett nach französischem Vorbild. (Dieser sogenannte Ronsard-Typ hatte im deutschsprachigen Raum ohnehin nur zur Zeit des Barock eine nennenswerte Zahl von Anhängern.) Am ehesten lehnt Broch sich an das von Petrarca inaugurierte und später von G. A. Bürger und A. W. Schlegel für Deutschland verbindlich gemachte italienische Muster an. Dabei sind allerdings einige bemerkenswerte Abweichungen zu verzeichnen. Zwar behält er in den Quartetten das Prinzip des umschlingenden Reims bei, doch kehrt er meistens im zweiten Quartett die Reimfolge um: abba / baab. Der wohl beabsichtigte Effekt – so auch in dem oben besprochenen Sonett – ist der, daß der antithetische Charakter der beiden Quartette auch klanglich noch stärker zum Ausdruck kommt als bei dem herkömmlichen, die Reime parallel setzenden Schema abba / abba. In den Terzetten, die üblicherweise eine variablere Reimgestaltung zulassen, nutzt Broch den vorhandenen Spielraum voll aus: Neben der Anordung cbc / bcb (*Mathematisches Mysterium*) findet sich cdc / dcd (*Fluch des Relativen, Trauriger Eros*, KW 8, S. 15 und 15 f.), ferner cdd / cee (*Der Komiker, Antlitz des Alltags*, KW 8, S. 16 und 18) neben ccd / dee (*Stufen der Ekstase*, KW 8, S. 17) und cdc / dee (*Dantes Schatten*, KW 8, S. 67). (Auffällig die zahlreichen Paarreime in den Terzetten. In diesem Punkt nähert sich Broch mehr der französischen Sonettauffassung.) Diese Beispiele mögen ausreichen.

Um den Vorschriften Genüge zu tun, verwendet Broch vereinzelt auch Wörter, die offenkundig nur ›um des Reimes willen‹ geprägt wurden: etwa »Sternenhauf« in der siebten Zeile des *Mathematischen Mystriums*. Eher apart wirken dagegen ausgefallene Reime wie écart / gebar (*Die Tänzerin*, KW 8, S. 21). Unreine Reime kommen durchaus nicht selten vor: neigen/beugen (*Trauriger Eros*), Gähnen/Weltsehnen (*Der Komiker*) oder Flucht/verflucht (*Dantes Schatten*). Großzügig geht Broch auch mit der Isometrie-Regel um, der zufolge die Verse innerhalb eines Sonetts metrisch gleich geartet und gleich lang sein sollen und sich allenfalls durch weiblichen oder männlichen Versausgang unterscheiden. (Das Petrarca-Sonett beispielsweise kennt nur den Endecasillabo, den weiblich endenden fünfhebigen Jambus. Diesen Vers hat A. W. Schlegel für das deutsche Sonett empfohlen.) Bei Broch stehen wie selbstverständlich vierhebige Verse mit fallendem Rhythmus in der Nachbarschaft von sechshebigen mit steigendem Rhythmus (*Fluch des Relativen*) oder achthebige Verse mit steigendem Rhythmus im selben Gedicht zusammen mit fünfhebigen Versen mit fallendem Rhythmus (*Des Schiffes breiter Kiel* [...], KW 1, S. 688). Auffällig ist ferner der häufige Gebrauch des (von Schlegel strikt abgelehnten) Enjambements; oft wird von einer Sinneinheit nicht nur das Versende, sondern auch das Strophenende überschritten.

Wollte man also Brochs Sonettkunst nach der Einhaltung der äußeren Regeln beurteilen, käme man nicht umhin, mancherlei qualitative Abstriche zu machen. Dagegen ließe sich jedoch ein höchst gewichtiger »Kronzeuge« benennen: Rilke, zweifellos einer der bedeutendsten Sonettdichter des zwanzigsten Jahrhunderts, geht noch souveräner und unabhängiger mit dem vorgegebenen Schema um. Er paßt die Form der Aussage an, nicht umgekehrt.[11] Daß er die Grenzen der Gattung bisweilen überschreitet, bewußt überschreitet, ist unbestritten. Trotzdem gehören seine Sonette zu den schönsten deutschen Gedichten. Auch für Broch kann man geltend machen, daß durch die Abweichungen von den starren Formgesetzen der Sprachfluß seiner Sonette durchaus an Geschmeidigkeit gewonnen hat. Zudem hat er ja aus inhaltlichen Gründen die *innere* Struktur meistens adaptiert – jedenfalls konsequenter als Rilke. Daß Broch Rilke schon früh gekannt hat, ist belegt. Daß er gerade in formaler Hinsicht gewisse Einflüsse von Rilke aufgenommen hat, ist nicht unwahrscheinlich.[12] Im übrigen muß jedes einzelne Gedicht für sich untersucht werden, pauschale Wertungen treffen selten zu.

Was die Themen angeht, so hat Broch die unterschiedlichsten Sujets in Sonettform behandelt: philosophische, weltanschaulich-reflektierende sowie kultur- und gesellschaftskritische. Daneben sind Gelegenheitsgedichte zu diversen Anlässen (wo möglich mit Akrostichon), Roman-Widmungen, Sonette auf Personen oder über erfundene Figuren, über Sprache u. a. zu nennen. Ein besonderer Stellenwert kommt schließlich den lyrischen Einlagen zu, die in allen Romanen Brochs eine wichtige Rolle spielen. In den *Schlafwandlern* und in den *Schuldlosen* bestehen sie zum Teil aus Sonetten.

Bevor nun weitere Beispiele detaillierter betrachtet werden sollen, sei noch einmal von der bereits erwähnten, zumindest zeitweilig dominierenden Skepsis Brochs gegenüber dem Reim die Rede. Sigurd Paul Scheichl hat sich in einer gründlichen Studie mit dieser Frage beschäftigt. Resümierend stellt er fest, daß zum einen Brochs vorübergehende »Abkehr vom Reim« (um 1935) lediglich »als eine Episode« zu werten ist.[13] Und zum anderen macht er deutlich, daß das »Schwanken zwischen theoretischer Einsicht in die Problematik des Reims und tatsächlicher Freude an diesem Stilmittel«[14] kennzeichnend ist für Broch, daß er »der Versuchung des Reimens immer wieder erlegen« ist, ja, daß »Reimvirtuosität [...] ein Charakteristikum eines großen Teils seiner Gedichte«[15] ist. Eine statistische Gegenüberstellung ergibt denn auch, daß die

Zahl der gereimten Gedichte Brochs diejenige der ungereimten um das Dreifache übersteigt.[16] Es scheint, als habe er gelegentlich gar ein wenig kokettiert mit seinen Vorbehalten gegenüber dem Reim. So sendet er mit dem exkulpierenden Zusatz »verzeihen Sie, daß es gereimt ist« (KW 13/1, S. 93) im Juli 1930 an Daisy Brody ein fünfzeiliges Gedicht, das auf eines seiner *Vier Sonette über das metaphysische Problem der Wirklichkeitserfahrung* (1915) zurückgeht. Und diese Verse verwendet er dann, leicht abgewandelt, in dem bedeutenden »Ahasver«-Sonett im dritten Teil der *Schlafwandler* (Vgl. KW 1, S. 527). Wären seine Einwände gegen die gereimte Form wirklich so gravierend gewesen, hätte sich sicher eine andere Ausdrucksweise finden lassen für das Motto eines geplanten Romans. Immerhin hat Broch, entgegen seiner eigenen dichterischen Praxis, die Bedenken nie ganz fallen gelassen. Noch 1950 schreibt er in einem Brief an Werner Kraft: »Die Geschichte mit dem Reim gehört auch dazu; wir leben nicht mehr im dreidimensionalen Raum; das zeigt sich in der Physik, aber auch in der Malerei. Zum Dreidimensionalen gehört der Dreiklang und gehört der Reim. Die Musik hat's gemerkt und hat den Dreiklang verlassen; die Dichtung kann nicht umhin, ihr zu folgen. Die Antiquiertheit des Reimes ist mir gefühlsmäßig unabweislich, und gerade darauf glaube ich mich im Künstlerischen verlassen zu können. [...] Mit Ihren Worten: es reimt sich nichts mehr.« (KW 13/3, S. 443 f.)

Brochs ambivalente Haltung in der Frage des Reims mag auch mit seiner zwiespältigen Beurteilung der eigenen Gedichte zusammenhängen. Einerseits bekennt er: »Ich lege auf meine Lyrik übergroßen Wert [...]« und »Gedichte gehören [...] mir sonderbarer- und natürlicherweise zum wichtigsten Teil meiner Produktion.«[17] Andererseits äußert er sich darüber immer wieder mit einer gewissen »Reserve«, ja, »Schamhaftigkeit«.[18] In einem Schreiben an seine englische Übersetzerin Willa Muir heißt es 1936 über einige seiner Gedichte: »Wahrscheinlich bedeuten sie artistisch auch gar nicht so viel, wie sie mir selbst bedeuten.«[19] Und in einem anderen Brief formuliert er: »Wenn irgendwo, so muß Lyrik in der Vollkommenheit sein! Und damit glaube ich recht zu haben. Ob mir meine Forderungen durch meine eigenen Gedichte erfüllt werden, muß ich freilich dahingestellt lassen.«[20] Diese Unsicherheit in der Selbsteinschätzung läßt sich sogar am Beispiel eines und desselben Gedichts beobachten. Das Sonett

Dantes Schatten sendet er am 16. August 1947 an Hermann Weigand mit der Bemerkung, es sei »eigentlich kein Gedicht«, sondern nur »skizziert«: »[…] dann habe ich es liegen lassen, weil es mir zu wenig Gedicht und zu sehr gereimtes Aperçu war« (KW 13/3, S. 155). Broch bittet geradezu den Empfänger, ihm »das mäßige Sonnett« [sic] zu verzeihen (KW 13/3, S. 156). Gleichwohl schickt er einige Wochen später eben dieses »eigentlich recht geglückte Sonnett« auch an seinen Verleger Daniel Brody (KW 13/3, S. 160).

Wie schon erwähnt, sind mehrere Sonette Brochs Gelegenheitsgedichte. Bei den meisten geht die lyrische Aussage über den Anlaß bzw. den Adressaten hinaus ins Allgemeine oder Grundsätzliche, oft sogar »mündet sie in eine geheime Rechenschaft und Selbstbeichte.«²¹ Ein aufschlußreiches Beispiel ist das *Sonett vom Altern*. In dem erhaltenen Typoskript ist es mit einer Widmung versehen: »Antoinette Kahler zu eigen in Liebe und Verehrung von ihrem HB. Zum 16. 7. 1944« (KW 8, S. 203). Antoinette von Kahler ist die Mutter seines Freundes Erich Kahler, in dessen Haus in Princeton er eine Reihe glücklicher Jahre verbracht hat. Zwischen ihm und der sehr gebildeten alten Dame, die er zärtlich »Mama Kahler« nannte, bestand eine Art Mutter-Sohn-Verhältnis.²²

SONETT VOM ALTERN

Wald und Baum und Blatt und Rinde,
Teil von uns, der Bach, der Teich,
Reich war die Welt, und wir so reich,
Denn alles war Sprache, war Sprache dem Kinde,
War farbig, und trotzdem – wie seltsam – war bleich,
War schmerzhaft verwirrend, war seltsam geschwinde;
Wir erfaßten den Reichtum und doch nur wie Blinde,
Geöffnet dem Leben und verschlossen zugleich.

Krieg gibt es nun, ein lärmendes Morden,
Indes, so sehr es draußen auch gellt,
In uns, da ist es stiller geworden,
Und unsere Sprache ist nicht mehr die Welt:
Reichtum des Kindes, der ist uns verloren,
Denn es ward uns das Ich statt dessen geboren.

(KW 8, S. 60)

Ohne daß der konkrete Anlaß des Gedichts hier angesprochen wäre, werden private und zeitgeschichtliche Sphäre miteinander in Parallele gesetzt. Das Ich des einzelnen, das sich zwar den Einflüssen der aktuellen politischen Ereignisse nicht völlig entziehen kann, behauptet sich doch in gewissem Maße dagegen und hat sich für die individuelle Entwicklung einen Freiraum bewahrt. Das lebensgeschichtliche Fortschreiten von der Kindheit zum Alter steht im Kontrast zum Ablauf der Zeitgeschichte, der in der ganzen Welt der Stempel des Kriegs aufgedrückt ist. Befand sich das Kind in einem gleichsam naiven Zustand des Eins-Seins mit der Natur in einer Weise, daß diese sich ihm öffnete und mitteilte in einer ihm verständlichen Sprache, so war dieses als reich empfundene Leben doch nur eine Vorstufe zur Erkenntnis der wirklichen Lebenszusammenhänge. Das Kind sah die Dinge, aber es sah nicht dahinter. Im Alter hingegen verliert die menschliche Sprache ihre Welthaltigkeit. Die volle Entfaltung der eigentlichen Individualität des Menschen vollzieht sich um den Preis der Vereinzelung und Vereinsamung. Auf der höchsten ihm erreichbaren Stufe der Erkenntnis sieht sich das Ich auf sich selbst zurückgeworfen. Dieser Grundgedanke, der auch schon im *Mathematischen Mysterium* anklingt, durchzieht das gesamte Werk Hermann Brochs. Das Motiv der fundamentalen Sprachskepsis, wie es Hofmannsthal in seinem *Brief des Lord Chandos* dargestellt hat, kommt hier hinzu. So überzeugend dieser lebensgeschichtliche Argumentationsgang in Brochs antithetisch aufgebautem Sonett gestaltet ist, so problematisch ist doch die mit dem Heranreifen zur Erkenntnis einhergehende Abwendung des Ichs von der aktuellen politischen Realität. Daß es durchaus gewichtige private Gründe für den Vorrang der Subjektivität vor dem grausigen Zeitgeschehen geben kann, zeigt ein anderes, ebenfalls während des Zweiten Weltkriegs geschriebenes Gedicht Brochs:

> Während wir uns umarmten,
> Trabten draußen die apokalyptischen Rosse.
> [...]
> Nicht aus Feigheit schlossen wir die Augen, und
> Nicht aus Gleichgültigkeit vor fremdem Leid
> Wollten wir nicht hören;
> Nicht um zu fliehen, wollten wir für uns allein sein,
> Sondern weil nun wohl ein jeder jenen suchen muß,
> Dem ein letzter Gedanke gelten soll,
> Wenn es darauf ankommt,
> Auf daß der Tod nicht ganz sinnlos sei [...]
> (KW 8, S. 47)

Brochs Anspruch, im Gedicht »Zeittotalität in einer Nußschale« (KW 13/3, S. 500) wiederzugeben, ist im *Sonett vom Altern* zumindest teilweise verfehlt. Es sei denn, Broch hätte die durch seine persönliche, erzwungene Exilsituation bedingte Unfähigkeit, aktiv in den Gang der Zeitereignisse einzugreifen, generalisierend in eine Empfehlung zum Rückzug ins Apolitische ummünzen wollen. Doch dagegen spricht schon sein eigenes großes publizistisches Engagement gegen die Pervertierung der Humanität. Im *Sonett vom Altern* aber erscheint die Parallelisierung einer Lebensaltersstufe mit politischer Abstinenz als fragwürdig. Dem Lärm des Krieges kann man nicht mit innerer Stille, sondern mit lautem Protest entgegentreten. Auch der Einwand, daß das Gedicht an eine alte Dame adressiert ist, ist nicht stichhaltig genug, da das Sonett ja verallgemeinert und in der Wir-Form geschrieben ist. Schließlich hat Broch sich im selben Jahr dafür ausgesprochen, daß »das Kunstwerk in einer Zeit des Grauens irgend etwas wie eine ethische Mission erfüllen« solle (KW 13/2, S. 387). Möglicherweise hat hier die für das Gelegenheitsgedicht gewählte Gattung sich als ›Prokrustesbett‹ erwiesen, indem sie eine in alle Richtungen zu Ende geführte Entfaltung des Grundgedankens verhindert hat.[23]

Ein kultur- und gesellschaftskritisches Sonett findet sich in den *Schuldlosen* (1950). Dieser Roman setzt sich aus elf lose miteinander verbundenen »Geschichten« zusammen, die in drei Abschnitte untergliedert sind. Jedem dieser Abschnitte ist ein längeres reimloses Gedicht vorangestellt: *Stimmen 1913, Stimmen 1923, Stimmen 1933*. Der Roman versucht eine Deutung des Zeitgeistes, die in eine Anklage gegen jene »Schuldlosen« mündet, die am politischen Geschehen nur als gleichgültige Beobachter teilgenommen und dadurch das Hochkommen des Faschismus mitverschuldet haben. Die *Stimmen* basieren auf den *Cantos 1913*, die erst kurz vor dem Erscheinen des Romans ihre endgültige Gestalt erhalten haben.[24] Den Titel hat Broch geändert, weil »Cantos« durch ein Werk mit diesem Titel von Ezra Pound »suspekt gemacht worden« sei (KW 13/3, S. 499). Nach Brochs Absicht sollen die Gedichte dem »raccourci« dienen, einer verkürzten Zusammenfassung der Aussage des Romans. Er hat die spezifische Ausdrucksweise und den Stellenwert dieser Gedichte sehr hoch eingeschätzt und dem Verleger gegenüber energisch gerechtfertigt: »Bloß die

Irrationalität des Lyrischen erlaubte das hier nötige raccourci. Daß das Lyrische immer wieder ins Philosophische ausschlägt, ist kein Verlegenheitsausweg; auch das Philosophische gehört zur Zeittotalität, sozusagen als ihr Selbstkommentar. Von einer *Weglassung* [...] kann also *keine Rede sein* [...]« (KW 13/3, S. 370). Den *Stimmen 1913* am Romananfang kommt die Aufgabe zu, die »Jugend zu sichten« (KW 5, S. 15). Eingebaut in dieses fast fünfseitige Gedicht ist ein Sonett (das einzige in den *Schuldlosen*):

> Das ist die große Zeit der bürgerlichen Jugend;
> sie denkt an Liebe, Geld und ähnliche Geschichten
> und ist durchwegs gewillt, auf andres zu verzichten,
> mit Eifersuchtsproblemen Welt an Welten fugend:
> Gott ist ein Requisit, verwendbar in Gedichten,
> und Politik ist dem, der in die Zeitung lugend
> als Pöbelsünd sie sieht, die einst'ge Fürstentugend,
> nichts als Verächtlichkeit; das macht ihn frei von Pflichten.
> Und neunzehnhundertdreizehn hat sich's so vollzogen
> mit leerem Seelenlärm und opfernhafter Geste,
> und doch war's immer noch der leichte schöne Bogen,
> des Liebesritus Hauch, der Nachklang einst'ger Feste,
> Steifkragen, Mieder, Spitzen, oh Reiz des Glockenrocks:
> Oh letztes sanftes Jahr im Abschied des Barocks!
>
> (KW 5, S. 17f.)

Broch will dieses Sonett nicht als politisches Gedicht im engeren Sinne verstanden wissen, denn nach seiner Überzeugung gibt es grundsätzlich keine politische Dichtung. Er sieht sich darin »beispielsweise bei einem Lyriker von so außerordentlicher Kapazität wie es Brecht ist«, bestätigt, der sein »Hauptausdrucksmittel« im Theater gesucht habe, weil dort die Verhältnisse anders seien. »Aber wenn der Roman und die Lyrik sich nicht ins Politische zwingen lassen, sie sind ihm (insbesondere der Roman) doch verhaftet, nur daß dann das Politische ins Metapolitische emporgehoben zu werden hat« (KW 13/3, S. 371). Die Bedeutung des »Philosophischen« und des »Metapolitischen« scheinen hier nahe beieinander zu liegen. In diesem Sinne sind die *Stimmen* als eine Art überhöhender Konzentration der erzählenden Partien des Romans zu betrachten, und innerhalb der *Stimmen 1913* fungiert das Sonett von der bürgerlichen Jugend durch seine im Vergleich zu den übrigen freien Rhythmen strenge Form als nochmalige überhöhende Verdichtung, als raccourci des raccourci.

Zu Beginn der *Stimmen 1913* wird in einem Zwiegespräch zwischen Vater und Sohn die gesellschaftliche und politische Ignoranz und Ich-Bezogenheit der Zeitgenossen angeklagt: In unausrottbarer »Dummheit« würden abstrakte Phrasen von der zu verteidigenden »Landesehre« und dem »Heimatboden« dahergeschwatzt. Die beredete Dummheit der Kriegsbereiten sei ihre »Vorstellungslosigkeit«: »Aber wo's konkret / wird, da wird sie stumm, und die zerfetzten Gesichter, Leiber und Glieder der Männer / sind ihr ebenso unvorstellbar wie der Hunger, / den sie den treuen Frauen und den geliebten / Kinderchen auferlegt.« Ausdrücklich eingeschlossen in diese scharfe Kritik werden die Intellektuellen, die Parolen vom Heiligen Krieg verbreiten und damit nichts anderes als ihre »unheilsträchtige blutig-blutlose Verantwortungslosigkeit« offenbaren (KW 5, S. 16).[25] In einem kultur- und geistesgeschichtlichen Abriß, der auch die wesentlichen Elemente der Philosophie Brochs vom »Zerfall der Werte« enthält[26], wird eine »gotische« Epoche skizziert, die durch ein auf das Jenseits bezogenes, in sich geschlossenes Weltbild charakterisiert gewesen sei und keinen sogenannten »Fortschritt« gebraucht habe. Infolge der Auflösung der Einheit des Glaubens jedoch sei der Geist auf das Diesseits zurückverwiesen worden. Dadurch sei eine neue Epoche angebrochen, die des »Barock«, deren Erkenntnisdrang, Wissen und Zweifeln zu einem »Gestrüpp des Richtungslosen« geführt habe (KW 5, S. 17). Diese Epoche dauert nach Broch bis zum Beginn des Ersten Weltkriegs an.

Das Sonett stellt in poetisch verdichteter Form die Situation und die Eigenart der Generation zu Beginn des 20. Jahrhunderts dar. Die Oktave beschreibt deren Denken und Verhalten als materialistisch, subjektivistisch und apolitisch, ohne feste religiöse Bindung und weltanschauliche Ernsthaftigkeit. Resümierend charakterisiert das Sextett die Dekadenz, die Hohlheit des in äußeren Formen erstarrten Lebensgefühls. (Ähnlich hat Heinrich Mann im *Untertan* die bloße Schauspielerei als Signum des von Wilhelm II. verkörperten Epochengeists geschildert.) Nicht ohne Wehmut wird Abschied genommen: »Leb wohl, Europa; die schöne Tradition ist zu Ende.« Die neue Generation ist noch schlimmer, sie wird mit »Kling klang Gloria« blind, ahnungslos und skrupellos in den Krieg ziehen. Das Sonett ist gedanklich in sich abgerundet, wie es dem Wesen dieser Gattung entspricht, es hebt sich ab von den sonst manchmal eher episch wirkenden Versen der *Stimmen*

1913. Sehr gelungen ist der getragene Rhythmus, der feierliche, fast melancholische Ton, der die Zeitstimmung adäquat zum Ausdruck bringt, ohne die kritisch reflektierende Distanz des Lesers zu verringern.

Ist das Sonett von der bürgerlichen Jugend als eine Art poetisch überhöhter Summe der *Stimmen 1913* und des ersten Romandrittels der *Schuldlosen* zu werten, so hat Broch dieser lyrischen Gattung in den *Schlafwandlern* (1931/32) eine noch ausgedehntere Funktion zugedacht. Im dritten Roman dieser Trilogie, *Huguenau oder die Sachlichkeit,* setzt sich die in die Handlung eingeflochtene *Geschichte des Heilsarmeemädchens in Berlin* zu einem großen Teil aus Sonetten zusammen. Genauer gesagt: meistens aus Sonett-Reihen. Das 2. Kapitel besteht aus drei übergangslos aneinander gereihten Sonetten, das 5. Kapitel ebenfalls, das 8. sogar aus fünf Sonetten, das 12. und 15. jeweils aus einem Doppelsonett. Unmittelbar an das letzte, das 16. Kapitel der *Geschichte des Heilsarmeemädchens,* schließt sich das Sonett *Des Schiffes breiter Kiel [...]* an. Sein besonderes Gewicht wird schon dadurch deutlich, daß es ein eigenes Kapitel bildet und zum *Epilog* des philosophischen Traktats *Zerfall der Werte* überleitet, der wie die *Geschichte des Heilsarmeemädchens* in Fortsetzungen in die eigentlichen Erzählpartien des Romans eingelassen ist.

Die Funktion dieser beiden Romanteile läßt sich nur aus Brochs Konzept des polyhistorischen Romans erklären, wie er es speziell während der Arbeit an den *Schlafwandlern* entwickelte.[27] Sie sind auch erst in die letzte Fassung integriert worden.[28] Broch beabsichtigt durch die Verwendung verschiedener Gattungen und Stile im Roman eine angemessene Wiedergabe der Zeittotalität. »Die ganze Skala dichterischer Ausdrucksformen, Lyrik wie schlichte Erzählung, mythische wie märchenhafte Darstellung, Karikatur wie philosophische Einsicht, wird herangezogen, um das so reich komplexe Zeitbild einzufangen.«[29] Diese auf den später entstandenen Roman *Die Schuldlosen* gemünzte Charakterisierung gilt gleichermaßen für *Die Schlafwandler.* Es soll sich jedoch nicht nur um ein bloßes Nebeneinander verschiedenartiger Teile handeln; was Broch vielmehr anstrebt, ist eine »Verwandlung der Addition in eine richtige Synthese: eine Einheit von rationaler Erkenntnis, Epik, Lyrik und noch vieler anderer Elemente des Ausdrucks [...], eine Einheit, von der jeder Satz gewissermaßen geschwängert sein soll« (KW 13/1, S. 186f.). Die Mehrdimensionalität im Formalen entspricht der inhaltlichen »Gesamterkenntnis« (KW 13/1, S. 186), um die es Broch geht. In einem Brief an den Verleger spricht er sich gegen eine Separierung oder Umstellung einzelner Partikel, etwa des *Zerfalls der Werte* aus, weil dadurch die »Schichtenkonstruktion« (KW 13/1, S. 151) verlorenginge. Die philosophische Abhandlung solle »als oberste rationale Schicht« im Roman ›mitschwimmen‹ und ›mitschwingen‹. Und im übrigen sei der *Zerfall* ja »in fortlaufender Kontrapunktik zu der ›Heilsarmee‹ komponiert« und stehe »mit ihr auch in einem inhaltlichen Zusammenhang« (KW 13/1, S. 152). Präziser noch hat Broch dies in einem Selbstkommentar zu den *Schlafwandlern* ausgeführt: Das »Thema des im Wertzerfall vereinsamten und von der Weltangst erfaßten Menschen« werde im Roman »auf verschiedenen Bewußtseins- und Darstellungsebenen [...] aufsteigend vom rein Lyrischen bis zum rein Kognitiven in genauer Kontrapunktik« (KW 1, S. 735) ausgebreitet. Die äußere Verklammerung wird auf unterschiedliche Weise versucht, sei es, daß einzelne benachbarte Kapitelanfänge der »Heilsarmeegeschichte« und des *Zerfall*-Traktats nahezu identisch sind (Kapitel 72 und 73), sei es, daß eine Symbolfigur wie Ahasver, der ewig unerlöste Jude, in beiden Nebensträngen (vgl. KW 1, S. 527, S. 688 und S. 713) und auch in der eigentlichen Romanhandlung (vgl. KW 1, S. 588) eine Rolle spielen.

Das Lyrische, sprich: die in Versen abgefaßten Teile der Erzählung von der Heilsarmeemarie, repräsentiert also das Irrationale. Diese Zuordnung hat Broch, gerade auch im Blick auf die in diesen Roman eingefügte Lyrik, immer wieder herausgestellt.[30]

Das erste der Heilsarmee-Sonette (nach einem einleitenden Prosakapitel) beginnt mit den Worten:

> Gar manches läßt sich bloß in Versen sagen,
> So sinnlos scheint es dem, der bloß in Prosa spricht;
> Verse entheben mancher starren Pflicht
> Und singend läßt sich manches sagen, klagen
> Vom Leide, das in nachtgetränkten Tagen
> Gleich Taggespenstern aus dem Herzen bricht,
> Gleich Heilsarmeegesängen: und man lächelt nicht,
> Wenn sie auf Tamburins und ihre Trommeln schlagen.
>
> (KW 1, S. 429)

Das klingt einerseits fast wie eine Entschuldigung für die Wahl der lyrischen Gattung, unterstreicht aber andererseits zugleich deren Notwendigkeit, weil es für die Aussageabsicht keine Alternative gibt. Daß der in Versen Sprechende sich »mancher starren Pflicht« enthoben fühlt, steht in einem gewissen Widerspruch sowohl zu Brochs hoher Auffassung von der Lyrik als auch zur gattungsbedingten ›Strenge‹ des Sonetts. In der Gesamtkomposition des polyhistorischen Romans *Die Schlafwandler* ist er der gewünschten »Einheit«, der »Verwandlung der Addition in eine richtige Synthese« sicherlich sehr nahegekommen, bei den Sonett-Reihen der *Geschichte des Heilsarmeemädchens* dominiert jedoch das additive Prinzip. Zwar ist zwischen Oktaven und Sextetten meist eine Art Zäsur erkennbar, doch ist diese in der Regel eher vordergründig. Eine antithetische bzw. dialektische Struktur in dem Sinne, daß im zweiten Teil der Gedichte ein vorher entwickkelter Gedanke in Form einer Synthese auf eine höhere, abstrakte Ebene gebracht würde, fehlt. Broch war sich dessen offenbar auch bewußt, denn die sonst meist übliche strophische Gliederung ist drucktechnisch nicht sichtbar gemacht. Selbst zwischen den einzelnen Sonetten ist, wie gesagt, kein optischer Abstand markiert, sie sind fortlaufend aneinandergefügt. Daß dies nicht zufällig oder willkürlich geschehen ist, zeigt eine briefliche Äußerung vom 1. Februar 1932 gegenüber der Übersetzerin Willa Muir: »[...] ich habe sämtliche Gedichte über den Sonettleisten geschlagen (vielleicht eine Spielerei, aber ich habe mir dazu auch etwas gedacht)« (KW 13/1, S. 174). Was er sich dabei gedacht hat, deutete er einige Zeilen weiter an. Dort erörtert er das schwierige »Kunststück der Aneinanderreihung von Sonetten, um eine neue Balladenform zu erhalten«. Intendiert ist also eine Art Verschmelzung dieser beiden Gedichtarten. Folgerichtig spricht Broch dann auch im nächsten Brief an dieselbe Adressatin von »Sonettballaden« (KW 13/1, S. 177). Der Anteil des Sonetts liegt wohl in der vergleichsweise kunstvollen äußeren Struktur und vielleicht zusätzlich in der daraus traditionell abgeleiteten hohen Autorität der Gattung, der Anteil der Ballade im episch-narrativen Element. Exemplarisch läßt sich dies an der Fortsetzung des oben zitierten ersten Sonetts beobachten:

> So zog Marie schamlos durch viele Gassen,
> So zog sie hin durch Kneipen in Berlin;

> Die Uniform des Heils saß schlecht, der Strohhut tat nicht passen,
> Sie war ein Mädchen und sie tat verblühn,
> Und wenn sie sang, so war's ein dünnes Singen
> Und sinnlos war's, und dennoch trug sie Schwingen.
>
> (KW 1, S. 429)

Dieser Sprachduktus ist in der Tat atypisch für ein Sonett. Treffend hat Karl Robert Mandelkow ihn als »bänkelsängerische Sprechweise« bezeichnet und darauf aufmerksam gemacht, daß die »bewußt stilisierte, künstlich anmutende Monotonie dem Ton und dem Charakter von Heilsarmeegesängen entsprechen soll«.[31] Broch hat auch in dieser Hinsicht das vorgegebene Formschema seiner inhaltlichen und stilistischen Absicht untergeordnet. Das gilt ähnlich für die Unabgeschlossenheit dieser Reihen-Sonette. Ein offener, betont über sich hinausweisender Gedichtschluß widerspricht grundsätzlich dem Wesen des Sonetts, wie etwa A. W. Schlegel es definiert hat.[32] Bekanntlich haben zahlreiche Autoren in sogenannten »Sonettenkränzen« die Möglichkeiten zyklischer Kombinationen erprobt (J. R. Becher, J. Weinheber). Ein Sonettenkranz besteht aus insgesamt fünfzehn Sonetten, wobei der äußere Zusammenhalt dadurch bewirkt wird, daß der letzte Vers des ersten Sonetts als erster Vers des zweiten wiederholt wird, desgleichen der letzte Vers des zweiten als erster Vers des dritten usw. Die Schlußzeile des vierzehnten Sonetts ist gleichlautend mit der Anfangszeile des ersten. Das abschließende fünfzehnte, das sogenannte »Meistersonett«, enthält dann in chronologischer Folge die Anfangsverse der vierzehn vorangegangenen Sonette. Was Broch hier anstrebt, ist etwas prinzipiell anderes als diese meist recht artifiziellen Gebilde, obgleich auch bei ihm einmal (im 12. Kapitel der *Geschichte des Heilsarmeemädchens*; vgl. KW 1, S. 600) die letzte Zeile des ersten Sonetts identisch ist mit der ersten des zweiten Sonetts. Das ist jedoch lediglich eine punktuelle äußere Verknüpfung.

Die Geschichte von der Liebe des Berliner Heilsarmeemädchens Marie, einer ehemaligen Prostituierten, zu dem streng gesetzesgläubigen (verheirateten) Juden Nuchem Sussin wird, wie gesagt, teils in Prosa, teils in Versen erzählt. Der Ich-Erzähler, Dr. phil. Bertrand Müller, der die beiden zusammengeführt hat, ist zugleich der Verfasser des *Zerfalls der Werte*. Die Heilsarmee ist für ihn eine der »grotesken [...] Sekten« (KW 1, S. 578), in die das Christentum sich in seiner Endphase aufgelöst hat. Wie der Protestantismus den Zerfall des einheitlichen Weltbilds des christlichen Mittelalters eingeleitet hat, so sind für ihn solche Sekten »Abklatsch, Verkleinerung, Verflachung des alten Gedankens eines protestantischen Wert-Organons«, und sie »sind ›gegenreformatorisch‹ eingestellt: So zeigt z. B. die Heilsarmee nicht nur eine dem Jesuitismus der Gegenreformation gemäße militärische Aufmachung, sondern auch ganz deutlich die Tendenz zur Wertzentralisation, zur Sammlung aller Wertgebiete, zeigt, wie alle Volkskunst bis herab zum Gassenhauer wieder ins Religiöse zurückgeleitet und in das Programm der ›ekstatischen Hilfen‹ gestellt werden soll«. Das ist für ihn jedoch nichts weiter als »Rührendes und unzulängliches Mühen, trügerische Hoffnung.« Ein »Hilferuf« – aber diejenigen, die ihn erheben, sind nicht fähig, »das Kommende auf sich zu nehmen« (KW 1, S. 582 f.).

Nuchem Sussin ist in ähnlicher Weise vom Wertzerfall determiniert. Seine Gestalt ist eigentümlich konturenarm gezeichnet. Sein Ich ist »völlig auf die Gebärde des absoluten Gehorsams vor dem Gesetz reduziert.«[33] Der Erzähler Bertrand (dessen Meinung nicht einfach gleichgesetzt werden darf mit der des Autors Hermann Broch, der selbst jüdischer Herkunft ist) sieht im Judentum den »Prozeß der Neutralisierung des Gotteserlebnisses, die Entblößung des Mystischen von allem Gefühlsmäßig-Irdischen [...]« (KW 1, S. 580) am weitesten fortgeschritten. Und er beantwortet sich die selbstgestellte Frage, ob »in dieser Alleszermalmung des Inhaltlich-Irdischen die Wurzel der Wertzersplitterung« zu erkennen sei, mit »Ja« (KW 1, S. 581). Nuchem trägt so wenig wie die Heilsarmeemarie den Keim zu einer Überwindung des Wertzerfalls in sich. Mit anaphorisch gesteigerter Eindringlichkeit und elegischem Ton wird im Natursymbol ihre Aussichtslosigkeit zum Ausdruck gebracht:

> Der welke Frühling steinerner Gesetze,
> Der welke Frühling einer Judenbraut,
> Der welke Lärm der Stadt [...]
> (KW 1, S. 480)

Die Stadt wird bei Broch als der Ort gesehen, wo sich in besonderem Maße der Zerfall der Werte manifestiert. Marie und Nuchem träumen vorübergehend gemeinsam den »Zionstraum« einer künftigen Erlösung, aber sie finden darin so wenig Erfüllung wie in ihrer Liebe:

Sie sprachen nichts: das Wort war abgeblendet
Sie taten nichts: die Tat war schon vollendet.

(KW 1, S. 600)

Sie verharren, jeder für sich, in Sprachlosigkeit und Handlungsunfähigkeit, »übergroß« bleibt ihre »Einsamkeit, sei es nun in Zion oder in der heiligen Stadt Berlin« (KW 1, S. 500). Nur am entferntesten Horizont, für sie selbst nicht erreichbar, scheint »ein Hoffnungsschimmer, der aus der Niederlage hervorgeht«[34], auf. In einer öden Steinwüste wird eine Saat ausgesät, aus der vielleicht einmal eine »Frucht« erwächst. Mit diesem Wort endet das Ahasver-Gedicht (8. Kapitel der *Geschichte des Heilsarmeemädchens*), dem Dorrit Cohn eine sehr einfühlsame Interpretation gewidmet hat. Bezeichnenderweise sind die fünf Sonette des Ahasver-Gedichts in lyrisch-überhöhter Sprache abgefaßt und sehr viel weniger narrativ als die übrigen. Und im 9. (Prosa-)Kapitel wird – wiederum in symbolischer Verschlüsselung und über die handelnden Personen weit hinausweisend – eine Erlösungsmöglichkeit in der das Sektiererische überwindenden Verbindung von Judentum und Christentum behutsam angedeutet. Gisela Brude-Firnau hat in einer Analyse der 9. Episode dargelegt, daß dieser bei Broch ›nur‹ literarisch gestaltete Gedanke von zahlreichen zeitgenössischen jüdischen Denkern, beispielsweise von Martin Buber, auch theoretisch entfaltet worden ist.[35]

Maria und Nuchem sind, wie eine Reihe anderer Handlungsträger des Romans, »Schlafwandler«. Sie sind Schlafwandler fast schon in dem Sinne, wie ihn der Ich-Erzähler für sich selbst beschreibt: »Legte ich mir zum Beispiel die alte Frage vor, ob mein Leben noch eine sinnhafte Wirklichkeit besäße, so war es jenes Körpergefühl, das mir die Gewißheit schenkte, in einer Art Wirklichkeit zweiter Stufe zu leben, daß eine Art unwirklicher Wirklichkeit, wirklicher Unwirklichkeit angehoben hatte, und sie durchrieselte mich mit sonderbarer Freudigkeit. Es war eine Art Schwebezustand zwischen Noch-nicht-Wissen und Schon-Wissen, es war Sinnbild, das sich nochmals versinnbildlichte, ein Schlafwandeln, das ins Helle führte, Angst, die sich aufhob und sich doch wieder aus sich selbst erneuerte, es war wie ein Schweben über dem Meer des Todes, ein beschwingtes Auf- und Abgleiten über den Wellen, ohne sie zu berühren [...]« (KW 1, S. 635).

Die Metaphern vom Meer und von den Wellen sowie das zuvor gebrauchte Ahasver-Symbol deuten bereits voraus auf den Abschluß und Höhepunkt der *Geschichte des Heilsarmeemädchens*, das Sonett

Des Schiffes breiter Kiel, des stummen Schiffes, welches niemals landet,
gräbt schwere Furche in die Nebelwellen,
die flach und küstenlos unendlich fern zerschellen,
oh, Meer des Schlafs, das uns im Nichts umbrandet!
Oh Traum voll blinder Fracht, Träume der nackten Quellen,
oh Traum, der nach dem Du auf jenem Schiffe fahndet,
oh Wünsche! Furchtbare! – furchtbarer noch geahndet
durch das Gesetz, an dem die küstenlos und stumm zerschellen:
Kein Traum hat je des andern Traum getroffen,
einsam die Nacht, und ist sie auch gehalten
von deines Atems Tiefe, ausatmend unser Hoffen,
daß wir dereinst verklärt zu höheren Gestalten
uns nähern werden auf der licht-erhöhten
Stufe der Gnade, uns nähern werden, ohne uns zu töten.

                                        (KW 1, S. 688 f.)

Broch hat dieses Gedicht mehrmals überarbeitet, insgesamt sind vier Fassungen überliefert.[36] Seine zentrale Bedeutung wird schon ersichtlich aus dem Titel, den er der ersten Version zugedacht hatte: »Engführung der Gesamtkonstruktion«. Inhaltlich und formal kann man dieses Sonett als Gipfelpunkt nicht nur der *Geschichte des Heilsarmeemädchens*, sondern des ganzen Romans ansehen, als höchsten Ausdruck des Irrationalen (im Brochschen Sinne), neben den im folgenden Kapitel der zusammenfassende Epilog des Essays vom *Zerfall der Werte* als höchster Ausdruck des Rationalen gestellt ist. Jeder Versuch, das Gedicht zu interpretieren, muß sich dieses Kontexts bewußt bleiben. Die Metapher von der Schiffahrt, die auf eine sehr alte abendländische Dichtungstradition zurückgeht[37], ist bereits im 13. Kapitel der Heilsarmee-Geschichte vorbereitet. Dort fragt sich, in einem »schlafwandlerartigen« Zustand, der Erzähler, ob es Schiffe waren, die ihn zu jenen Gestaden getragen haben, wo sein Leben sich zu entgrenzen, die Konturen zu verlieren beginnt. Er hat den Eindruck, als sei es »in den fernen Meeren versunken«. Resignation befällt ihn: »hinausgeschleudert mein Ich, hinausgeschleudert ins Nichts, unerfüllbar die Sehnsucht, unerreichbar das gelobte Land, unsichtbar die immer größere, niemals erreichbare Helligkeit, und die Gemeinschaft, welche wir suchen, ist eine Gemeinschaft ohne Kraft, doch voll des bösen Willens. Vergebliches Hoffen [...]

(KW 1, S. 617). Diese furchtbare Situation der Einsamkeit des Menschen, voller Angst und ohne Aussicht auf Erlösung – das zentrale Thema des gesamten Romans –, beschreiben die ersten acht Verse des Sonetts in metaphorischer Verdichtung. Der langsam dahingleitende Rhythmus sowie die zahlreichen dunklen und gedehnten Vokale unterstreichen sehr wirkungsvoll das bildhaft dargestellte Lebensgefühl. Die Dunkelheit der Nacht, in der das einsame Ich sich verliert, wird durch keine an den Horizonten sichtbar aufschimmernde Helligkeit gemildert. Die Schiffsmetapher, wie Broch sie hier gebraucht, legt die Assoziation an die mehrfach im Roman auftauchende Gestalt des ewigen Juden, dem keine Erlösung zuteil wird, nahe. Für die Ahasver-Sage ist, wie Manfred Frank ausgeführt hat, »die Dialektik zwischen Heilserwartung und Heilsverneinung« charakteristisch. In seiner ersten Version ließ Broch das Schiffs-Sonett in totaler Resignation enden: »[...] vor kälteren Gewalten / Zerbricht die Hoffnung, daß in unsern Nöten / Wir je uns nähern, ohne uns zu töten.« In der Haupthandlung des Romans spiegelt sich diese radikalste Konsequenz des Wertzerfalls in der neuzeitlichen Welt: Der »wertentblößte Mensch« Huguenau (KW 1, S. 711) bringt seinen Antipoden Esch hinterrücks um.

In der hier vorliegenden Endfassung des Sonetts jedoch ist die absolute Trostlosigkeit zumindest abgeschwächt. In den Terzetten wird der begonnene Gedanke auf eine neue Ebene emporgehoben und einen entscheidenden Schritt weitergedacht. So wie die Einsamkeit des Menschen zum Leben gehört, so gehört andererseits auch der Atem, der nie ganz ohne Wärme ist, dazu. Und dieser Atem ist das Sinnbild allen menschlichen Lebens, in dem seit jeher das Streben nach reiner Menschlichkeit wesenhaft angelegt ist. In der Gebärde des Ausatmens geht das Ich über seine eigenen Grenzen hinaus. Der Atem darf daher gleichsam als Bürge erkannt werden für die Hoffnung, daß in einer fernen Zukunft eine humane menschliche Gesellschaft wirklich werden könnte, daß auf einer »licht-erhöhten Stufe der Gnade« (das ist bei Broch durchaus im religiösen, nicht aber in einem irgendwie konfessionell eingeengten Sinne gemeint) jene Gemeinschaft erreicht wird, in der ein Mensch dem anderen zum Mitmenschen wird. Wenige Monate nach dem Ende des Zweiten Weltkriegs schrieb Hermann Broch an Volkmar von Zühlsdorff: »Meine gesamte Arbeit und mein gesamtes Denken ist nun seit vielen Jahren mit diesem einzigen

Problem beschäftigt: wie kann der Mensch (also keineswegs nur der Deutsche) wieder auf die Bahn zunehmender Humanisierung gebracht werden?« (KW 13/23, S. 472) Dieser Aufgabe will auch der Roman *Die Schlafwandler*, wollen auch die darin enthaltenen Sonette dienen.

Analog zu dem letzten Sonett des Romans endet auch der kulturpessimistische Traktat vom *Zerfall der Werte* nicht in gänzlicher Resignation: »Schon das Ahnen der Gnade ist Gnade [...]«, heißt es dort, »ewig annäherbar bleibt das Ziel, unzerstörbar die Messiashoffnung der Annäherung, ewig wiederkehrend die Geburt des Wertes [...], unverlierbar die Brüderlichkeit der gedemütigten Menschenkreatur, aus deren Angst unverlierbar und unverloren die Angst einer göttlichen Gnade leuchtet. [...]« (KW 1, S. 715). Das Schiffs-Sonett ist frei von dem Pathos dieses *Epilogs*. In seiner Bändigung durch die Form und in seiner sprachlich-metaphorischen Komprimierung kommt es der »Vollendung« nahe, von der Goethe in seinem Sonett über das Sonett spricht. Wenn auch Broch hier zu seiner höchsten lyrischen Aussagekraft gelangt ist, so ist doch keines seiner anderen Sonette, um in dem etwas unpoetischen Bild vom »Sonettleisten« zu bleiben, unsonettistisch ›dahingeschustert‹, auch nicht die bänkelsängerisch-narrativen »Sonetballaden« der *Geschichte des Heilsarmeemädchens in Berlin*. Was Brochs Sonettkunst kennzeichnet, ist, von gewiß notwendigen kritischen Vorbehalten in Einzelfällen abgesehen, eine Vereinigung von dichterischer Flexibilität und Formstrenge. Gerade die besten seiner Sonette entsprechen dem Urteil, das Heinz Politzer 1951 in einem Nachruf auf den Autor über seine Gedichte formuliert hat: Sie waren »unerwartet leidenschaftlich [...] – aber die Leidenschaft galt der Erkenntnis«.[38]

Anmerkungen

1 Sidonie Cassirer, *Hermann Broch's early writings,* in: PMLA 75 (1960), S. 453-462.
2 Johann Wolfgang Goethe, *Gedichte und Epen I*, Textkrit. durchges. und komm. v. Erich Trunz, München: Beck[12] 1981, S. 245 (Hamburger Ausgabe, Bd. 1).

3 Zit. nach: *Deutsche Sonette,* hg. v. Hartmut Kircher, Stuttgart: Reclam 1979, S. 381 (RUB 9934).

4 Vgl. dazu Theodore Ziolkowski, *Form als Protest. Das Sonett in der Literatur des Exils und der Inneren Emigration,* in: Reinhold Grimm/ Jost Hermand (Hg.), *Exil und Innere Emigration. Third Wisconsin Workshop,* Frankfurt/M. 1972, S. 153-172.

5 Johannes R. Becher, *Philosophie des Sonetts oder Kleine Sonettlehre. Ein Versuch,* in: Sinn und Form 8 (1956), S. 329-351. Zitat: S. 332.

6 Erich Kahler, *Einleitung,* in: Hermann Broch, *Gedichte,* Zürich: Rhein-Verlag 1953, S. 5-60. S. 46-60: »Die Gedichte«; Zitat: S. 47.

7 Walter Baumann, *Hermann Brochs Lyrik,* in: *Hermann Broch. Perspektiven der Forschung,* Hg. v. Manfred Durzak, München: Fink 1972, S. 277-291. Zitat: S. 285.

8 August Wilhelm Schlegel, *Kritische Schriften und Briefe,* hg. v. Edgar Lohner, Bd. 4: *Geschichte der romantischen Literatur,* Stuttgart: Kohlhammer 1965, S. 186.

9 Vgl. Cassirer (Anm. 1), S. 458. – Zu einer allgemeinen Einordnung dieses Aufsatzes vgl. Paul Michael Lützeler, *Hermann Broch – Ethik und Politik. Studien zum Frühwerk und zur Romantrilogie »Die Schlafwandler«,* München: Winkler 1973, S. 33-43.

10 Vgl. dazu Lützeler (Anm. 9), S. 30f. und S. 148.

11 Vgl. dazu Hartmut Kircher, *Nachwort* in *Deutsche Sonette* (s. Anm. 3), S. 441 ff.

12 Eine spezielle Untersuchung zu den lyrischen Einlagen im *Tod des Vergil* liegt vor: Jean Paul Bier, *Rilke und Broch: Parallelen zwischen den »Duineser Elegien« und den ›Elegien‹ im »Tod des Vergil«,* in: *Materialien zu Hermann Broch »Der Tod des Vergil«,* hg. v. Paul Michael Lützeler, Frankfurt/M.: Suhrkamp 1976, S. 295-305.

13 Sigurd Paul Scheichl, »*Verzeihen Sie, daß es gereimt ist.« Hermann Broch und der Reim. Mit einem unbekannten Gedicht,* in: *Studien zur Literatur des 19. und 20. Jahrhunderts in Österreich. Festschrift für Alfred Doppler zum 60. Geburtstag,* hg. v. Johann Holzner, Michael Klein und Wolfgang Wiesmüller, Innsbruck: AMCE 1981, S. 179-195. Zitat: S. 188.

14 Ebd., S. 190.

15 Ebd., S. 185.

16 Vgl. Baumann (Anm. 7), S. 285.

17 Unveröffentlichte briefliche Äußerungen vom 29. Juli und vom 12. November 1933 gegenüber Peter Suhrkamp. Zit. nach: Manfred Durzak, *Brochs Auffassung des Lyrischen,* in: M. D., *Hermann Broch: Dichtung und Erkenntnis. Studien zum dichterischen Werk,* Stuttgart: Kohlhammer 1978, S. 16-32. Siehe dort S. 19.

18 Kahler (Anm. 6), S. 46.

19 Zit. nach Durzak (Anm. 17), S. 19.

20 Zit. ebd.

21 Kahler (Anm. 6), S. 46.

22 Vgl. Manfred Durzak, *Hermann Broch in Selbstzeugnissen und Brief-dokumenten*, Reinbek: Rowohlt 1966, S. 119 f.

23 Vgl. dazu Gisela Brude-Firnau, *Zum Problem des politischen Gedichts bei Hermann Broch*, in: Modern Austrian Literature 11/1 (1978), S. 75-93. Die Autorin kritisiert, auch an anderen Gedichten Brochs, daß an die Stelle der »Auseinandersetzung mit der Wirklichkeit« ein »Rückzug auf die eigene Individualität, auf eine mystisch nuancierte Innerlichkeit« trete (S. 82 f.).

24 Gisela Brude-Firnau, *Prophetische oder politische Dichtung? Zur Entstehung und Konzeption von Hermann Brochs ›Stimmen‹*, in: *Etudes Germaniques* 31/4 (1976), S. 412-432. Vgl. dort S. 421.

25 In den *Cantos 1913* werden namentlich die kriegsbegeisterten Dichter attackiert, die sich dem von dem »Un-Kaiser« Wilhelm II. repräsentierten Zeitgeist nicht entgegenstemmen, jenem Zeitgeist, dessen Fortschrittsdenken sich vornehmlich durch die bestialische Verfeinerung der Vollzugstechniken der Todesstrafe auszeichnet. Der Text ist abgedruckt in: Neue deutsche Hefte 13/110 (1966), S. 10-18.

26 Vgl. Paul Michael Lützeler, *Die Kulturkritik des jungen Broch. Zur Entwicklung von Hermann Brochs Geschichts- und Werttheorie*, in: *Hermann Broch. Perspektiven der Forschung*, hg. v. Manfred Durzak, München: Fink 1972, S. 329-351.

27 Vgl. Hartmut Steinecke, *Hermann Broch und der polyhistorische Roman. Studien zur Theorie und Technik eines Romantyps der Moderne*, Bonn: Bouvier 1968.

28 Vgl. dazu Theodore Ziolkowsky, *Zur Entstehung und Struktur von Hermann Brochs »Schlafwandlern«*, in: DVjS 38 (1964), S. 40-69.

29 Zit. nach Manfred Durzak (Anm. 17), S. 26.

30 Vgl. dazu Durzak (Anm. 17), S. 25 ff.

31 Karl Robert Mandelkow, *Hermann Brochs Romantrilogie »Die Schlafwandler«. Gestaltung und Reflexion im modernen deutschen Roman*, Heidelberg: Winter 1962, S. 150 und S. 149.

32 Vgl. A. W. Schlegel (Anm. 8), S. 192. – Vgl. dazu ferner H. Kircher, *Nachwort zu Deutsche Sonette* (Anm. 3), S. 420.

33 Vgl. Durzak (Anm. 17), S. 74.

34 Dorrit Cohn, *Das Ahasver-Gedicht*, in: *Materialien zu Hermann Brochs »Die Schlafwandler«*, hg. v. Gisela Brude-Firnau, Frankfurt/M.: Suhrkamp 1972, S. 163-179. Zitat: S. 179.

35 Gisela Brude-Firnau, *Die 9. Episode der »Geschichte des Heilsarmeemädchens«*, in: *Materialien zu Hermann Brochs »Die Schlafwandler«* (Anm. 33), S. 180-196. Vgl. dort S. 194.

36 Die Fassungen sind abgedruckt in: *Materialien zu Hermann Brochs »Die Schlafwandler«* (Anm. 33), S. 41-43. – Zu dem Schiffs-Sonett

vgl. auch das Kapitel »The silent ship« in Dorrit Claire Cohn, *The Sleepwalkers. Elucidations of Hermann Broch's Trilogy*, The Hague, Paris: Mouton & Co 1966, S. 156-160.

37 Vgl. Ernst Robert Curtius, *Europäische Literatur und lateinisches Mittelalter*, Bern: Francke [8]1973, S. 138 f. – Ferner auch: Rainer Gruenter, *Das Schiff. Ein Beitrag zur historischen Metaphorik*, in: *Tradition und Ursprünglichkeit. Akten des III. Internationalen Germanistenkongresses 1965 in Amsterdam*, hg. v. Werner Kohlschmidt und Herman Meyer, Bern: Francke 1966, S. 86-101.

38 Heinz Politzer, *»Zur Feier meines Ablebens«*, in: Der Monat 3/36 (1951), S. 630-632. Zitat: S. 630.

III.
Theorie und Kritik

Otto-Peter Obermeier
Hermann Brochs Werttheorie

1. Die Ausgangssituation

Hermann Broch nennt in *Autobiographie als Arbeitsprogramm* (S. 195-203) das Problem, das ihn stets begleitete und verfolgte, und er meint damit »das Problem des Absolutheitsverlustes, das Problem des Relativismus, für den es keine absolute Wahrheit, keinen absoluten Wert und sohin auch keine absolute Ethik gibt« (S. 195). Der Verlust der »Letztaxiome« (S. 196) führte nicht nur zu einem Triumph des logischen Positivismus in den Wissenschaften, zu – wie man es heute bezeichnet – dominanten Funktionssystemen, die alle die »Alleingeltung« (S. 197) ihrer Wertsetzungen beanspruchen und durchsetzen, sondern auch zum großen Schlachten der Menschen und Werte, genannt Weltkriege. Mehr noch, wer mit metaphysischen Fragen[1], etwa nach dem Absolutheitscharakter von Werten, seine philosophischen Lehrer belästigte, der erfuhr, daß selbst die Art und Weise solcher Fragen sinnlos ist, daß es hierauf keine Antworten gibt, und »daß es keine Hoffnung auf irgendeine Beantwortung gab« (S. 195). Bei solch einer schwierigen Ausgangssituation bleiben meist nur zwei Verhaltensweisen, die sich keineswegs ausschließen, Resignation und/oder die Arbeit selbst zu leisten, was für Broch heißt: Aufbau einer eigenen Werttheorie.

2. Zur Werttheorie

2.1 Grundzüge der Werttheorie

Werte sind selbstredend mehr als Orientatoren. Sie sind auch Prinzipien der Formung, sowohl des theoretischen als auch des konkreten Ichs, und damit auch des Nicht-Ichs, der Welt. Subjekte, effektive, d. h. konkret handelnde Menschen, wie fiktive, d. h. »Staaten, Völker, Kulturen« (S. 157) – man müßte jedoch hierzu auch noch jene Systeme zählen, die wir heute soziologisch mit dem Term Organisationen belegen – erzeugen »ihre« Wirklichkeit, die nur eine Wertwirklichkeit sein kann. In diesem Sinne ist Wirklichkeit, transformiert zur Wertwirklichkeit, eine Setzung der fiktiven wie konkreten Subjekte. Aber auch diese sind Wertwirklichkeit, sind Wertsubjekte. Die von den Wertsubjekten geschiedene Wertwirklichkeit, die Welt, ist also keine direkt erzeugte, sondern eine aus der Selbsterzeugung der Wertsubjekte resultierende. Subjekte, aufgefaßt als Wertsubjekte, setzen sich selbst, sind Selbstsetzungen, und damit das Nicht-Selbst, die Welt. Welt ist »Setzung von Setzungen« (S. 156), d. h. von fiktiven und effektiven Subjekten. Folgt man dieser Logik, so ergibt sich gleichsam ein basales Selbsterzeugungsprinzip, das, indem es sich selbst erzeugt, zugleich auch Welt erzeugt. Das Prinzip der Selbstsetzung wird wiederholt (iteriert) und führt in dieser Iteration, also der Setzung von Setzungen, über sich selbst hinaus zum anderen, zur Welt. Wie aber sieht dieses Urprinzip aus?

Broch stellt es in seiner *Logik einer zerfallenden Welt* (S. 156-172) kurz vor und skizziert damit auch die enge Verbindung von Erkennen und Wert oder die »erkenntnistheoretische Lokalisierung des Wertbegriffes« (S. 157). Descartes' fundamentum inconcussum »ich denke, also bin ich« wird als das basale Selbsterzeugungsprinzip vorgeführt, und zwar, das ist das Beachtenswerte, als ein Erzeugungsprinzip, das einesteils logischer Natur ist, denn aus ihm lassen sich eine Reihe von Schlüssen ableiten, anderenteils intuitive Plausibilität aufweist, da das Phänomen des Denkens als solches intuitiv erfühlbar ist. Schließlich wird das Ergo, also das Also, auch an dieser Stelle schon implizit durch ein et, ein und, ersetzt (vgl. S. 182).[2]

Gehen wir von der Urintuition des Denkens aus, so lassen sich gleichsam erschließen: Denken kann nicht eigenschaftslos sein, es kann z. B. auch zweifeln, ihm sind also Attribute beizuordnen. Denken ist lokalisierbar, es zeigt sich im Bewußtsein und es ist intentional, gerichtet auf etwas, und als Konsequenz dieser Zielgerichtetheit taucht das Phänomen der Wahrheit auf. Aber das Cogito hat in gewissem Maß keinen Vorrang vor dem Sum, das Denken hat keine Apriorität vor dem Sein, daher die Problematik mit dem »Ergo«. Das Cogito repräsentiert also die Ur-Intuition des Denkens, des, wird es gleichsam von der Empirie abgezogen, reinen Bewußtseins, mit dem Ziel der Wahrheit. Das Sum vertritt das Leben, abstrahiert, das Sein schlechthin, mit dem Ziel des Wertes. Das Denken erzeugt eine Welt der Wahrheits-, das Leben (sum) eine der Wertsetzungen. Und da wir uns noch immer in der Sphäre des reinen Ichs befinden, erzeugen Denken und Sein in ihrer solipsistischen Einsamkeit gleichsam einen »Zustand maximaler Wahrheit« (S. 159), aber, wie wir ergänzen können, auch maximaler Werte, und anders gewendet: »in seiner kontrollosen Autonomie ist die jeweilige Welt für das [reine, d. V.] Ich stets die relativ beste« (S. 159).

Spätestens jetzt ist es an der Zeit, die Grundstruktur dieser Brochschen Aussagen herauszuarbeiten, schon deshalb, weil diese Grundstruktur in Variationen immer wieder in seinen werttheoretischen Betrachtungen auftaucht und den Kern seiner Werttheorie widerspiegelt (vgl. S. 24 f., 65 f, 86, 157 ff., 179 ff., 199 f.).

Da existiert ein basales Selbsterzeugungsprinzip, das etwa so formuliert werden kann: cogito *et* sum (vgl. S. 182) und das in Form einer Einheit zu denken ist. Denken und Sein sind nicht nur Konstituentien, es sind Kokonstituentien, die zusammen sowohl das Ich erzeugen als auch das Nicht-Ich, das Außen, die Welt. Erzeugt wird in einem Wechselspiel reiner Deduktion mit Intuition Wahrheit an sich und der Wert an sich. Auf sich bezogenes Schließen, ich nenne dies Autologie[3], und Fühlen, erzeugen ein Selbst, die Autonomie. Deduktion (cogitare), bloßes, tautologisches, inhaltsloses Umformen ist ein Erzeugungsprinzip hin zum »Selbst«, aber nur im Verbund mit Intuition, mit dem Fühl-Ich. Dieses Modell des reinen Bewußtseins ist eben wegen seiner Reinheit basal. Es ist überdies selbstbezüglich, Denken und Sein, das Wechselspiel »zwischen Syllogismus und intuitiver Plausibilität« (S. 158) erzeugen Wahrheit und Wert als eine Einheit in einem zirkulären, gegenseitig vermittelten Prozeß. Diese gegenseitige Vermittlung, diese Dialektik von cogito und sum, wurde mit Kokonstitution umschrieben, da Broch zu Recht anmerkt, »es ist sicherlich nicht möglich, die Apriorität des Cogito vor dem Sum, die des Sum vor dem Cogito festzustellen« (S. 158). Der erkenntnistheoretische Ort des Wertbegriffs liegt also im Cogito et Sum, aufgefaßt als basale Selbstreferenz[4], als ein das reine Selbst und Welt, und damit Wahrheit und Wert erzeugendes Prinzip. Der Wert ist von seiner Struktur her, ebenso wie die Wahrheit, das Resultat eines zielgerichteten Prozesses, erzeugt und in Gang gehalten durch das basale und autogenetische Prinzip cogito et sum.

Die jetzt auftauchende Frage lautet, es sei denn, man will in idealistischer Selbstbewegung, in kontrolloser Autonomie (vgl. S. 159) verharren, wie komme ich vom reinen Ich zum konkreten, also inhaltlichen, etwa dem psychologischen Ich, wie vom Non-Ich zur konkreten Außenwelt, wie von der aus der basalen Selbstreferenz entsprungenen reinen Wahrheit zur empirischen, dem reinen Wert zum gelebten? Aber auch hier liegt schon eine Antwort und ein erneutes »Erzeugungsprinzip« vor. Bezeichnet man die Welt als Setzung von Setzungen und meint damit nicht mehr Welt als Non-Ich, sondern die konkrete Außenwelt, dann wiederholt sich doch ein Prinzip, das Prinzip der basalen Selbstreferenz wird nach außen projiziert (iteriert), Wirklichkeit wird durch konkretes Handeln zur Wertwirklichkeit. Oder, gültig für den Bereich des konkreten Ichs: »Denk-Ich und Fühl-Ich [aufgefaßt als reines Ich, also als basales Erzeugungsprinzip, d. V.], samt ihren Bereichen der ›Wahrheit‹ und des ›Wertes‹ wiederholen sich im psychologischen [also empirischen, d. V.] Ich« (S. 184). Diese Art des iterierten Selbstbezuges, der fleischgewordenen Wiederholung eines Prinzips, etwa im Denken des Denken, dem Fühlen des Fühlen, der »Setzung der Setzung« (S. 170) erzeugt Objekte, ein Außen, Welt, und Distanz. Iterierte Selbstreferenz[5] ist also ein distanzerzeugendes Prinzip, das Denken, das sich selbst denkt, schafft Distanz zu sich selbst, das Fühlen von Gefühlen ebenso. In die Welt projizierte Werte begegnen konkretisiert ihrem basalen Erzeugungsprinzip wieder. Iterierte Selbstreferenz ist in der Lage, den Solipsismus[6], der gleichsam durch die basale Selbstreferenz dominiert, bedingt abzuschwächen, da hiermit nicht reine Iteration im Bewußtsein gemeint ist, sondern auch die Wiederholung eines Prinzips in der Wirklichkeit. Inhaltliche Bestimmung, also Empirie, wird zwar über das basale Grundprinzip geformt, kann aber nicht unabhängig von dieser »operieren«. Beide Bereiche, der Bereich der reinen Autonomie, in unserer Terminologie die basale Selbstreferenz, und der Bereich der Empirie werden über die basale und iterierte Selbstreferenz geformt. Hieraus ergibt sich die Brochsche Auffassung von Deduktion als Selbsterzeugungsprinzip und Induktion als eine Art des Zusammenfügens (Synthese) einander ursprünglich fremder Bereiche (etwa reine Autonomie / Empirie) (vgl. S. 184), eine Synthese, die aber unter der Dominanz der Deduktion, des Selbsterzeugungsprinzips bleibt.

Betrachten wir noch einmal das basale Erzeugungsprinzip cogito et sum, so fällt hier das »ich« denke und »ich« bin auf. Es wird von allem Anfang an eine identifikatorische Selbstreferenz vorausgesetzt, und das ist keineswegs eine Selbstverständlichkeit, denn cogitare und esse sind nicht identisch mit einem Selbst-Denken und Selbst-Sein. Die identifikatorische Selbstreferenz[7] ist demgemäß einheitsstiftend, der klassische Ausdruck hierfür, d. h. für die unterschiedlichen Arten von Einheiten, ist wohl Subjekt und Objekt, konkrete Menschen und Dinge, wobei es auf die Einheit als solche ankommt, und daher auch Subjekte zu Objekten und vice versa werden können. Im reinen Bewußtsein kann nicht endlos das Denken das Denken denken, das Fühlen des Fühlen fühlen, denn über das Bewußtsein, das sich selber bewußt wird, wird eben jenes »Selbst« erzeugt. Identifikation ermöglicht einen Stopp der Iteration.

Fassen wir zusammen: ausgehend von dem basalen Selbsterzeugungsprinzip cogito et sum und vice versa wird in einer sich wechselseitig ermöglichenden, begrenzenden und spezifizierenden Bewegung des Denkens und Fühlens eine Einheit erzeugt und reproduziert, die des reinen Ichs. Denken und Fühlen auf sich selbst bezogen erzeugen nicht nur das Ich, sondern durch einen Prozeß der Wiederholung (iterierte Selbstreferenz) Wahrheit, etwa in der Form, daß das Denken sich seines Denkens sicher ist, und den Wert, etwa in der Form der Unerschütterlichkeit des fühlenden Gefühls. Basale, iterative und identifikatorische Selbstreferenz bilden eine Einheit, bedingen sich wechselseitig, sind Kokonstituenten. Der Wert ist in diesem Sinne die Einholung, die Assimilation der Non-Ich-Bestandteile, die ihrerseits aus der iterativen, denkenden Selbstreferenz entstammen, in das Sum. Das Denken des Denkens ermöglicht erst Distanz und Non-Ich-Bestandteile. Damit wurde zugleich die Übergangsproblematik gekennzeichnet. Es gilt vom reinen Ich zum konkreten Ich überzugehen, es gilt aber auch von Wahrheit und Wert zur Unwahrheit, zum Unwert zu kommen. Letzteres Problem wird zuerst behandelt.

2.2 Der Weg zum Wert schlechthin

Aber welches Phänomen erschüttert die selbsterzeugte Wahrheit, den selbsterzeugten Wert? Was lauert im Rücken jeglichen Denkens, jeglichen Wertes? Hinter jedem Denken, hinter jedem Wert steht »das Wissen um die Brückenlosigkeit des Todes, hinter allem

Denken steht die Angst – so steht der Unwert des Todes hinter allen Werten, der Unwert als ein Absolutes, das stets vorhanden ist« (S. 159). Von diesem Phänomen aus, vom Phänomen des Unwertes, des Bösen, das gleichsam die kognitiv erzeugte Lüge als einen Unwert unter vielen impliziert, erhält die Kategorie des Seins, des Sum, die Priorität, das sittliche Handeln erhält Vorrang vor dem Denken.

Aber das moralische Gesetz in mir ist ja nicht nur Ausdruck des Handelns, sondern auch der Erkenntnis, und so gesehen besteht eine Dominanz des Denkens gegenüber dem Sein. Sittliches Handeln mag getrieben sein vom Phänomen der Angst, wird aber vom Erkennen, also von Wahrheit, begleitet, sowie »die Erkenntnis zwar mit der Erfahrung anhebt, aber nicht von der Erfahrung geleitet ist« (S. 160). Broch parallelisiert also Denken und Wahrheit mit der letztlichen Dominanz des Logos, der noch vor »die Absolutheit der Angst« (S. 160) gestellt wird, da er es ist, der im Grunde das Nichts besiegt. So gesehen wäre das Brochsche basale Erzeugungsprinzip ein Prinzip der Autologie, des sich selbst erzeugenden Logos, der auch noch den Wertbegriff beinhaltet.

Das Handeln des Menschen ereignet sich also zwischen den Polen des absolut Bösen und der absoluten Erkenntnis (vgl. S. 160), und jeder Handlungsvollzug ist begleitet von der intuitiv zugänglichen Erfahrung des Gewichtens dieser Handlung mit gut oder schlecht bzw., was das Denken anbelangt, mit richtig oder unrichtig. Und aus dieser permanenten Bewertung des Lebens folgt »die Kategorie des ethischen Wertes« (S. 160). Aber neben das Tun stellt sich das Getane, neben den Denkakt das Gedachte, neben die Tätigkeit des Setzens die durch es erzeugte Wirklichkeit. Dieses »Ruhende und in sich Beschlossene« (S. 161), die Welt als erzeugter Wert, ist das »Ästhetische schlechthin« (161). Beide, das Ethische schlechthin und das Ästhetische schlechthin ergeben den Begriff des Wertes schlechthin, gleichsam die Parallele zur Wahrheit an sich.

Und wer bewertet die Setzung von Setzungen? Das Richteramt gebührt nach Broch der Geschichte, und das Gesetzte muß gleichsam für sich selber sprechen[8], und es tut dies, wenn das Werk um des Werkes willen geschaffen wurde (vgl. S. 47, 52, 54, 63), und keine von anderen Wertgeltungsbereichen stammende Werte aufnimmt. Das Kunstwerk besitzt, so könnte man es überspitzt ausdrücken, wie der Mensch ein Selbsterzeugungsprinzip, wie dieser Autonomie, und hieraus offenbart sich der Wert und nicht indem fremde Wertbereiche, etwa der des Publikumserfolgs mit Hilfe des »Neckisch-Lieblichen« (S. 62) in das Ästhetische hineingezerrt werden und somit gleichsam eine Heteronomie des Ästhetischen, des sinnlich Wahrnehmbaren entsteht.

Nach wie vor bewegen wir uns im Bereich des reinen, des theoretischen Ichs, und die Struktur der Ich-Setzung wurde als eine autologische umschrieben. Und gerade diese Struktur muß sich nicht nur im Handeln zeigen und wieder aufweisen lassen, sondern auch in dem sinnlich Wahrnehmbaren (Ästhetischen). Der Grundsatz »vom Werk um des Werkes willen« (S. 51) ist ein ethischer Grundsatz, denn er betrifft das Tun, das Erleben und Aufscheinen dieses Grundsatzes im Kunstwerk selbst führt zum ästhetischen Wert. Anders gewendet: »Ästhetisches Urteil wertet geformte Faktizitäten: sein asymptotischer Skalenpol ist der Wert an sich; ethisches Urteil wertet aktive Formung: sein asymptotischer Skalenpol ist der Non-Wert« (S. 93).

Das geglückte Werk ist gleichsam die Fleischwerdung und Selbstbegegnung, die Iteration des sich selbst bewegenden Logos und in ihm findet sich erneut basale, iterative und identifikatorische Selbstreferenz konkretisiert wieder. Gleiches gilt für das Tun, den Vollzug, oder wie Broch es ausdrückt, die »aktive Formung« (S. 93). Der Wert hat also ein doppeltes Gesicht, ein ethisches und ein ästhetisches, ein den Vollzug betreffendes und ein auf »das Realisat des Wertes als geformter Wert« (S. 160) bezogenes. Wenn die Welt eine Setzung von Setzungen ist, und diese Setzung von Setzungen über besagtes Selbsterzeugungsprinzip in Gang gesetzt und unterhalten wird, so findet der Mensch in der Welt nur seine Welt, sinnlich Wahrnehmbares ist der Struktur nach ein konkretisiertes Abbild dieses Selbsterzeugungsprinzips, das es widerspiegelt. Damit kann Broch zu Recht festellen »ist Wert seiner Struktur nach stets ein Bild des absoluten Ichs« (S. 91). Dem ist hinzuzufügen, daß danach fundamentale Änderungen in der Struktur des theoretischen Ichs mit fundamentalen Änderungen in der Welt einhergehen, ein Zerfall dieser Struktur erzeugt einen Zerfall der Werte.

2.3 Autologie im Detail

Da offensichtlich der Schlüssel zur Wertwirklichkeit in der autologischen Struktur des reinen Ichs gründet, und die konkrete

Wertwirklichkeit nichts anderes darstellt als eine »materialisierte« Selbstbegegnung dieser Sruktur, soll diese noch einmal aufgezeigt und zugleich die Art und Weise der Selbstbegegnung demonstriert werden.

Dem reinen Ich ordnet Broch eine Reihe von Selbstaussagen zu, die von der Genese her zwei Wurzeln besitzen: eine logische – aus der Analyse des Autonomiebegriffs läßt sich trotz der tautologischen Herkunft[9] produktive Erkenntnis ableiten – und eine introspektive – die innere Erfahrung liefert unhintergehbare Einsichten, die dann als Axiome benutzt werden können. Gemäß dem Prinzip der Kokonstitution müßte jetzt Broch simultan die basalen Erzeugungsprinzipien »ich denke, ich bin (fühle)« und ihre Ergebnisse, ihre Kinder, nämlich Wahrheit und Wert, aufweisen. Dem steht u. a. der Zwang der Sprache zur Sequenz entgegen.

Broch beginnt mit dem »Ich denke« und spaltet dieses auf in »Das Ich denkt sich selber« (S. 179) und »Das Ich denkt sein Denken« (S. 179) (die logische Wurzel der Selbstaussage). Das »Ich denkt sich selber« läßt sich wohl so interpretieren: dadurch, daß es sich selber denkt, setzt es zwar ein Quasiobjekt, aber dieses Objekt hat eine eigentümliche Gestalt, nämlich die des Selbst. Und das »Ich denkt sein Denken«, heißt, das Denken erzeugt ein Objekt, nur wird dieses Objekt nicht mehr, obgleich vom Selbst erzeugt, als »Selbst« akzeptiert, sondern als Non-Ich. Das Ich kann nur sich selbst als Identität (identifikatorische Selbstreferenz) oder als Denken seines Denkens (iterative Selbstreferenz) denken, und so gesehen ist dieser Zwang Ausdruck analytisch gewonnener Wahrheit. »Das autonome Ich befindet sich in einem ständigen Wahrheitszustand« (S. 180). Fassen wir jedoch diese Einsichten als Axiome auf, so erzwingt dies eine Bejahungsinstanz, die Verständnis zum Selbst-Verständnis verwandelt. Diese liegt im Sum, im ich bin und fühle. Das Gefühl bejaht die obigen Einsichten. Daher ergibt sich für das Resultat, nämlich die Wahrheit, daß sie zugleich und jederzeit mitgefühlt wird – Broch spricht in diesem Zusammenhang von Wahrheitsgefühl (vgl. S. 180) – und »die bejahte Wahrheit wird ›Erkenntnis‹ genannt« (S. 180).

Da aber das Sum, das Fühl-Ich gleichzeitig mit dem Denk-Ich, dem Cogito auftritt, gilt obiges auch für das Fühl-Ich. »Das Ich fühlt sich selbst« (S. 181) ist die, so könnte man es ausdrücken, existenzielle Selbstkonstitution und »das Fühl-Ich fühlt ein Etwas, das ein Non-Ich ist« (S. 181) ist die existenzielle Öffnung zur Welt. Das Denk-Ich wird vom Fühl-Ich begleitet, letzteres fungiert für dieses als Bejahungsinstanz. Daraus resultiert nun bejahte Wahrheit und bejahte Wahrheit ist nicht nur Erkenntnis, sondern ins Ich heimgeholte Existenz, eine Erweiterung des Ichs, das Bewußtsein bekommt Geschichte, eben ein Gedächtnis. Das Beibringen dieser Denk-Wahrheiten bedeutet zugleich eine Erweiterung des Sums, des Ich bin, und diese gefühlsmäßige, existenzielle Verwandlung der Denk-Wahrheit in bejahte Wahrheit bezeichnet Broch mit dem Begriff »Wert« (vgl. S. 183). Aus dem Bisherigen folgt also deduktiv: gefühlte Wahrheit, genannt Erkenntnis, ist ein Wert. Da wir uns noch immer beim reinen bzw. autonomen Ich befinden, kann Broch zusammenfassend feststellen: »›Das autonome Ich befindet sich in einem ständigen Wertzustand‹. Und es läßt sich hinzufügen, daß das ›Ich bin‹ der Grundausdruck dieses Wertzustandes ist« (S. 183). Oder in anderer Sprache: Denk-Ich und Fühl-Ich sind Kokonstituenten, als deren »Konkretion« sich Erkenntnis als Wert zeigt.

Die Einwände gegen dieses Modell liegen auf der Hand: leere Tautologie, definitorisch erzwungener Erkenntnisgewinn, spekulative Willkür – warum beim Denken und Sein beginnen –, verkappter Apriorismus – da Bedingungen der Möglichkeit aufgezeigt werden, die sich schließlich selbst bedingen und erzeugen –, zusammengefaßt: fruchtlose Zirkularität. Aber diese Vorwürfe sind nur dann haltbar, wenn man Brochs autologischer Konstruktion nicht folgt, nicht folgen kann oder nicht will. Eine Deutung wurde bereits vorgeschlagen: Denk-Ich und Fühl-Ich samt ihren Resultaten Wahrheit und Wert, zusammengefaßt als bejahte Wahrheit (= Erkenntnis), ist ein basales Erzeugungsprinzip, das identifikatorische und iterative Selbstreferenz aufweist und von hier aus »materialisiert«, d. h. in konkreten Subjekten sich selbst entfaltet und so sich wiederbegegnet. Das Faszinierende der Brochschen Konstruktion liegt eben darin, den produktiven Charakter gewisser Tautologien nicht nur für die Mathematik erkannt zu haben, sondern – und das ist das Bemerkenswerte – Konzepte der Autologie im Denken und Sein des Menschen aufgezeigt zu haben. Er ist damit ins Reich der Rückbezüglichkeit[10], aufgefaßt als Seinsprinzip, vorgestoßen.

Die Struktur des Wertes zeigte sich im reinen Ich in der Fähigkeit der basalen Selbstreferenz, vor allem Produkte des iterierten Selbstbezugs, also Non-Ich-Bestandteile zu assimilieren, das Ich somit zu erweitern. Da Broch von einer Strukturidentität »Ich-Kern« (187; = reines Ich) und empirischem Ich ausgeht (vgl. S. 192), allerdings werden bei letzterem die Non-Ich-Bestandteile zur konkreten Außenwelt, ist diese Selbstbegegnung aufzuweisen. Die Strukturidentitätsthese ist deshalb berechtigt, da Brochs reines Ich ja ein Erzeugungsprinzip darstellt, das den Bereich des Empirischen nicht leugnet, das ihn jedoch gemäß den Vorgaben des Erzeugungsprinzips erschließt und formt. Induktion, das Ausgehen von Tatsachen, vom empirischen Bereich, kann allenthalben ein Hinführen zum Gemeinsamkeitsbereich sein, der jedoch unter der Dominanz des Erzeugungsprinzips bleibt. In diesem Sinne ist Broch reiner Deduktivist, und geschichtlich gesehen gibt es wohl differierende Erzeugungsprinzipien, so daß es differierende Ausprägungen der Assimilation von Außenweltphänomenen gibt, und damit differierende Wertwelten.

Wie geht nun diese Einholung, diese Assimilation von Außenweltbestandteilen, in das eigene basale Erzeugnisprinzip, konkret vor sich? Auf der ersten Ebene, der des Körper-Ichs, ist die Nahrungs- oder Wärmeaufnahme und ihre Umwandlung gemäß dem biologischen Programm (= biologisches Erzeugungs- und Reproduktionsprinzip) leicht einzusehen, wenngleich hier mehr eine conservatio sui als eine Ich-Erweiterung vorliegt. Dennoch, diese Art der Einholung erzeugt Ur-Werte, Broch nennt sie die »animalisch-primitiven« (S. 188). Aber auf der zweiten Ebene ist die Einholung der Außenwelt nicht so einfach, sie erfordert meist den Schweiß des Angesichts, d. h. harte Arbeit, und somit ist beispielsweise auch diese Art der »Assimilation« immer wertbeladen. Auf der dritten Ebene – so könnte man hinzufügen –, etwa der Einholung der Produkte von Wissenschaft und Technik, mag diese Art der Assimilation vielleicht gar nicht mehr gelingen. Wissenschaftlich-technologische Produkte bleiben dann draußen vor dem Ich und wären eben gemäß dieser Logik keine Werte, sondern nur eine merkwürdige, neue Art der Erweiterung.

Auch das psychologische Ich nimmt an diesem Ich-Erweiterungsprozeß teil, jedoch doppelt vermittelt. »Was immer im Ich-

Kern [reines oder erkenntnistheoretisches Ich, d.V.] oder im Körper-Ich vor sich geht, es gelangt ... ins psychologische Ich des Menschen. Andererseits weiß er [der Mensch, d.V.] ..., daß zwischen den Ich-Schalen eine Art Dienst-Verhältnis besteht: das psychologische Ich dient als ein Ausführungsorgan für das Wertstreben des Ich-Kerns und benützt seinerseits das Körper-Ich als ausführende Verbindung zur Außenwelt hin« (S. 189). Damit ergibt sich folgende Wertekonstellation: das reine Ich erzeugt autologisch das Ich und Non-Ich, das es als solches, und zwar als reine Wahrheit assimiliert, und so in Form von Erkenntnis als Wert an sich akzeptiert. Das Körper-Ich inkorporiert Bestandteile der Außenwelt und formt sie so zu eigenen Werten, schafft ebenso wie das reine Ich »tautologisch«, gleichsam nach dem basalen biologischen Prinzip, seine Werte. Das psychologische Ich nimmt nun an diesen beiden Wertsphären teil, und die Teilnahme kann nur symbolisch sein, da es selbst weder rein autologisch, wie das reine Ich, noch physisch kreislaufförmig aufgefaßt wird, wie das Körper-Ich. Das psychologische Ich erzeugt somit eine symbolische Ich-Erweiterung. Die bedingte Eigenständigkeit des psychologischen Ichs besteht allein darin, die »vom Ich-Kern und vom Körper-Ich gelieferten, realen Wertformen in seine eigene Erlebnissphäre« (S. 190) zu projizieren.

Und gemäß der Selbstbegegnung der basalen Erzeugungsprinzipien zeigen sich diese erneut in der empirischen Wahrheit, denn die ist symbolisch vermittelt und intuitiv-induktiv assimiliert, vielleicht könnte man auch sagen verifiziert. Somit begegnet sich das Denk-Ich mit seiner reinen Wahrheit, vermittelt durch das Körper-Ich und das psychologische Ich in der empirischen Wahrheit wieder. Und die empirischen »Ich-Erweiterungen« (S. 191), erzeugt durch produktives Inbezugsetzen zur Außenwelt und symbolische An-Schließung an diese Produkte, man könnte hier von einer symbolischen Assimilation sprechen, sind nichts anderes als eine Wiederbegegnung der vom konkreten Ich erzeugten Außenwelt, vermittelt über den Ich-Kern und das Körper-Ich. Es besteht somit eine »Strukturgleichheit« (S. 192) zwischen dem primär autologischen (= reinen Ich), dem sekundär autologischen Prinzip (= das Körper-Ich) und dem aus diesen Erzeugungsprinzipien resultierenden »Welt-Produkten«, die dann ihrerseits symbolisch assimiliert werden.

Jegliche Ausprägung von Wert ist, das kann man jetzt zusammenfassend feststellen, ein Akt der Assimilation bzw. der An-Schließung, also der Ich-Erweiterung, gemäß der primären und sekundären autologischen bzw. autophysischen Selbst- und Welt-erzeugungsprinzipien. Die empirischen Werte sind somit nichts anderes als eine durch diese Prinzipien und die konkrete Außen-welt vermittelte Selbstbegegnung dieser Prinzipien.

Broch ordnet also den Ur-Aussagen »Ich denke« die Logizität, dem »Ich bin« Unendlichkeit zu, da ja Logizität freie, unendliche Dynamik verlangt. Die Ich-Unendlichkeit schafft sich somit ihre eigene Welt-Unendlichkeit, die es dann wieder einzuholen gilt. Und die daraus resultierende Aufgabe der erneuten Wertschöp-fung ist eine Leistung der basalen Selbsterzeugungsprinzipien. Sollte es sich jedoch zutragen, daß Einzelbereiche, etwa Wissen-schaft und Wirtschaft, ihre basalen Prinzipien und die daraus resultierenden Werte verabsolutieren, so daß es nur mehr system-spezifische An-Schließungen gibt, so bedeutet das zugleich, daß andere Wertwelten draußen, d. h. außerhalb möglicher Ich-Erwei-terungen bleiben. Der Kampf der Werte wird letztlich zu einem Kampf systemspezifischer basaler Erzeugungsprinzipien.

3. Selbstzerfleischung von Werten

Broch illustriert den Zerfall der Werte an einem »historischen Exkurs« (vgl. S. 165 ff.), und zwar an dem »Übergang von einem Denkstil zu einem anderen« (S. 165), ein Übergang, der für ihn nicht kontinuierlich, und dies heißt wohl revolutionär, ist. Heute würde man von einem Paradigmawechsel sprechen. Ein Umbruch ereignet sich dann, wenn ein Denkstil erschöpft, wenn das Puzzle zu Ende gespielt, wenn das »Denken an seine Unendlichkeits-grenze gestoßen ist« (S. 165 f.).[12] Der Denkstil des Mittelalters stand unter der Leitung eines obersten Wertes und aus diesem wurde gleichsam in die Unendlichkeit geschlossen, und hierbei, da ja endliche Mittel eingesetzt werden, Antinomien, etwa die Lehre von der doppelten Wahrheit produziert. Aber einmal an der eigenen Unendlichkeitsgrenze eines Denkstils angelangt, wird Spekulation hinfällig und durch ihr Gegenteil eingeholt, durch das Unmittelbare, das Positive. Die Renaissance ist für Broch charakterisiert durch die Dominanz dieses Positiven und Unmit-telbaren, der holistische Denkstil wurde durch einen singulären, am Einzelding oder Individuum orientierten Denkstil ersetzt. Das naturwissenschaftliche Objekt wird nicht mehr durch naturale Teleologie vorgeordnet, ebenso wenig der Mensch durch einen Schöpfungs- und Bestimmungsplan, er wird zum Einzelmenschen. Und dieser Unmittelbarkeit des Objekts folgte auch die der Innerlichkeit, unmittelbare, mystische, »individuelle« Gottesschau wurde der kirchlich verordneten vorgezogen.

Aber diese positive Unmittelbarkeit, die man auch als deskriptive oder bestenfalls als zeigende bezeichnen kann, ist nach Broch stumm. Die Mathematik, das neue Organon der Naturwissenschaft, schweigt, das mystische Gotteserlebnis ebenso. »Die stumme Sprache des Unmittelbaren ... hatte angehoben, die Sprache Gottes hatte der Sprache der Dinge zu weichen begonnen« (S. 167).

Diese Hinwendung zum Positiven als ein Konstituens des neuen Denkstils wird nun nach Broch durch zwei weitere Prinzipien, nämlich der »Absolutheit der Werte und der Radikalisierung der Logik« (S. 167) ergänzt. Auch hier gilt das bereits eingeführte Prinzip der Kokonstitution: Vorherrschaft des Einzelnen, vollkommene Autonomie des Einzelnen, Befreiung der Logik von ontologischen Fesseln. Sie gemeinsam sprengen den Wertverband des Mittelalters und erzeugen gleichsam mit unerbittlicher Konsequenz ein neues Ich und eine neue Welt. Wenn das Brochsche Gesetz der Strukturidentität von basalen Selbsterzeugungsprinzipien und realen Wertwelten zutrifft, so müßte sich gleichsam mit Unerbittlichkeit jedes »einzelne« Wertgebiet verabsolutieren, seine Autonomie anmelden, seine eigene, unendliche Logik ausleben. »Und diese Unerbittlichkeit kam. Unaufhaltsam meldete ein Wertgebiet nach dem anderen seine Autonomie an: der ökonomische Wert wurde zum ›Geschäft ist Geschäft‹, der künstlerische zum l'art pour l'art; die industrielle Entwicklung wurde zu einem Prozeß der ›Produktion an sich‹, der nichts mehr mit Bedarfsdeckung zu tun hatte ... Eine Verständigung zwischen den autonomen Wertgebieten ist nicht mehr möglich ... Feindlich in ihrem Anspruch auf Totalitätsgeltung stehen sie einander gegenüber, und für diese Selbstzerfleischung der Werte ist der Krieg, der ein Krieg des ›Militärischen an sich‹ ist, bloß ein Symptom, wenn auch fürchterlichstes Symptom, unter vielen anderen« (S. 168 f.).

Was beschreibt hier Broch so eindrucksvoll? Ähnlich, wie er mit

seinen Ur-Aussagen Ich-denke und Ich-bin die Prinzipien der
mehrfachen Rückbezüglichkeit, der Autologie und Kokonstitution benutzt, und somit ein überragendes Konstruktionsprinzip
einführte, so arbeitet er (im Jahre 1931) an dieser Stelle mit dem
Prinzip der funktionellen Differenzierung der Gesellschaft in Systeme (z. B. Wirtschaft, Militär, Staat, Kunst etc.) und sieht, dank
seines fruchtbaren Konstruktionsprinzips, auch die Gefahren dieser funktionellen Systeme: daß sie aus sich heraus eine Eigendynamik entwickeln, die nur an ihren systemegoistischen Prinzipien
ausgerichtet ist und darüber hinausgehende Verständigung mit
anderen Systemen abbricht. Und obgleich diese funktionellen
Systeme Ungeheures leisten, bis hin zur möglichen Selbstdestruk-
tion, und obgleich sie ob dieser Leistungen lärmen wie nie zuvor,
herrscht zwischen ihnen eine ungeheure Stummheit. Jedes System
vollführt »einen Wettlauf ins Absolute« (S. 169), der so weit geht,
daß ein »radikalisiertes Militärdenken zu seiner eigenen Vernichtung ausholt« (S. 169). Systemtheoretisch ausgedrückt[13]: die großen Funktionssysteme komplexer Gesellschaften vermögen außer
ihrer eigenen Systemlogik und der daraus resultierenden Werte
keine sie selbst zügelnde Logik und Werte zu mobilisieren. Sie
folgen damit nicht nur ihrer eigenen Logik, sondern auch ihrer
eigenen Art von Unendlichkeit bis hin zur Selbstzerfleischung.
Der Zerfall der Werte ist im Grunde ein Ausleben der Eigenlogik
und Eigenunendlichkeit der großen Funktionssysteme, von denen
jedes die Tendenz zum Absoluten hat und kommunikationslos
neben dem anderen System dynamisch produziert. Trotz und
gerade wegen In- und Output, um in moderner Sprache fortzufah-
ren, stehen sich die funktional differenzierten Systeme schweigend
gegenüber.

4. Ein Hauch von Hoffnung

Im lärmenden Wettlauf der je ihrer eigenen Logik und Unendlichkeit nachjagenden dynamischen Systeme ist jedes Ruhende, jede
koordinierende und Statik hervorbringende Kraft eines Wertzen-
trums verlorengegangen. Das Militärsystem »an sich«, das Kredit-
system »an sich« (vgl. S. 169) usw. produzieren und produzieren,
und beide wollen von ihren Realisaten nichts mehr wissen. Aber
gibt es nicht doch noch in all den einzelnen Systemsprachen, den

– wie es Broch nennt – »Dingsprachen« (S. 169), etwa »Geschäfts-
briefe, mathematische Formeln, militärische Kommandos, Werk-
zeichnungen und Statistik« (S. 169), ein schweigendes Sprechen?
Broch bejaht dies, denn die Welt bleibt Setzung der Setzung, und
in dieser Art der iterativen Selbstreferenz ist das Neben-Ich, der
Nebenmensch, mitgesetzt, ist Offenheit gleichsam vorgegeben.
Gerade die Geschlossenheit von Systemen, gerade die totale Autonomie, verdeckt dieses Grundprinzip der Offenheit, der Hinwendung zum Anderen, der »Liebe an sich« (S. 171). Broch ist
sich bewußt, daß diese »Bedingung möglicher Erfahrung bloß
eine theoretische Möglichkeit« (S. 171) ist, daß Liebe an sich, d. h.
Offenheit, auch unterdrückt werden kann. Und der Weg zurück
zur Konkreatürlichkeit, der Weg zurück zum Ruhenden, ist nur
schwer über die, die Selbstzerfleischung der Werte erzeugende,
rationale Erkenntnis möglich. Vielleicht erfordert gerade er große
Einfältigkeit, vielleicht ist Chaos nur in Einfalt zu ertragen (vgl.
S. 171). In der schweigenden Welt aber gibt es noch schweigendes
Sprechen, gibt es noch einen Hauch von Hoffnung nach einer »in
sich geschlossenen ruhenden Welt« (S. 171). Die stumme Natur
kann sprechen, wenn ihr mit einem neuen Naturgefühl begegnet
wird, die Musik kann sprechen, wenn sie erhört wird.

5. Blick zurück

Blicken wir zurück, so läßt sich folgendes feststellen: Broch hat
über ein autologisches Grundmodell, nämlich über Ich denke und
Ich bin, und aus der logischen und intuitiven Dynamik dieses
Modells bejahte Wahrheit, Erkenntnis, den Wert an sich abgeleitet. Er bediente sich hier des Prinzips der Kokonstitution, so daß
bejahte Erkenntnis keine Kluft zwischen Sein und Sollen, deskrip-
tiver und valuativer Sphäre erlaubt. Die Autologie arbeitet deduktiv, sie leitet aus dem eigenen System bzw. den eigenen Modell-
prinzipien ihre Art der Erkenntnis ab, sie führt zur objektivierenden, distanzierenden Selbstbezüglichkeit, zum Non-Ich, zur iterierten Selbstreferenz, zur Welt, zu offenen Systemen, und sie
führt über die identifikatorische Selbstreferenz zum »Selbst«, zur
Autonomie. Verifiziert wurde dieses Modell durch den Übergang
auf das physische und psychologische Ich. Durch Assimilation
und durch An-Schließung holt das empirische Ich Fremd- und

Eigenprodukte als empirische Werte ein. Vom empirischen Ich über das basale Grundprinzip (Autologie) Geformtes begegnet sich so wieder. Nach dem Bruch eines geschlossenen Wertsystems bildeten sich weitgehendst autonome Wertzentren, die nur ihrer eigenen Logik und Unendlichkeit folgen. Diese lärmenden Systeme sind sprachlos, sind stumm, und können sich in ihrer blinden Eigendynamik selbst verzehren. Broch hat somit klar und eindringlich die Gefahren weitgehendst geschlossener funktionaler Systeme vorausgesehen und beschrieben. Aber im basalen Erzeugungsprinzip ist auch eine andere Art der Offenheit angelegt und damit der Andere. Diese Anlage zur Liebe an sich berechtigt zur Hoffnung, ermöglicht schweigendes Sprechen.

Die erstaunliche Leistung Brochs besteht darin, daß er mit Prinzipien der Rückbezüglichkeit, der Kokonstitution, der funktionalen Differenzierung, des Zusammenhangs von Einheit (Individuation) und Funktion arbeitete, mit Strukturen, die sich heute anschicken, die Wissenschaften zu revolutionieren.[14]

Anmerkungen

Zitiert wird nach Hermann Broch, *Philosophische Schriften 2: Theorie* (Frankfurt/M.: Suhrkamp 1977), hg. v. Paul Michael Lützeler. Die Seitenangaben sind in Klammern gesetzt.)

1 Die klassische metaphysische Frage ist die sog. Was-Frage, die das wesentliche Wassein, das Wesen des Seienden entbergen wollte. Von Gegnern erhielt sie die Etikette »methodologischer Essentialismus«, und ihr Urteil über diese Art des Fragens ist hart: damit wird nur »prätentiöser Wirrwarr« erzeugt (vgl. K. R. Popper, *Der Zauber Platons*, Bern, München 1957, S. 61). Vernichtend auch das Urteil von Vertretern des sog. Wiener Kreises; schon der Titel des Aufsatzes von H. Hahn signalisiert dies: *Überflüssige Wesenheiten (Occams Rasiermesser)*, in: H. Schleichert (Hg.), *Logischer Empirismus – der Wiener Kreis*, München 1975, S. 95-116. Mit dem Schicksal der Was-Frage, allerdings wesentlich einfühlsamer und konstruktiver, beschäftigt sich A. Baruzzi, »Was ist praktische Philosophie?« in: *Schriften der Philosophischen Fachbereiche der Universität Augsburg*, Nr. 4, München 1976.

2 Es ist interessant, wie Broch die eigentlich so scharfe Trennung diskursiver Verstand / intuitive Einsicht handhabt. Diskursiver Ver-

stand (cogito) ist selbst eine Ur-Intuition, ebenso wie Sein (sum). Er hintergeht damit die Schwierigkeiten, die durch eine rein analytische Trennung in intuitiven und diskursiven Verstand entstehen (vgl. hierzu R. Kroner, *Von Kant bis Hegel*, Tübingen 1961, S. 296 f.).

3 Der Begriff der Autologie steht für selbstreferenzielle Modelle, also für Konzeptionen, die auf sich selbst angewandt werden, z. B. Bewußtsein ⟶ Selbstbewußtsein ⟶ Autonomie, und in einigen Fällen auch dafür, daß eine selbstreferenzielle Struktur sich selbst benötigt, um zu existieren bzw. sich zu reproduzieren. Vgl. hierzu H. v. Foerster, *Principles of Self-Organization – In a Socio-Managerial Context*, in: H. Ulrich, G. J. B. Probst (Hg.), *Self-Organization and Management of Social Systems*, Berlin, Heidelberg, New York, Tokio 1984, S. 2-24 (3-8). Ein Teil der von dem Biokybernetiker v. Foerster und dem Umkreis (G. Günther, H. Maturana, F. Varela) benützten rückbezüglichen Konstruktionen sind ohne Zweifel – allerdings nicht technifiziert – bereits im deutschen Idealismus, vor allem bei Fichte und Hegel, angelegt (vgl. hierzu besonders G. Günther, *Idee und Grundriß einer nicht-Aristotelischen Logik*, Hamburg 1978).

4 Wenn das »Cogito et Sum« als basal und selbstreferenziell bezeichnet wird, so ist darunter folgendes zu verstehen: das Bezugsgeflecht Denken und Sein konstituiert und vollzieht die Einheit Mensch, und zwar so, daß jeder Denk- und Existenzakt jene Einheit erzeugt, die ihn selbst erzeugt hat. Nur über diese Art der produktiven Selbstbezüglichkeit entsteht und erhält sich ein Selbst und entstehen und erhalten sich Werte. Dies scheint nicht nur der Grundgedanke von Brochs Werttheorie zu sein, sondern – allerdings technifiziert und biologisiert – das Prinzip der Autopoiese von H. R. Maturana. Das »basal« bezieht sich dann auf dessen Verständnis von »Organisation« und das »selbstreferenziell« auf seinen Term »Autopoiese« (vgl. ders., *Erkennen: Die Organisation und Verkörperung von Wirklichkeit*, Braunschweig, Wiesbaden 1982, S. 314 f.).

5 Von iterativer Selbstreferenz kann man dann sprechen, wenn ein Prinzip oder ein Konzept auf sich selbst angewendet wird. Das Denken des Denkens, der Zweck des Zweckes, der Sinn des Sinns, das Lernen des Lernens, »die Setzung der Setzung« usw. Man soll ja nicht behaupten, diese Art von Konzeptionen sei fruchtlos, im Gegenteil, sie ist es, die Dynamik erzeugt. Denken, das sich selbst denkt, schafft nicht nur die Trennung innen / außen, sondern ist qualitativ verändert. Vgl. hierzu die Ausführungen von G. Günther, *Metaphysik, Logik und die Theorie der Reflexion*, in: Archiv für Philosophie 7 (1957), S. 1-44 (19-33). Ferner ist hier der Begriff der Autokatalyse, will man ihn aus der Biologie übertragen, anzusiedeln.

6 Zu dieser Gefahr und einer Art von Lösungsversuch vgl. H. v. Foerster, *Das Konstruieren einer Wirklichkeit*, in: P. Watzlawick (Hg.),

Die erfundene Wirklichkeit, München, Zürich 1981, S. 39-60 (58 ff.). Dort findet sich ein das Erkennen betreffendes Modell, das mit iterativer Selbstreferenz arbeitet (vgl. S. 44-46).

7 Man kann wohl davon ausgehen, daß nicht jeder Selbstbezug eine sich selbst wissende Identität erzeugt, daher identifikatorische Selbstreferenz.

8 Dieses »Für-sich-selber-Sprechen« ist Ausdruck und Betonung des Eigenwerts einesteils des Naturschönen (vgl. Broch, a.a.O., S. 171), anderenteils des Kunstschönen. Es ist wohl die Vernichtung jeglichen Eigenwerts, die uns heute so zu schaffen macht, die totale Funktionalisierung und Dynamisierung, die auch Broch beklagt.

9 Tautologien werden, da sie ja nur das enthalten, was bereits gesagt wurde – so ist wohl im »Ich denke« schon enthalten, »Das Ich denkt sich selber« –, häufig als fruchtlos hingestellt. Das trifft jedoch vielfach nicht zu, da sie – wie das Broch ebenfalls zeigt – Selbstaussagen und Aufschlüsselung eines Prinzips sind, und damit Erkenntniszuwachs.

10 Das Denken in Rückbezüglichkeit fällt vor allem den harten Positivisten schwer, deshalb ist es nur konsequent, daß rückbezügliche Techniken, etwa der Zentrifugalregulator oder das dahinter stehende Prinzip, die negative (kompensierende) Rückkoppelung, erst »entdeckt« werden mußten. Wie bedeutsam und revolutionär es jedoch auch für die Mathematik und Naturwissenschaft ist, wird illustriert in: F. Varela, *Der kreative Zirkel. Skizzen zur Naturgeschichte der Rückbezüglichkeit,* in: P. Watzlawick (Hg.), *Die erfundene Wirklichkeit,* München, Zürich 1981, S. 294-309.

11 Engstens mit der Rückbezüglichkeit ist die sog. Selbstbegegnung verschränkt. Natürlich begegnet sich der Soziologe, der eine erfolgreiche Theorie der Gesellschaft entwirft, in Gestalt seiner konkretisierten Begriffe, etwa: soziale Mobilität, wieder. Nämliches gilt für den Techniker, der sich in Form seiner Autobahnen, seiner Computer, seiner Herz-Lungen-Maschine wiederbegegnet. Und natürlich hat Broch somit ein Prinzip der Wertbeziehung etabliert. Aber die Brochsche Art der Wertbeziehung ist gedachte und gelebte Wiederbegegnung. Übrigens ist auch Max Webers Wertbeziehung zumindest insoweit eine Selbstbegegnung, als, um einen Forschungsgegenstand zu konstituieren, das dazu benutzte und gewählte Begriffssystem auch in den Ergebnissen wieder auftaucht. In diesem Sinne und in der existenziellen Konfrontation des Menschen mit diesen Forschungsergebnissen liegt eben keine Wertfreiheit, auch keine Werturteilsfreiheit vor (vgl. M. Weber, *Der Sinn der ›Wertfreiheit‹ der soziologischen und ökonomischen Wissenschaften,* in: ders., *Gesammelte Aufsätze zur Wissenschaftslehre,* Tübingen 1973, S. 489-540; 511 ff.).

12 Broch ist somit einer jener vielen Vorläufer des Paradigmawechsel-

Modells, wie es Th. S. Kuhn in: *Die Struktur wissenschaftlicher Revolutionen,* Frankfurt/M. 1973, vorgestellt hat.

13 Man vergleiche die Aussagen Brochs zu den großen und blind ihre Autonomie auslebenden Systemen mit den Einsichten eines prominenten Systemtheoretikers: »Inzwischen hat man mit der modernen Gesellschaft mehr und auch ungünstigere Erfahrungen. Sie liegen vor allem in der gesamtgesellschaftlich kaum kontrollierbaren Eigendynamik der Funktionssysteme begründet, die jeweils eine Verbesserung der Lage in bezug auf ihre spezifischen Funktionen erstreben und über entsprechend amelioristische Ideologien integriert werden. Dafür fehlen Stoppregeln ...« (N. Luhmann, *Gesellschaftsstruktur und Semantik,* Bd. 2, Frankfurt/M. 1981, S. 28).

14 Wir benötigen keine allzu kühne Phantasie, daß Konzeptionen der Rückbezüglichkeit, wie sie z. B. von A. Rosenblueth, N. Wiener, J. Bigelow in *Behavior, Purpose and Teleology,* in: Philosophy of Science 10 (1943), S. 18-24, vorgestellt wurden oder in den angeführten Arbeiten von G. Günther, H. v. Foerster, H. Maturana, U. Varela weiterentwickelt wurden, und in Ausdrücken wie Autogenese, Autopoiese, Zyklen und Hyperzyklen, Autokatalyse ihren Niederschlag finden, nicht nur eine gemeinsame Struktur, eben das Prinzip der Rückbezüglichkeit, besitzen, sondern in der Lage sind, ein neues Wissenschaftsparadigma zu etablieren. Vgl. hierzu auch M. Zeleny, *Autopoiesis. A Paradigm Lost,* in: ders. (Hg.), *Autopoiesis, Dissipative Structures, and Spontaneous Social Orders,* Washington 1980, S. 3-44. Das Interessante an Broch ist, daß er rückbezügliche Konstruktionsprinzipien konsequent auf die kognitive und valuative Sphäre ausdehnt und beide Sphären als sich gegenseitig konstituierend denkt.

Kuno Lorenz
Brochs erkenntnistheoretisches Programm

Die Erfahrung des Zerfalls aller Orientierungsleistungen – »Wertzersplitterung, Wertzerrissenheit und Wertvernichtung« (KW 10/
2, S. 198) – der europäischen Kultur bildete die Grundlage, von
der die Arbeiten Brochs ein Leben lang geprägt waren. Ganz
gleich, welchem Problemkreis er sich zuwandte, immer ging es
ihm um die Wiederherstellung einer verlorengegangenen Einheit
‹humaner› Lebensführung, wenn sie vom Geist, der Vernunft,
geleitet ist; er sprach dabei auch von der »Wiedergewinnung der
religiösen Haltung« (KW 10/1, S. 57). Broch orientiert sich am
platonischen Verständnis der Philosophie als Suche nach wahrer
Erkenntnis und geht aus von der jedem Menschen, sei er Philosoph oder Künstler, auferlegten »religiösen Pflicht [...], in jeder
Erkenntnis die Einheit des Ganzen zu sehen und solcherart mit
jeder Erkenntnis, mit jedem Werk einen Baustein zu der künftigen
neuen Einheit herbeizutragen« (ebd., vgl. KW 10/1, S. 83). Auch
Erkenntnis selbst darf daher nicht in Arten, etwa naturwissenschaftliche und geisteswissenschaftliche, unterschieden verstanden
werden, vielmehr ist es Aufgabe einer Erkenntnis-Theorie, die
einheitliche ‹Struktur› von Erkenntnis – er nennt sie ›Wert‹ (KW
10/2, S. 199) – aufzuzeigen, was Broch unter Rückgriff auf Kants
Erkenntnistheorie nur so für durchführbar hält, daß auf die Verankerung aller ‹weltformenden› Handlungen in einem einheitlichen tätigen Subjekt, Kants ‹transzendentalem Subjekt›, zurückgegangen wird. Er wird nicht müde, immer wieder in geistesgeschichtlichen Exkursen, ausführlich zum Beispiel in »Genesis des
Wahrheitsproblems innerhalb des Denkens und seine Lokalisierung im Rahmen der idealistischen Kritik« (KW 10/2, S. 207-233),
auseinanderzusetzen, daß die Verwandlung von Momenten, die
zu den in der Tätigkeit des Subjekts liegenden Bedingungen von
Erkenntnis gehören, in eigene Gegenstände der Erkenntnis, also
die Verwandlung formaler Bestimmungen in materiale, zu den
Ursachen zu zählen ist, die den Zerfall der Einheitlichkeit der
Erkenntnis herbeigeführt haben. Broch konkretisiert dabei die
kritische Wendung Kants, indem er bis zum empirischen Subjekt

zurückgeht und in ihm die letzte unhintergehbare Instanz jeden Wahrheitsanspruches sieht, der aber nur einlösbar ist, wenn dabei die Denkrichtung auf das transzendentale Subjekt – Streben nach Transsubjektivität würde man heute sagen – beibehalten wird (vgl. KW 10/1, S. 95 f.). Alles hängt daher von einer zureichenden Untersuchung des Zusammenhangs von ‹subjektivem Ich› und ‹Ich an sich› ab.

Die besondere Schwierigkeit aber – und deren Behandlung zeigt am deutlichsten die teils kritische, teils intuitive Hellsicht Brochs gegenüber den meisten philosophischen Ansätzen – liegt in der Unmöglichkeit, beide Weisen des Ich getrennt zu bestimmen. Vom empirischen Subjekt her auf Transsubjektivität zielen, heißt, die Erfahrung der Einsamkeit machen, Transsubjektivität in Leistungen des empirischen Subjekts aufsuchen, heißt, die Richtung des Denkens, wie es in Sprachhandlungen auftritt, erkennbar machen. In beiden Fällen findet sich die Einheitlichkeit der Erkenntnis nicht in den Inhalten, es gilt vielmehr ihre Form zu ermitteln, sowohl in praktischer wie in theoretischer Hinsicht: Einsamkeit ist die Form, unter der Erkenntnis erlebt wird, und Denkrichtung – auf die oberste Intention der entsprechenden Sprachhandlung, nämlich Wahrheit hin – ist die Form, unter der Erkenntnis dargestellt wird. So vermag Broch die gesuchte einheitliche Struktur der Erkenntnis als sowohl zur Logik wie zur Ethik gehörig, als Antwort auf eine zugleich erkenntnistheoretische und existenzphilosophische Frage zu entwerfen. Ihm ist diese Zusammengehörigkeit, artikuliert als Wissen um »die Unfähigkeit des Ichs sich selbst zu belügen« (KW 10/2, S. 230), ausdrücklich »zum Angelpunkt aller philosophischer Überlegung geworden« (ebd.). Fügt man jetzt noch hinzu, daß Wahrheit-im-Denken-Intendieren den Weg-dorthin-Aufsuchen, also Beweise-Suchen impliziert, so kann, da auch der Weg nur in auf Wahrheit zielenden Sprachhandlungen – jetzt das Verfahren der Wahrheitssuche, nicht den Gegenstand, also Sprachhandlungen wie etwa Als-wahr-Behaupten, betreffend – besteht, Erkenntnis letztlich nur als Denken und Sprechen einschließender Lebensvollzug wirklich sein: »die Wahrheit [ist] als eine Zuständlichkeit des Ich, respektive des Selbstbewußtseins, zu charakterisieren« (KW 10/2, S. 231).

Es wäre ein folgenschwerer Irrtum, wollte man in dieser Brochschen Rückführung von Wahrheit auf Wahrhaftigkeit – natürlich noch immer bloß auf die Form von Wahrheit, nicht auf die einzelnen Inhalte bezogen – angesichts der von ihm bevorzugten bewußtseinstheoretischen Terminologie, einen Versuch sehen, Erkennen im Bekennen zu verankern. Nicht die subjektive Versicherung darf Glaubwürdigkeit beanspruchen, nur im Vollzug ständig erneuerter Distanzierung gegenüber der gerade erreichten Einsicht ist Erkenntnis wirklich. Broch drückt diese Überlegung so aus, daß zwar das subjektive Ich aus nichts anderem als einem Kontinuum von Wissensakten, einer ‹Kette von Wahrheiten› besteht, es gleichwohl aber nicht mit dem ‹Limes des Bewußtseins›, Bolzanos ‹Wahrheiten an sich›, identifiziert werden darf. Geschieht dies doch, so wird das Wahrheitsproblem aus einem Problem der Wahrheits*form* in ein solches des Wahrheits*inhalts* verwandelt, Philosophie zur Metaphysik. Die entscheidende, auf Plato zurückgehende Umdeutung von ›Philosophie‹ in ›Wissensuchen‹ statt ›Wissenbesitzen‹ hat Broch so aufgegriffen und zum Maßstab seiner kritischen Behandlung der neuzeitlichen Erkenntnistheorie gemacht. Gleichwohl besteht er darauf, daß Philosophie nur dem ‹metaphysischen Bedürfnis› ihre Existenz verdankt. Das könnte, gerade auch angesichts der immer wieder von Broch als vorbildlich herangezogenen christlich-platonischen Philosophie des Mittelalters, zu dem Mißverständnis führen, er betreibe seine Kritik an einer sich als Wissenschaft verstehenden Philosophie – also an der szientistischen, oder, wie er sagt, ‹positivistischen› Philosophie der Neuzeit – mit dem Ziel, sie wieder metaphysisch-theologisch, in einem religiösen Glauben, zu verankern. Worum es ihm geht, ist aber gerade nicht eine Restitution von inhaltlichen Glaubenswahrheiten, sondern das Sichtbarmachen der Einheitlichkeit der Erkenntnis und damit des Zusammenhangs aller Wahrheiten in einer ‹idealistischen› Philosophie. Das aber ist nur durch die genannte Umwandlung des Wahrheitsproblems von einem inhaltlichen in ein formales, die Struktur des Prozesses der Wahrheitssuche betreffendes Problem zu erreichen.

Für diese Struktur ist, wie wir bereits gesehen haben, die Denk*richtung* konstitutiv. Um auszudrücken, daß allein diese Richtung, nicht aber ihr Ziel oder ihr Anfang zugänglich sind, spricht Broch vom ‹mystischen Zielpunkt› des subjektiven Ich, also der Wissensakte bzw. Denk- und Sprachhandlungen, und identifiziert ihn mit dem ‹mystischen Urgrund› des subjektiven Ich (vgl. KW 10/2, S. 231). Zugleich will er mit dieser Redeweise darauf aufmerksam machen, daß die bloß interne, methodologische, Charakterisierung des Erkenntnisprozesses, wie von den Wissenschaften, insbesondere der Mathematik, in Gestalt von Rationalitätsstandards vorgenommen, nicht ausreicht, sondern durch die Herausarbeitung seiner externen, in Lebensvollzügen auftretenden ‹irrationalen› Quellen ergänzt werden muß. Die Einheit der Erkenntnis läßt sich nur in der »Totalität des Erkennens und Erlebens« (KW 9/2, S. 46) sichtbar machen.

Damit ist eine für Brochs erkenntnistheoretisches Programm zentrale Unterscheidung eingeführt: Erkenntnis wird auf der Ebene rationaler wissenschaftlicher Darstellung intendiert, zugleich aber wird sie gespeist vom Erleben, einem intuitiven, anschaulichen Erkennen, das von Moritz Schlick, dem Begründer des Wiener Kreises, dessen Vorlesungen Broch zeitweise besuchte, als Kennen der Gegenstände dem Erkennen in Aussage über sie gegenübergestellt wird.[1] Vorausgegangen war bei Bertrand Russell die sachlich gleichgelagerte Unterscheidung von ›knowledge by acquaintance‹ und ›knowledge by description‹[2], aber weder Schlick noch Russell waren imstande, sich von den auf der Erlebnis- bzw. Bekanntschaftsebene ablaufenden Zeichenprozessen Rechenschaft zu geben. Die angebliche sinnliche Unmittelbarkeit verstellte den Blick darauf, daß sich auch auf dieser Ebene semiotische Prozesse abspielen: das Kennen ist ein Kennen*lernen* von, die Bekanntschaft ist ein Sich-bekannt-*Machen* mit. Sprachliche Ausdrücke sind schon für diesen Prozeß konstitutiv, und zwar ‹konstitutiv› im ganz wörtlichen Sinn von ›gegenstandskonstituierend‹ und eben noch nicht gegenstandsbeschreibend wie dann, wenn ihrer Verwendung eine schon – unter Einsatz anderer Zeichenprozesse – vollzogene Gegenstandskonstitution voraufgeht. Broch, der Philosoph und Dichter, hat hier von Anfang an klarer gesehen.

Von den ersten kulturkritischen Notizen der Jahre 1908/1909 (KW 10/1, S. 11-31) bis zur weitausgreifenden Kulturkritik im Hofmannsthal-Essay wenige Jahre vor seinem Tod 1951 (KW 9/1, S. 111-284) ist er mit der Ausarbeitung seiner ihn leitenden Einsicht befaßt: »Wissenschaftliche und künstlerische Erkenntnis sind Zweige eines *einzigen* Stammes« (KW 9/2, S. 48; vgl. KW 9/1, S. 137 u. ö.). Beide Tätigkeiten, Wissenschaft und Kunst, sind Fortsetzungen alltäglicher Lebensvollzüge, nur auf grundsätzlich verschiedenen Ebenen, der ‹Ebene der Beschreibung› im Fall der Wissenschaft – natürlich angewiesen auf die ‹Basis› anschaulichen

Erlebens –, der ‹Ebene der Bekanntschaft› im Fall der Kunst – auch hier unbegehbar ohne den ‹Überbau› rationaler Formung. Wissenschaft ergibt sich daraufhin als ein Approximationsprozeß immer ‹feinerer› Repräsentation der Welt (Broch: »unendlich viele[n], unendlich kleine[n] rationale[n] Schritte«, KW 9/2, S. 48), Kunst hingegen als ständig ‹erneuerte› Weltschöpfung in Zeichenhandlungen (Broch: »ahnendes Symbol der geahnten Totalität«, KW 9/2, S. 49; vgl. KW 10/2, S. 243).

Und in konsequenter Umkehrung einer von Kant auf die Wissenschaft gemünzten Überlegung, »daß die Vernunft nur das einsieht, was sie selbst nach ihrem Entwurfe hervorbringt« (Vorrede zur 2. Aufl. der *Kritik der reinen Vernunft*, B XIII), Natur also wie selbsterzeugt aufzufassen, zu *re*konstruieren, sei, verlangt Broch, Kunst als Natur anzusehen, beziehungsweise, er erklärt Kunstwerke, für die sich eine solche Betrachtungsweise durchsetzen läßt, zu ‹wahren› Kunstwerken (vgl. KW 10/2, S. 246). Mit der Hervorhebung des ‹Natürlichen› der Kunst will Broch darauf aufmerksam machen, daß im künstlerischen Prozeß nicht etwa bereitliegende allgemeine Schemata illustriert oder bloß empirische Einzelgegenstände hergestellt werden. Vielmehr ist die Erzeugung eines einzelnen Werks zugleich die Erfindung seiner allgemeinen Strukturen, also ‹neuer› Schemata, die es – in der reflektierenden Phase des künstlerischen Prozesses – zu finden gilt, soll der Erkenntnischarakter der Kunst nicht verlorengehen.

Der Unterschied zwischen wissenschaftlicher und künstlerischer Erkenntnis zeigt sich darin, daß eine wissenschaftliche Aussage nur als Bestandteil im Prozeß fortschreitender Gesamtwissenschaft [von der Welt] Erkenntnis ausdrückt – sie ist ein ‹rationaler› Erkenntnisschritt –, während ein künstlerisches Objekt bereits für sich ein Symbol des Gesamtzusammenhangs [der Welt] ist und insofern Erkenntnis bildet – es ist eine ‹irrationale› Erkenntnis des Ganzen (vgl. KW 10/2, S. 243 ff.). Das ist der Sinn von Brochs immer wieder verwendeter Wendung: Dichten – Ungeduld der Erkenntnis (z. B. KW 9/2, S. 49, 247; KW 9/1, S. 137 f. u. ö.). Die in der Neuzeit fortschreitende Partikularisierung innerhalb der Wissenschaften und Künste hat die Wissenschaften in nicht mehr zur Selbstreflexion fähige, sich allein vom Objekt her verstehende, rein ‹positive› Disziplinen verwandelt, und zwar dadurch, daß Objekt und Methode, als empirischer Gehalt und begrifflicher Rahmen, zunehmend voneinander unabhängig behandelt wurden;

durch einen entsprechenden, mit Verselbständigung einhergehenden Trennungsprozeß von Gegenstand und Verfahren wurden die Künste zu sich allein vom Verfahren her verstehende Disziplinen des bloßen l'art pour l'art, die zur Symbolisierung des Gesamtzusammenhangs nicht mehr fähig oder, wie Broch sagt, ‹sozialgleichgültig› (vgl. KW 9/1, S. 123 ff.) sind. Angesichts dieser, von Broch facettenreicher Kritik unterzogenen Partikularisierung fordert er von der Philosophie die Wiederherstellung der Einheit der Wissenschaften, von einer ausdrücklich kognitiven Kunstausübung die »Hervorhebung einer Welt-Essentialität« (KW 9/1, S. 131), d. i. die Spiegelung des Ganzen in einem ‹Stil›. Dichtung mit diesem Anspruch nennt Broch ›philosophische Dichtung‹, und für sie, ebenso wie für die ihr in dieser Hinsicht gleichende ‹wahre Philosophie›, gilt: »Objekt und Methode durchdringen sich unausgesetzt« (KW 10/1, S. 234).

In der Philosophie geschieht dies ‹stilfrei›, nämlich rein begrifflich – in einer platonischen, ‹idealen› Sprache –, in der Dichtung durch das Finden eines Stils, die an der Organisation des ‹Sprachsinns› ablesbare Eignung des Werks zum Symbol. Aber natürlich weiß Broch, und er setzt es in seinem *Gründungsaufruf für eine Internationale Universität* (KW 10/1, S. 67-100) mit jeder nur wünschenswerten Deutlichkeit auseinander, daß die dazu nötige Versöhnung von apriorischer Philosophie – sie ist mit den Verfahren der Erkenntnisgewinnung als eigenen Erkenntnisgegenständen befaßt – und empirischen Wissenschaften nicht durch Preisgabe der Autonomie der Einzelwissenschaften, sondern allein durch Philosophischwerden der Wissenschaften, d. h. Ausbilden der Methodenreflexion innerhalb jeder Disziplin, und durch Wissenschaftlichwerden der Philosophie, d. h. Verankerung von Methodenfragen in alltäglichen oder wissenschaftlichen Sachproblemen, befördert werden kann. Innerhalb der mathematischen Wissenschaften, die ohnehin die Brücke zwischen apriorischer Philosophie und empirischen Wissenschaften bilden, läßt sich dieser dort längst stattfindende Versöhnungsprozeß paradigmatisch studieren, und zwar gleich so, daß Licht auf die Verhältnisse bei philosophischer Dichtung fällt.

Broch hat den für die Entwicklung der modernen Mathematik richtungweisend gewordenen Zusammenhang von Objekt und Methode in der auf langjährige Vorstudien zurückgehenden Arbeit *Die sogenannten philosophischen Grundfragen einer empiri-*

schen Wissenschaft (KW 10/1, S. 131-146) ausführlich erörtert, die Konsequenzen für philosophische Dichtung finden sich in der wichtigen späten Studie *Über syntaktische und kognitive Einheiten* (KW 10/2, S. 246-299). Scharfsinnig setzt er auseinander, wie in der Grundlagenforschung der Mathematik, und zwar sowohl im Logizismus von Frege und Russell wie im Formalismus Hilberts, methodische Probleme in mathematische Sachprobleme umgebildet worden sind und damit einen dogmatischen (auf die unendliche Hierarchie der Mengen, Mengen von Mengen, ..., bezogenen) beziehungsweise skeptischen (auf die bloß axiomatisch charakterisierten Strukturen – die Erfüllbarkeit der Axiome ist durch logische Widerspruchsfreiheit gedeutet – bezogenen) Realismus gestützt haben, der zur Kritik von Seiten des mathematischen Intuitionismus geradezu herausfordert. Dies besonders in der Fassung, wie Broch sie bei seinem Gesprächspartner der amerikanischen Exiljahre, dem Mathematiker Hermann Weyl, kennengelernt hatte. An die Stelle ‹positiver› Mathematik tritt Mathematik in ‹reflexiver› Einstellung (Broch: unter Anerkennung ‹subjektiver Momente›, vgl. KW 10/1, S. 138 f.), deren Gegenstandsbezug durch Verfahren zur Herstellung der Gegenstände oder ‹Konstruktionsprinzipien› an jeder Stelle ausdrücklich gesichert wird. Später allerdings nennt er den mathematischen Intuitionismus das Resultat einer »positivistische[n] Säuberungsaktion« (KW 10/2, S. 258) gerade, weil bloß deduktiv gewonnene ›es gibt‹-Urteile nicht anerkannt werden, sondern durch expliziten Existenzaufweis (Broch: »infiniten Prozeß mathematischer Realitätsschaffung«, ebd.) zu stützen sind. Hier ist ›positivistisch‹ Titel für streng rational verfahrende, jedes [inhaltlich] metaphysische Element verbannende Wissenschaft; natürlich soll damit nicht behauptet sein, daß die zu jeder wissenschaftlichen Erkenntnis gehörende intuitive Basis vom mathematischen Intuitionismus geleugnet werde. Im Gegenteil: die »erkenntnistheoretische Unbewußtseins-Sphäre« (KW 10/2, S. 261) wird in einem unendlichen Prozeß schrittweise rational erfaßt und gerade nicht bloß spekulativ, etwa axiomatisch, postuliert. Nur darf dabei – und daran soll der Titel ›positivistisch‹ auch erinnern – nicht vergessen werden, daß man die intuitive Basis schon für das Alltagswissen in Anspruch nimmt (Broch: »selbst der Durchschnittsmensch [...] [hat] als ‹konstant visionär› zu gelten. Nur [...] [merkt] er im allgemeinen nichts davon«, (KW 10/2, S. 262). Man kann sie niemals durch wissenschaftliche Erkenntnis vollständig ersetzen. Sofern diese Einsicht aber gerade das entscheidende Resultat der radikalen positivistischen Säuberungsaktion in allen Wissenschaften unter Einschluß der Philosophie gewesen ist beziehungsweise sein wird – sie führte in der Philosophie zum ‹Ausdruckspositivismus›, Brochs Terminus für die Analytische Philosophie (KW 10/1, S. 90) –, sorgt die hierdurch sichtbar werdende Komplementarität ‹subjektoider› und ‹objektoider› Anteile sowohl in den scheinbar rein objektgerichteten Wissenschaften wie in der scheinbar rein subjekt-, nämlich verfahrensorientierten Philosophie für die gesuchte einheitliche Struktur von Erkenntnis, das Thema der wahren, im platonischen Geiste gegen ‹denkerische Verschlampung› und *dadurch* auch gegen ‹ethische Verschlampung› gerichteten Philosophie (vgl. KW 10/2, S. 273).

Um nun genauer angeben zu können, wie speziell in philosophischer Dichtung Objekt und Methode einander durchdringen, setzt Broch in einem seiner Zeit weit vorauseilenden systematischen Entwurf die Grundzüge eines Modells sprachlich artikulierter Erkenntnis auseinander. Er geht von der kleinsten syntaktischen Einheit, einem Satz, aus und fragt, auf welche Weise in ihm ein kognitives Gebilde – er nennt es ›Eidos-Einheit‹ – hör- und sichtbar gemacht wird. Also keine ‹Etikettentheorie› der Bedeutung mehr – sprachliche Ausdrücke wären Namensschilder der von ihnen ‹bedeuteten› Gegenstände –, können doch Gegenstände und ihre Zeichen nicht getrennt voneinander verfügbar gemacht werden; aber ebensowenig eine sprachinterne Bedeutungstheorie – die Bedeutung sprachlicher Ausdrücke würde durch Klassen geeigneter Kontexte, in denen sie vorkommen, definiert –, für eine Unterscheidung von Zeichen und Gegenstand gäbe es in diesem Fall keine tragfähige Grundlage. Vom Ansatz her schon vermeidet Broch den dogmatischen Realismus der Etikettentheorie, der ähnlich wie in der logizistischen Position des mathematischen Grundlagenstreits die Methode dem Objekt unterordnet; und erst recht geht er ihrer skeptischen Alternative aus dem Weg, die in ihrem Reduktionismus auf Syntax der formalistischen Position im mathematischen Grundlagenstreit gleicht und das Objekt im Verfahren verschwinden läßt.

Broch beginnt mit einem von ihm ›Elementarsituation‹ genannten Weltausschnitt und erklärt eine Eidos-Einheit als ‹auf ihn bezogen›. In einer modernen, am dialogischen Konstruktivismus, und das heißt an der sowohl pragmatischen wie dialogischen Philosophie des späten Wittgenstein, geschulten Terminologie[3] ist eine solche Elementarsituation – als Beispiel diskutiert Broch u. a. FLACKERNDES LICHT – die Aktualisierung eines Schemas, wobei Broch das Schema als Eidos gleich mit dem Akt des ‹Meinens›, nämlich die Situation als Aktualisierung eines Schemas ‹Sehen› beziehungsweise ‹Verstehen›, in Verbindung bringt, die Situation selbst hingegen zwar durch Wendungen wie ›Isolieren eines Weltausschnitts‹ (vgl. KW 10/2, S. 249) nicht unabhängig von Aktivitäten des Menschen ansieht, sie aber gleichwohl noch nicht streng komplementär als Resultat der Ausführung einer Handlung begreift. Die klassische philosophische Tradition mit ihrem primär ‹passiven› Verständnis des Sehens verhindert die volle Wiederherstellung auch des ‹aktiven› Anteils der Wahrnehmung in Wahrnehmungs*handlungen*, wie es für die Antike selbstverständlich gewesen ist. Eidos und Situation sind als Universale und Singulare, als Allgemeines und Einzelnes streng aufeinander bezogen und nicht als selbständige Gegebenheiten isolierbar. Gleichwohl ist es ein systematisch treffender wie für die Durchführung fruchtbarer Schritt, von Empirischem und Apriorischem (auch ‹Rationalem› oder ‹Idealem›) jeweils bei der einzelnen Situation und dem allgemeinen Eidos zu sprechen, wird doch damit die Komplementarität auch dieser, die Erkenntnistheorie beherrschenden, Begriffe fest im Umgang des Menschen mit seiner Welt verankert.

Die Konsequenzen für den Zusammenhang von empirischer, d. h. auf Empirisches gerichteter, Wissenschaft und apriorischer, d. h. auf Apriorisches gerichteter, Philosophie werden sichtbar, wenn im nächsten Schritt die Bezogenheit eines Eidos auf Situationen sprachlich artikuliert, Broch sagt: »ans sprachliche Licht gebracht« (KW 10/2, S. 251), wird. Der entscheidende Satz lautet: »Die Eidos-Einheit ist durch die Syntax-Einheit zu repräsentieren« (ebd.). Im Elementarsatz, z. B. ›Dies ist flackerndes Licht‹ wird ausgesagt, daß eine Elementarsituation ein Eidos verkörpert. Jeder solche Satz, in einer derartigen Situation geäußert, ist begleitende sprachliche Versinnlichung des Eidos, im Beispiel: FLAKKERNDES LICHT. Mit der Artikulation geschieht aber noch mehr. Broch stellt heraus – zwar nur für indogermanische Sprachen, aber diese Einschränkung läßt sich in logischer Rekonstruktion leicht aufheben –, daß im grammatischen Subjekt, im Elementarsatz durch den rein deiktischen Ausdruck ›dies‹ vertreten, »eine Projektion des sprechenden Subjektes« (KW 10/2, S. 252) vorliegt, mit ›dies‹ also nicht, wie die übliche logische Analyse glauben machen möchte, ein in der Sprechsituation ‹gegebener Gegenstand› benannt wird, ›dies‹ vielmehr die Konstitution dieses Gegenstands aus seinen relativ zum Subjekt auftretenden ‹Gegebenheitsweisen› (ein Fregescher Terminus für die bei Bezugnahme auf einen Gegenstand entstehende Perspektivierung), also den Wahrnehmungshandlungen im weitesten Sinne, Leibnizens ‹Perzeptionen›, indiziert. Wird die mit ›dies‹ nur verwendete Perzeption ihrerseits artikuliert, so ließe sich ›dies‹ expandieren, etwa zu ›das, was ich gerade sehe‹. Aus Wahrnehmungshandlungen, wie FLACKERNDES-LICHT-SEHEN, FLACKERNDES-LICHT-SPÜREN etc., den Beziehungen des sprechenden Subjekts zu seiner Umwelt, seinen »Identifikationen mit ihr« (ebd.) in der Ausdrucksweise Brochs, wird das Objekt gebildet. Das Objekt *ist* die Funktion, so erklärt Broch ausdrücklich, die »Dynamisierung, die der Satz durch das Verbum erfährt [d. h. durch die Hervorhebung einer Perspektive], in statische[n] Schranken« (ebd.) zu bannen, also die Invariante aus Perspektiven zu bilden. In den Perspektiven selbst hingegen tritt das sprechende Subjekt auf, dessen Entfaltung daher in nichts anderem als in der Differenzierung der Perspektiven, also der Artikulationen, insbesondere der sprachlichen Artikulationen, durch Differenzierung der Sätze bestehen kann.

Für das Eidos als in Elementarsituationen aktualisiertes Schema haben die Artikulationen die Konsequenz einer Aufspaltung in Perspektiven, deren jede als ‹Zeichen› desselben Eidos auftritt – ihr ‹objektoider› Anteil –, während die Zeichen selbst das Subjekt markieren – der ‹subjektoide› Anteil der Artikulationen. Im Vollzug der Artikulation durchdringen beide Anteile einander vollständig: ein Stück Welt ist im verwendeten Zeichen gegenwärtig und zugleich gedeutet. Broch spricht von dem ‹Simultaneitäts-Phänomen› einer ‹formalen Identität› des eidossetzenden Denkakts mit dem Sprachakt und gibt es unter Verwendung von Wittgensteins entsprechender Gleichsetzung im Satz 4 seines *Tractatus* (»Der Gedanke ist der sinnvolle Satz«) wieder: »Ein Gedanke (ein Augenblick), ein Satz – ein Satz, ein Gedanke (ein Augenblick)« (KW 10/2, S. 254).

Wie aber kann diese, im einfachsten Falll seines Modells gelungene Durchdringung von Objekt und Methode für die durch Differenzierung auftretenden komplexen Fälle aufrechterhalten bleiben, soll wahre Philosophie und philosophische Dichtung möglich sein? Broch unterscheidet zwei Weisen der Differenzierung: eine ‹positive›, durch sukzessive Untergliederung eines einzigen Satzes, und eine ‹reflexive›, in der das, was bei einem Satz nur verwendet wurde, seinerseits in einem Satz artikuliert ist, so daß grundsätzlich hierarchisch gegliederte Sätze entstehen. Im ersten Fall, philosophisch exemplifiziert am *Tractatus* Wittgensteins (KW 10/1, S. 170 ff.) und poetisch am letzten Kapitel des *Ulysses* von James Joyce (KW 10/2, S. 255), ist jede metasprachliche Bezugnahme grundsätzlich ausgeschlossen, das Verfahren der Artikulation zeigt sich und kann nicht gesagt werden. Das Erscheinen einer philosophischen Mystik bei Wittgenstein und einer Sprachmystik oder ‹Mystik des Mediums› (vgl. KW 9/1, S. 130) bei Joyce ist notwendige Folge der »Wendung zum Unmittelbaren« (KW 10/1, S. 172 ff.), sofern nur das Wissen um das Nicht-sagen-können nicht preisgegeben wird. Im zweiten Fall wird ein Prozeß in Gang gesetzt, der philosophisch-wissenschaftlich als nie abbrechender unendlicher Prozeß wiederholter reflektiver Distanzierung erscheint, durch explizites Artikulieren von unbewußt Vollzogenem und damit insbesondere auch durch Zulassen einer nach oben offenen Metasprachenhierarchie. Das ausführlich diskutierte Beispiel ist bei Broch der philosophisch verfahrende mathematische Intuitionismus, insofern dort die Mathematik explizit als ihr eigenes Exempel auftritt (vgl. bes. KW 10/2, S. 290-296). Philosophisch-poetisch hingegen bricht dieser ‹stilfreie›, nämlich rational-begrifflich verfahrende Prozeß ab, indem ein ‹Stil›, nämlich ein System von Symbolisierungen, das rational unerreichbare Resultat des unendlichen Prozesses, sein ‹Unendlichsein› selbst, sprachlich versinnlicht. Ein Satz beziehungsweise der ihm entsprechende prädikative Ausdruck wird zum Symbol dadurch, daß er nicht schlicht Zeichen eines Schemas ist, sondern dadurch, daß er kraft bestimmter Eigenschaften und Beziehungen (interner und externer, z. B. zu Nachbarsätzen) *exemplifizierend* bezeichnet, d. h. er bezeichnet Schemata mit Binnengliederungen/ Eigenschaften, die er selber aufweist und deutet damit Schemata nur an. Das sprachliche Medium ist selbst als Realität entdeckt; es zum Symbol machen, heißt Wirklichkeit erzeugen (vgl. KW 9/1, S. 121 ff.).

»Damit nicht mystische Unaussprechlichkeit gemeint ist, vielmehr die diskursive Unausdrückbarkeit [...], wird es unerläßlich, daß die Sprache jenes eidetisch verborgene, qualitative Existenz-Plus, wenn schon nicht diskursiv – sonst wäre es wieder Reversibilität [d. h. Ausdruck und Erkenntnis wären eineindeutig aufeinander bezogen] –, so doch in empirischer Sichtbarkeit zum Ausdruck bringe; und obwohl das eine offenbar unlösbare Aufgabe ist, sie wird trotzdem vom Menschengeist [...] erstaunlich gelöst: indem er den Sprachausdruck mit Strukturqualitäten ausgestattet hat, wie sie sich, als Beispiel unter vielen, in den Syntax-Einheiten zeigen, gelingt es ihm, bei aller Empirie, nicht nur die eidetischen Bestände ‹andeutungsweise› wiederzugeben, sondern auch über das positivistisch Erfaßbare hinauszugreifen – die Irreversibilität konkretisiert sich am ‹Symbol›« (KW 10/2, S. 266 f.).

Broch problematisiert diese Verhältnisse am Beispiel eines Absatzes aus drei Sätzen: »Die Stube ist dunkel. Ein Mann erscheint mit einer Kerze in der Türe. Die Stubenmitte ist erleuchtet, aber die Ecken bleiben im Schatten.« (KW 10/2, S. 256) Es gibt keine elementare Eidos-Einheit, die dem ganzen Absatz entspräche, müßte er doch dazu die Gestalt eines einzigen untergliederten Satzes haben. Eine höhere Eidos-Einheit hingegen ist erst auffindbar, wenn es gelingt, den Absatz ‹symbolisch› zu lesen, etwa als Andeutung eines durch zeitliche Handlungsabfolge (Broch: »zeitlich-dynamischen Fortschritt«, ebd.) als Eigenschaft ausgestatteten Eidos, weil eben diese Eigenschaft dem Absatz, wird er gelesen, zukommt. In einem gelungenen philosophisch-poetischen Werk sind die Symbolisierungen derart verflochten, daß vom ganzen Werk auch das Ganze der Wirklichkeit angedeutet ist. Kafka ist für Broch ein Dichter, dem solche Symbolisierungen gelungen sind (vgl. KW 9/1, S. 131).

Broch selbst hat im übrigen schon 1917 diese Überlegungen zum Bestandteil eines dichterischen Werks gemacht, nämlich zum expositorischen Anfang wie resümierenden Schluß von *Eine methodologische Novelle*: »Jedes Kunstwerk muß exemplifizierenden Gehalt haben, muß in seiner Einmaligkeit die Einheit und Universalität des Gesamtgeschehens aufweisen können. Wir wollen uns daher keiner zufällig durch die Zeitung oder von der Phantasie uns zugewehten Geschichte hingeben, sondern uns diese in bewußter Konstruktion selber herstellen.« (KW 6, S. 11) Die argumentierenden Teile der Novelle sind nicht nur, wie schon in der

Romantik, als Mittel der Schilderung eingesetzt, sondern zusätzlich auch noch zum Gegenstand gemacht. Damit sie dabei gleichwohl nicht als Fremdkörper auftreten, oder die Erzählung vom Leser irrtümlich als deren Illustration verstanden wird, erzeugt Broch ein semantisches Feld, das insbesondere die Figuren und Plätze als Typen ohne Individuation zu lesen verlangt. Von einem nur als Typ geltenden Gegenstand erzählen, heißt, auf nur individuell motivierbare Begebenheiten verzichten und ihn auf diese Weise ‹typisch motiviert› beschreiben; auch können die argumentierenden Teile keiner der Personen in den Mund gelegt werden. Symbolisierungen sind nur exemplarisch vollzogen und ihrerseits artikuliert worden, wodurch das *Verfahren* philosophischer Dichtung von Broch zugleich vorgeführt wie beschrieben ist.

Die poetische Welterzeugung erhält bei Broch ihren Status als Erkenntnis durch die mit ihr vollzogene Symbolisierung der Wirklichkeit im Ganzen, wenn sie gelungen ist. Broch sagt dies in seinen theoretischen Überlegungen, wohl wissend, daß es sich begrifflich gerade nicht sagen läßt, sondern in philosophischer Dichtung nur symbolisch erzählt werden kann. Die Welterzeugung des einen poetischen Subjekts, wie es in der von ihm erfundenen-gefundenen Perspektive symbolisch wirklich ist, erlaubt gerade keinen Rückschluß auf die Einheit der Wirklichkeit und damit auf die Einheit des erkennenden Subjekts als Korrelat des symbolisierten Ganzen im Perspektivenwechsel. Diese Einheit kann sich nur im Vollzug des Perspektivenwechsels zeigen und schrittweise philosophisch-begrifflich artikuliert werden. Damit hat ein eigentümlicher Rollentausch des Dichters Broch mit dem gleichfalls an der Einlösung der These vom kognitiven Charakter der Kunst arbeitenden Philosophen Nelson Goodman stattgefunden[4]: Broch vertritt eine poetisch sichtbar zu machende Einheit der Wirklichkeit, die als Aufgabe der Objektkonstitution nur philosophisch artikulierbar ist, während Goodman philosophisch auf einer Vielfalt von Welterzeugungen, den Facetten eines Subjekts, besteht, die nur im sowohl produktiv wie rezeptiv auftretenden Prozeß poetischer (bzw. sich anderer sinnlicher Medien bedienender) Symbolisierungen jeweils das Subjekt markieren können.

Die Aufdeckung der Zusammengehörigkeit verschiedener Sprachen im Lebensvollzug unter Beachtung ihrer begrifflich-rationalen und symbolisch-sinnlichen Aspekte bleibt unter dem von

Broch verwendeten, den philosophischen Pragmatismus charakterisierenden Titel ›Einheit von Sein und Erkenntnis‹ (KW 10/1, S. 81)⁵, wie er in seinem noch heute aktuellen *Gründungsaufruf für eine internationale Universität* auftritt, weiterhin eine philosophische Aufgabe.

Anmerkungen

Zitiert wird nach: *Hermann Broch. Kommentierte Werkausgabe*, hg. v. Paul Michael Lützeler, Frankfurt/M.: Suhrkamp, mit Bandnummer und Seitenangabe.

1 Moritz Schlick, *Allgemeine Erkenntnislehre*, Berlin ²1925, ND Frankfurt 1979.
2 Bertrand Russell, *Knowledge by Acquaintance and Knowledge by Description*, Proc. Arist. Soc. N. S. 11 (1910/11).
3 Kuno Lorenz, *Dialogischer Konstruktivismus*, in: K. Salamun (Hg.), *Was ist Philosophie?*, Tübingen (voraussichtlich) 1986.
4 Nelson Goodman, *Ways of Worldmaking*, Hassocks/Sussex 1978 (dt. *Weisen der Welterzeugung*, Frankfurt 1984).
5 C. S. Peirce, *Collected Papers I-VI*, hg. v. C. Hartshorne und P. Weiss, Cambridge/Mass. 1931-35, 5.257: »*Erkennbarkeit* (im weitesten Sinne) und *Sein* sind nicht bloß metaphysisch dasselbe, sondern sind synonyme Begriffe.«

Willy Riemer
Mathematik und Physik bei Hermann Broch

Selten traten die Schwierigkeiten bei der fachlichen Verständigung
so klar zutage wie bei der Diskussion über Brochs Kenntnisse in
der Mathematik und den Naturwissenschaften. In seiner einsich-
tigen Einleitung zum Werk Hermann Brochs setzte Erich Kahler
mit einfühlender Zurückhaltung motivische Anhaltspunkte: die
Krise der Zeit, Zerfall der Werte, Suche nach metaphysischem
Halt. Nur am Rande wird Brochs Interesse an der Naturwissenschaft erwähnt, seine Bezauberung durch die Mathematik.[1] Aber
schon Walter Jens betitelt seine Broch-Interpretation mit *Mathematik des Traums*, bezeichnet Broch als Mathematiker, als Wissenschaftler, und schließt suggestiv: »Hier hat die Sprache einen
Punkt erreicht, an dem die mystische Vision die Genauigkeit einer
mathematischen Formel gewinnt.«[2] Mit der Stilisierung zum *poeta
doctus* werden Broch dann besonders in der frühen Forschung
Fachkenntnisse bereitwillig zuerkannt. »Industrialist and poet,
mathematician and mystic«, das sind für Theodore Ziolkowski
z. B. die Orientierungshilfen in seinem Einführungsband.[3] Wiewohl es sich bei Broch kaum um eine »obsession with relativity«
handelt, weist Ziolkowski doch auf einen wichtigen Aspekt in
Brochs Werk hin, übernimmt aber unreflektiert in Anlehnung
daran Brochs verfänglichen und später zur Kontroverse führenden
Begriff des Beobachters im Beobachtungsfeld.[4] Statt bei derartigen
Grenzüberschneidungen ungewöhnliche Begriffe einfach zu übernehmen, wäre eine Abgrenzung gegenüber der üblichen Terminologie der Forschung, wie es Paul Michael Lützeler in seiner Broch-
Studie und dann später in der Kommentierten Werkausgabe vor-
nimmt, sicherlich zuträglicher.[5] Entsprechend erkennt dann auch
Manfred Durzak in der Kritik ein wachsendes Unbehagen, so
»daß man den enormen Erkenntnisanspruch Brochs nicht mehr
lediglich mit einer Verbeugung quittierte, sondern auf seine Legitimation hin befragte«.[6] In einer ausschweifenden, die Forschung
nicht weniger als Brochs Werk treffenden Kritik verschiebt Dagmar Barnouw das Bild ins Gegensätzliche. Broch wird der man-
gelnden Sachkenntnis in der Relativitätstheorie bezichtigt, seine

privat-eklektische Tendenz wird beanstandet und der Mathematiker als nicht existent erklärt: »Selbständige mathematische Arbeiten sind nicht erhalten.«[7] Bedauerlicherweise wird diese Feststellung ohne Belege angeführt. Das ist anders in der sorgfältigen Arbeit von Ernestine Schlant. Anhand von biographischen Details und Vergleichen wissenschaftlicher Anspielungen in den Romanen und Essays schließt Schlant, daß Broch zumindest während seiner Studienzeit mit den Entwicklungen in der zeitgenössischen Physik und Mathematik vertraut gewesen sein dürfte.[8]

Sieht man von einer kurzen Rezension ab (KW 10/1, S. 268), wurde keine von Brochs Arbeiten in einschlägigen wissenschaftlichen Zeitschriften veröffentlicht oder regte zu Diskussionen in Fachkreisen an. Bezeichnenderweise liegt auch keine Stellungnahme eines Mathematikers, eines Physikers vor. Brochs wissenschaftliche Kompetenz wurde von Literaturkritikern beurteilt.

Auch Brochs Selbsteinschätzung weist eine offensichtliche Ambivalenz auf. So schreibt er gegen Ende seiner Studienzeit an der Universität Wien an den befreundeten Frank Thiess: »Samstag fahre ich zum mathematischen Kongreß nach Prag; eine Orgie unglücklicher Liebe ...« (KW 13/1, S. 79) und weist auf seine »mathematisch-konstruktivistische Anlage« (KW 13/1, S. 83) hin. Fast ohne Ausnahme findet Mathematik nur in der Korrespondenz mit literarischen Briefpartnern oder näher Bekannten Erwähnung. So beansprucht Broch in einem Brief an Edith Ludovyk-Gyömröi: »Daneben treibe ich allerlei Logisches und Mathematisches, zwar auch unter dem gleichen Vorzeichen, dennoch mit einem sicheren Gefühl, Neuland aufgebrochen zu haben« (KW 13/1, S. 430).[9] Der Umfang dieser Studien wird in *Autobiographie als Arbeitsprogramm* angedeutet: »Heute muß ich bedauern, daß ich die fertiggestellten Stücke nicht sofort veröffentlicht habe, denn von den Manuskripten, welche viele tausende Seiten umfaßt hatten, sind infolge der Hitlerschen Haussuchungen, die während meiner Haft durchgeführt worden sind, doch ziemlich umfangreiche Stücke verloren gegangen; einiges hiervon, insbesondere einige wichtige mathematisch-logische Arbeiten, scheinen mir kaum mehr ersetzbar zu sein« (KW 10/2, S. 203). Schließlich und im Gegensatz dazu, schreibt Broch an Hermann Weyl: »Denn das logisch-mathematische Grenzgebiet ist ja für mich ein zunehmend unerreichbarer werdendes Sehnsuchtsland, zu dem ich mit spezifischem Dilettanten-Schmerz hinschaue« (KW 13/3, S. 383).

Diese Geste der zu diesem Zeitpunkt fachlich unbegründeten Selbstbescheidung vor dem namhaften Mathematiker und der Hinweis auf wissenschaftliche Grenzbereiche verdeutlicht einen wichtigen Charakterzug Brochs: den Hang zur übergreifenden Fragestellung, zur »Ungeduld der Erkenntnis« (KW 9/1, S. 86). Er begnügte sich nie mit dem zuverlässigen, aber in seiner Aussagekraft beschränkten Spezialistentum, sondern suchte die Auseinandersetzung mit den globalen Konflikten seiner Zeit. Aus fachwissenschaftlich verengter Sicht weist sein oft unvermittelt spekulatives Denken somit Unzulänglichkeiten auf. Anhand einiger Beispiele soll dieser Aspekt veranschaulicht und zugleich eine Übersicht über Brochs wissenschaftliche Kenntnisse gewährt werden.

Der Drang zur von der Fachwissenschaft entbundenen Denkweise, zur mathematischen Formulierung und zur zeitgeschichtlich bezogenen Problematik zeichnet sich paradigmatisch bereits in Brochs erstem essayistischen Ansatz ab. Als ungezwungener Entwurf ist »Kultur 1908« besonders aufschlußreich. Im Rückblick von *Autobiographie als Arbeitsprogramm* gibt Broch folgende Erklärung: »Als ich 1906 die Wiener Universität bezog, um Mathematik und Philosophie zu studieren, erfuhr ich – wie so viele andere – bestürzt und enttäuscht, daß ich nicht berechtigt sei, irgendeine all der Fragen zu stellen, mit denen beladen ich gekommen war; ich erfuhr, daß es keine Hoffnung auf irgendeine Beantwortung gab« (KW 10/2, S. 195). Zwar belegte Broch 1904/05 an der Universität Wien Vorlesungen in Algebra und Integralrechnung, sowie Aristoteles und Ludwig Boltzmanns »Prinzipien der Naturphilosophie«, doch der ausschlaggebende Kontext entstammt Schopenhauer und dem naturalistischen Monismus.

In scheinbar zusammenhanglosen Notizen, Hypothesen und Überlegungen, die aber doch eine erstaunliche Kohärenz aufweisen, versucht Broch die Symptome seiner Zeit, »den Schlußpunkt dieser weißen Zivilisation« (KW 10/1, S. 28) zu deuten. Seine Analyse beginnt mit der erkenntnistheoretischen Frage nach den Kategorien des Denkens: Zeit, Raum und Materie. Schopenhauer äußert sich zum Zustandekommen elementarer Bewußtseinsvorgänge folgendermaßen: »Die Formen dieser Vorstellungen sind die des innern und äußern Sinnes, Zeit und Raum. Aber nur als erfüllt sind diese wahrnehmbar. Ihre Wahrnehmbarkeit ist die Materie ...«[10] Zeit manifestiert sich somit durch Veränderungen des Zustandes eines Körpers, nicht seines zeitlosen Substrates. Broch übernimmt diesen Ansatz, setzt aber ›Eigenschaft‹ der ›Veränderung‹ gleich und stellt folgendes Verhältnis auf: »Unbekannte Eigenschaft: Materie = Zeit : Raum« (KW 10/1, S. 14).

Durch diesen Schritt findet ein an sich unzulässiger Übergang von der Erkenntnistheorie zu naturwissenschaftlichen Begriffen statt. Die Schopenhauerschen Kategorien beziehen sich auf Bedingungen der Erkenntnis, wobei Materie außerdem den Willen ausdrückt. Dieser Begriff ist viel umfassender als in der Naturwissenschaft, wo er lediglich als träge Masse verstanden wird. Schopenhauer bezeichnet die Trägheit der Körper entweder mit ›Masse‹ oder mit ›Quantität der Materie‹. Aus unveröffentlichten Notizen ist ersichtlich, daß Broch den naturwissenschaftlichen Ausdruck bezweckte (YUL). Mit dieser Bedeutung wäre die Gleichung auch ohne Bezug zu Schopenhauer aufzustellen.

Mit dieser Gleichung und in Anlehnung an den naturalistischen Monismus entwickelt Broch nun seine theoretische Basis zur Kulturkritik: »Nehmen wir den Raum als eine Vielfalt von Raumeinheiten an, so bedeutet der Bruch die Tendenz zur Konzentration der Materie auf die Raumeinheit« (KW 10/1, S. 15). Bei vorausgesetzter homogener Verteilung jedoch ist die Massendichte konstant. In keiner Weise kann der Bruch eine Tendenz zur Konzentration bezeichnen.

Die Bedeutung des zweiten Faktors wird nun erläutert: »... der Multiplikant ›Zeit‹ sagt aber, daß die Tendenz des Augenblickes vervielfältigt wurde, eine Eigenschaft, und zwar eine konzentrische Bewegung, geworden ist« (KW 10/1, S. 15). Die Eigenschaft wird nun als Bewegung gedacht, obwohl dadurch die Gleichung dimensionsanalytisch ihre Gültigkeit verliert. Die Reichweite der Gleichung wird vergrößert mit einem Hinweis auf Ernst Haeckel und den naturalistischen Monismus: »Es wäre mithin eine Formel, eine Erklärung einer Urbewegung gefunden worden, die nun ihrerseits als Ausgangspunkt aller übrigen Lebensregungen gelten darf und Haeckel möge seine Freude daran haben« (KW 10/1, S. 15). Die ›Urbewegung‹ wird als ›konzentrische Bewegung‹ bezeichnet. Das ist ein Begriff, der allerdings in Haeckels *Welträtsel* nicht vorkommt. In der ersten Ausgabe dieses Buches bemüht sich Haeckel um eine Erklärung der mit dem Stoff verbundenen Kraft und Energie. Dabei erwähnt er die in naturwissenschaftlichen Kreisen verbreitete kinetische Theorie, sowie eine ›pyknotische Substanztheorie‹, die von dem Monisten Johann Gustav Vogt vorgeschlagen wurde. Haeckel bevorzugte Vogts Theorie, da ihr Substanzbegriff die Materie mit einer primitiven Sensibilität versieht. Die kritische Reaktion wissenschaftlicher Kreise veranlaßte Haeckel, jeden Hinweis auf Vogts Theorie in den folgenden Ausgaben dieses Bestsellers zu tilgen. Jahre darauf gründet Broch sein ontologisches Modell auf Vogts Theorie, so daß »mithin die Vogtsche Pyknonenhypothese zu einer ernsthaften Theorie befördert werden würde« (KW 10/1, S. 30).

In seinem Hauptwerk, dem *Wesen der Elektrizität und des Magnetismus auf Grund eines einheitlichen Substanzbegriffes*, definiert Vogt einen Substanzbegriff, der die diversen Erscheinungen der Realität umfaßt und erklären soll. Aus einer räumlichen Verteilung von Aktionszentren, die als Konzentrationspunkte der Materie wirken, leitet Vogt eine konzentrische Bewegung ab. Diese (in seinen frühen Veröffentlichungen als ›Verdichtungszentren‹ bezeichnet) werden von Haeckel in den *Welträtseln* auf ›Pyknatom‹ umbenannt und von Vogt in seiner nächsten Publikation, dem *Realmonismus*, als ›Pyknotum‹ übernommen. In Brochs Notizen erscheint der Begriff als ›Pyknone‹, wobei er die gleiche adjektivische Form ›pyknotisch‹ verwendet wie Vogt.

Brochs Gleichung, abstrus im Begriffsgefüge der Physik, erhält im Kontext dieser pyknotischen Ontologie einen – wenn auch problematischen – Sinn. Die ›Tendenz zur Konzentration der Materie‹ charakterisiert die ›Pyknone‹, wobei durch diesen Vorgang eine konzentrische Bewegung zustande kommt, die als ›Urbewegung‹ bezeichnet werden könnte.

In Vogts Ontologie findet eine ständige Verlagerung der Materie zwischen den Zentren statt, ein periodischer Vorgang, der alle Aspekte der Wirklichkeit bestimmt: »Das Weltgeschehen kann nur als Kreisprozeß gedacht werden.«[11] Die Dynamik dieser Wechselwirkung fand bei Broch ganz besonderen Anklang. Da die Wirklichkeit aus ›Pyknonen‹ besteht, zeigt sie die gleichen rhythmischen Eigenschaften. Durch diese Periodizität können Kunst und Kultur somit analytisch erfaßt und gedeutet werden. Die Vibrationszustände, der ›Terzrhythmus‹, führt beim jungen Broch zum normativen Prinzip: »Ästhetik: Erkennbarkeit der Terz« (KW 10/1, S. 26).

Psychologische Erkenntnisse berührend führt Broch seine ontologischen Überlegungen zurück zur idealistischen Philosophie:

»Die Formel X = (M/R) Z ist das Urprinzip allen Sinns, sie ist also auch der Kern des Schopenhauerschen Weltwillens, der platonischen Idee« (KW 10/1, S. 20). Diese Gedankengänge, einer metaphysisch, der andere mechanistisch, sind jedoch nicht vereinbar. Das Vogtsche Modell sieht ein Weltbild vor, in dem eine ungleichmäßig verteilte Substanz sich in ständiger Vibration befindet. Diese rhythmische Bewegung, Ausdruck einer einfachen Kausalität, manifestiert sich in Raum und Zeit. Schopenhauersche Ideen hingegen stehen außerhalb von Raum, Zeit und Kausalität.

Kultur 1908 ist eine der wenigen Arbeiten, in denen Broch nicht nur Begriffe aus der Physik erwähnt, sondern auch selbst weiterentwickelt. Bei seinen Überlegungen bedient sich Broch nicht der üblichen wissenschaftlichen Methode. Fragestellung und Beweisführung sprengen den erwarteten Rahmen der Naturwissenschaft. Begriffe, oft unvergleichbaren Bereichen entnommen, werden nicht präzisiert. Die »Ungeduld der Erkenntnis« führt zu logischen Sprüngen. Doch sind das fachspezifische Einwände, die genau dasjenige Vorhaben voraussetzen, das Broch offenbar unter allen Umständen vermeiden wollte. Denn es ging ihm zumindest in *Kultur 1908* nicht um einen wissenschaftlichen Beitrag, sondern um einen Versuch, seine als absterbend empfundene Kultur zu begreifen, wobei der Rationalismus Methode wie auch Symbol wird. Die Ergebnisse der Gedankenexperimente bleiben unverbindlich, aber sie fließen in die kreative Imagination ein. So sei beiläufig erwähnt, daß zum Beispiel die ontologische Periodizität im Schöpfungsabschnitt des *Tod des Vergil* sich wiederfindet.

Es stellt sich die Frage, inwieweit Broch überhaupt über wissenschaftliche Kenntnisse verfügte, um auf Entwicklungen und Auseinandersetzungen eingehen zu können. Verschiedene Indizien bestätigen Brochs Hinweis: »Während meiner industriellen Zeit habe ich mich weiter intensiv mit Mathematik und Philosophie befaßt« (KW 13/3, S. 357). So gibt es im Broch-Archiv der Yale University Manuskripte, die nahelegen, daß Broch sich schon 1912, zur Zeit seiner Arbeit an den *Notizen zu einer systematischen Ästhetik*, mit Natorps 1910 erschienenem Buch *Die logischen Grundlagen der exakten Wissenschaften* beschäftigte. Andererseits findet sich ein Heft, datiert auf den 1. 11. 1919, das Zusammenfassungen über Algebra und Differentialrechnung enthält, also Mathematik der untersten Einführungsebene. Es läßt vermuten, daß Broch sich nicht so sehr für das Handwerkliche der Mathematik interessierte, als für die erkenntnistheoretischen Grundlagen. Ein Bereich der Mathematik, der es ihm ganz besonders angetan hatte, war die Mengenlehre. In einem Brief an seinen Sohn, datiert am 25. 1. 1925, schreibt Broch: »Für heute etwas Wichtigeres, ja für mich *Hochwichtiges*: ich suche einen Teil meiner Mengenlehre ... es ist ein halbes Buch, etwa auf Seite 220 beginnend« (KW 13/1, S. 61). Aufgrund der Beschreibung konnte dieses Buch als Felix Hausdorffs *Grundzüge der Mengenlehre* (1914) identifiziert werden. Neun Hefte, zum großen Teil Zusammenfassungen und detaillierte Überarbeitungen des Textes, beschäftigen sich fast ausschließlich mit der zweiten Hälfte der *Mengenlehre*. Schon der Umfang dieser Notizen läßt vermuten, daß Broch sich vor seinem Studium eingehend mit diesem Bereich der Mathematik befaßte. In seiner autobiographischen Skizze weist Broch dann auf dieses Studium hin: »Von 1929 bis 1932 habe ich als außerordentlicher Hörer (da ich ja Realschüler war) Mathematik und z. T. auch Philosophie (Schlick) an der Wiener Universität studiert. Ich wollte das Doktorat noch nachtragen ...« (KW 13/3, S. 357). Tatsächlich belegte Broch an der Universität neun Semester, beginnend mit dem Wintersemester 1925/26, und zwar als ordentlicher Hörer. Im Broch-Archiv konnten Notizhefte folgenden Lehrveranstaltungen zugeordnet werden:

Vortragsübungen über elementare Gegenstände (Sommersemester 1926, bei Hans Hahn)

Mengenlehre II (Sommersemester 1926, Hans Hahn)

Philosophie des Raumes: Grundlagen der Geometrie (Sommersemester 1928, Rudolf Carnap)

Philosophische Übungen (Sommersemester 1928, Rudolf Carnap)

Elementargeometrie in axiomatischer Darstellung (Sommersemester 1928, Karl Menger)

Die philosophischen Grundlagen der Arithmetik (Wintersemester 1928-29, Rudolf Carnap)

Einführung in die Zahlentheorie (Wintersemester 1928/29, Philipp Furtwängler)

Mengentheoretische Geometrie (Wintersemester 1928/29, Karl Menger)

Übungen zur Vorlesung (Wintersemester 1928-29, Philipp Furtwängler)

Einführung in die Algebra (Sommersemester 1929, Philipp Furtwängler)

Vortragsübungen über elementare Gegenstände (Sommersemester 1929, Hans Hahn)

Seminar: Allgemeine Kurventheorie (Sommersemester 1929,
Hahn/Menger)

Bei diesen Notizheften handelt es sich offensichtlich um Vorle-
sungsmitschriften. Es wäre zu erwähnen, daß Broch außer den
angeführten Veranstaltungen in der Zeit von 1925 bis 1930 weitere
51 Vorlesungen oder Übungen belegte, die meisten davon Mathematik, mit dem Schwerpunkt Mengenlehre. Obwohl Belegscheine
nicht unbedingt Kenntnisse des Stoffes bedeuten, darf man doch
aus den 29 Notizheften schließen, daß Broch eine gründliche
Einführung in die Mathematik genossen hat, daß er mit aktuellen
Problemen vertraut war und somit über die Voraussetzungen
verfügte, um selbständige Arbeit zu leisten. Zu beachten ist eine
im Vergleich dazu nur spärliche Teilnahme an der Physik: im
Sommersemester 1926 belegte Broch »Relativitätstheorie« bei
Hans Thirring (5 Wochenstunden) und »Die Welt der Atome
gemeinverständlich für Hörer aller Fakultäten« bei Arthur Haas
(1 Wochenstunde). Manuskripte mit Arbeiten in der Physik finden sich nicht im Broch-Archiv. Somit ergibt sich ein weiterer
Grund für Schlants Ergebnis: »... Broch's references to quantum
physics and to ›modern physics‹ in general lack the unifying vision
which marked his relation to the theory of relativity.«[12]

Brochs anhaltendes Interesse für philosophische Grundlagenfra-
gen in der Mathematik wird in einigen Arbeiten dargelegt. Einen
Ausgangspunkt hierzu bietet Natorps in den *Grundlagen* verwendeter Begriff der erkenntnistheoretischen Reste. Natorp setzt logische Kohärenz als oberstes Prinzip und schließt, daß der Impuls
zur Erkenntnis von eben diesen Lücken und den unbeantworteten
Fragen herrührt. Bei Broch wird ein verwandter Begriff, ›die
irreduziblen Reste‹, zum wichtigen Motiv in *Den sogenannten
philosophischen Grundfragen einer empirischen Wissenschaft* (KW
10/1, S. 131 ff.). In dieser Arbeit, und im Gegensatz zu Natorp,
untersucht Broch die Entwicklungen der modernen Mathematik
nach ›irreduziblen Resten‹: »Jede Wissenschaft läßt in sich irreduzible Reste erkennen, welche durch ihre Methoden nicht mehr
auflösbar erscheinen. Diese Reste können sowohl sachhaltiger als
methodologischer Natur sein« (KW 10/1, S. 131). Sachhaltige
›irreduzible Reste‹ sind zum Beispiel die arithmetischen und geo-

metrischen Axiome und das Wesen des ›wirklichen Raumes‹, während methodologische das Wesen der Zahl und die Beziehung der Mathematik zu den anderen Wissenschaften betreffen.

Der erste Teil dieser Arbeit, »Die Stellung der Mathematik zu ihren Grundlagen«, führt die ›irreduziblen Reste‹ aus den Grundlagen der Mathematik an. Mit erstaunlichem Fachwissen bietet Broch eine Übersicht über die Entwicklungen der modernen Mathematik, wobei jedoch unklar bleibt, wie eingehend Broch den Stoff beherrscht, denn es kommt nicht zur Stellungnahme bei Kontroversen oder zu eigenen Überlegungen. So erwähnt Broch die Untersuchungen David Hilberts als Beispiel einer rein mathematischen Behandlung der ›Reste‹: »Die Aufstellung der Axiomatik, wie sie von Hilbert durchgeführt wurde, steht allerdings aller Wirklichkeitsgeltung uninteressiert und neutral gegenüber und will ausschließlich darlegen, daß ein mathematisches Gebiet, auf seine irreduziblen axiomatischen Reste richtig skelettiert, sich aus diesen Resten rekurrent eindeutig wieder aufbauen lasse« (KW 10/1, S. 133). In seinen *Grundlagen der Geometrie* macht Hilbert den Versuch, die wichtigsten geometrischen Sätze aus einem möglichst einfachen System von Axiomen abzuleiten. Es wird klar, daß in diesem Fall Brochs ›irredizible Reste‹, da sich ein entsprechender Begriff bei Hilbert nicht findet, mit Axiomen synonym sind.

In seiner Untersuchung geht es Broch um das Aufweisen ›irreduzibler Reste‹, und somit geht er auf die Bedeutung von Hilberts Ergebnissen nicht ein, nicht auf ihre inhärenten Mängel. Die kritische Untersuchung der mathematischen Grundlagen war die Folge der Entdeckung der nichteuklidischen Geometrie. Diese Axiomsproblematik erregte im neunzehnten Jahrhundert in mathematischen Kreisen große Aufmerksamkeit. Mathematische Logik, durch Gottlob Frege eingeführt, und die von Georg Cantor entwickelte Mengenlehre trugen zur weiteren Formalisierung bei. Mit der Entdeckung der Antinomien in der Mengenlehre wurde jedoch das Gerüst der Axiomatik fragwürdig. Hilberts Geometrie war ein Versuch, die axiomatischen Grundlagen der Mathematik zu stützen. Zu seiner Studienzeit konnte Broch nicht wissen, daß 1930 in Wien Kurt Gödel die Unhaltbarkeit dieser Bestrebungen beweisen würde. Brochs ›irreduzible Reste‹ verloren somit ihren absoluten Anspruch.

Brochs zweites Beispiel der ›irreduziblen Reste‹ betrifft das Wesen des unendlich Großen und Kleinen, und deren Formalisierung durch Georg Cantor: »An der Einführung der transfiniten Zahlen (die überdies von Cantor mit metaphysischen Bemerkungen begleitet wurde) mag ersichtlich sein, wie sehr die Bewegung von den ›irreduziblen Resten‹ genährt worden ist« (KW 10/1, S. 135). Cantor gab keinen metaphysischen Kommentar zur Einführung seiner transfiniten Zahlen. Natorp jedoch (in seiner Diskussion zu den transfiniten Zahlen) behauptete, daß der verwirrende Zustand der Mengenlehre zum Teil von Cantors metaphysischen Betrachtungen herrühre.[13] In einer weiteren Hinsicht folgt Broch der Interpretation Natorps, nicht Cantors. Cantor verwirft die Möglichkeit tatsächlicher infinitesimal kleiner Zahlen: »Von Null verschiedene lineare Zahlgrößen ... welche kleiner wären als jede noch so kleine endliche Zahlgröße, gibt es nicht, d. h., sie widersprechen dem Begriff der linearen Zahlgröße.«[14] Natorp kritisiert Cantors Behauptung und erklärt, daß die Ergebnisse der Mengenlehre für alle Unendlichkeiten Gültigkeit hätten, kleine sowie auch große.

Es ist ersichtlich, daß Broch ›irreduzible Reste‹ auch methodologisch nicht als permanent betrachtet: »Die Auflösung der angeblichen irreduziblen Reste durch rein mathematische Mittel schien also, gegen alle Voraussetzung, gelungen zu sein« (KW 10/1, S. 135). Natorps Vorstellung folgend, daß Erkenntnis ein kontinuierlicher Vorgang sei, will Broch die Reste nicht eliminiert, sondern lediglich auf andere Ebene versetzt wissen. Bei der Mengenlehre führt der Formalismus, der den Begriff der transfiniten Zahlen klärte, zur gleichen Zeit zu weiteren Resten, die sich als Antinomien manifestieren.

In keinem seiner Essays bezieht sich Broch explizit auf mathematische Texte, er entwickelt keine prüfbaren, rein mathematischen Beweise. Brochs Vorgehen sei an seinem Mengenbegriff erläutert: »... mit der Aufstellung des Begriffes der ›Menge‹ als Kollektionierung von Dingen ›gleicher Eigenschaft (gleicher Gesetzlichkeit)‹ wurde die Evidenz gegeben, daß jedes Ding, sei es nun Gedanken – oder reales Ding – mit dem Mengenbegriff abgefaßt werden kann« (KW 10/1, S. 135). In einem wichtigen Detail unterscheidet sich diese Definition von der Cantors: »Unter einer ›Menge‹ verstehen wir jede Zusammenfassung M von bestimmten wohlunterschiedenen Objekten m unserer Anschauung oder unseres Denkens (welche die ›Elemente‹ von M genannt werden) zu einem Ganzen.«[15] In Cantors Darstellung wird eine Menge nicht durch identische Eigenschaften konstituiert, und auch die einfachere Definition von Hausdorff beruht nicht auf Eigenschaft: »Eine Menge ist eine Zusammenfassung von Dingen zu einem Ganzen, d. h. zu einem neuen Ding.«[16] Brochs Definition steht den Überlegungen in Hermann Weyls *Das Kontinuum* (1918) nahe. In diesem Buch, das Broch studiert hat (sein Handexemplar befindet sich im Deutschen Literaturarchiv in Marbach), untersucht Weyl die logischen Grundlagen der Integralrechnung sowie ihre Anwendbarkeit auf das Kontinuum. Sein Mengenbegriff geht von den Eigenschaften von Gegenständen aus: »... durch Angabe von Eigenschaften, die den Elementen der Menge und keinen anderen Gegenständen zukommen.«[17] Die Einführung der Eigenschaften ermöglicht Weyl die Anwendung der Logik auf eine präzise Beschreibung der Wirklichkeit. Broch schreibt eine Zusammenfassung von Weyls *Kontinuum*, stellt aber keine Beziehung her zu den ›irreduziblen Resten‹.

An diesen Beispielen und dem bisher gesichteten Material wird ersichtlich, daß es Broch in seiner Beschäftigung mit der Mathematik oder der Physik nicht um systematisch ausgearbeitete Beiträge ging, sondern um historisch orientierte, informierte Übersichtsstudien einerseits, und um die Auseinandersetzung mit der erkenntnistheoretischen Grundlagenproblematik andererseits. Von der fehlgeratenen pyknotischen Ausdeutung des Kulturzerfalls bis zu den späteren erkenntnistheoretischen Untersuchungen war er außerordentlich konsistent in seinem Streben nach den großen Wahrheiten, sowie in seiner wissenschaftlich ungewöhnlichen Arbeitsweise.

Anmerkungen

Zitiert wird in der Folge nach: *Hermann Broch. Kommentierte Werkausgabe* (KW), hg. v. Paul Michael Lützeler, Frankfurt/M.: Suhrkamp 1974-1981.

1 Vgl. Erich Kahler, *Einleitung*, in: Hermann Broch, *Gedichte*, Zürich: Rhein-Verlag 1953, S. 20.

2 Walter Jens, *Statt einer Literaturgeschichte,* Pfullingen 1957, S. 131.

3 Theodore Ziolkowski, *Hermann Broch,* New York 1964, S. 3.

4 Theodore Ziolkowski, *Hermann Broch and Relativity in Fiction,* in: Wisconsin Studies in Contemporary Literature 8 (1967), S. 363.

5 Paul Michael Lützeler, *Hermann Broch – Ethik und Politik: Studien zum Frühwerk und zur Romantrilogie »Die Schlafwandler«,* München 1973, S. 148.

6 Manfred Durzak, *Hermann Broch. Dichtung und Erkenntnis: Studien zum dichterischen Werk,* Stuttgart 1978. S. 8.

7 Dagmar Barnouw, *Hermann Broch – das autonome Ich,* in: Neue Rundschau 87 (1976), S. 329.

8 Ernestine Schlant, *Hermann Broch and Modern Physics,* in: The Germanic Review 53 (1978), S. 74.

9 Hermann-Broch-Archiv, Yale University Library.

10 Arthur Schopenhauer, *Der Satz vom Grunde. Über den Willen in der Natur. Die beiden Grundprobleme der Ethik,* München 1912, S. 137.

11 Johann Gustav Vogt, *Der Realmonismus,* Leipzig 1908, S. 75.

12 Schlant, S. 74 (vgl. Anm. 8)

13 Paul Natorp, *Die logischen Grundlagen der exakten Wissenschaften,* Leipzig 1910, S. 165.

14 Georg Cantor, *Gesammelte Abhandlungen mathematischen und philosophischen Inhalts,* Hildesheim 1966, S. 407.

15 Cantor, S. 282 (vgl. Anm. 14).

16 Felix Hausdorff, *Grundzüge der Mengenlehre,* Leipzig 1914, S. 1.

17 Hermann Weyl, *Das Kontinuum: Kritische Untersuchungen über die Grundlagen der Analysis,* Leipzig 1918, S. 13.

Friedrich Vollhardt
Hermann Brochs Literaturtheorie

»Freund, es geht nicht mehr.« Mit diesen Worten wendet sich der unheimliche Besucher in Thomas Manns Roman *Doktor Faustus* an den Komponisten Adrian Leverkühn, um ihm die Gründe für den Zerfall der überlieferten Kunstformen zu erläutern: »Die Kritik des Ornaments, der Konvention und der abstrakten Allgemeinheit ist ein und dasselbe. Was der Kritik verfällt, ist der Scheincharakter des bürgerlichen Kunstwerks [...].« (Kap. XXV) Die Aufzählung ist keinesweg willkürlich. Das Diktum faßt genau jene Motive zusammen, die für die ästhetische Debatte in der Umbruchszeit vor und nach dem Ersten Weltkrieg bestimmend waren. Die Reflexion über Kunst wurde dabei von allgemeinen geschichtsphilosophischen und kulturtheoretischen Erwägungen getragen, die ihren analogen Ausdruck in der Kritik der utilitaristischen Moral und objektivierenden Wirklichkeitswahrnehmung, vor allem aber in der Ablehnung des ästhetizistischen Dekadenzgefühls des späten 19. Jahrhunderts fanden. Von diesen Fragestellungen der künstlerischen Avantgarde ging auch Broch in seinen literaturtheoretischen Abhandlungen aus, die er in enger Folge nach dem Erscheinen der *Schlafwandler*-Trilogie schrieb und mit dem großen Essay über *James Joyce und die Gegenwart* (1936) abschloß. Die avantgardistischen Kunstbewegungen konnte er hier bereits, ähnlich wie Thomas Mann, aus einem zeitlichen Abstand heraus beurteilen und sich zu ihnen in Beziehung setzen.

Die Situation der modernen Kunst war für Broch nur innerhalb jener »Symptomgruppen« der auseinanderbrechenden »Einzelwertsysteme« (KW 9/2, S. 120 u. 116) zu beschreiben, die der kulminierende Prozeß der Säkularisierung einer als sinndefizitär empfundenen und vom Untergang der Vorkriegsgesellschaft geprägten Zeit hinterlassen hatte. In seiner Theorie der Literatur unternimmt er den Versuch, über die Grenzen der isolierten »Wertgebiete« hinweg für die Kunst als einen ihrer autonom gewordenen Bereiche die Bedingungen zu formulieren, unter denen der Schriftsteller sich in die Lage versetzt sieht, das »Totalitätsbild« der Epoche symbolisch zu vermitteln (KW 9/2, S. 48, 116

u. ö.), um damit, nach dem Vorbild Goethes, »eine Unität anzustreben, in der die Erfüllung des Humanen liegt« (S. 187); die literarische Reflexion wird in einen weit ausgreifenden *wert- und geschichtsphilosophischen Entwurf* eingebunden.

Brochs Überlegungen berühren sich demnach nur oberflächlich mit dem heute gebrauchten Begriff der Literaturtheorie, einem Neologismus, unter dem man die funktionale Analyse der poetischen Sprachverwendung, Darstellungstechnik und anderer Teilkomponenten der literarischen Produktion und Rezeption zusammenfaßt. Die Untersuchung der Voraussetzungen und Wirkungen konkreter Kunstphänomene und -erfahrungen verbindet diesen pragmatischen Begriff der Literaturtheorie mit älteren poetologischen Traditionen und ihrem Interesse an den mimetisch-poietischen Grundlagen des künstlerischen Verfahrens. Wie diese, steht er im Gegensatz zu der in der Nachfolge der idealistischen Ästhetiken entstandenen Vorstellung einer autonomen Kunst, in der allein ein »Ganzes«, eben jenes »abstrakt Allgemeine« zur Erscheinung gebracht werden kann, gegen das sich eine zunehmend entfremdete Lebenswirklichkeit abschließt. An der Ablösung dieser in den Ästhetizismus mündenden Kunstphilosophie des 19. Jahrhunderts hatten die Autoren der Weimarer Zeit, so auch Broch, entscheidenden Anteil. Brochs »Kritik des Ornaments« nimmt jedoch insofern eine Zwischenstellung ein, als er an der besonderen Erkenntnisfunktion der Literatur und ihrer totalitätabbildenden Leistung festhält und sie nicht – im Sinne der literaturwissenschaftlichen Theorie – nur als ein Feld von Relationen begreift, das semiotischen und einzelwissenschaftlich orientierten Forschungen offensteht.

Dieses Anliegen erschien bereits in der Zwischenkriegszeit als eine Extremposition neuerer Literaturtheorie.[1] Hatte der Dadaismus in den Jahren der ›Literaturrevolution‹ der Kunst jedes Existenzrecht abgesprochen, wurde dieses am Ende der zwanziger Jahre durch die experimentellen Romanwerke Brochs, Musils und Döblins, aber auch in einem Kreis von Autoren, die den »magischen Realismus« für sich entdeckten[2], neu zu begründen versucht. Mit dem Begriff des »metaphysischen Neusymbolismus«[3] hat man auch diese Phase der modernen Literatur in größere Traditionszusammenhänge einordnen wollen, die jedoch im Falle Brochs kaum überzeugen können. Wichtiger erscheint hier der Hinweis auf den Totalitätsbegriff des jungen Georg Lukács. Wenn

Broch die »kognitive Aufgabe des Dichterischen« in der »Bewältigung« einer als Chaos begegnenden Lebenswirklichkeit gegeben sieht (KW 9/2, S. 46), scheint sich dies mit Formulierungen aus Lukács' Essayband *Die Seele und die Formen* (1911) zu berühren[4], in denen sich jener Gedanke einer durch die Literatur symbolisierten Totalität ankündigt, der für *Die Theorie des Romans* (1920) tragende Bedeutung haben sollte.[5] Doch diese auffälligen Parallelen sind in sich selbst erklärungsbedürftig. Sie entstammen dem eingangs erwähnten kulturkritischen Klima der Zeit des Ersten Weltkriegs, für das der Philosoph Georg Simmel in seinen Schriften zur »Tragödie der Kultur« den vielleicht bedeutsamsten und für die historische Rekonstruktion aufschlußreichsten Beitrag lieferte.[6] Auf diese Zusammenhänge kann hier nur am Rande eingegangen werden. Zwar ist die »individualistische Zersplitterung« (Simmel) des gesellschaftlichen Lebens auch das von Broch in seinen literaturtheoretischen Abhandlungen immer wieder neu variierte Grundthema, das aber nur zur Verständigung über das eigentlich ästhetische Problem beitragen soll, wie im Kunstwerk »die Kosmogonie der Welt zu spiegeln« sei (KW 9/2, S. 115). Wer dem Argumentationsgang folgen will, in dem Broch in seiner Theorie der Literatur die in der Reästhetisierung vollzogene Einheit der Weltbetrachtung begründet, wird unweigerlich auf eine Frage stoßen, die über die Stelle und den Rang dieser Theorie in der Entwicklung der modernen Kunstphilosophie entscheidet. Denn wie *modern* sind die programmatischen Thesen des Autors, die mit dem Anspruch, im »polyhistorischen Roman« die Einheit eines Weltbildes zu restituieren, den Charakter der modernen Kunstformen, ihre Partialität, zu negieren scheinen? Es ließe sich einwenden, daß die »abstrakt gewordenen Lebensverhältnisse der Moderne von sich aus außerstande [sind], im Kunstwerk ein ihnen gemäßes Gesamtbewußtsein zu begründen. Die Kunst ist nicht nur hinter andere Bewußtseinsweisen zurückgetreten, mit denen sie sich in Übereinstimmung setzen muß. Sie ist auch ihrem Gehalte nach partial geworden«.[7] Broch wußte, welchem Mißverständnis seine ästhetischen Grundannahmen ausgesetzt waren, da er sie in der Reflexion auf die Errungenschaften der Moderne seit Baudelaire und Joyce zu bestimmen suchte; ohne »die Einheit einer Formgestalt zu zerstören oder das Werk über die Grenze hinauszudrängen, die Kunst von Wissenschaft trennt«[8], hat Broch durch diese Reflexion und im Bewußtsein des in der literarischen

Darstellung nur symbolisch zu einigenden, nicht aufzuhebenden Pluralismus der modernen Welterfahrung die Prämissen seiner künstlerischen Arbeit formuliert, die in ihren wichtigsten Aspekten näher untersucht werden sollen. Es sind dies die wertphilosophischen Grundlagen der ästhetischen Theorie (I), mit denen Broch seinen anthropologischen Kitschbegriff (II) wie auch, nach dem Titel eines Vortrags aus dem Jahr 1933, sein »Weltbild des Romans« (III) rechtfertigt; abschließend wird kurz auf die bekannten Äußerungen Brochs zur literarischen Technik einzugehen sein, die unter dem Stichwort »Erweiterter Naturalismus« zum Signum seiner Romankunst geworden sind.

I

Zwei Gedankenreihen schließen sich in Brochs philosophischen und literaturtheoretischen Schriften zu einer typischen Denkfigur zusammen. Im Blick auf den historischen Entwicklungsprozeß der Neuzeit wird das Bild einer umfassenden Säkularisierung und Rationalisierung entworfen, das in seiner Schematik an triadische Geschichtsmodelle der Romantik erinnert: auf die geschlossene Ganzheit eines Weltbildes (Mittelalter) folgt ein Stadium des Verfalls (Einschnitt Renaissance/Reformation), dem für die Zukunft die Hoffnung auf eine »Neufixierung der Werte«, einen »neuen geistigen Zusammenschluß« (KW 9/2, S. 121, 154 ff. u. ö.) entgegengesetzt wird. Diese spekulativen Aussagen werden jedoch durch methodologische Überlegungen ergänzt und in Frage gestellt; für Broch versteht es sich »von selbst, daß sogenannte geschichtsphilosophische Konstruktionen, die beinahe alle darauf hinauslaufen, irgendwelche Thesen, Theorien, Hypothesen, Prophezeiungen im Geschichtsverlauf nachzuweisen (und diesen hierfür entsprechend zurechtzubiegen) abzulehnen sind [...]« (S. 188). Und mit deutlicher Wendung gegen die Dilthey-Schule heißt es am Beginn des »Logischen Exkurses« im dritten Teil der *Schlafwandler*, daß der Begriff des »›Denkstils‹ doch sehr an die Vagheit jener philosophischen und historischen Richtungen [erinnert], deren methodologische Krux in dem Wort ›Intuition‹ gelegen ist« (KW 1, S. 470). Allein die *formale* Begründung durch den Wertbegriff kann das geschichtsphilosophische Denken aus seiner Beliebigkeit herausführen. Für Broch wird der Wertbegriff nicht nur »zum methodologischen Kernpunkt der Philosophie, besonders aber der Geschichtsphilosophie«, sondern auch, in Anlehnung an die Philosophie des Neukantianismus, zur »Brücke zwischen einer versinkenden und überlebten Spekulation und den Möglichkeiten einer neuen Metaphysik [...]« (KW 9/2, S. 121 f.). Gemeint ist damit eine *metaphysica specialis* – die Literatur. Der *Wert* ist dabei nur als rein formale Kategorie zu verstehen, mit der sich, im Unterschied zum Historismus und Intuitionismus, die historische Begriffsbildung wissenschaftslogisch »wertfrei« begründen läßt (Heinrich Rickert, Max Weber[9]); darüber hinaus repräsentiert er aber auch die Sphäre der absoluten Wert*geltung*, die Broch metaphorisch als »platonischen« oder »göttlichen« Bereich des lógos umschreibt (KW 9/2, S. 125, 129, 182 u. ö.). Die Benennung ist mißverständlich. Versteht man den Begriff im Sinne des Platonismus als Träger der göttlichen ἐνέργεια oder in der Tradition der gnostisch-christlichen Logos-Lehre als Inkarnation Gottes, dem die Merkmale der Unveränderlichkeit und Überzeitlichkeit zukommen, werden die Werte in ihrer Seinsweise falsch, nämlich als intelligible normsetzende Instanzen oder real existierende Entitäten aufgefaßt. Eine derart traditionsgebundene Deutung des Wertbegriffs wollte Broch ausschließen, die Werte sollten als etwas Objektives in ihrer axiologischen Universalität (nicht »Sein«) verstanden werden (KW 9/2, S. 91), gemäß dem Begriff der *Geltung*, den Rudolf Hermann Lotze (*Logik*, 1874) den Neukantianern – analog zu der Begründung der *vérités éternelles* durch Leibniz[10] – vermittelt hatte. Auf die schwierigen ontologischen Probleme muß im Zusammenhang der Literaturtheorie nicht näher eingegangen werden.

Von den Neukantianern hat Broch den Gedanken eines neben der psycho-physikalischen Wirklichkeit existierenden »dritten Reichs« geltender Werte übernommen, das sich dem Handelnden nur in der »ethischen Forderung«, im Sollen[11], mitteilt, dessen Ziel im »Absoluten und Unendlichen« liegt (KW 9/2, S. 90 u. ö.). Mit moralischen Verhaltensforderungen hat dies nichts zu tun. Es geht vielmehr um das intentionale wie reale wertsetzende Handeln des Individuums in seinem Bezogensein auf die Sphäre des Absoluten; es soll das »Doppelgesicht des Begriffes ›Wert‹«, nämlich »ethischer Akt« und »ästhetisches Resultat« (S. 90) zu sein, in dieser Bindung verstanden werden. Broch hat aus dieser geltungstheoretisch begründeten Relation weitgehende Folgerungen gezogen, etwa die Erklärung der Tatsache, daß Kulturgüter und historische Ereignisse auch über größere Zeitabstände hinweg als »Setzung von Setzungen« (S. 204) in ihrer Teilhabe am Absoluten verstehbar bleiben, wodurch sich auch einfache Gegebenheiten, wie das der Verständigung zwischen Menschen oder der Übersetzbarkeit von Sprachen (S. 193 f., 68 f.), erklären lassen.[12]

Broch resümiert den Zusammenhang der ethisch-ästhetischen Wertsetzung in auffallender Abstraktheit[13], um ihn desto selbstverständlicher als Begründung des parallelen geschichtsphilosophischen Gedankenganges zitieren zu können:

Die alte Koordination von ›gut‹ und ›schön‹ wird erst vom allgemeinen Wertbegriff, der die beiden Kategorien in sich einschließt (unter Annahme eines bestimmten Wertbereichs), logisch bedeutsam; andererseits ist der Wertbegriff als solcher erst in dieser Doppelansicht, erst in dieser dynamisch-statischen Aufspaltung – ethische Werterzeugung und ästhetisches Wertresultat – logisch befriedigend konstituiert. Das heißt: innerhalb der empirischen Welt, und damit auch in der Historie, denn die empirische Welt ist in der Zeit und immerzu Historie, ist das Ästhetische Verwirklichung des Ethischen. (S. 129)

Wenn nun das Handeln der Menschen sich immer weniger an einem transzendenten ethischen Wertziel – wie es im Mittelalter mit der monotheistischen Gottesvorstellung bestanden haben soll – orientiert, zerfällt durch diese »Verkehrung der unendlichen ethischen Forderung in eine endliche Moral« (KW 9/2, S. 144 f. u. ö.) das religiöse Weltbild in zahllose partikulare Wertsysteme, die in Konkurrenz zueinander treten. (S. 91, 140 u. ö.) Broch hat mit diesem auf den Wertbegriff bezogenen und damit in einen größeren theoretischen Zusammenhang verwiesenen historischen ›Bewegungsgesetz‹ der Säkularisierung mehrere Aspekte zusammenzufassen versucht.

Aus der Konkurrenz der Teilwertsysteme[14] kann er (1) die *Entstehung einer autonomen Kunst* erklären, deren »Verlust der Aura« mit dem Prinzip des l'art pour l'art im 19. Jahrhundert ihren Höhepunkt erreicht: »Unsere heutige Kunstübung [...] ist nicht mehr Gottesdienst. Wenn es für die Kunst heute einen obersten, im Unendlichen schwebenden Wert gibt, so heißt er die Schönheit an sich.« (S. 94) Walter Benjamin hat diesen seit der Renaissance zu beobachtenden Funktionswandel der Kunst in ähnlicher Weise beschrieben, ohne jedoch die Entritualisierung kulturgeschichtlich zu begründen; wie die Brochs wird man sie als Teil jenes Rationalisierungsprozesses verstehen müssen, für den Max Weber den Terminus »Entzauberung« verwendet.[15] Beide Autoren halten den Prozeß der Autonomisierung für in sich notwendig und irreversibel (S. 47). Die Anknüpfung an klassizistische Kunstideale scheint unter den Bedingungen der Moderne ausgeschlossen, die bloße »Imitation« würde zum Kitsch führen. Der Fortschritt innerhalb des künstlerischen Wertsystems zielt letztlich auf dessen Selbstaufhebung, mit der auch der »Scheincharakter« des bürgerlichen Kunstwerks, der ästhetizistische »Ornamentalismus« (KW 9/1, S. 82) beseitigt wäre. In dieser Situation des Übergangs setzt Broch seine Hoffnungen auf eine neue »ethische« Kunst, welche die Errungenschaften der Moderne, die sich selbst fragwürdig geworden ist, aufnehmen und gleichzeitig, nach der Aufhebung der Autonomie, weiter entwickeln kann. In dieser konstruktiven Kritik des l'art pour l'art trifft er sich mit Kulturphilosophen wie Georg Simmel[16]; zum Vorbild der künftigen, zum ›Mythos‹ tendierenden Romankunst wird für ihn James Joyce.

Nicht weniger wichtig sind (2) die *Motive der Kulturkritik*, die Broch seiner Wert- und Geschichtsphilosophie zu integrieren versucht. Am Ende der zwanziger Jahre verstärkte sich bei den deutschen Intellektuellen das Gefühl, eine tiefgreifende »kulturelle Krise« zu erleben, über die man sich mit Begriffen verständigte, deren Vagheit in keinem Verhältnis zu ihrer affektiven Wirkung stand. Auch für Broch gab es keinen Zweifel an dem eingetretenen Verlust der Wertbindungen und anderer Verfallserscheinungen der bürgerlichen Kultur, die der Expressionismus bereits vor dem Ersten Weltkrieg diagnostiziert hatte, doch bemüht er sich, ähnlich wie etwa Robert Musil oder Carl Einstein[17] am Ende der Weimarer Zeit, um eine schärfere analytische Fassung der kulturellen Phänomene, an denen man die Problematik der modernen Kultur zu erkennen glaubte.

Wo Kunst sich dieser historischen und ästhetischen Bedingungen nicht bewußt ist, sie ignoriert oder in den Formvorbildern der Avantgarde nur kopiert, steht sie in der Gefahr, dem Kitsch zu verfallen.

II

Der Kitsch läßt sich als »Imitationssystem« der Kunst (KW 9/2, S. 145) aufgrund derselben wertphilosophischen Kategorien beurteilen, die auch für die authentische Kunst Geltung beanspruchen. Daß Broch den Kitsch als primär soziales Phänomen in den Definitionsbereich der Kunst – über den er seine Annahmen in deduktiver Weise entwickelt –, aufnimmt, ist von seinen Kritikern kaum beachtet worden. Der Umstand hätte gleichwohl größte Aufmerksamkeit verdient.

Das vielzitierte Wort vom »Kitsch-Menschen« (KW 9/2, S. 158), das Broch in einem Vortrag aus dem Jahr 1950 gebrauchte, schien seiner elitären Haltung gegenüber der Massenkultur Ausdruck zu geben; die neuere Forschung hat diese Stelle gern als Beispiel einer »wertenden«, dem bürgerlichen Kunstbegriff verhafteten Kitsch- auffassung zitiert, so als habe der auf Distanz bedachte Künstler den Kitsch, »weil er im Leben existiert«[18], als latente psychologi- sche Disposition oder individuellen Wesenszug des Menschen verstehen und ihn damit von den historischen Bedingungen seiner Entstehung ablösen wollen. Wie alle Schriftsteller und Kunsttheo- retiker, die seit dem Aufkommen einer empfindsam-sentimentalen Massenliteratur am Ende des 18. Jahrhunderts über den Unter- schied zwischen »hoher« und »niederer« Kunst nachdachten, hat selbstverständlich auch Broch gewußt, daß der Kitsch weder auf das künstlerische Versagen des Produzenten noch die mangelnde Urteilskraft einzelner Rezipienten, sondern auf das sich stets wandelnde Bedürfnis eines breiten Publikums zurückzuführen ist. Nach den pointierten Bemerkungen am Beginn des erwähnten Vortrags geht er auf eben diese gesellschaftlichen Funktionen der Massenkunst und die historischen Zusammenhänge, die ihre Ent- stehung begünstigen, näher ein. Im Rahmen der geschichtsphilo- sophischen Überlegungen zum Säkularisierungsprozeß erscheint der Kitsch – komplementär zu der »Schönheitsreligion« des l'art pour l'art (KW 9/2, S. 166 f.) – als ein typisches Produkt der bürgerlichen Gesellschaft des 19. Jahrhunderts, in der die spürbar gewordenen Auswirkungen des »Wertverlustes« nach Surrogaten der Sicherheit in Form von einfachen Bildern traditioneller Le- bensräume und -zeiten verlangten (S. 151). In diesen Aussagen ist mehr als nur ein geläufiges Vorurteil über das 19. Jahrhundert enthalten. Broch erkennt im Kitsch der Romantik (S. 151 f., 161 ff.) die spezifisch nostalgischen und antimodernistischen Züge, die in der regressiv-irrationalistischen Lebensphilosophie des frühen 20. Jahrhunderts fortleben und in besonders signifikan- ter Weise auch den nazistischen Kitsch prägen – der Hinweis auf den »Kitsch-Anhänger« Hitler (S. 171) erscheint in diesem Zusammenhang fast zwingend.[19] Und nur im Verweis auf diese heterogene Kultursituation hat Broch von einer dem Kitsch korrespondierenden »Lebenshaltung« (S. 158) gesprochen.

Doch diese *historischen* Bestimmungsversuche sind der *strukturellen* Untersuchung des Phänomens nur nachgeordnet: »Der Kitsch ist nicht etwa ›schlechte Kunst‹, er bildet ein eigenes, und zwar geschlossenes System, das wie ein Fremdkörper im Gesamtsystem der Kunst sitzt [...].« (S. 169) Es kann daher auch nur im Zusammenhang der ästhetischen Theorie erklärt werden. Die Grenzen erscheinen fließend, da auch die Kunst auf gewisse Kitsch-effekte nicht verzichten kann (S. 95, 150). Sie zu definieren fällt schwer, es lassen sich allenfalls einzelne Charakteristika angeben, wie das der »Fiktion und damit Neutralisierung nicht vorhandener Gefühle. Kitsch parodiert die Katharsis«.[20] Damit ist ein Moment der Imitation genannt, das weniger auf die äußere Form der authentischen Kunst als *indirekt* auf ihre Wirkung zielt. Diese der Kunst immanente Verkehrung ihrer Intentionen versucht Broch mit Hilfe seiner Kategorien des »ethischen Akts« und »ästhetischen Resultats« begrifflich zu fassen. Der Kitsch verwechselt beide Kategorien (S. 97). Die Fakten werden aus zweiter Hand bezogen (S. 103), »die Mittel des Effektes sind immer ›erprobt‹, sie lassen sich kaum vermehren«, wer Kitsch erzeugt, »wird seine Realitätsvokabeln nicht unmittelbar der Welt entnehmen, sondern er wird vorverwendete Vokabeln verwenden, die in seinen Händen zum Klischee erstarren [...]« (S. 150).[21] Und in gewollt provozierender Sprache fügt Broch hinzu, daß, wer Kitsch produziert, »ein schlechter Mensch« sei, »er ist ein ethisch Verworfener, ein Verbrecher, der das radikal Böse will« (S. 95). Die Formulierungen verraten seine Sympathie für die Gegner der Wiener Sezession; Adolf Loos, Karl Kraus, Oskar Kokoschka und Arnold Schönberg haben ihre in einem ähnlichen Ton gehaltene Kritik an dem dekorativen Stil und der Ornamentik der posthistoristischen Kunst zugleich als Forderungen einer neuen Ethik verstanden.

III

Über Fragen der Ethik dachte man im Wien der frühen dreißiger Jahre freilich anders als vor dem Ersten Weltkrieg. Die zuletzt zitierte Stelle über den Kitsch wirkt fast wie eine Reminiszenz an jene künstlerische Programmatik, die dem ›Ethos der Sachlichkeit‹ zur Durchsetzung verhelfen wollte. In Brochs literaturtheoretischen Schriften ist das Begriffsfeld des Ethischen selbst problematisch geworden.

 Das Studium an der Wiener Universität (1925-1930) hatte ihn mit der Philosophie des Neopositivismus vertraut gemacht. Die radikale Metaphysikkritik der Wissenschaftler im Kreis um Moritz Schlick hinterließ ihre deutlichen Spuren in seinen Essays, wo er den Positivismus in »seiner echt wissenschaftlichen Pflicht zur Ehrlichkeit« würdigt, die in der Bestimmung der eigenen Erkenntnisgrenzen (S. 191) besteht, in denen die Philosophie auf einen Kern »strenger Methodenkritik auf mathematisch-logistischer Basis« (S. 186) reduziert wird. Was jenseits dieser Grenze liegt, wird zu den wissenschaftlich sinnlosen Sätzen gerechnet, die zwar Ausdruck eines Lebensgefühls sein können, in sich aber völlig bedeutungslos sind. Die Vertreter des Wiener Kreises machten sich »mit Vertrauen an die Arbeit, den metaphysischen und theologischen Schutt der Jahrtausende aus dem Wege zu räumen«.[22] Broch akzeptiert diese »positivistische Enttheologisierung der Philosophie« weitgehend, er versteht sie als einen »zwingenden Prozeß« (S. 193), in dem die wissenschaftliche Situation seiner Zeit ihren adäquaten Ausdruck findet. Der in den dreißiger Jahren mehrfach unternommene Versuch, die »Geschichte der Philosophie« zu rekonstruieren (KW 10/1, S. 147-238), läuft für ihn notwendig auf diese avancierte Position der Wissenschaftsphilosophie zu. Für die Erkenntnisfunktion der Literatur ergeben sich daraus schwerwiegende Konsequenzen. Will sie die vom Neopositivismus ausgeschiedenen Problemgebiete in sich aufnehmen, ohne auf den von der Autonomieästhetik und der modernen Erkenntniskritik in gleicher Weise diskreditierten Begriff einer ›philosophischen Kunst‹ zurückzufallen, muß sie die in der Kunst erscheinende ›Wahrheit‹, die ästhetisch repräsentierte Totalität der Welterfahrung, *metaphysikfrei* begründen können. Eine für die Theorie der Literatur und damit begrifflich verfahrende Reflexion auf den ersten Blick kaum lösbare Aufgabe. In den Abhandlungen Brochs finden sich denn auch zahlreiche Anklänge an die Tradition der neuplatonischen Ästhetik, wenn etwa von »der Kosmogonie und der einheitsstiftenden Syntax des Dichterischen« (S. 116) die Rede ist, die eine intuitive, »symbolhafte« Erfahrung einer ideellen Bindung ermöglicht. Als Gegengewicht zu dem Gefühl eines vollkommenen Sinnverlustes der Immanenz ist diese Erfahrung scheinbar nur in jener Grenzzone zwischen Ästhetik und Metaphysik zu lokalisieren, die sich als Gebiet des »Irrationalen« (Broch) oder des »Nicht-Ratioïden« (Musil) jeder genaueren Definition entzieht. Die Modernität dieser Standpunkte zeigt sich erst in der Deutung der traditionsgebundenen Begriffe und der ihnen entsprechenden ästhetischen Wahrnehmungsstrukturen. Bei Broch erfolgt diese Begründung in zwei Schritten.

Der erste Grund ist bereits genannt worden, er betrifft das Verhältnis des ethischen Akts zum ästhetischen Resultat (KW 9/2, S. 90, 128 f.), womit nicht nur an der Wirkungsabsicht der Literatur festgehalten wird, sondern die gesamte ästhetische Wahrnehmung (1) als ein *normatives Erlebnis des Subjekts* bestimmt und unter Berufung auf den neukantianischen Wert- und Sollens-Begriff in nicht-metaphysischer Weise interpretiert wird; dieser formalen Bestimmung entsprechen (2) Überlegungen zum *ästhetischen Verfahren*, konkret zu den Mitteln, die dem Künstler zur Verfügung stehen, dem normativen Erlebnis eine potentielle ästhetische Basis zu schaffen. In den avantgardistischen Formexperimenten sieht Broch diese Möglichkeiten bereits verwirklicht.

Auf den ersten Begründungsschritt konnte oben (s. Abschnitt I) nur kurz eingegangen werden, da zu seiner Erläuterung die philosophischen Grundannahmen Brochs einbezogen werden müßten, die in den literaturtheoretischen Schriften vorausgesetzt, nicht aber entfaltet werden. Ausführlicher als Broch hat Georg Lukács in seiner *Heidelberger Ästhetik* das Ineinander der absoluten ethischen Wertsphäre und der kontingenten ästhetischen Region im subjektiven Akt beschrieben, auch er im Verweis auf die Wertphilosophie Heinrich Rickerts:

Das normative Erlebnis, worin das Werk als Realisation des ästhetischen Wertes geschaffen, beziehungsweise als solches aufgenommen wird, ist ein Gerichtetsein des Subjekts auf eine den immanenten Erlebnisanforderungen vollendet angemessene Welt, die ihm in seinem normativ zugeordneten Objekt, im Werk entgegengilt; [...]. Diese Bestimmung des ästhetischen Wertes scheint in eine bedenkliche Nähe zur intellektuellen Anschauung zu kommen und ihrer ganzen metaphysischen Problematik anheimzufallen, aber gerade diese scheinbare Nähe bietet die Möglichkeit, den reinen, methaphysikfreien Wertcharakter des Werks klarzulegen.

[...] Und es zeigt sich auch, daß die Transzendenz des Wertes selbst durchaus in der subjektiven Beschaffenheit des Werks ihren Sitz hat, denn das Sollen, das der Wert ausspricht, ist eben das Sollen der reinen Subjektivität, der vollendeten Erlebnisunmittelbarkeit, die sich im Werk vollkommen verwirklicht, aber gerade durch diese vollkommene Verwirklichung für das Subjekt als Subjekt unerreichbar bleibt.[23]

Offen bleibt, ob der Begriff des »Sollens« bzw. der »ethischen Forderung« (Broch) ausreicht, die Ästhetik im Rahmen einer Geltungstheorie als rein logisch begründet zu denken, ohne daß – wie die zeitgenössische Kritik vermutete – eine »uneingestandene Metaphysik«[24] den Sätzen einen – dann wiederum bestreitbaren – Sinn verleiht.

Weniger spekulativ erscheinen die von Broch in einem zweiten Schritt entwickelten Gedanken zum ästhetischen Verfahren. Ausgangspunkt ist hier der bekannte Begriff der »Realitätsvokabeln«, über die jede Literatur verfügt, für die aber nur wirkliche Kunst ein Prinzip der »Auswahl« (KW 9/2, S. 102, 135) besitzt. Damit lassen sich die innovatorischen Leistungen der Montage- und Collagenkunst hervorheben und gegenüber der unkritischen Mimesis der Reportage – »[d]as Außergewöhnliche wird hier zum konstanten Ereignis« (S. 102) – und dem klischeeverhafteten Kitsch abgrenzen. Neben das Grundprinzip der künstlerischen *Selektion* tritt die »Syntax«, nach der der Künstler die »Erfahrungsbruchstücke« in einem Akt der *Kombination* neu zusammensetzt[25] und damit der Literatur ihren eigentlichen Symbolwert verleiht:

Es ist ein erweiterter Naturalismus, der in einem tieferen Sinne die Welt so gibt, wie sie ist, der aber von der Reportage nicht gesehen wird und nicht gesehen werden kann, weil sie von dem starren und dogmatischen Realitätsvokabular nicht loskommt, weil sie nicht vorzustoßen vermag in jene Sphäre der traumhaft erhöhten Realität, die nicht mehr in den Vokabeln begründet liegt, sondern in der Logik, in [der] Syntax, in der Architektur ihres Zusammenbaus. (KW 9/2, S. 105 f.)

Werden dem Autor darüber hinaus die »großen Weltbilder der Zeit« als abstrakte »Realitätsvokabeln« verfügbar, lassen sich diese zu dem angestrebten »Totalitätsbild der Erkenntnis« (S. 195 f.) vereinigen, indem die Vielzahl der Welterfahrungen und kulturellen Perspektiven zu Formmomenten des Textes werden und in ihm in wechselseitige Auslegung treten. Die ästhetische Wahrnehmung verdankt sich nicht mehr den herkömmlichen Mitteln abbildenden Erzählens, sondern der Kombinationskraft des Autors, der das bloße Wiedererkennen zur eigentlichen Erkenntnis der Realität steigert – noch der Schock der Verfremdung hat sich der »Syntax« seiner Darstellung einzufügen. In seinem Joyce-Essay betont Broch die Notwendigkeit, »futuristische oder dadaistische Elemente als Bausteine« zu einem Gesamtkunstwerk zu verwenden, denn »erst hier können sie die Möglichkeit einer Weltfacette dartun, die insolange völlig unsichtbar bleibt, als jene Strebungen bloß isoliert betrachtet werden oder mit dem Anspruch auf Totalität auftreten« (KW 9/1, S. 71). Der souveräne Gebrauch traditioneller und avantgardistischer Erzählformen dient dabei einem scheinbar banalen Zweck: der Schilderung eines Alltags, dem jedoch als »Welt-Alltag der Epoche« (S. 69) signifikante Bedeutung zugesprochen wird.[26] Der *Ulysses* ist für Broch das Paradigma des modernen ›mythischen‹ Romans, in dem sich die Alltagsschilderung zu einem ›Kosmos‹ sinnhafter Bezüge erweitert, gerade durch die Anverwandlung und Parodie verschiedener Stilmuster, im Ausgang jedoch von den konkreten Bedingungen, unter denen der Weltausschnitt des »16. Juni 1904« wahrgenommen werden kann:

Und diese fluktuierende Erfahrung einer fluktuierenden Realität, diese fortgesetzte Verkreuzung der verschiedensten Symbolreihen untereinander und diese fortgesetzte Einschmelzung dieser Reihen im Medium der Sprache, [...] diese höchst komplizierte und subtile Technik als eigentliches Zentrum der Joyceschen Darstellungskunst zu nehmen, mag sicherlich gestattet sein. [...] Was wir bisher darüber gesagt haben, entwickelt bloß eine Art Längsschnitt durch die Joycesche Methode der symbolhaften Darstellung, während sich im Querschnitt eine ganz andere, wesentlich direktere Art der symbolischen Sinngebung zeigt: es gibt fast keine Situation im *Ulysses*, die neben ihrer naturalistischen nicht auch noch vielfältige andere Bedeutung besäße. Am ehesten läßt sich dies als esoterisch-allegorisches Verfahren charakterisieren. (S. 72 f.)

Damit hat Broch die für eine innere Symmetrie des »offenen« Kunstwerks der Moderne konstitutiven Formelemente aufgewiesen. Die zitierte Stelle zeigt jedoch mehr als nur die sorgfältige Auslegungskunst eines Interpreten, der sich in die symbolische Struktur des *Ulysses* vertieft: es gehört zu den Grundeinsichten der Brochschen Literaturtheorie, daß sich die verlorene Erkenntnisfunktion der Literatur nur durch die Reflexion über ihre technischen Möglichkeiten wiedergewinnen läßt.

Anmerkungen

Zur Zitierung: Die in runde Klammern gesetzten Seitenverweise im Text beziehen sich auf den zuvor genannten Teilband der »Kommentierten Werkausgabe«, KW 9/1 bzw. 9/2: *Schriften zur Literatur*, hg. v. Paul Michael Lützeler, Frankfurt/M.: Suhrkamp 1975.

1 Vgl. Lothar Köhn, *Überwindung des Historismus. Zu Problemen einer Geschichte der deutschen Literatur zwischen 1918 und 1933. Teil II*, in: DVjs 49 (1975), S. 94-165, bes. S. 126.

2 Vgl. Horst Denkler, *Die Literaturtheorie der zwanziger Jahre: Zum Selbstverständnis des literarischen Nachexpressionismus in Deutschland – Ein Vortrag*, in: Monatshefte 59 (1967), S. 305-319, bes. S. 314.

3 Vgl. Bruno Markwardt, *Geschichte der deutschen Poetik*, Bd. 5, Berlin 1967, S. 459 u. ö.

4 Georg Lukács, *Die Seele und die Formen. Essays* (1911), Neuwied/Berlin 1971, S. 213 u. ö.

5 »Der Roman ist die Epopöe eines Zeitalters, für das die extensive Totalität des Lebens nicht mehr sinnfällig gegeben ist, für das die Lebensimmanenz des Sinnes zum Problem geworden ist, und das dennoch die Gesinnung zur Totalität hat.« Georg Lukács, *Die Theorie des Romans. Ein geschichtsphilosophischer Versuch über die Formen der großen Epik* (1920), Darmstadt/Neuwied 1981, S. 47. – Lukács kennzeichnet diese Wirklichkeit auch als ›heterogenes Diskretum‹ (S. 69); dieser Begriff – ein terminus technicus der Wissenschaftstheorie Heinrich Rickerts – weist in einen größeren theoretischen Zusammenhang, der sich Broch in seinen frühen philosophischen Studien erschlossen hatte: die Wertphilosophie des südwestdeutschen Neukantianismus.

6 Vgl. Heinz-Jürgen Dahme und Ottheim Rammstedt (Hg.), *Georg Simmel und die Moderne*, Frankfurt/M. 1984.

7 Dieter Henrich, *Kunst und Kunstphilosophie der Gegenwart (Überlegungen mit Rücksicht auf Hegel)*, in: W. Iser (Hg.), *Immanente Ästhetik – Ästhetische Reflexion. Lyrik als Paradigma der Moderne*, München 1966 (Poetik und Hermeneutik, Bd. 2), S. 11-32, hier S. 15.

8 Ebd., S. 27. Zum Thema ›Erweiterter Naturalismus‹ vgl.: Paul Michael Lützeler, *Erweiterter Naturalismus. Hermann Broch und Emile Zola*, in: Zs. f. dt. Philologie 93/2 (1974), S. 214-238.

9 Der Historiker hat es mit Individuen zu tun. Ein beliebiger Gegenstand wird zu einem solchen erst dann, wenn man ihm eine auf einem *Wert* beruhende Bedeutung beimißt: die Historie ist keine wertende, sondern eine *wertbeziehende* Wissenschaft, die ihre Begriffe durch Beziehung auf Wertsetzungen formt. Vgl. Heinrich Rickert, *Die Grenzen der naturwissenschaftlichen Begriffsbildung*, Tübingen

^{5}1929; Max Weber, *Gesammelte Aufsätze zur Wissenschaftslehre*, hg. v. Johannes Winckelmann, Tübingen ^{4}1973.

10 »La pluspart de ces propositions generales et certaines portent le nom de verités eternelles, et en effect elles le sont toutes. Ce n'est pas que ce soyent des propositions, formées actuellement quelque part de toute eternité, ou qu'elles soyent gravées dans l'esprit après quelque modele, qui existoit tousjours, mais c'est parceque nous sommes asseurés que lorsqu'une creature, enrichie de facultés et de moyens pour cela, appliquera ses pensées à la consideration de ses idées, elle trouvera la verité de ces propositions.« G. W. Leibniz, *Nouveaux Essais*, in: *Die philosophischen Schriften*, hg. v. C. J. Gerhardt, Bd. 5 (1882), Reprint Hildesheim 1978, S. 427 f.

11 In seinen philosophischen Schriften hat Broch die Rickertsche Terminologie übernommen; vgl. etwa KW 10/2, S. 47. – Zum Sollensbegriff vgl. Heinrich Rickert, *Der Gegenstand der Erkenntnis. Einführung in die Transzendentalphilosophie*, Tübingen ^{3}1915, Kap. IV.; Herbert Schnädelbach, *Philosophie in Deutschland 1831-1933*, Frankfurt/M. 1983, S. 198 ff.

12 Ähnlich argumentiert Eduard Spranger, *Zur Theorie des Verstehens und zur geisteswissenschaftlichen Psychologie*, in: *Festschrift Johannes Volkelt*, München 1918, S. 357-403, bes. S. 381. – Es besteht keine Übereinstimmung mit dem primär soziologisch verstandenen Wertbegriff der strukturalistischen Literaturtheorie (Jan Mukařovský).

13 Daß es sich um einen schwer zu explizierenden Grundgedanken der neukantianischen Ästhetik handelt, zeigt eine ausführliche Untersuchung des jungen Georg von Lukács: *Die Subjekt-Objekt-Beziehung in der Aesthetik*, in: Logos 7 (1917/18), S. 1-39, bes. S. 21.

14 In einem Vortrag aus dem Jahr 1928 greift Karl Mannheim diesen in der Soziologie der zwanziger Jahre vieldiskutierten Gedanken auf; auch für ihn ist das Stadium der »atomisierten Konkurrenz« in der »Periode nach der Erschütterung der Monopolsituation der kirchlichen Weltauslegung« dadurch charakterisiert, »daß viele isolierte Lebenskreise sich anheischig machten, die Erbschaft der offiziellen Weltauslegung zu übernehmen«. Vgl. Karl Mannheim, *Die Bedeutung der Konkurrenz im Gebiete des Geistigen*, in: Volker Meja und Nico Stehr (Hg.), *Der Streit um die Wissenssoziologie*, Bd. 1: *Die Entwicklung der deutschen Wissenssoziologie*, Frankfurt/M. 1982, S. 325-370, hier S. 341.

15 Vgl. Jürgen Habermas, *Walter Benjamin. Bewußtmachende oder rettende Kritik* (1972), in: *Philosophisch-politische Profile*, Frankfurt/M. ^{3}1981, S. 336-376, hier S. 350. – Walter Benjamins Abhandlung über *Das Kunstwerk im Zeitalter seiner technischen Reproduzierbarkeit* entstand in einer ersten Fassung im Jahr 1935.

16 Vgl. Georg Simmel, *Philosophie des Geldes*, München/Leipzig ^{3}1920,

S. 502 ff.; ders., *L'art pour l'art*, in: *Zur Philosophie der Kunst*, Potsdam 1922, S. 79-86. – Zur Begriffsgeschichte vgl. Karl Heisig, *L'art pour l'art. Über den Ursprung dieser Kunstauffassung*, in: Zs. f. Rel.- u. Geistesgeschichte 14 (1962), S. 201-229 u. 334-352.

17 Vgl. Carl Einstein, *Die Fabrikation der Fiktionen*, hg. v. Sibylle Penkert, Reinbek 1973, S. 50, 77, 185 u. ö. Robert Musil, *Gesammelte Werke*, Bd. 8: *Essays und Reden*, hg. v. Adolf Frisé, Reinbek 1978, bes. das Fragment *Der deutsche Mensch als Symptom*, S. 1353-1400.

18 Pawel Beylin, *Der Kitsch als ästhetische und außerästhetische Erscheinung*, in: H. R. Jauß (Hg.), *Die nicht mehr schönen Künste*, München 1968 (Poetik und Hermeneutik, Bd. 3), S. 393-406, hier S. 405; vgl. auch Gert Ueding, *Glanzvolles Elend. Versuch über Kitsch und Kolportage*, Frankfurt/M. 1973, bes. S. 15 f.; Roland Simon-Schaefer, *Kitsch und Kunst*, in: Allg. Zs. f. Philos. 1980, H. 2, S. 37-52. – Auf neuere Forschungsansätze im Bereich der Trivialliteratur und literarischen Wertung kann in diesem Zusammenhang nicht eingegangen werden.

19 Vgl. hierzu Saul Friedländer, *Kitsch und Tod. Der Widerschein des Nazismus*, übers. v. M. Grendacher, München 1984, S. 25, Anm. 7.

20 Theodor W. Adorno, *Ästhetische Theorie*, Frankfurt/M. 1970 (Ges. Schr. 7), S. 355.

21 Umberto Eco hat im Anschluß an Broch die Beobachtung zu bestätigen versucht, daß ein Kunstgegenstand nicht deshalb zum Kitsch wird, »weil er Gefühlsreize auslöst, sondern weil er zu suggerieren versucht, daß der Leser im Genuß dieser Reize eine privilegierte ästhetische Erfahrung vervollkommne«. Umberto Eco, *Die Struktur des schlechten Geschmacks* (1964), in: *Apokalyptiker und Integrierte. Zur kritischen Kritik der Massenkultur*, übers. v. M. Looser, Frankfurt/M. 1984, S. 58-115, hier S. 64 (Kursivdruck im Original wurde nicht berücksichtigt, F.V.).

22 Otto Neurath u. a., *Wissenschaftliche Weltauffassung – der Wiener Kreis* (1929), in: R. Hegselmann (Hg.), *Otto Neurath: Wissenschaftliche Weltauffassung, Sozialismus und Logischer Empirismus*, Frankfurt/M. 1979, S. 81-101, hier S. 100.

23 Georg von Lukács, *Die Subjekt-Objekt-Beziehung in der Aesthetik* (Anm. 13), S. 9, 25 und 28.

24 Johannes Volkelt, *System der Ästhetik*, Bd. 3: *Kunstphilosophie und Metaphysik der Ästhetik*, München ²1925, S.512.

25 Zur poetischen Funktion der beiden Kategorien vgl. Roman Jakobson, *Linguistik und Poetik* (1960), in: Jens Ihwe (Hg.), *Literaturwissenschaft und Linguistik*, Bd. 1, Frankfurt/M. 1972, S. 99-135, bes. S. 109 ff., und neuerdings Wolfgang Iser, *Akte des Fingierens oder Was ist das Fiktive im fiktionalen Text?*, in: D. Henrich u. W. Iser (Hg.), *Funktionen des Fiktiven*, München 1983 (Poetik und Hermeneutik,

Bd. 10), S. 121-151.

26 Vgl. Eckhard Lobsien, *Der Alltag des Ulysses. Die Vermittlung von ästhetischer und lebensweltlicher Erfahrung*, Stuttgart 1978.

Wolfgang Graf Vitzthum
Brochs demokratie- und
völkerbundtheoretische Schriften

Der Dichter und der Staat

Man kann im Öffentlichen Recht Grundprobleme eine Zeitlang
unbearbeitet liegen lassen – verschwunden sind sie damit nicht.
Sie treten, wenn die Lage entsprechend ist, unwiderstehlich wieder
in den Vordergrund. Zu diesen Kernfragen gehört im Verfas-
sungsrecht die Legitimität der parlamentarischen Demokratie, die
Integration des Gemeinwesens sowie der Schutz der Verfassung.
Das Verhältnis von nationaler Souveränität und übernationaler
Integration, der zwischenstaatliche Schutz der Menschenrechte
sowie der Ausbau der internationalen Gerichtsbarkeit sind
Grundprobleme des Völkerrechts. Die Krise des Völkerbundes,
das Ende der Weimarer Republik, das zeitweilige Zurückweichen
der demokratischen vor den faschistischen Staaten, dann die
Gründung der Vereinten Nationen, die Hoffnung auf eine Welt-
friedensordnung – die 30er und 40er Jahre dieses Jahrhunderts
brachten Erschütterungen und Erwartungen mit sich, die diese
Grundfragen des Staates und der Staatengemeinschaft nachdrücklich stellten.

Intensiver als die meisten Rechtsdenker, die am »Welt-Alltag
seiner Epoche« teilhatten, nahm sich ein Dichter dieser Grundprobleme an: der 1951 verstorbene Hermann Broch, dessen Geburtstag sich am 1. November 1986 zum einhundertsten Male
jährt. Anders als bei Kafka, dessen Romane mit juristischen Begriffen und Bildern durchsetzt sind, erfolgte dies bei Broch weniger im schriftstellerischen Werk selbst als vor allem – darin Thomas Mann vergleichbar – in davon abgesetzten politischen Essays
(KW 11) und massenpsychologischen Studien (KW 12). In der
»aufgewühlten Zeit« (KW 11, S. 195) zwischen 1935 und 1950
glaubte Broch nicht »die Sünde der geistigen Arbeiter und Intellektuellen« fortsetzen zu dürfen, »die Sünde des ivory tower und
seine Verantwortungslosigkeit« (ebd., S. 233). Er »durfte keine
Umwege mehr gehen« (ebd.), sondern sah sich »gezwungen, Politik zu wollen und zu betreiben« (ebd., S. 454).

Die Schriften, mit denen Broch Beiträge zur »konstruktiven Politik« (ebd., S. 24) bzw. zur »Psychologie der Politik« (KW 12, S. 67) leistete, sind nach Fragestellung, Methode und Terminologie ebenso vielgestaltig wie eigenständig. Ihre Zuordnung zu der einen oder anderen wissenschaftlichen Disziplin fällt schwer. Broch wollte nicht als Autodidakt in die einzelnen Fachwissenschaften eintreten, sondern hielt an seiner Rolle als Schriftsteller fest und bediente sich nach Belieben der Ergebnisse der verschiedenen Wissenschaftszweige. Indem er Dichtung als »Ungeduld der Erkenntnis« (KW 4/2, S. 49) verstand, verband Broch bei seinen theoretischen Schriften dichterische und rationale Erkenntnis ebenso wie er – gelegentlich – wissenschaftliche Essays mit fiktional Erzähltem verschränkte – eine Vorgehensweise, die ihm im Denkerischen wie im Dichterischen einen Erkenntnisvorsprung sicherte.

Richtet man unter Vernachlässigung jener wissenschaftssystematischen Zuordnungsaufgabe sein Augenmerk auf das für den Dichter und unsere Zeit Wesentliche, und beschränkt man sich dabei zugleich auf das, was Gegenstand der Professionalisierung des Staats- und Völkerrechtslehrers ist, so kreiste Brochs politisches Denken um zwei Themen: um eine Theorie der Demokratie und um eine Theorie des Völkerbundes. Während die Studien zur »Staatstheorie der Demokratie« im Frühjahr 1939 in das Propagieren einer »Totaldemokratie« (KW 11, S. 24, 28) mündeten, verfaßte Broch zwischen 1936 und 1950 völkerrechtstheoretische und -politische Studien, die Funktionsgewinne für den Völkerbund bzw. die Vereinten Nationen befürworteten und im Ergebnis auf eine Ideologisierung des Völkerrechts hinausliefen.

Brochs politische Schriften fanden, soweit sie überhaupt einem größeren Personenkreis zugänglich gemacht wurden, weit weniger Resonanz als seine Romane, und das zu Recht. Stärker als in diesen erweist sich der Dichter in jenen als bloßes Kind seiner Zeit, als beeinflußt von Strömungen und Kategorien, deren Herkunft und Richtung, Realitätsgehalt und Konsequenz ihm wie den meisten Intellektuellen dieser wilden, unübersichtlichen Epoche nur undeutlich vor Augen standen. Brochs politisches Werk ist deshalb ein Paradigma des Scheiterns des Dichters im Staat.[1] Bedenkt man indes die unendliche, im Hinblick auf sein dichterisches Werk wahrhaft opfervolle Mühe, die er auf sich genommen hat, um sich auf dem Weg »durch die Dingrealität« und mittels

»neuer ›Realitätserkenntnisse‹« (ebd., S. 233) mit Theorie und Praxis des politischen Aufgabenkreises bekannt zu machen, so gewinnt Brochs Engagement für Demokratie und »Menschenrecht« eine eigene Größe. Es wird zum Modell für Verantwortungsbereitschaft und Würde des Intellektuellen in »einer zerfallenden Welt« (KW 10/2, S. 156).

Wertzerfall und Parlamentarismuskritik

»Herrn Professor Dr. Carl Schmitt / in Ergebenheit / Hermann Broch / Februar 1932« – mit dieser handschriftlichen Widmung übermittelte der österreichische Dichter dem geistreichsten, wegen seiner »Wendung zum Führerstaat« aber auch umstrittensten deutschen Staatsrechtslehrer seiner Zeit die *Logik einer zerfallenden Welt* (ebd.).[2] Der hochabstrakt formulierte Essay konstatierte das Zersprengen des als bergend empfundenen – idealisierten – mittelalterlich-religiösen Wertgebäudes, das Auflösen des Gesamtsystems im Partialgebilde, die nun entfesselte Konkurrenz der autonom gewordenen Einzelwerte, die wachsende Irrationalität bei gleichzeitiger Verwissenschaftlichung. Ausgangs des Ersten Weltkrieges führte Broch diesen Gedanken in einer kunstphilosophischen Studie im Jahre 1933 fort (KW 9/2, S. 124), »war der Zusammenbruch aller Werte offenbar, die Angst um den Verlust aller Lebenswerte senkte sich auf die Menschheit, die bange Frage nach der Möglichkeit eines neuen Wertaufbaues wurde unabweisbar«. Angesichts dieser irrationale Kräfte freisetzenden Entwicklung sei die parlamentarische Demokratie, »verkleinertes Abbild dieser komplexen Wertvorgänge« und ohnehin voller »technischer Mängel« (KW 11, S. 42, 24), in eine Krise geraten, formulierte Broch, nun schon im amerikanischen Exil, kurz vor Ausbruch des Zweiten Weltkrieges. Die Krise der Demokratie sei »zugleich« eine Krise »des Völkerbundes geworden« (ebd., S. 196).

Der einflußreiche Intellektuelle mit dem Beruf des Staatsrechtslehrers, dem der Dichter 1932 sein erkenntnis- und geschichtsphilosophisches Separatum über den »Wertzerfall« zuleitete, Carl Schmitt, warf sich nach der »Machtübernahme« bekanntlich für eine gewisse Zeit den neuen Machthabern in die Arme. Ein Jahrzehnt zuvor hatte dieser schillernde, sprachgewaltige, bedeutende

Jurist den 1918 erworbenen, liberal verstandenen Parlamentarismus seiner Zeit einer geistesgeschichtlichen Ortsbestimmung unterzogen[3], die die positivistischen Bahnen der damaligen Staatsrechtslehre verließ. Die 1926 in 2. Auflage erschienene Schrift war eine an deutsche antiparlamentarische Tradition anknüpfende, ebenso souveräne wie radikale Kritik am Weimarer Parlamentarismus. Schmitts These lautete: Dem Parlamentarismus als einer Regierungsweise, die von der Vorstellung lebe, aus der öffentlichen Diskussion freier Repräsentanten ergebe sich zwangsläufig das Richtige und Gemeinwohl-Taugliche, fehle es an der realen Grundlage.[4] Das parlamentarische Prinzip sei zu einer »leeren Formalität« herabgesunken, »das aus liberalen Gedankengängen entstandene Parlament« erscheine als eine »künstliche Maschine«.[5] In der Konsequenz dieser Kritik löste Schmitt die Demokratie vom Parlamentarismus ab – womit er beider Niedergang förderte – und suchte in einer Wendung zu als »autoritär« verstandenen Regierungsformen die legitimierte Staatsgewalt bei der plebiszitär bestätigten Führung.[6]

Indem Broch (KW 11, S. 44) den Parlamentarismus mit »dem Problem der politischen Wahrheitsfindung durch Majorität« identifizierte, blieb er hier, wie auch bei der Geschichte der Demokratie (ebd., S. 47 f.), im Banne der breitgefächerten zeitgenössischen Parlamentarismuskritik (Oswald Spengler, Othmar Spann usw.), insbesondere der Carl Schmitts. Der Dichter nahm beim Staatsrechtler, einem Stilisten hohen Ranges, gar sprachliche Anleihen, wenn er (ebd., S. 46) vor einer Täuschung darüber warnte, »daß diese ins Gigantische angewachsene, demokratische Maschinerie sich weitgehend im luftleeren Raum bewegt, daß die professionelle parlamentarische Politik nur durch die sehr dünnen Wahlfäden und die etwas stärkeren Korruptionsfäden mit dem Volke verbunden ist«. Konsequenterweise übernahm Broch das Verdikt: »Überlebtheit der parlamentarischen Maschinerie« (ebd., S. 60).

Brochs Position von der Sinnentleertheit der Schlüsselinstitution der parlamentarischen Demokratie, einschließlich seiner Thematisierung der »korrupten Republik«, war stark zeitgeprägt. Die Politiker und die Parteien versagten damals, nicht das Parlament als solches. Intellektuelle mit elitärer Kritik an den glanzlosen Gehversuchen der Ersten Republik und mit frühzeitigen, permanenten Untergangsprognosen verschärften die Krise. Der Parlamentarismus mußte nur dann als »überlebt« angesehen werden, wenn man im Gefolge Carl Schmitts von falschen Prämissen ausging.

Die »totalitäre Demokratie« in ihrer Zeit

Der Ausgangspunkt für Brochs parlamentsskeptische und demokratitheoretische Überlegungen war zweifellos ein anderer als der Schmitts – »Werttheorie« dort, »Geistesgeschichte« hier –, und der Zielpunkt des Dichters (Verteidigung der »ewigen Prinzipien der Humanität, der Gerechtigkeit und der menschlichen Freiheit«, ebd., S. 25) war zumindest inhaltlich weit bestimmter und wertgebundener als der des »Dezisionisten«.[7] In ihrer Diagnose, Terminologie und Therapie ähnelten sich die so unterschiedlichen Altersgenossen indes oft in verblüffender Weise. So stellte der Dichter im Frühjahr 1939 fest: Die »modernen Diktatoren« hätten im Unterschied zu den demokratischen Staatsmännern die »tiefe Sehnsucht« der »Massen« erfaßt, ein »neues Wertgebäude« zu erhalten, »das eine sichtbare wertstiftende Spitze besitzt, und sie haben dieses Wertgebäude mit dem totalen Staat, an deren Spitze sie selbst in cäsarisch vergöttlichter Omnipotenz als Identifikationszentrum stehen, geschaffen und konsolidiert« (KW 11, S. 57). Angesichts dieser Lage könne die Demokratie nur überleben, »wenn sie ihr liberalistisches laisser-aller aufgibt und versucht, in ihrem eigenen Rahmen den von den Massen benötigten Halt zu errichten« (ebd., S. 25). Dies könne sie lediglich als »totale« oder »totalitäre Demokratie« (ebd., S. 24, 26) erreichen, als eine »Totaldemokratie« (ebd., S. 28), die »zu dem notwendigen Umbau ihres technisch-parlamentarischen Apparates bis eben zur intensivsten Propaganda für ihre Humanitätsgrundprinzipien [...] das gesamte Rüstzeug des Staates in Stellung zu bringen hat«, einschließlich der »Neuerrichtung eines regenerierten Völkerbundes« (ebd., S. 29). Mit der Formel »Diktatur der Humanität durch eine totale Demokratie« (ebd., S. 30) brachte Broch die ihm vorschwebende Ziel-Mittel-Relation auf den (verunglückten) Begriff.
  Der Dichter leitete diese weitreichenden Folgerungen und Forderungen primär aus seinem wertphilosophischen Credo, seiner massenpsychologischen Theorie (der »Massenmensch« sei anti-intellektuell, kreatürlich triebverhaftet, panikanfällig usw.) und sei-

nem Kulturpessimismus ab, gewiß. Aber die mißverständliche Martialität seiner Formeln (»Humanitätsdiktatur«, »totalitäre Demokratie«, »Volksaufklärung«, »Demokratien im Kriegszustand«, »Totaldemokratien« als »Subjekt der Propaganda«; ebd. S. 24 ff., 66) hing doch vor allem mit der Situation der Weimarer Republik sowie der übrigen zentraleuropäischen Demokratien zusammen, einschließlich des schroffen Tones der damaligen wissenschaftlichen und publizistischen Auseinandersetzung. Erst vor diesem Hintergrund, einschließlich der Saalschlachten und Straßenkämpfe, erschließen sich Begriff und Eigenart der »Totaldemokratie«.[8] Nicht um eine geschlossene, politisch totalitär disziplinierte Gesellschaft ging es Broch – er war nach dem Zweiten Weltkrieg ebenso antikommunistisch wie zuvor antifaschistisch –, sondern um eine Demokratie, die ihre humanistische Substanz nicht über ihrer Toleranz und ihrem Pluralismus vergißt.

Die Republik von Weimar, auf die wir insofern einen Blick zu werfen haben, war mit der außen- und innenpolitischen Hypothek der »Versailler Ungerechtigkeit« (ebd., S. 37) belastet, die ihr schwerste finanzielle Lasten und politische Diskriminierung auferlegte. Die ihrem Geiste nach bürgerlich-liberale Weimarer Verfassung sah sich von wachsendem politischen Radikalismus herausgefordert. Extremisten von rechts und links diskreditierten Rechtsstaat, Demokratie und Parlamentarismus und legten sie schließlich lahm. Zunehmend verbreitet waren Haß auf die Aufklärung, Abkehr vom rationalistischen Individualismus der liberalen Gesellschaft, Widerstand gegen »Utilitarismus und Materialismus«, die Suche nach »organischen« Welterklärungen. Bei den »Massen« stellte Broch vor allem »Freiheits-«, »Demokratie-« und »Sittlichkeitsekel« fest (ebd., S. 57). Der durch »Wertrelativismus« (ebd., S. 213) und »Wertneutralität« desorientierte, zunehmend angsterfüllte Bürger – Broch »agnoszierte« eine »außerordentlich empfindliche, an Panik grenzende Labilität der Massenseele« (ebd., S. 25)[9] – rief immer lauter nach neuen Autoritäten und Ordnungen. Der Liberalismus, diagnostizierte seinerseits Schmitt, habe »den Feind von der Geschäftsseite her in einen Konkurrenten, von der Geistseite her in einen Diskussionsgegner aufzulösen versucht«.[10]

Schmitts Reduktion des Politischen auf ein »Freund-Feind-Verhältnis« fand sich bei Broch in abgewandelter Form für die »Totaldemokratie« wieder, die in ihrem ideologischen Kampf mit der

Diktatur »das volle Verfügungsrecht über den gesamten Waffen-
bestand sowohl in physischer, wie in geistiger Beziehung für sich
in Anspruch nehmen muß, (da solches zu den ersten Erfordernis-
sen eines Kriegszustandes gehört)« (KW 11, S. 29). »Die Demokratien«, schrieb er ein halbes Jahr vor Ausbruch des Zweiten
Weltkrieges, müßten endlich einsehen, daß sie »sich bereits im
Kriegszustand befinden, daß ein Kriegszustand besondere Maßnahmen erfordert, und daß sie dafür entweder zu kapitulieren
haben [...], oder aber, wollen sie solche Kriegszeit durchhalten,
die Wendung zur totalen Demokratie werden nehmen müssen«
(ebd., S. 66).

  Wogegen aber richtete sich nun diese so nachdrücklich gefor-
derte »Wendung zur totalen Demokratie«? Was sollte demgegenüber Aufgabe von Brochs »Totaldemokratie« sein? Im Kern ging
es dem Dichter nicht um eine allgemeine Demokratietheorie,
sondern um die Bekämpfung spezieller Schwächen der Republik
von Weimar. Erst bei Kenntnis dieses situationsbedingten An-
knüpfungspunktes gewinnt Brochs eigenwillig, teilweise verstie-
gen formulierte Demokratietheorie Konturen.

  Probleme der Änderung und des Schutzes der Verfassung

In der »liberalen Wertneutralität« der Weimarer Verfassung, in
dem verbrieften Glauben, »sich alle Möglichkeiten offen lassen
zu können«, lag für Broch die primäre Schwäche der Ersten
Republik. Diese kam zunächst darin zum Ausdruck, daß einer
Verfassungsänderung nach damals herrschender Lehre keine materielle Grenze, etwa im Bereich der »Humanitätsgrundprinzipien« (ebd., S. 29), gezogen war. Die Republik hätte durch ein
mit noch so geringer qualifizierter Mehrheit beschlossenes Gesetz
»legal« in eine Monarchie umgewandelt werden können.[11] In der
radikal-demokratischen Deutung der vorherrschenden Lehre
wurde die Verfassung »auf ein substanzloses Verfahren reduziert,
in dem eine – mit welchen demagogischen Mitteln auch immer
zusammengetrommelte – Mehrheit alles erreichen konnte«[12], und
zwar auch dann, wenn sie eine »Gangstermajorität« war, wenn
es also darum ging, »die Volksminorität durch eine Narrenmajo-
rität zum Selbstmord« zu zwingen (ebd., S. 45). Während Broch
glaubte, niemand habe daran gedacht, »die Verfassung und damit

auch die Minorität gegen die unausweichlichen Verfassungslücken zu schützen« (ebd.), hatte Schmitt bereits 1928 die Lehre vom unantastbaren Kern der Verfassung aufgestellt.[13] Nach Art. 79 Abs. 3 des Grundgesetzes für die Bundesrepublik Deutschland vom 23. Mai 1949[14] sind derartige materielle Grenzen der Verfassungsänderung heute jedenfalls geltendes Recht. Unsere Demokratie ist insofern kein entscheidungs- und prinzipienloses »Zwittergebilde« (ebd., S. 41).

Die Weimarer Republik war – hier lag ihre zweite Schwäche, die natürlich eng mit der ersten zusammenhing – ziemlich wehrlos gegen ihre Gegner. Die Verfassung, so wie sie von der Mehrheit der damaligen Staatsrechtslehrer interpretiert und von der überwiegenden Staatspraxis gehandhabt wurde, gab ihren Feinden die Freiheit, die Freiheit zum Sturz der Verfassung zu mißbrauchen. Broch (ebd., S. 66) sprach treffend von der »Irrsinnsantinomie einer Freiheit, die sich aus Freiheitsgründen selber aufheben läßt, einer Humanität, die sich aus Humanitätsgründen selber vernichten lassen will«. Nach Broch ist der Staat »legitimiert, ja sogar verpflichtet, Betätigungen, die sich gegen seinen Bestand richten, zu verbieten und, wenn nötig, schon im Keime zu ersticken« (ebd., S. 202). Schmitt erklärte jene Haltung der Wehrlosigkeit mit dem »Legalitätssystem des Gesetzgebungsstaates«, mit dessen »wertneutral« funktionierenden legalen Verfahren.[15] Wie dem auch sei, das Bonner Grundgesetz schlug nach der Lektion von Weimar – Brochs Befürwortung »des Freiheitsentzuges an den ohnehin nicht mehr zum Gebiet der Demokratie gehörigen Grenzfällen« (KW 11, S. 67) blieb damals ungehört – mit den aus Art. 79 Abs. 3 GG zu rechtfertigenden Bestimmungen über das Verbot verfassungswidriger Parteien (Art. 21 Abs. 2 GG) und Vereinen (Art. 9 Abs. 2 GG), über die Grundrechtsverwirkung (Art. 18 GG) sowie mit der Forderung nach Verfassungstreue der Beamten (vgl. Art. 33 GG) bewußt den Weg zu einer verteidigungsbereiten Demokratie ein[16]: keine Freiheit zur Beseitigung der Freiheit.

Probleme der Integration des Gemeinwesens

Die wichtigste Schwäche der Weimarer Republik war das vorherrschende politische Klima, das der parlamentarischen Demokratie zunehmend feindlich gesonnen war. Es fehlte an der Integration des republikanischen Gemeinwesens, an seiner zureichenden Fundierung in Herz und Verstand der Bürger. Die Deutschen – teils monarchischer Tradition nachtrauernd, teils durch NSDAP oder KPD radikalisiert – identifizierten sich in ihrer Mehrheit schließlich nicht mehr mit dem Staat in dieser seiner Verfassung. Ein Grund dafür lag im weitgehenden Fehlen einer Staatspflege. In ihrer Angst, mit der Monarchie verglichen zu werden, verzichtete die Republik auf fast jede Selbstdarstellung. Die Notwendigkeit legitimationsfördernder Werbung für die Republik, ihre Verfassung und die Einrichtungen des bürgerlichen Rechtsstaats wurde kaum erkannt. Zudem schieden die Grundrechte als Element der politischen Erziehung und Gemeinsamkeitsstiftung und der damit verbundenen Aneignung und Legitimierung der Verfassung aus.[17] Zu gering war nach Ansicht der führenden Verfassungskommentatoren die rechtliche Bedeutung des (Zweiten) Teils der Verfassung über »Grundrechte und Grundpflichten der Deutschen«. Nicht einmal dem Gleichheitsgrundsatz (Art. 109 Abs. 1 der Weimarer Reichsverfassung vom 11. August 1919) wurde eine den Gesetzgeber bindende Wirkung zuerkannt. Unter dem Grundgesetz wurden die Grundrechte, mittlerweile von einer umfassenden, selbstbewußten Verfassungsgerichtsbarkeit geschützt, dagegen »zu einer legitimierenden und konsensbegründenden Grundlage der Staatlichkeit«.[18]

Gegenüber dieser »freien Zustimmung einer möglichst großen Zahl von Bürgern, auf deren Gewinnung und Erhaltung es stets von neuem ankommt«[19], gegenüber dieser umfassenden, tiefgreifenden Vertrauensbildung wollte sich Broch offenbar mit einem »Gesetz zum Schutze der Menschenwürde« begnügen sowie mit bloßer humanitäts-, also demokratiebejahender »Propaganda«, einschließlich »einer Abriegelung der staatsgefährdenden Gegenpropaganda« (KW 11, S. 27 f.). Hier wurde der Dichter ein Opfer seines Eindrucks von Massenjubel und »intensiver Massenführung« (ebd., S. 30) im Dritten Reich. Eine »Totaldemokratie« verlange, erklärte Broch, »durchaus nach dem Muster der Diktaturen, nach dem Aufbau einer zentral geleiteten, mit allen Mitteln der Presse, des Radios und des Films arbeitenden propagandistischen Volksaufklärung« (ebd., S. 28). Denn die »Masse« sei durch ein »mit Neuheitsreiz ausgestattetes Bild« verführbar, »vor allem dann, wenn es mit dem Bilde eines bekämpfbaren Feindes verbunden ist und hierdurch eine Aggressionsbefriedigung versprochen wird« (ebd., S. 28). Man habe, heißt es bald darauf im *Tod des Vergil* (KW 4, S. 343), »blinde Riesenmassen« vor sich, »und diese folgen urteilslos einem jeden, der es versteht, sich in dem schillernd verführerischen Gewand der Freiheit aufzuspielen und solcherart mit grüblerisch geschicktem Faltenwurf zu vertuschen, wie arg es aus überlebten und nichtssagenden Formelfetzen zusammengestückt und zusammengeflickt ist«. Aufgabe des Staates sei es in dieser Situation, »den Menschen wieder jene leibliche und seelische Sicherheit zu bieten, welche sie verloren haben« (KW 11, S. 344).

Hier schließt sich der Kreis von Brochs demokratietheoretischen Überlegungen, und er öffnet sich zu den Völkerbund- und Menschenrechtsstudien des Dichters (KW 11, S. 195 ff., 233 ff., 243 ff.). Der »Wertzerfall« – heißt es ebenso deterministisch wie elitär – führte zur »massenpsychischen Labilität« (ebd., S. 25), zu einer »Hoffnung auf Halt«, die der herkömmliche, ohnehin »überlebte« Parlamentarismus nicht befriedigen könne.[20] Die zum Schutz der Humanität weiterhin unentbehrlichen Demokratien, hart bedrängt von den imperialistischen »dynamischen Diktaturstaaten« (ebd., S. 35), müßten »total« werden, oder sie müßten »zerfallen« (ebd., S. 63). Praktisch verlange dies »in erster Linie« nach einem »Gesetz zum Schutz der Grundprinzipien des Staates«. Aus »diesem Hauptgesetz ergäben sich die übrigen erforderlichen Gesetze zum Schutze der demokratischen Einrichtungen« und der menschlichen Würde (ebd.), flankiert von einer »Propaganda der Humanität« (ebd., S. 65).[21] In dieser »Wendung zur totalen Demokratie« könne die »Rettung der Weltkultur« liegen (ebd., S. 67). Angesichts des »sehr innigen Zusammenhangs« von »Friede und Menschenwürde« (ebd., S. 198) bedürfe es dazu auch einer »propagandistischen« Stärkung des Völkerbundes (ebd., S. 229). Brochs diesbezügliche, im Jahre 1936 intensiv aufgenommene Arbeiten – gleichzeitig begann er mit dem *Vergil*, in dem der Dichter der damaligen Zeitenwende von einem »Reich der Menschengemeinschaft« träumt (KW 4, S. 345) –, die nach dem Zweiten Weltkrieg in die Forderung nach »Errichtung einer einheitlichen Weltdemokratie« mündeten (KW 11, S. 247), erschienen ihm »als ein Beweis für die praktische Anwendbarkeit« seiner »Werttheorie« (ebd., S. 237).

Eine »ethische Minimalbasis« (ebd., S. 235), ein gemeinsames rechtliches Ordnungsprinzip, eine substanzielle Homogenität besaß der Völkerbund, auf dessen Geist und Erneuerungskraft Broch so weitgespannte Hoffnungen setzte, nicht. Ebensowenig lag dem Völkerrecht der Zwischenkriegsepoche eine »allgemeinverbindliche Wertordnung zugrunde«.[22] Der Mythos der nationalen Idee war noch ähnlich ungebrochen wie der Fetisch der staatlichen Souveränität. Mochten Theoretiker des Völkerbundrechts eine allgemeine Interventionskompetenz des Bundes zum Schutze von Leben und Eigentum aller Individuen entwickeln, ja eine quasi-föderale Weltordnung konstruieren[23], mochten menschen- und individualrechtliche Forderungen im Prinzip die überkommene Undurchdringlichkeit der souveränen Staaten durchlöchern – die wesentlichen Schritte, auch im Bereich der internationalen Rechtsprechung (Schiedsgerichtsbarkeit, Ständiger Internationaler Gerichtshof), blieben nach wie vor »der Entscheidung und der Aktion der Staaten vorbehalten«.[24]

Wie andere Intellektuelle seiner Zeit weigerte sich Broch, diesen niederschmetternden Befund hinzunehmen. Statt sich mit den Funktionsbedingungen internationaler Organisationen in einer zerklüfteten, von tiefen ideologischen, materiellen und machtpolitischen Gegensätzen zerrissenen Staatenwelt und mit den faktischen Voraussetzungen für eine Verbesserung dieser Situation zu befassen – etwa mit den gemeinsamen Interessen an der Regelung des Weltverkehrs und der Weltwirtschaft, mit den verwaltungs- und rechtstechnischen Leistungen des Völkerbunds bzw. des »Weltgerichtshofs«, mit dem sich beschleunigenden Entkolonialisierungs- und Modernisierungsprozeß, mit den Ansätzen zu Regionalsystemen und den Fortschritten beim Kriegs- und Kriegsverhütungsrecht –, erhob Broch immer höher gegriffene normative Forderungen. Gegenüber der Verwilderung des machtstaatlichen Handelns rückte er den Gedanken der Humanität in den Vordergrund auch seiner internationalen Ordnungsvorstellungen.

Dabei wies Broch, allen Konstruktionsmängeln und Fehlleistungen des Völkerbundes zum Trotz, diesem bzw. einem »neuen Völkerbund« (ebd., S. 235) die zentrale Stellung bei der Errichtung einer neuen, humanitätsfreundlichen Staatengemeinschaft zu. Ein Völkerbund, der sich mit der Rolle eines technischen Instrumentariums bescheide, werde nicht bestehen können. In »Fragen, welche die menschliche Würde berühren«, solle es für den Bund »keine innerstaatliche Autonomie« (ebd., S. 199), »keine ›reine Souveränität‹ mehr geben« (ebd., S. 236). Jeder Staatsmann solle bei Zuwiderhandeln gegen die »akzeptierten Grundprinzipien« als »›Verbrecher‹ an der Menschenwürde vom Bund strafverfolgt werden« (ebd.). Wenn Broch schließlich verlangte: Die »Mitgliedstaaten geben demnach gewisse Souveränitätsteile, zu denen nicht zuletzt auch das Rüstungsrecht gehört, an den Bund ab« (ebd.), so überspannte er zumindest damit den Gedanken der Organisation und Befriedung der Völkerrechtsgemeinschaft so stark, daß er ins Utopische umschlug. Das galt erst recht von Brochs pathetisch formuliertem Wunsch nach einem Weltzustand, »in welchem ein wirklicher Bund der Völker kraft der in ihm vereinigten Exekutivgewalt und Herrschaftsbefugnis als ein wahrer primus inter pares«, »ausgestattet mit sämtlichen Hoheitsrechten einer Großmacht, berufen sein wird, die Geschicke des zivilisierten Erdkreises zu lenken« (ebd., S. 208).

In dem kurzen weltgeschichtlichen Augenblick zwischen 1945 (Ende des Zweiten Weltkriegs, Gründung der Vereinten Nationen) und 1947 (endgültiger Bruch der Kriegskoalition, Beginn des Kalten Krieges) mochten die Chancen für den Bau einer neuen, humanen Welt, den Bau der »einen« Welt etwas größer gewesen sein als in jener nationalstaatsbestimmten Zwischenkriegszeit. Es war jedenfalls die hohe Zeit von internationalistischen Entwürfen und umfassenden Plänen.[25] Auch Broch beteiligte sich an diesen Visionen einer moralischen »one world«. Angesichts der »Souveränitätsempfindlichkeit« der Staaten (ebd., S. 247) stellte er seine aufwendigen Vorschläge nun »mit aller Bewußtheit auf utopischen Boden« (ebd., S. 245). Der Dichter dachte gar an »die Errichtung einer einheitlichen Weltdemokratie«, an »ein internationales Strafgesetz, in dem eine neue Weltmoral ihren kodifizierten Ausdruck finden« würde (ebd., S. 247), an die »Installierung eines zweckmäßigen Schiedsgerichtsverfahrens, dann aber durch Organisierung und Bereitstellung eines Machtapparates, der graduell mit Hilfe diplomatischer Maßnahmen, ökonomischer Sanktionen und internationaler Polizeiaktionen das Enforcement der Schiedssprüche durchführt« (ebd., S. 251). Anklagen wegen »Verbrechens gegen die Menschenwürde« sollten »auch unmittelbar bei oder vom Internationalen Gerichtshof erhoben werden« können (ebd., S. 263).[26]

Wenn Broch verlangte, »daß in jedem Land, gleichgültig von wem und wie es regiert wird, die gleichen regulativen Grundprinzipien herrschen«, wenn er also die Ausrichtung des disparaten Staaten-Konglomerats »auf einen gemeinsamen Humanitäts-Nenner« propagierte (ebd., S. 270), so postulierte er damit weit mehr ideelle Homogenität, als eine ideologisch zerrissene Welt besitzen kann. Gewiß, im Bereich des Individualschutzes etwa (Garantie der Menschenrechte, Schutz gegen Diskriminierung) wurden in der Nachkriegszeit gewisse Fortschritte gemacht.[27] Rechtsfragen der Beziehungen zwischen einzelnen Bürgern und ihrer Staatsgewalt (traditionell Gegenstände des domaine réservé) wurden Gegenstand völkerrechtlicher Schutzbestimmungen und Gewährleistungen. Aber ein gemeinsames geistiges Band verknüpft die Nationen bis heute nicht. Auf ein Fundament allgemein anerkannter sittlicher Normen und Werte kann sich die Völkerrechtsgemeinschaft, trotz hochgegriffener Formeln in der UN-Charta[28], nach wie vor nicht stützen. »Menschenrechte«, »politische Grundfreiheiten«, »Frieden und Gerechtigkeit«, »Rechte auf Selbstregierung und nationale Selbstbestimmung« sind in freiheitlichen und totalitären, reichen und armen, starken und schwachen Staaten nicht dasselbe. Eine Theorie, »die ein ›world public order‹ der ›human dignity‹ verficht, läuft auf eine Ideologisierung des Völkerrechts hinaus, die keine minimale Basis gemeinsamer Werte von Ost und West (und, so müßte man heute ergänzen, von Nord und Süd) zu erkennen vermag und daher die Möglichkeit eines universalen Völkerrechts in Frage stellt«.[29]

Brochs internationalistische Vorschläge hätten vielleicht eine humanitäre Weltgesellschaft von Gebildeten und eine Völkerrechtsordnung, die sich wenigstens auf ein Mindestmaß struktureller Homogenität ihrer Glieder stützen kann, prägen können – die »wirkliche Welt« erreichten sie nie. Der Dichter kannte nur das »Reich der Freiheit«, nicht das der »Notwendigkeit«. Mit den Verbindungen zwischen beiden – dem entscheidenden Thema – befaßte er sich nicht. Er überspannte den Weltorganisations- und Humanitätsgedanken so stark, daß seine frohe Botschaft keine Wirksamkeit erreichen konnte. Broch sah nicht, daß kein Weltkonzept tauglich ist, bei dem zwischen den verschiedenen Grundvorstellungen, die wir auf der Welt antreffen und die sich nicht auf einen Nenner bringen lassen, eine Entscheidung getroffen werden müßte. Jedes Schema, das eine solche Entscheidung verlangt, ist eben deshalb keine Lösung des Problems.

Zeitgebundenheit und Überzeitlichkeit der »Politischen Schriften«

Brochs demokratie- und völkerbundtheoretische Schriften sind, so abstrakt und theoretisch sie formuliert sind, auf bestimmte politische Lagen und Fragen hin geschrieben. Der Dichter suchte nach Erklärungen und Theorien für konkrete Situationen. Das ist so bei vielen politischen Schriftstellern. Ihre Theorien sind oft viel zeit- und situationsbezogener als spätere Kanonisierungen erkennen lassen: »auch das Denken trägt den Stil seiner Epoche.« (KW 10/2, S. 164) Broch verfaßte seine politischen Schriften zudem nicht in einer Normallage, sondern in der speziellen Situation der Agonie des »grundsatzlosen« Völkerbundes und der ihre eigenen Grundsätze zur Disposition stellenden Weimarer Republik, in der Ausnahmelage des Zweiten Weltkriegs und in der kurzen Phase moralischer Euphorie während der frühen Nachkriegszeit. Diese Situationsgebundenheit, einschließlich der wechselnden historischen Umstände, ist in Brochs politischem Werk deutlich zu erkennen. Für seine Interpretation ist sie unentbehrlich.

Brochs »Politische Schriften« behandeln nationale und internationale Themen. Im letzteren Bereich erweist sich der Dichter mit seiner universalistischen Perspektive als Anhänger der alten Völkerbund- und der neuen UNO-Ideologie. Er ist hier von beträchtlicher, häufig bedrückender Weltfremdheit und von einem damit zusammenhängenden ebenso starken Idealismus wie radikalem Moralismus. Brochs Weltdemokratiepostulat ist vom Zeitgeist zu tief eingefärbt, als daß es überzeitlich wirken könnte.[30] Die Frage etwa, ob das innerstaatliche Legitimationsprinzip – rigide auf die internationalen Beziehungen angewandt – die Völkerrechtsgemeinschaft nicht eher gefährdet als stabilisiert, hat sich Broch offenbar ebensowenig gestellt wie die Frage nach der Verallgemeinerungsfähigkeit seines, des abendländischen Menschenbildes.

Im innerstaatlichen Bereich gelingen dem Dichter dagegen gültige, über seine Zeit hinausreichende Aussagen. Broch hat hier die weitverbreiteten Demokratie- und Parlamentarismuszweifel seiner Epoche aufgegriffen und als überzeugter, engagierter Demokrat »umgeschrieben«. Er ist dabei zu einer eigenständigen materialen Demokratietheorie vorgedrungen. Insbesondere die Gefahr einer prinzipiellen Preisgabe des substanziellen Inhalts, der Identität der Demokratie findet sich bei Broch weitsichtig erkannt und bekämpft. Von der kern- und substanzlos gewordenen politischen Mitte wendet er sich – ideologisch gesprochen – weder nach links, zu kommunistischen Herrschaftsvorstellungen, noch nach rechts, zu den Faschisten. Er erliegt weder der autoritär-totalitären noch der pazifistischen Versuchung, weder der kollektivistischen noch der antirationalistischen Revolution. Broch will vielmehr der demokratischen Mitte wieder Halt, wieder Substanz geben: mit dem »regulativen Prinzip« der Menschenwürde. Der Dichter propagiert eine politisierte, streitbare, sich am Schutz der Menschenwürde und damit an der Effektuierung der Grund- und Freiheitsrechte legitimierende Demokratie.

In Auseinandersetzung mit dem Schicksal der freiheitlichen Demokratien seiner Zeit wurde Broch zum zeitüberdauernd gültigen Denker wert- und wehrhafter demokratischer Ordnung. Er erfüllte damit zugleich die Aufgabe des Denkers wie des Dichters: »der Begriff des Menschen, die Würde des Menschen ist das letzte Ziel, dem alles philosophische Denken, dem alles dichterische Schauen, kurzum dem jedes ethische Tun zuzustreben hat.«[31]

Anmerkungen

1 Zum Verhältnis von Dichter und Staat siehe auch das Gespräch zwischen Augustus und Vergil in *Der Tod des Vergil*, KW 4, S. 284 ff., 313 f. (zum Unterschied zwischen Staat und Kunstwerk ebd., S. 293, 333-335). Es sei Pflicht der Dichtung, das Irrationale (Unheil wie Heil) aufzugreifen und sinnfällig zu machen (ebd., S. 22 f.). Augustus' These: »Staat und Geist sind ein und dasselbe« (ebd., S. 344), teilt der Dichter (der *Äneis* wie des *Vergil*) nicht.

2 Der Essay bildete den Anhang des von Frank Thiess herausgegebenen Buches *Wiedergeburt der Liebe. Die unsichtbare Revolution*, Berlin: Zsolnay 1931, S. 361-380. Unter dem Titel *Zerfall der Werte* ging er dann teilweise in den *Hugenau*-Teil der 1928 begonnenen, 1932 veröffentlichten *Schlafwandler*-Trilogie ein (KW 1, S. 418 ff.), war aber

im Unterschied zu dieser zehnteiligen geschichtsphilosophischen Essayfolge nicht mit dem fiktional Erzählten verschränkt, sondern stellte eine eigenständige wissenschaftlich-theoretische Abhandlung dar.

3 In seiner Untersuchung *Die geistesgeschichtliche Lage des heutigen Parlamentarismus*, München und Leipzig: Duncker & Humblot 1923.

4 Vgl. hierzu und zum folgenden Friedrich Karl Fromme, *Der Mann, der den lebenden Parlamentarismus sezierte. Carl Schmitt wird 85*, in: Frankfurter Allgemeine Zeitung, 11.7.1973; Joseph W. Bendersky, *Carl Schmitt, Theorist for the Reich*, Princeton: Univ. Press 1983, S. 64 ff.; Klaus von Beyme, *Die parlamentarischen Regierungssysteme in Europa*, München: Piper 1970, S. 278 ff.

5 *Die geistesgeschichtliche Lage*, S. 10, 21.

6 Insbesondere beim Reichspräsidenten, dessen Kabinettsbildungsrecht und Notverordnungsgewalt Schmitt stark herausstrich, womit er einer tatsächlichen, am Ende verhängnisvollen Entwicklung interpretatorisch Flankenschutz gab: »Souverän ist, wer über den Ausnahmezustand verfügt.« Dazu etwa Hasso Hofmann, *Legitimität gegen Legalität. Der Weg der politischen Philosophie Carl Schmitts*, Neuwied/Berlin: Luchterhand 1964, S. 62 ff.

7 Vgl. Christian Graf von Krockow, *Die Entscheidung. Eine Untersuchung über Ernst Jünger, Carl Schmitt, Martin Heidegger*, Stuttgart: Ferdinand Enke 1958, S. 54 ff.; José María Beneyto, *Politische Theologie als politische Theorie. Eine Untersuchung zur Rechts- und Staatstheorie Carl Schmitts und zu ihrer Wirkungsgeschichte in Spanien*, Berlin: Duncker & Humblot 1983, S. 62 ff.

8 Begriffsgeschichtlich ist darauf hinzuweisen, daß »total« bei Broch Verwandtschaft zum Begriff des »totalen Staates« bei Carl Schmitt und Ernst Forsthoff (*Die Verwaltung als Leistungsträger*, 1938) aufweist. »Total« ist nicht ohne weiteres mit »totalitär« gleichzusetzen. »Total« soll der Staat nicht im Sinne eines prinzipiellen Freiheitsverlustes für seine Bürger sein, sondern in dem Sinne, daß es eine eigene staatliche Wertordnung gibt, die der Staat – ausgestattet mit einem technologisch hochentwickelten Instrumentarium – zu schützen und ggf. durchzusetzen hat. Zusammenfassend Carl Schmitt, *Weiterentwicklung des totalen Staats in Deutschland*, in: Europäische Revue 9 (1933), S. 65 ff. Auch die verstärkte staatliche Einflußnahme auf die Wirtschaft, zu der etwa Roosevelts New Deal manche Ansätze enthielt (die Broch im wesentlichen begrüßte), gehört z. T. in diesen Kontext.

9 Der Mensch in der Masse, erkenntnis- und entscheidungsunfähig, sei von der Angst befreit: »Ach, eingefügt in die Masse und in das Gefüge ihrer Bewegung gab es da nichts mehr zu entscheiden, und die Stimme, welche zur Entscheidung aufrufen wollte, löste sich nicht mehr aus dem Atem; die Stimme blieb blind!«, heißt es im *Tod des Vergil* (KW 4, S. 49).

10 *Der Begriff des Politischen,* Berlin: Duncker & Humblot 1963, S. 28 (zuerst 1927). Nach Schmitt, ebd., S. 67 »bewähren sich« politisches Denken und politischer Instinkt demgegenüber »an der Fähigkeit, Freund und Feind zu unterscheiden. Die Höhepunkte der großen Politik sind zugleich die Augenblicke, in denen der Feind in konkreter Deutlichkeit als Feind erblickt wird«.

11 Anderer Ansicht Schmitt, *Verfassungslehre,* München / Leipzig: Duncker & Humblot 1928, S. 104.

12 Ernst Friesenhahn, *Zur Legitimation und zum Scheitern der Weimarer Reichsverfassung,* in: *Weimar, Selbstpreisgabe einer Demokratie. Eine Bilanz heute,* hg. v. Karl Dietrich Erdmann und Hagen Schulze, Düsseldorf: Droste 1980, S. 81 ff. (93); Ernst Rudolf Huber, *Deutsche Verfassungsgeschichte,* Bd. 7: *Ausbau, Schutz und Untergang der Weimarer Republik,* Stuttgart u. a.: Kohlhammer 1984, S. 1266 ff.

13 *Verfassungslehre,* S. 25 ff., 102 ff.

14 Art. 79 Abs. 3 GG: »Eine Änderung dieses Grundgesetzes, durch welche die Gliederung des Bundes in Länder, die grundsätzliche Mitwirkung der Länder bei der Gesetzgebung oder die in den Artikeln 1 und 20 niedergelegten Grundsätze berührt werden, ist unzulässig.«

15 *Legalität und Legitimität,* München / Leipzig: Duncker & Humblot 1932, S. 14 f.

16 Vgl. Andreas Sattler, *Die rechtliche Bedeutung der Entscheidung für die streitbare Demokratie,* Baden-Baden: Nomos 1982, S. 93 ff. Vgl. *Entscheidungen des Bundesverfassungsgerichts* 39 (1976), S. 334 ff.: Das Grundgesetz habe »die Bundesrepublik Deutschland aus der bitteren Erfahrung mit dem Schicksal der Weimarer Demokratie als eine streitbare, wehrhafte Demokratie konstituiert«. Diese Rechtsprechung wird auch vom Bundesverwaltungsgericht fortgeführt, vgl. Urt. v. 10. 5. 1984, in: Neue Juristische Wochenschrift 1985, S. 503 ff.

17 Vgl. demgegenüber für die Bundesrepublik Deutschland Rudolf Smend, *Festvortrag zur Feier des zehnjährigen Bestehens des Bundesverfassungsgerichts am 26. Januar 1962,* in: ders., *Staatsrechtliche Abhandlungen,* 2. Aufl., Berlin: Duncker & Humblot 1968, S. 581 ff., 586 ff.

18 Konrad Hesse, *Bestand und Bedeutung der Grundrechte,* in: Europäische Grundrechte Zeitschrift 1978, S. 427 ff., 438.

19 Ebd.

20 Ausgangs des Ersten Weltkrieges hatte Broch im österreichischen Kontext gar mit einem »demokratischen Rätesystem« (KW 11, S. 11) sympathisiert. Vgl. dazu Paul Michael Lützeler, *Hermann Broch – Ethik und Politik,* München: Winkler 1973, S. 51-59.

21 Hier wirkt sich die psychologisierende Betrachtungsweise Brochs negativ aus, da sie nur einen schmalen Ausschnitt der Gesamtproblematik der Integration des Gemeinwesens zu erfassen vermag. Zu weit

hat sich der Dichter zudem auch hier in die Begrifflichkeit und tagespolitische Argumentation des Gegners eingelassen.

22 Wilhelm G. Grewe, *Epochen der Völkerrechtsgeschichte*, Baden-Baden: Nomos 1984, S. 686 ff.

23 Ebd., S. 699 ff., 711 ff.

24 Ulrich Scheuner, *Naturrechtliche Strömungen im heutigen Völkerrecht*, in: Zeitschrift für ausländisches öffentliches Recht und Völkerrecht 13 (1950), S. 556 ff. (614). – Der italienische Krieg zur Eroberung Abessiniens (1935/36) enthüllte die effektive Schwäche des Völkerbundsystems (dem Japan und Deutschland bereits 1933 den Rücken gekehrt hatten), die ein äußerer Anlaß für Brochs »völkerbundstärkende« Schriften war.

25 Vgl. etwa *Ist eine Weltregierung möglich? Vorentwurf einer Weltverfassung*, vorgeschlagen und unterzeichnet von Robert M. Hutchins u. a., Frankfurt: S. Fischer 1951. Es handelt sich hierbei um die deutsche Fassung des Entwurfs einer Weltverfassung, der zwischen 1945 und 1947 in den USA privat erarbeitet worden war. Zu den Autoren gehörte u. a. Erich Kahler, in dessen Haus in Princeton, N. J. Broch damals wohnte (in der gleichen Universitätsstadt übrigens, in der Albert Einstein sogleich nach Kriegsende den Gedanken einer »Weltregierung« entwickelt hatte). Wenn es in jenem Entwurf heißt: »Die vier Elemente des Lebens: Erde, Wasser, Luft und Energie, werden zu Gemeineigentum des Menschengeschlechts erklärt«, dann klingen hier weltplanwirtschaftliche und weltsozialpolitische Vorstellungen an, die in der umstrittenen UN-Formel vom Mond und vom Tiefseeboden als »gemeinsamem Erbe der Menschheit« in unseren Tagen erneute Aktualität erlangten. Vgl. dazu auch: Paul Michael Lützeler, *The City of Man. Ein Demokratiebuch amerikanischer und emigrierter europäischer Intellektueller*, in: *Exilforschung. Ein internationales Jahrbuch* 2 (1984), S. 299-309.

26 Die Hoffnungen und Erwartungen, die Broch – wie viele Zeitgenossen – in der frühen Nachkriegszeit hier auf das Vorbild der Internationalen Militärtribunale von Nürnberg und Tokyo setzte, erwiesen sich als illusionär, und sie waren es wohl von vornehrein. Vgl. Grewe, *Epochen der Völkerrechtsgeschichte*, S. 777 f.: »Dieses Vorbild konnte nur Eiferer und weltfremde Ideologen beeindrucken, die blind für die Realitäten der Weltpolitik waren oder sie aus Verblendung verkannten.« In der UNO sind jedenfalls die zunächst unternommenen Anläufe, die Nürnberger Prinzipien in allgemeinverbindliches kodifiziertes Völkerrecht umzuwandeln und eine internationale Strafgerichtsbarkeit zu institutionalisieren, bald stecken geblieben.

27 Die UN-Charta spricht an 7 Stellen vom Schutz der Menschenrechte. 1948 nahm die UN-Vollversammlung die »allgemeine Erklärung der Menschenrechte« an. Sie wurde 1966 ergänzt durch zwei Menschen-

rechtspakte, den über Bürgerliche und Politische Rechte, und den über Wirtschaftliche, Soziale und Kulturelle Rechte. Die Bestimmungen beider Pakte sind allerdings mit zahllosen Ausnahmen, Vorbehalten und Ermessensklauseln versehen. Die Kontrollmechanismen dieser Pakte sind rudimentär. Um eine Art institutionalisierte Humanitätsintervention handelt es sich dabei nicht. Vgl. Grewe, *Epochen der Völkerrechtsgeschichte* S. 765 f. (S. 769: wesentliche Fortschritte beim völkerrechtlichen Schutz wurden »nur dort gemacht, wo sie am wenigsten dringlich waren: etwa in Westeuropa, im Rahmen des Europa-Rats, wo es ohnehin Verfassungen, Grundrechte, unabhängige Gerichte und rechtsstaatliche Garantien im weiten Umfang gab«).

28 So spricht ihre Präambel vom »Glauben an grundlegende Menschenrechte, an die Würde und den Wert der menschlichen Persönlichkeit, an die Gleichberechtigung von Männern und Frauen, an gleiches Recht der großen und kleinen Nationen«, von Gerechtigkeit und Achtung der Verträge, von sozialem Fortschritt, Toleranz, guter Nachbarschaft, Gewaltverzicht und internationaler Zusammenarbeit.

29 Grewe, *Epochen der Völkerrechtsgeschichte*, S. 759 (gegen die Theorie des einflußreichen Hauptes der New Haven-Schule des Völkerrechts, Myres S. McDougal). Grewe (ebd.) summiert treffend, daß die universale Völkerrechtsordnung »durch den ideologischen Zwiespalt und die machtpolitische Teilung der Welt in gegensätzliche Lager geschwächt, daß sie labil und einer Intensivierung nicht zugänglich sei, daß die zunehmende Universalität mit einer Reduzierung des Inhalts der von allen Teilnehmern anerkannten Regeln des Völkerrechts erkauft worden sei«.

30 Ein Beispiel für Änderungen im Realen, die »Weltdemokratie«-Vorstellungen schon von der Komplexität des Gegenstandes her heute als besonders irreal erscheinen lassen: Während die UNO 1945 nur 51 Gründungsmitglieder aufwies, gehören ihr zur Zeit 160 Staaten an; hinzu kommen etwa 15 sonstige Staaten. Diese Entwicklung geht vor allem auf den Prozeß der Entkolonialisierung zurück. Der damit verbundene zwischenstaatliche Verkehr hat auch zu zahlreichen neuen rechtlichen Beziehungen, Verfahren und Institutionen geführt, die dem Völkerrecht der Zwischenkriegszeit weitgehend fehlten. Es kam zudem zu politisch-psychologischen (z. B. Ansätze zu einer kommunikativen Weltgesellschaft) und wirtschaftspolitischen Entwicklungen (z. B. Nord-Süd-Konflikt), die in der frühen Nachkriegszeit Broch noch verborgen bleiben mußten.

31 Hermann Broch, *Pamphlet gegen die Hochschätzung des Menschen*, in: *Philosophische Schriften 1: Kritik* (KW 10/1, S. 34).

Paul Michael Lützeler

Broch als Kulturkritiker:
Seine Sicht des Fin de Siècle

In den *Kultur 1908/1909* überschriebenen – seinerzeit nicht publizierten – Aufzeichnungen des zweiundzwanzigjährigen Hermann Broch wird das »Sterben« der »Kultur der Weißen« (KW 10/1, S. 28)[1] konstatiert. Die Möglichkeiten des Rationalismus wären erschöpft, und damit sei das Kapitel technischer Zivilisation abgeschlossen. Der junge Kapitalist, der übertags die neuen Stahlbetonhallen der aufs modernste ausgerüsteten Spinnfabrik durcheilt, dessen ganzes Tun durch kaufmännische und technische Rationalität bestimmt ist, setzt sich abends hin, liest Nietzsche, Schopenhauer, Weininger, Kraus und findet in deren Dekadenzthesen, Anti-Rationalismus, Pessimismus, Kulturkritik und Satire die eigenen Zweifel an den Erwartungshaltungen der Väter-Generation auf den Nenner gebracht. Er notiert:

Diese Kultur hat eine geographische Mission gehabt, und die ist nun erfüllt. [...] Der Geist dieser Kultur hat sich seit ihrer Mündigkeit nicht vertieft, nicht ausgedehnt, doch der Fortschritt an räumlicher weißer Zivilisation ist ein ungeheurer gewesen. Wir stehen im Zeitalter des Verkehres; das ist die Climax. Die Pole sind entdeckt. Das ist der Schlußpunkt [...]. Die noch zu leistende Kulturarbeit ist ausfüllende Detaillierung zwischen den beiden Polen. Und dann bleibt nichts mehr. Toll geworden wird sich der Verkehr um die überbekannte Erde drehen, eine Energie, die kein äußeres Ziel finden kann und hysterisch wird. Und sie wird sich in Wolkenkratzern entladen. (KW 10/1, S. 11)

Brochs apokalyptische Vision ist das Tollhaus Großstadt als tödlicher Endzustand der Zivilisation. Aber wie steht es mit der Kunst? Ist sie nicht eine Antiwelt, eine Gegenströmung, eine neuen Aufbruch verheißende Tendenz? Nein, auf apodiktische Weise und mit großer Verwerfungsgeste wird die zeitgenössische Kunst abqualifiziert:

Daß diese Kultur ihrem Ende entgegeneilt, zeigt ihre senile Geschwätzigkeit. Das Übelriechende dieses Sterbens heißt Bildung. Unsere Bildung ist die Fähigkeit, über Kunst zu sprechen [...]. Die Kunst ist ein liebliches Purée geworden, und wenn sie Kultur sagen, meinen sie Purée löffeln. (KW 10/1, S. 13 f.)

Diese Zeilen sind mit der Überschrift *Das Satyrspiel* versehen: Nach dem tragischen Tod der europäischen Kultur folgt also die Burleske vom Ende der Kunst. In hektisch hingeworfenen Sätzen werden Kunst und Sexualität miteinander parallelisiert. Während Adolf Loos in der Entsexualisierung, in der Ent-Sinnlichung der Kunst eine kulturelle Leistung sieht, ist die Ent-Sexualisierung für Broch das sicherste Zeichen für den Tod der Kunst und der Kultur allgemein. Es heißt: »Die Kunst ist tot [...]. Die Kunst war die Sexualität der Kultur. Nun stirbt sie an psychischer Impotenz [...]. Die Kunst ist impotent, denn ihre Zeit hat sich mit der ihrer Kultur erfüllt. [...] Stirbt der Mensch, so stirbt seine Sexualität mit ihm, und stirbt die Kultur, so muß ihre Kunst dasselbe tun« (KW 10/1, S. 12, 13, 11). »Naturalismus, Impressionismus, die Wagnersche Oper, die Ingenieurarchitektur« werden als »lauter Scheinerfolge« abgetan. Richard Strauss und Gustav Mahler produzierten nichts als »Kapellmeistermusik«. Nur ein Künstler stünde »abseits von all dem«, nämlich Vincent van Gogh, und Oskar Kokoschka sei immerhin auf dem richtigen Weg (KW 10/1, S. 13, 12, 13). Originell ist das, was Broch hier von sich gibt, keineswegs. Gegen den Fortschrittsoptimismus in Technik und Wissenschaft à la Ernst Haeckel hat sich in Philosophie und Kulturkritik – besonders bei ihren lebensphilosophischen Vertretern – seit langem Skepsis angemeldet. In den Jahrzehnten zwischen 1890 und 1910 wird Untergangsstimmung in zahllosen Gazetten verbreitet. Hermann Bahr redet schon 1890 vom »großen Sterben« und vom »Tod der erschöpften Menschheit«[2], und Karl Kraus prophezeit in einem – bezeichnenderweise *Apokalypse* betitelten – Aufsatz von 1908: »Es ist meine Religion zu glauben, daß das Manometer auf 99 steht. An allen Enden dringen die Gase der Welthirnjauche, kein Atemholen bleibt der Kultur und am Ende liegt eine tote Menschheit neben ihren Werken, die zu erfinden ihr so viel Geist gekostet hat, daß keiner mehr übrig bleibt, sie zu nützen.«[3]

Das Interessanteste an *Kultur 1908/1909* ist vielleicht die gegen Adolf Loos gerichtete Ornament-Theorie. Adolf Loos hatte gerade – 1908 – in seinem Vortrag *Ornament und Verbrechen* aus Nützlichkeitsgründen für die Abschaffung des Ornaments plädiert. Die üppige Ornamentik an den Bauten des späten 19. Jahrhunderts erschien ihm, dem Vertreter einer sachlichen Alltagskultur, als sinnlose Materialverschwendung. Für Broch ist

Loos ein »Zweckmäßigkeitsapostel«, der den Sinn des Ornaments nicht verstanden habe. »Ich schreibe hier nicht gegen die Loos-schen Häuser, die besser sind als manche anderen«, beteuert er, »ich schreibe gegen die Beschränktheit der Schule, der er ange-hört« (KW 10/1, S. 23). »Ornamentierung«, so meint Broch, sei die »Grundlage der bildenden Kunst«. »Noch jeder Kunststil, und nicht nur der der Architektur«, habe »seinen prägnanten Ausdruck, seine Standardformel in seiner Ornamentform gefun-den« (KW 10/1, S. 24). Was er damit meint, wird in dem zwei Jahre später geschriebenen – und damals ebenfalls unveröffentlicht gebliebenen – Pamphlet mit dem Titel *Ornamente (Der Fall Loos)* deutlich. Es heißt dort 1911:

Die alte Kunst ist im Begriff, mit ihrer Kultur zu verenden, und darüber wollen wir uns freuen – jedoch die Möglichkeit einer neuen, sie baut sich nicht mit Selbstverständlichkeiten auf. Jene Kultur mit ihrer Kunst ist ein impotenter Greis, ihn neuerdings lebensfähig zu machen, ist eine Aufgabe, die der weißen Menschheit unmöglich sein dürfte. Aber die Selbstherrlichkeit des Rationalismus wagt sich an alles: – und er geht hin, haut dem Greis den Kopf ab, kastriert ihn, reißt ihm seinen lächerlichen Litzenschlafrock herunter, steckt ihn in einen vernünftigen, englischen Schneideranzug. – Nun ist der Greis gut gewaschen, praktisch beschuht, nun sei er jung und schön. Leider ist er nun geist- und geschlechtslos. (KW 10/1, S. 33)

Broch wiederholt seine These, daß das Ornament die »Quintes-senz der Kultur« sei. Die »Loos'schen Ideen« mit ihren Angriffen gegen das Ornament könnten bloß eine »Richtschnur für den *mittelmäßigen Architekten*« sein (KW 10/1, S. 33, 32).

Wiederum ein Jahr später – 1912 – fährt Broch fort, Loos zu kritisieren, diesmal in einem Essay, dem er den Titel *Notizen zu einer systematischen Ästhetik* gibt. Hier stellt Broch – vielleicht angeregt durch Arbeiten von Wilhelm Worringer und Wilhelm Dilthey – interessante Überlegungen zum Zusammenhang von Epochenstil und Ornament an. Dazu heißt es: »Aus der fluktu-ierenden Unendlichkeit der Ausdrucksmöglichkeiten hebt sich klar, konzis die Formel des Stils, Symbols der Epoche, [...] ihrer Kultur«. Kultur und Stil bilden nach Broch eine Einheit. Das Ornament zeige »das Wesentliche des Stiles in radizierter Form«; es könne »überall als vornehmstes Charakteristikum des Stiles gelten«. Das Ornament sei »eine Abbreviatur des Stiles, sein Sigel« und »sein Differential« (KW 9/2, S. 24, 26). Bei der Ornamentfeindschaft handle es sich lediglich um eine Rationalisierung und »*Bejahung der Unfähigkeit des Modernen, Ornamente zu schaffen*« (KW 9/2, S. 22). Broch hält es »für unangebracht, aus der Unfähigkeit zum Ornament«, aus dem Loos'schen »Erfassen der Schönheit des Zweckvollen, der Maschine, das Kommen einer großen und neuen Kunst zu prophezeien«, vielmehr betont er, daß ihm der Verlust des Ornaments den Beginn »einer Zeit der décadence« (KW 9/2, S. 31) signalisiere. »Nicht ein Stil will enden«, so heißt es, »eine Zivilisation schickt sich dazu an« (KW 9/2, S. 29).

In seinen kulturpessimistischen Äußerungen beruft Broch sich gerne auf Karl Kraus. Aber anders als Kraus selbst hat Broch nie einen Zusammenhang zwischen den Bestrebungen von Loos und Kraus gesehen. Der Rationalist Loos und der Ethiker Kraus schienen Broch entgegengesetzte kulturelle Tendenzen zu repräsentieren. In den *Notizen* von 1912 heißt es:

Was Kraus sehend aus Lokalberichten kündet, wird auch dem Kurzsichtigen in großzügiger Einfachheit vorgeführt. [...] Seit zweitausend Jahren rationalisiert sich diese Kultur ohne sich zu vertiefen. [...] Es bleibt nichts mehr [...], schienenlos rast die Lokomotive ins Schwarze hinaus, um im Nichts zu verenden. (KW 9/2, S. 29)

Das kulturkritische Verfahren Brochs ist – im Gegensatz zu dem von Karl Kraus – rein deduktiv. Ausgehend von der idée fixe einer »müden Kultur« (KW 9/2, S. 29), von der Auffassung, daß die europäische Zivilisation im Zerfall begriffen sei und ihrem Ende entgegeneile, werden sämtliche künstlerischen Äußerungen als Produkte des Kulturverfalls gewertet. Über die Jahrzehnte hin hat Broch diese Zerfalls-Diagnose ausgebaut und verfeinert; an seiner Überzeugung, in der Endphase der westlichen Kultur zu leben, hat sich aber nie etwas geändert.

Etwa alle zehn Jahre setzt sich Broch mit der Situation der Jahrhundertwende auseinander: Um 1910 in den bereits referierten Skizzen, um 1920 in der Studie *Zur Erkenntnis dieser Zeit*, um 1930 im »Zerfall der Werte« der *Schlafwandler*-Trilogie, um 1940 in drei kurzen Stellungnahmen zu Robert Musil und – am ausführlichsten – um 1950 in seinem Buch *Hofmannsthal und seine Zeit*. Die Studie *Zur Erkenntnis dieser Zeit* von 1919 enthält ein Kapitel mit der Überschrift »Der Kunststil als Stil der Epoche«. Dieser Abschnitt ist eine frühe Vorstudie zum Hofmannsthal-Buch. Inzwischen hat Broch Kant sowie die Neukantianer studiert, und er arbeitet an einer Werttheorie auf geschichtsphilosophischer Grundlage. Broch vertritt schon hier die – später häufig wiederholte – These, daß »der Künstler früherer Epochen unter dem Zwange der Wertzieldefinition gearbeitet« habe und daß »dieses Wertziel« sich »für ihn innerhalb [...] des Gesamtsinngefüges der Gesellschaft« (KW 10/2, S. 76) befunden habe. Die Gegenwart aber zeichne sich durch die Auflösung dieses ›Gesamtsinngefüges‹ aus. Da aber ein Zentralwert in der Kultur nicht mehr existiere, gebe es auch keinen Stil mehr, sondern nur noch eklektizistische Stilimitationen früherer Epochen. Die moderne Kunst jedoch, die es ablehne, Stilarten der Vergangenheit nachzuahmen, demonstriere mit dem Verlust des Ornaments auch den Verlust des Stils. Broch führt quasi einen kulturkritischen Zweifrontenkrieg: zum einen gegen den konservativen Eklektizismus, den er für Kitsch hält, zum anderen gegen die Moderne, vor allem gegen Loos und gegen den Expressionismus. »Der Moderne aber«, schreibt Broch, »war es vorbehalten, ihre Unfähigkeit zumindest ehrlich einzugestehen: sie [...] mußte die Platitüde der Zweckkunst entdecken, gepaart sogar mit einer durchaus symptomatischen Anti-Ornamentik [...]. Die Moderne hat kein Ornament [...]. Es gibt Leute, die diesen Unstil als Stil der Moderne ansehen« (KW 10/2, S 75, 76). Seien die Loos'schen Häuser im Bereich der Architektur symptomatisch für diesen Unstil, demonstriere der Expressionismus in der Malerei den Stilverlust. Mit ihm nämlich gerate »das Kunstwerk in die Region absoluter Kontrollosigkeit« (KW 10/2, S. 61). Wie später in der Hofmannthal-Studie bezeichnet Broch die letzten Dekaden des 19. Jahrhunderts als »das Zeitalter des absoluten Kitsches, kulminierend etwa [...] 1873 in Wien« (KW 10/2, S. 51). Kitsch ist Broch zufolge Nachahmung, ist die Übernahme überholter Werte, ist der Verzicht, neue Wertziele zu definieren. Damit werde der Kitsch zur ›Kunst‹ des Philisters. Zum Zusammenhang von Kitsch und Philistertum schreibt Broch 1919:

Wie tief aber die ethische Verworfenheit des Kitsches in dem Erleben dieser Zeit wurzelt, kann aus seinem Verhältnis zum Philister [...] ermessen werden. Denn auch der Philister ist als der Mensch zu definieren, der das Erleben unkritisch, unethisch, dogmatisch hinnimmt, der niemals sein Wertziel definiert, um sein Tun daran zu begründen. (KW 10/2, S. 63)

Als Vertreter einer »neuen Kunstmoral«, die sich gegen den Kitsch richtet, wird wiederum Vincent van Gogh angesehen. Statt überholte bzw. fremde Wertgeltungsbereiche zu übernehmen, sehe van Gogh »seine einzige Aufgabe« in der dogmenlosen »Darstellung des Gemeinten in seiner vollkommenen Autonomie«. Wiederum ist es auch Kokoschka, der »auf dieser Linie [...] zu nennen« sei (KW 10/2, S. 56, 57).

Aus den kürzeren literaturkritischen Arbeiten Brochs, die nach dem Ersten Weltkrieg entstanden, geht hervor, daß er das Fin de siècle als eine »fürchterliche Zeit« (KW 9/1, S. 41) betrachtete. Für so beliebte Autoren der Jahrhundertwende wie Christian Morgenstern oder Heinrich von Stein hat er nur Spott übrig. Morgenstern sei »als humoristischer Hausschatz des intellektuellen Bürgers zur Wilhelm-Busch-Konkurrenz geworden« (KW 9/1, S. 46). Heinrich von Stein wird als philiströser Ästhet gesehen, als ein Produkt von Richard Wagners »Bayreuther Atmosphäre« einer »Welt samtener Schemen und seidner Fratzen« (KW 9/1, S. 341). Wie dreißig Jahre später in *Hofmannsthal und seine Zeit* wird Wagner schon hier der Kitsch- und Philistersphäre des Fin de siècle zugerechnet.

Der Zusammenhang von Epochenstil und Ornament gehört zu den Konstanten in Brochs Kulturkritik. Am ausführlichsten hat er sich dazu in der Essayfolge »Zerfall der Werte« in den *Schlafwandlern* geäußert.

Der von Broch als »ornamentlos« bezeichnete Denkstil der Moderne, der alle Lebensäußerungen in gleicher Weise durchziehe, trete »im Kunstwerk faßlich in Erscheinung« (KW 1, S. 462). Das Ornament, so wiederholt Broch frühere Überlegungen, werde zur »Formel des Stils selber, und damit zur Formel der ganzen Epoche und ihres Lebens« (KW 1, S. 445). Die Ornamentlosigkeit signalisiere den Stilverlust und werde zum »Menetekel für einen Zustand des Geistes, welcher der Ungeist dieser Unzeit« sei (KW 1, S. 437). Mit der »Ornamentfreiheit« sei »das Nichts«, sei »der Tod verbunden« (KW 1, S. 463-464). »Und darin«, so fährt Broch in apokalyptischer Tonhaltung fort, »wird es bedeutsam, daß eine Epoche, die völlig dem Sterben und der Hölle verhaftet ist, in einem Stil leben muß, der kein Ornament mehr hervorzubringen vermag« (KW 1, S. 445). Weder der Eklektizismus noch die Moderne könne aus dieser Situation der Ornament- und Stillosigkeit herausführen (KW 1, S. 437).

Der österreichische Schriftsteller Hermann Broch exemplifiziert Wertzerfall und Kulturende in den *Schlafwandler*-Romanen an Geschichten aus der Wilhelminischen Epoche, aus dem Deutschland der Jahrhundertwende. Sein Kollege Robert Musil porträtierte im *Törleß* und im *Mann ohne Eigenschaften* das Österreich bzw. Wien des gleichen Zeitraums. Wie verwandt sich Broch mit Musil fühlte, geht aus dem Nachruf hervor, den er 1942 im amerikanischen Exil über den Autor verfaßte. Der *Törleß* wird verstanden als »Abschied von etwas, das für niemanden wieder erlebbar werden sollte, nämlich von dem spezifisch österreichischen Lebens- und Erlebensraum, von dem, was man mit Fug als österreichische Kultur bezeichnen durfte, aber bereits damals dem Tode geweiht war [...]. Seine Rückerinnerung war ein prophezeiender Nekrolog gewesen« (KW 9/1, S. 98). Über den *Mann ohne Eigenschaften* heißt es, daß er zum Thema habe eine »in Auflösung begriffene Gesellschaft«, das »Müdewerden [...] einer Kultur, den Zusammenbruch ihres [...] Wertgebäudes«. In diesem Roman sei es Musil gelungen, »von innen heraus das Entschwindende nochmals zu erleben, im nochmaligen Erleben aber zu begreifen und begreiflich zu machen« (KW 9/1, S. 98 f.). Was Musil hier auf dichterische Weise anstrebte, versuchte Broch in seinem Spätwerk *Hofmannsthal und seine Zeit* als Kulturhistoriker zu leisten. Im Nachruf auf Musil meint Broch, daß der Roman als Gattung »tiefer als jede andere Kunst- und Dichtungsart im Autobiographischen verwurzelt« sei (KW 9/1, S. 98), damit andeutend, daß er den *Mann ohne Eigenschaften* letztlich für ein autobiographisches Werk hielt. Das ist auch in Brochs Hofmannsthal-Studie von 1947/48 nicht anders: Sie ist für Broch der indirekte Versuch, seine eigene Jugend zu vergegenwärtigen. Ein autobiographisches Buch ist es auch in dem Sinne, daß es die Summe seiner kulturkritischen Schriften darstellt. Alle Themen, mit denen er sich seit den frühesten Essays der Jahrhundertwende auseinandergesetzt hatte, werden hier wieder angeschlagen: Epochenstil, Kitsch, Kritik der diversen Kunstströmungen des späten 19. und frühen 20. Jahrhunderts, Mythos, Roman, Oper etc. Neu ist lediglich die Zentrierung auf Person und Werk Hugo von Hofmannsthals, auf einen Autor, mit dem er sich früher nie beschäftigt hatte.

Gleich in den ersten Sätzen des Hofmannsthal-Buches schlägt Broch sein beliebtes Thema vom »Un-Stil« des Fin de siècle an:

Die Wesensart einer Periode läßt sich gemeiniglich an ihrer architektonischen Fassade ablesen, und die ist für die zweite Hälfte des 19. Jahrhunderts [...] wohl eine der erbärmlichsten der Weltgeschichte; es war die Periode des Eklektizismus, die des falschen Barocks, der falschen Renaissance, der falschen Gotik. (KW 9/1, S. 111)

Jene Zeit sei die »stil-verlassenste Epoche« (KW 9/1, S. 114) überhaupt gewesen. Wenn Broch Kunst und Kultur des späten 19. Jahrhunderts attackiert, hat er immer die gesamteuropäische Situation im Auge. Die Bezeichnung, die er zur Charakterisierung des Lebensgefühls im Fin de siècle findet, ist die des »Vakuums«. Wien wird als »Zentrum des europäischen Wert-Vakuums« apostrophiert, was »sicherlich eine etwas absurde Würde und Einzigkeit« (KW 9/1, S. 153) gewesen sei. Broch führt dazu aus:

Das Apokalyptische schwebte in der ganzen Welt, am hektischsten in Deutschland, am mildesten im eigentlichen Untergangszentrum, also in Österreich, denn im Zentrum des Taifuns herrscht immer das Vakuum und seine Stille: gab es überall anderswo Spannung und Beunruhigung, so beunruhigte man sich hier nicht, weil ja ohnehin schon seit hundert Jahren Abschiedsstimmung herrschte, und suchte man anderswo nach neuen Mitteln, um die Unheilsdrohung zu durchbrechen, so beschied man sich hier mit den Mitteln des Konservatismus und der Konservierung, weil es sich nicht mehr verlohnte, neue Experimente anzustellen, sondern es nur galt, das unvermeidliche Ende hinauszuschieben. [...] Was Überdeckung von Armut durch Reichtum letztlich bedeutete, das wurde in Wien, wurde in seiner geisterhaften letzten Blütezeit klarer denn irgendwo und irgendwann anders. [...] Als Metropole des Kitsches wurde Wien auch die des Wert-Vakuums der Epoche. (KW 9/1, S. 265, 175)

Hofmannsthals Werk wird von Broch verstanden als »Symbol eines verschwindenden Österreichs«, als »Symbol im Vakuum« (KW 9/1, S. 221). Im Gegensatz zum »unmusikalischen Musikgenie« (KW 9/1, S. 140) Richard Wagner, der »das Wert-Vakuum der Welt [...] bejaht« habe, sei es für Hofmannsthal »die weitaus tiefste Beängstigung seines Lebens« gewesen. Den vorbürgerlich-aristokratischen »Burgtheaterstil« habe Hofmannsthal in seinen Dramen aufgegriffen, um dem »Stil-Vakuum« (KW 9/1, S. 219) zu entkommen. Aber nicht im Theater, sondern »in der Oper« habe diese »von unersättlicher Dekorationslust erfüllte Epoche ihre höchste Repräsentanz« (KW 9/1, S. 119) gefunden, und Hofmannsthal habe »sich letztlich an das Vakuum [...] assimiliert«, indem er den Schritt vom Theater zur Oper vollzogen habe.

Anders als Künstlern wie van Gogh, Baudelaire, Cézanne, Egon Schiele oder Karl Kraus sei es Hofmannsthal nicht gelungen, den dominierenden Strömungen der Zeit zu entgehen, ja sein Opernwerk sei sogar als »Exponent der Dekorationstendenzen« (KW 9/1, S. 220, 224) zu betrachten. Zu Werken wie *Der Rosenkavalier* und *Die Frau ohne Schatten* heißt es:

Er [hat] der Stadt in diesen Opern ein Abschiedsfest gegeben, in dem sich ein fin d'un millénaire repräsentierte, denn es stand am Ende des tausendjährigen Österreich [...]. Fiel Hofmannsthals wienerischer Symbolismus mit Österreichs Zusammenbruch zusammen, es war dies kein isoliertes Ereignis: ein Welt-Millennium war abgelaufen, und mit ihm auch ein Millennium der abendländischen Kunst. (KW 9/1, S. 234)

Einen breiten Raum nehmen in der Hofmannsthal-Studie die historischen, soziologischen und politologischen Beobachtungen ein. Das Wien des »letzten Jahrhundertdrittels« sei bewohnt gewesen von einer »tunlichst entpolitisierten, tunlichst einheitlichen, tunlichst harmlosen, einem einfachen Lebensgenuß und seinen friedlichen ästhetischen Werten zugekehrten [...] Bevölkerungsmasse«: »Vom Erzherzog bis zum Volkssänger, doch auch vom Großbürgertum bis zum Proletariat«, so heißt es weiter, »prävalierte die hedonistische Haltung; sie war die Basis jener ›Stil-Demokratie‹, die den Adel mit dem Volk verband«, einer »Gallert-Demokratie, in der, wenn's drauf ankam, die Grafen die Allüren von Fiakern und die Fiaker die Allüren von Grafen annahmen« (KW 9/1, S. 170, 171). So kennzeichnet Broch die politische Atmosphäre von »Wiens fröhlicher Apokalypse« (KW 9/1, S. 175). Nur die Krone habe noch »Staatssubstanz« gehabt, habe »dem Österreicher den Halt einer sozialen Autorität zu geben vermocht« (KW 9/1, S. 171, 172). Bei Hofmannsthal sei das »Unpolitische seiner österreichisch-bürgerlichen Herkunft [...] ins Extrem gesteigert« (KW 9/1, S. 209) gewesen.

Karl Kraus muß auch nach Broch als der Antipode zu Hofmannsthal gesehen werden. Von einer Assimilation an das Wert-Vakuum könne bei Kraus nicht die Rede sein. Während Hofmannsthal sich in und mit Wien entwickelt hätte, habe Kraus »gegen Wien« mit »rastloser Angriffslust sein satirisches Werk vollbracht« (KW 9/1, S. 271). Die Kraussche »Absolut-Satire« versteht Broch als »einzig wahrhaft gültige Meta-Politik: für den Menschen, für den zur Menschlichkeit befreiten Menschen eintretend, gegen [...] Dehumanisation, Erniedrigung und Verpöbelung« (KW 9/1, S. 273). In Kraus habe der Kitsch des Fin de siècle seinen aggressivsten Gegner gefunden. Broch schreibt über Kraus:

Er erkannte, daß der Kitsch weit über das Gebiet der Kunst und des Kunstgewerbes hinausreichte, daß des Kitsches Verlogenheit und Bösheit in allen Lebensgebieten vorhanden ist, in den sozialen Konvenüs wie in den Berufsstrukturen, in der Justiz wie in den sogenannten politischen Überzeugungen – der Kitsch, eine allverseuchende Phraseologie-Infektion, ihr Held aber die Tagespresse, da sie dieses Un-Leben spiegelt und es zugleich stets aufs neu mit ihren Phrasen nährt. [...] Es war ein unendliches Netz von Verlogenheit, ein unendlicher Kitsch-Sachverhalt [...]. Kraus nahm es auf sich, das Unheilsgeflecht Masche um Masche, Geringfügigkeit um Geringfügigkeit, Lächerlichkeit um Lächerlichkeit aufzulösen und das Böse darin nachzuweisen. (KW 9/1, S. 272)

Broch meint, daß sich diese Anstrengungen von Kraus »sehr wohl mit der der Propheten des Alten Bundes vergleichen« lasse, denn die Absolut-Satire als »ethische Kunst kat'exochen« habe vielleicht »mitgeholfen [...], den Weg zu einer neuen religiösen Menschheitshaltung freizulegen« (KW 9/1, S. 271). Die Frage, ob dieser Absolut-Satire es tatsächlich gelungen sei, »den Menschen solchem Ziel näherzubringen«, ließe sich so schwer beantworten wie die Frage nach dem »Besserungsgrad [...], den die biblischen Propheten beim jüdischen Volk erzielt haben« (KW 9/1, S. 273). »Am ehesten«, meint Broch, »läßt sich noch meta-religiös vertreten, daß im Prozeß der Entgötzung und Entdogmatisierung«, wie er von Kraus befördert worden sei, »eine zunehmende Humanisierung des Menschengeschlechts stattfindet« (KW 9/1, S. 274).

Nach Abschluß des Buches *Hofmannsthal und seine Zeit* begann Broch mit der Arbeit an seinem letzten Roman *Die Schuldlosen*. Es ist nicht zu übersehen, daß der Autor sich hier in der Nachfolge des Satirikers Kraus sieht, daß er – vor allem in den »Stimmen« – eine Art alttestamentarischer Propheten-Attitüde übernimmt. *Die Schuldlosen* beginnen mit dem Rückblick auf die Jahrhundertwende, mit dem Versuch des Erzählers, »noch einmal« seine »Jugend zu sichten« (KW 5, S. 15). In den »Stimmen 1913« hält der zivilisations-pessimistische Sohn dem fortschrittsgläubigen Vater entgegen: »Wir gerieten – oh merk's – auf gespenstische Bahn, / unser Fortschritt – oh merk's – ist ein Stapfen am Ort; / den Boden zog's unter den Füßen uns fort, / und wir wirbeln umher wie gewichtsloser Flaum.« (KW 5, S. 15) Hier ist das so häufig von Broch beschriebene Vakuum-Gefühl jener Epoche in dichterische Metaphern umgesetzt. Von der Dekorationstendenz der Wiener Opernkultur heißt es einige Zeilen weiter: »[...] und Politik ist dem, der in die Zeitung lugend / als Pöbelsünd sie sieht, die einst'ge Fürstentugend, / nichts als Verächtlichkeit; das macht ihn frei von Pflichten. / Und neunzehnhundertdreizehn hat sich's so vollzogen / mit leerem Seelenlärm und opernhafter Geste« (KW 5, S. 18). Auch hier also kein sehnsuchtsvolles Zurückblicken, sondern kritische Abrechnung. Von Anfang an hatte Broch sich – darin Kraus ähnlich – bei allem Verhaftetsein an die Wiener Tradition gegen sie gestemmt und sich von ihr zu befreien versucht. Damit stand er nicht alleine. Wie viele seiner Generation – wie Robert Musil, Alfred Polgar, Berthold Viertel oder Elias Canetti – hat sich Broch unter dem Einfluß von Karl Kraus zu einem Kritiker seiner Stadt und seiner Zeit entwickelt. ›Die Fackel im Ohr‹, haben diese Autoren die Literatur der Zwischenkriegszeit geprägt und damit eine neue und anhaltend wirksame kritische Tradition begründet.

Bisher bin ich Broch nicht ins Wort gefallen, da ich einen Überblick seiner Kritik an der Wiener Kultur der Jahrhundertwende vermitteln wollte. Zum Schluß möchte ich aber Brochs Darstellungen und Schlußfolgerungen relativieren. Sobald man seine Theorie des europäischen Wertzerfalls in Frage stellt, sobald man seine ethische Kitschtheorie nicht akzeptiert, sobald man seine Auffassung vom Ornament als Differential des Epochenstils nicht gelten läßt, sobald man Begriffe wie Epochen- oder Denkstil als problematische geistesgeschichtliche Konstruktionen betrachet, und sobald man sein geschichtsphilosophisches Koordinatensystem (mit dem idealtypischen Modell des mittelalterlichen Zentralwertes) verläßt, gelangt man – zumindest partiell – zu anderen Bewertungen von Kultur und Politik im Wien der Jahrhundertwende. Lese ich z. B. Studien wie jene von John W. Boyer, Carl E. Schorske, Barbara Jelavich, Gotthart Wunberg, Jens Malte Fischer, Oscar Jászi oder Sarah Gainham (um nur einige wenige Namen zu nennen), erhalte ich Bilder von jener Epoche, die in weiten Teilen mit den von Broch skizzierten nicht übereinstimmen.[4] Boyers Buch über den politischen Radikalismus im Wien der zweiten Hälfte des 19. Jahrhunderts etwa vermittelt keineswegs den Eindruck einer entpolitisierten Bevölkerung, in der

Grafen und Fiaker die Rollen tauschen. Man könnte eine lange Liste von Persönlichkeiten und Tendenzen anlegen, die Broch nicht erwähnt, übersieht oder vergißt. Das ist wenig sinnvoll. *Hofmannsthal und seine Zeit* ist eben ein stark autobiographisch geprägtes Werk. Es dokumentiert die persönlichen Erfahrungen des Wiener Schriftstellers Hermann Broch, der auch im Exil von dieser Stadt nicht loskam und ihr mit dieser denkwürdigen und bedenkenswerten Studie sein kulturhistorisches Vermächtnis hinterließ.

Anmerkungen

1 Zu den biographischen Daten vgl. Paul Michael Lützeler, *Hermann Broch. Eine Biographie*, Frankfurt/Main: Suhrkamp 1985. Zitiert wird nach der von mir herausgegebenen und im Suhrkamp Verlag, Frankfurt/M. erschienenen Kommentierten Werkausgabe (KW). Nach der Sigle KW folgt die Bandzahl, danach die Seitenangabe. KW 1: *Die Schlafwandler*; KW 5: *Die Schuldlosen*; KW 9/1-2: *Schriften zur Literatur*; KW 10/1-2: *Philosophische Schriften*.

2 *Das Junge Wien. Österreichische Literatur- und Kunstkritik 1887-1902*, ausgewählt, eingeleitet und herausgegeben von Gotthart Wunberg, Bd. 1: *1887-1896*, Tübingen: Niemeyer 1976, S. LIV.

3 Karl Kraus, *Apokalypse*, in: Die Fackel, Heft 261/262 (13. 10. 1908), S. 1.

4 John W. Boyer, *Political Radicalism in Late Imperial Vienna. Origins of the Christian Social Movement 1848-1897*, Chicago and London: The University of Chicago Press 1981; Carl E. Schorske, *Fin-de-Siècle Vienna. Politics and Culture*, New York: Knopf 1980; Barbara Jelavich, *The Habsburg Empire in European Affairs. 1814-1918*, Chicago: Rand McNally 1969; *Die Wiener Moderne. Literatur, Kunst und Musik zwischen 1890 und 1910*, hg. v. Gotthart Wunberg unter Mitarbeit von Johannes J. Braakenburg, Stuttgart: Reclam 1981; Jens Malte Fischer, *Fin de siècle. Kommentar zu einer Epoche*, München: Winkler 1978; Oscar Jászi, *The Dissolution of the Habsburg Monarchy*, Chicago: The University of Chicago Press 1961; Erstausgabe 1929; Sarah Gainham, *The Habsburg Twilight*, New York: Atheneum 1979.

George Steiner
Brochs *Hofmannsthal und seine Zeit* im Kontext des Gesamtwerks

Das Wien der Jahrhundertwende wird augenblicklich viel diskutiert. So drängte kürzlich die Jugend in eine Serie von Vorträgen
und Vorführungen unter dem Titel »Wien 1880-1938: Jahrhundertwende und Modernität« im Beaubourg-Zentrum in Paris. Sie
kam, um gelehrte Vorlesungen zu hören über die apokalyptischen
Visionen von Karl Kraus und Hofmannsthal; über die von Ernst
Mach, Wittgenstein und der Wiener Schule angestellten Untersuchungen in Logik und Erkenntnistheorie; und um gebannt Repro-
duktionen der Kunstwerke Klimts, Schieles, Kokoschkas und die
Entwürfe und architektonischen Schöpfungen Otto Wagners und
Adolf Loos' zu bewundern. Die einander ablösenden Schulen der
Wiener Musik – von Bruckner und Mahler zu Schönberg (er
selber so sehr eigentlicher Nachfolger Brahms), Alban Berg und
Anton Webern – dominieren in den zeitgenössischen musikalischen Veranstaltungen. Das Vermächtnis Freuds ist heute allge-
genwärtig. Die klassischen Schulen der lieberalen Wirtschafts-
und Finanzlehre – getragen durch von Mises und Hayek – stehen
in voller Blüte. Und schließt man Prag mit ein, so ist es die in
Wien beheimatete zentraleuropäische Stimme – jene Kafkas, Musils und Brochs –, die heute vielleicht stärker als jede andere das
Wesen der Moderne und ihre angstvolle Unruhe zum Ausdruck
bringt.

Sieht man aber näher hin, so entpuppen sich die Motivationen
und das Zusammenspiel von Verwandtschaftsgefühl und Selbst-
entdeckung, welche die heutige Faszination durch das Wien des
verdämmernden Kaiserreichs und der Zeit zwischen den Weltkrie-
gen zu prägen scheinen, als äußerst komplex und als nicht unein-
geschränkt positiv. Persönlichkeiten wie Freud und Kokoschka
scheinen den für unsere Kultur so typischen Aufruhr und die
unabweislichen Gegebenheiten des Erotischen zu verkörpern,
denn es ist nicht so sehr Freuds stoischer Puritanismus als vielmehr
seine rückhaltlose Aufdeckung der Geschlechtlichkeit, die Eingang in die Ausdrucksformen der modernen Gefühlswelt gefun-

den hat. Und es ist gerade eine so tief zerschundene, am Rande stehende und doch so fesselnde Persönlichkeit wie die Otto Weiningers, deren Stimme den neurotischen und selbstironisierenden Erotizismus unserer sexuellen Begrifflichkeiten und deren Auswirkungen am unmittelbarsten anzusprechen scheint. »Camp«, dieser Gegenstil zur »Punk«-Kultur, mit seiner bewußten Herausstreichung des Kitschphänomens in unserer neongrellen Welt der Vermarktung und der Oberflächenverbrämung, hat ganz offenkundig seinen Ursprung im Jugendstil und in der Sezessionsbewegung. Die gewaltige Implosion von Genie und Talent, von öffentlicher Debatte und privatem Lebensstil, welche Wien zwischen 1880 und 1938 erschütterte, hat Zersplitterungen und Brandwellen verursacht, deren sowohl zerstörerische als auch neubelebende Kräfte noch heute unvermindert nachwirken. Selbst die geistige Atmosphäre des heutigen New Yorks ist in vieler Beziehung als deren immer noch nachschwelender Abglanz zu verstehen.

Abgesehen von wenigen hervorstechenden Ausnahmen, standen die Glanzzeit und der Dunkelheitseinbruch der späten österreichisch-ungarischen Epoche, mit den von ihrem Dreigestirn Wien–Prag–Budapest ausstrahlenden weißglühenden Energien und von dort sich vorbereitenden Verfinsterungen, im Zeichen des emanzipierten Judentums. Wenn man vom Werk und Vermächtnis Freuds oder Wittgensteins, Kafkas oder Brochs, Mahlers oder Schönbergs spricht, so spricht man gleichzeitig von dem schöpferisch fruchtbarsten und auch dem zutiefst tragischen Kapitel in der Geschichte des diasporesken Judentums. Es heißt, jenen einmaligen funkenschlagenden Geist erfassen, der die Öffnung der Ghettos durch die Französische Revolution und durch das napoleonische Kaiserreich bis zur Katastrophe des Nazitums überspannt hat. Und ganz natürlich war es gerade in Wien, der Stadt Freuds und Mahlers, wo erstmalig ein systematisches Programm zur Ausschaltung der Juden aus dem europäischen Leben entworfen und öffentlich verkündet wurde. Auch Hitler war ein Kind jenes Hexenkessels am braunen Donaufluß. (Nur in Budapest ist dieser Fluß, selten genug, blau zu nennen.)

Die Faszination, die vom Wien der Jahrhundertwende ausgeht, ist einfach jene, die die Suche begleitet nach den Ursprüngen unserer jetzigen Bewußtseinslage, nach den vielverzweigten Wurzeln, von all dem, das das Beste und das Übelste unserer Kultur darstellt. Im Grunde aber ist es vielleicht der bewußte oder unbewußte Versuch, zu einem erträglichen und rationellen Verständnis der Rolle zu gelangen, welche das Judentum und die Massenvernichtung im Ablauf unserer Epoche einnehmen. Es ist eben dieser Versuch, den ich vor Augen habe, wenn ich in dem aktuellen Interesse am Wiener Kulturmilieu Elemente wahrnehme, die durchaus beunruhigend wirken. Ich mag mich täuschen, aber ich glaubte aus den Reaktionen zu der riesenhaft aufgezogenen Ausstellung von Wiener Kunst in Venedig im vergangenen Frühling und Sommer, sowie aus jenen im Beaubourg-Zentrum abgehaltenen Programmen eine gewisse morbide Spannung herauszufühlen, so als ob die durch das Kräftespiel zwischen diasporeskem Judentum und dem vielsprachigen, wirtschaftlich und politisch zerfallenden Kaiserreich ausgelösten Belastungsmomente allzu untragbar geworden wären. Wenn heute »die Mitte nicht länger standhält«, so mag das wohl daher rühren, daß Psychoanalyse und Atonalität, das in gewissem Maße sich selbst erfüllende Sehertum Kafkas und die umstürzlerischen philosophisch-linguistischen Untersuchungen von Mauthner, von Kraus und Wittgenstein allzu zersetzend waren. Nach den Satiren von Kraus und Wedekind, nach der Wahrheitssucht eines Wittgenstein und eines Freud, nach Bergs *Wozzeck* und *Lulu*, wo bleibt noch Raum fürs Verzeihen?

Die Frage aber besitzt noch tieferen Widerhall. Bestehen nicht untergründige, aber eben deshalb um so bedeutungsvollere Beziehungen, welche die Ausrottung des europäischen Judentums, das Zeitalter der Vernichtungslager und der bittere Ekel, den dieses auch in jenen hervorgerufen hat, die selber unschuldig waren und weit vom Schuß blieben, mit all dem verbindet, das der Vernichtung preisgegeben wurde? War die kritische und dekonstruktive Kraft des jüdischen Geistes, der jüdischen Musik und Literatur völlig frei von der Verantwortung für das, was sie (wenigstens teilweise) vorhergesehen hatte? Das Feld der damaligen und tatsächlichen Kräftekonzentration, der verwandtschaftlichen Beziehung zwischen jüdischer Vorrangstellung, jüdischem Selbsthaß – ein besonders in Wien anzutreffendes Phänomen – und wachsendem Antisemitismus war zu dicht geworden. Genau wie in einem Atommeiler war die Masse ins kritische Stadium getreten. Die Schwelle liberaler Selbstbesonnenheit war überschritten worden. Liest man die Parabeln von Kafka und *Die letzten Tage der Menschheit* von Kraus, lauscht man Schönbergs Zweitem Quartett, versucht man die dichterischen Verschweigungen in den Überlegungen Wittgensteins und in Hofmannsthals *Brief des Lord Chandos* zu begreifen, betrachtet man die Portraits und die wirbelnden Landschaften Kokoschkas, so muß man sich unwillkürlich fragen: Welcher Art waren die Verbindungen, die zum unvermeidlichen Einbruch der Nacht geführt haben? Wann wird Sehertum zu mitschuldtragender Verantwortung?

Es ist dies eine Frage, die Hermann Broch in seiner langen Abhandlung *Hofmannsthal und seine Zeit* beschäftigt hat. In Brochs erstem Roman *Die Schlafwandler* (1932), selber ein Werk hoher Vollendung, steht das Bewußtsein der Hauptfiguren unter der Belastung des europäischen Zerfalls aller Werte, der Auflösung der sozialen und privaten Schwerpunkte moralischer Verantwortung, sowohl vor als auch während der Krisen des Ersten Weltkrieges und des gleichzeitigen wirtschaftlichen Chaos. Die prophetische Sicht, die manche seiner Romanfiguren bezeugen, gleicht jener Kassandras in der sie selber höhnenden Ohnmacht. In der Sicht Brochs ist diese eingehende Betrachtung und Vermessung des Abgrundes, in den man droht hinabgestoßen zu werden, bezeichnend für die romantische Vergangenheitszuwendung, für den europäischen Historizismus im allgemeinen und für ein anarchisches Prophetentum im besonderen. Zentraleuropa und insbesondere Österreich waren dazu ausersehen, zum Boden ohnmächtiger Klarsicht zu werden.

Unmittelbar unter dem Eindruck des Nazitums entstanden, und seinem eigenen Exilschicksal entsprungen, bleibt *Der Tod des Vergil* Brochs berühmteste und einflußreichste Schöpfung. In bezug auf ihre Form, dürfte sie den einzigen wirklich großen europäischen Roman darstellen, der über den *Ulysses* vorzustoßen vermochte. Wie Broch selber hervorgehoben hat, liegt sein episches Werk in der Nachfolge von Joyce, aber das musikalische Gerüst, welches das ungeheure Gebäude von Brochs Beschreibung der letzten vierundzwanzig Stunden im Leben Vergils trägt – insonders in dem Versuch, in dessen vierten »Satz« und Schlußteil von einer rein linguistischen Grammatik zu einer polyphonen Simultaneität und einer musikalisch fugenhaften Logik (ähnlich jener in den späten Streichquartetten Beethovens angewandten) zu gelangen –, geht selbst über die nachtumfangene Syntax von *Finnegans Wake* weit hinaus. Davon abgesehen aber wagt sich Brochs Epos auch in einem konkreten Sinn an eine weitaus schwierigere Aufgabe der Vorstellungskraft heran, als an jene, die sich Joyce gestellt hatte. Vergil, als der überragende Dichter, der er war, stand auch an der unmittelbaren Wiege jener westlichen Tradition, die über Dante zu einer Epik und einer Zivilisation von sozialer Verantwortlichkeit führte. Es ist eben jene höchste Stufe der Erkenntnis und des schöpferischen Bewußtseins, die Broch zu epischer Gestaltung verholfen hat. Joyces Genie beherrscht seine von ihm geschaffenen Geschöpfe. Broch, wie kein anderer vor ihm außer Dante (und auch dieser eben in Bezug auf Vergil), ordnet sein Genie als dienstbarer Geist der Vergegenwärtigung des älteren Meisters unter.

Im Roman ist Vergil im Wissen um sein bevorstehendes körperliches Ende entschlossen, die *Aeneis* zu vernichten. Seiner Auffassung gemäß weist der Text dieses Werkes Mängel und Lücken auf, die entsprechend den eigenen Ansprüchen an Vollkommenheit zu verbessern er nicht mehr den Willen und die Kraft besitzt. Diese ästhetische Selbstkritik ist jedoch bloß ein Oberflächenvorwand, denn Vergil mußte einsehen, daß selbst das größte und ein der ethischen und sozialen Verantwortlichkeit vorbehaltlos zugewandtes Werk verdammt ist, gegenüber dem Elend der Allgemeinheit, gegenüber politischem Terror und der durch Imperialismus und Amtsgewalt der Menschheit zugefügten Leiden machtlos zu bleiben. Und um noch Ärgeres geht es. Jedes hervorragende Kunstwerk (und insbesondere ein derart mit der Nation verbundenes wie die *Aeneis*) kann nicht umhin, die Staatsgewalt, deren Verkörperung es geweiht ist, zu beschönigen, zu veredeln und in ihrer Machtausübung zu bestätigen. Ebensoweit davon entfernt, die Grausamkeiten und Verlogenheiten der augusteischen Herrschaft anzuprangern, als davon, eine wirkliche Kritik des römischen Militarismus darzustellen, würde die *Aeneis* als unbeabsichtigte Verherrlichung des augusteischen Imperiums die Zeiten überdauern. In einer Nacht fiebernder und dadurch gesteigerter Klarsicht gelangt Vergil zur Erkenntnis, daß jedes Überdauern der großen Werke der Kunst und Literatur, über den Augenblick und die Umstände ihres Entstehens hinaus, nichts anderes bewerkstelligt als eine tragische Verzerrung der Wahrheit. Denn was damit wirklich erzielt wird, ist die Beschönigung und die Tragbarmachung für Vorstellung und Gedächtnis des Menschen von all jenem Geschehen, das in Wahrheit nur Scham und Grauen erregen dürfte. Der lange Dialog zwischen Vergil und Augustus in Brochs Werk ist eine der großen klassischen Auseinandersetzungen in der Tradition westlichen Denkens über die stets unvermeidlich zweideutigen Beziehungen zwischen Wort und Welt, zwischen Politik der Kunst und der Kunst der Politik.

Das dritte der epischen Hauptwerke Brochs kann eine Stellung neben jener von Thomas Manns *Doktor Faustus* beanspruchen, denn es ist, zusammen mit jenem, der einzige großangelegte Versuch, sich mit dem Phänomen der von Hitler ausgeübten Bannkraft auseinanderzusetzen: *Die Verzauberung* ist ein durchaus magischer Roman. Die Handlung spielt in einem österreichischen Bergdorf, dessen jahreszeitlich bestimmter Rhythmus, dessen mythologische Untergründigkeiten und dessen soziale Beziehungen von Broch mit Tolstoischer Meisterschaft wiedergegeben werden. *Die Verzauberung* ist die Geschichte eines dämonischen Fremden, der im Dorf auftaucht und dieses in den Bann seiner fanatischen Redekünste und wirren Verstiegenheiten zieht. Marius Ratti – allein die Wahl des Namens ist genial in seinen phonetischen Assoziationen – steckt die Dorfbewohner mit seinen phantastisch gewalttätigen Vorstellungen an, indem er die Abschaffung der landwirtschaftlichen Maschinen und des neuzeitlichen Handelswesens zugunsten archaischer handwerklicher Gepflogenheiten und kommunalen Tauschhandels fordert. Er entflammt deren Habgier durch seine angebliche Wiederentdeckung von Gold in dem das Dorf beherrschenden Berg. In einem kümmerlichen Händler von landwirtschaftlichen Krediten und Versicherungen findet er einen Sündenbock, den er als Haßobjekt aller niederen Triebe brandmarkt. Die Wiedererstehung wahrer Männlichkeit und die Neuerweckung der tief in der Erde und im dröhnenden Berg versteckten dunklen Kräfte kann, laut Rattis beschwörenden Predigten, nur durch das Vergießen jungfräulichen Blutes, durch ein freiwillig auf sich genommenes Menschenopfer heraufbeschworen werden, ein mörderisches Ritual, das zum Höhepunkt des Romans wird.

Auch hier ist für Broch die Wahl eines in seinem Wesen ungemein schwierigen Stoffes bezeichnend. Manns Allegorie deutscher Wahnbefangenheit und apokalyptischer Selbstzerstörung ist in der Person eines genialen Musikers, halb Nietzsche und halb Hugo Wolf, verkörpert. Das Ergebnis ist ein Werk wahrer, ja sogar »Goetheischer« Größe, jedoch eines, das nichts aussagt über das Problem der Hitlerschen Massengefolgschaft, nichts über die heute alltäglichen Phänomene der Massenhysterie und einer barbarischen Massenkonsumgesellschaft. Es sind dies eben jene Probleme, welche Broch in seiner *Verzauberung* vorstellungsmäßig verständlich macht und denen er eine unvergeßlich dramatische Überzeugungskraft zu verleihen vermochte.

Die Hofmannsthal-Studie zählt nicht zu Brochs besten Werken. Sie entstand gegen Ende seines Lebens, in den Jahren zwischen 1947 und 1950, als Exil, körperlicher Verfall und Geldnöte seine inneren Kräfte über Gebühr belastet hatten. Ein magnum opus über Irrationalität in der Politik und Massenwahnerscheinungen – eine systematische philosophische und soziologische Untersuchung eben jener Themen, mit denen sich *Die Verzauberung* auseinandersetzt – verblieb ein unvollendetes Rumpfstück in einer ungeheuren Masse von Notizen und Entwürfen. Als die Bollingen-Gesellschaft ihn einlud, eine Einleitung für eine Ausgabe ausgewählter Prosaschriften Hofmannsthals zu schreiben und diese zu edieren, sagte Broch nur widerstrebend zu. Er brauchte das Honorar. Und obwohl das Projekt weit über das Maß einer herausgeberischen Einleitung hinauswuchs, blieb Broch in seinen dabei verfolgten Zielen bis zum Schluß unsicher und zwiespältig. Er hatte sich bis dahin niemals von Hofmannsthal angezogen gefühlt. Die lyrische Prunkhaftigkeit, die theatralisch barocke Aufmachung und der zeremonielle Katholizismus des so gefeierten Dichters, eines Erzählers symbolischer Märchen und eines meisterhaften Opernlibrettisten, waren Broch in seinem streng forschenden und stets selbstbefragenden Denken durchaus fremd. Trotzdem gelangte Broch bei näherer Beschäftigung mit dem Hofmannsthalschen Werk zu einer gewissen Annäherung und anerkennenden Hochachtung. Wenn er aber über Hofmannsthal etwas einigermaßen Bedeutungsvolles aussagen wollte, so konnte dies nur innerhalb eines breiter gespannten Rahmens geschehen – jenem des Verfalls der europäischen Hochkultur und ihrer ethischen Werte in der Zeit zwischen den sechziger Jahren des 19. Jahrhunderts und deren Ende in der Katastrophe des Ersten Weltkrieges. Es mußte also Hofmannsthal zur sinnbildtragenden Figur einer solch erweiterten Untersuchung geformt werden. Dies führte dazu, daß Brochs Abhandlung zu einem etwas ungefügen Amalgam von verschiedenartigen Interessensphären und unterschiedlichen Argumentationsebenen wurde.

Obwohl es vieles enthält, was für ein Verständnis von Brochs

Theorie der Ästhetik und Gesellschaftsstruktur maßgeblich ist, so können wohl die wenigsten Leser, mit Ausnahme der beflissensten, sich in dem ersten, einleitenden Teil zurechtfinden. Hier versucht Broch, nicht nur Verbindungen aufzudecken zwischen solchen künstlerischen Strömungen wie dem *l'art pour l'art*, dem bürgerlichen Neoklassizismus in der Stadtplanung und in der Architektur, dem Jugendstil und den allen diesen Erscheinungen innewohnenden sozialen und politischen Gegebenheiten, sondern auch zwischen diesen und einem viel tiefgründigeren und nicht völlig klar umrissenen Modell der philosophischen und ethischen Funktion des »Wahren« in allen ästhetischen Phänomenen und Formgebungen. In einer Weise, die entfernt an das bekannte Zitat Keats' gemahnt, in dem dieser die Wahrheit dem Schönen gleichsetzt, oder auch an die von Kierkegaard angestellten Überlegungen hinsichtlich des Überganges des Ästhetischen ins Ethische, bemüht sich Broch zu beweisen, daß Kunstwerke nur »ethisch« sein können, wenn diese neu Erfaßtes – also neue Erkenntnis – zum Ausdruck zu bringen vermögen, und daß umgekehrt deren Qualität als »Schönes« im wesentlichen von deren ethischem Gehalt abhängig ist. Die Aussparungen und Abstraktionen der modernen Kunst waren die unerläßlich gewordene Berichtigung des ihr vorhergegangenen Kitsches. Aber das Heilungsverfahren erwies sich als tödlich: die Moderne hat das Objekt ästhetischer Erkenntnis aufgehoben, damit aber auch jenen ethischen Wert vernichtet, der allein wahrer Kunst ihre Berechtigung und ihre schöpferische Kraft zu verleihen vermag.

Obwohl oftmals uneben und laufend durch weitausschweifende Überlegungen unterbrochen, sind die drei weiteren Teile von Brochs Abhandlung der gegenständlichen Untersuchung Hofmannsthals vorbehalten. Aber selbst hier sind die Angelpunkte und Verbindungsglieder eher in Brochs eigenen Betrachtungen zu finden als in dem vorgeblichen Hauptthema. Was nicht hindert, daß historische und kritische Einsichten von scharfsinnigster Klarheit im Überfluß vorhanden sind. Denn niemand hat besser jenen Traum geschildert, der das Wien jener Zeit war:

Traum war die Stadt, doch Traum in ihrem Traum war der Kaiser, Traum, wenn zu seinem Schutz die rotröckig-goldglänzenden Arcieren-Leibgarde mit ihren Hellebarden täglich punkt zwölf in die »Burg« einrückte, Traum, wenn eine Stunde später, just wenn der Hammer der Burg-Uhr zum ersten Schlag ausholte, der Tambourmajor der Burgmusik mit nachfolgender Wacheablösungs-Kompagnie in Paradeuniform den inneren Burghof betrat und der Kaiser sich manchmal droben am Fenster des Audienzzimmers zeigte, und Traum war es, wenn er dann etwas später, den Leibjäger mit dem weisswehenden Federbusch neben dem Kutscher seines Wagens ins Schönbrunnerschloß hinausfuhr, und ein jeder wie in einer Kirche den Hut abnahm, während inmitten solch jäher Stille die Wache mit dem Generalmarsch einsetzte, –. (KW 9/1, S. 188 f.)

Bald jedoch sollte sich dieser Traum in einen Alptraum verwandeln: »Das Apokalyptische schwebte in der ganzen Welt, am hektischsten in Deutschland, am mildesten im eigentlichen Untergangszentrum, also in Österreich, denn im Zentrum des Taifuns herrscht immer das Vakuum und seine Stille.« (KW 9/1, S. 265) Hofmannsthal, so versichert Broch, hat diese eigentümliche Stille vernommen und um deren Bedeutung gewußt: »das Grauen vor der kommenden Dehumanisation, das Grauen vor dem kommenden Menschheitsschweigen [...], das Grauen vor dem Menschheitsleid, das überall sich bereits anmeldete, dieses Vormitleid saß in Hofmannsthal und machte ihn dichterischer als Joyce, der das Mitleid nicht kannte.« (KW 9/1, S. 252)

Obwohl sich Hofmannsthal des kommenden Zusammenbruchs und der hereinbrechenden Leere bewußt war, blieben doch seine dichterischen, erzählerischen und dramatischen Schöpfungen von verschwenderischem Reichtum, so als wolle er damit die stetig sich weitenden Risse im Gebäude der zentraleuropäischen Kultur ausfüllen. Theater und Oper waren die letztverbleibenden, geradezu talismanischen Requisiten dieser Kultur, und Hofmannsthal zeigte sich als Meister beider Kunstformen. Brochs Studie ist hinsichtlich der dramatischen Begabung Hofmannsthals besonders aufschlußreich:

denn alles was den Burgtheaterstil ausmachte, das Emporheben [...] des Naturalistischen und Psychologischen in die Region der ethischen Motive, die Sichtbarmachung einer höhern Realität, [...] diese zuchtvolle Umwandlung des Traumhaften in den kalten Traum der Kunst und in deren zweite Lebenswärme, kurzum diese Haltung des ›Über-sich-selbst-Hinauswachsens‹ wurde für Hofmannsthal das Grundprinzip aller Sittlichkeit und die Grundhaltung seines Lebens. (KW 9/1, S. 202)

Doch wie das Burgtheater und die Oper selber, mußte derartiges »Über-sich-selbst-Hinauswachsen« und Hofmannsthals Bemühen, ethische Wahrheiten in Märchen und kristallene Lieblichkeit zu kleiden, wie beispielsweise in der *Frau ohne Schatten*, illusorisch bleiben. Und was nachfolgen sollte, hatte nicht einmal mehr die ausgleichende Rechtfertigung solcher Illusion: »ein Bild wie *Guernica* schön zu nennen, ist Erniedrigung menschlichen Leides, ist Blasphemie gegenüber dem alleszermalmenden Schicksal [...]. An die Stelle der alten ästhetischen Werte, die man ruhig als bürgerlich bezeichnen mag, trat etwas völlig anderes, trat ein Unbedingtes, das mit ästhetisch gemeinter Schönheit, mit der Freude an ihr, mit der Ruhe des Humanen an sich überhaupt nichts mehr zu tun hatte.« (KW 9/1, S. 244) Und doch verblieb diese Freude, diese Energie der Formgebung, die selber Freude ist, ein Teil der Hofmannsthalschen Phantasien bis zum Ende, obgleich die Dunkelheit schon daran war sich herabzusenken.

Der größte aller Librettisten (wohl neben Mozarts Da Ponte) in der Geschichte der Oper und sicherlich der musikalisch meistbegabte lyrische und epische Schriftsteller der österreichisch gefärbten deutschen Sprache, starb – man fühlt sich gedrungen, es so auszudrücken – gerade zur rechten Zeit. Er wurde nicht mehr Zeuge des mörderischen Epilogs der politischen und gesellschaftlichen Auflösung Zentraleuropas. Hofmannsthals sprichwörtliches Glück blieb ihm bis zum Schluß treu. Broch hingegen konnte nur mit knapper Not den Nationalsozialisten entrinnen und hatte sein volles Maß am Grauen und Elend seiner Zeit. Dies mag auch verständlich machen, warum in seiner revidierten Einschätzung von Hofmannsthal und dessen »Traumstadt« Wien ein leicht elegischer, subtil ironisierender Unterton mitzuschwingen scheint. Denn es gibt eben Zeiten, da Schlafwandeln (Brochs eigenes berühmtes Gleichnis) erträglicher scheint als unverbrüchliche Klarsicht.

Brochs Romane, Essays, philosophische Schriften und Korrespondenzen – allein die letzteren schon eine wahre Schatzkammer – stehen als Meilensteine an der erzwungenen Wende unserer Kultur, der Wende unseres Empfindungsvermögens von einer Welt zur nächsten. Im Schlußteil von Brochs großem Epos überschreitet Vergil die Grenzen des Sprachlichen, um einzutreten in den Bereich eines übermächtigen Leuchtens. Hermann Brochs hundertjähriges Jubiläum fällt in das Jahr 1986. Es sollte zu einem wirklichen und großen Ereignis werden.

Erstmals erschienen unter dem Titel *Dream City* in: The New Yorker (January 28, 1985), S. 92-97. Übertragen von H. F. Broch de Rothermann.

IV.
Bibliographie

Klaus W. Jonas

Bibliographie der Sekundärliteratur
zu Hermann Broch 1971-1984

In der Vorbemerkung zu meiner im Briefwechsel *Hermann Broch – Daniel Brody* (Frankfurt/M. 1971) veröffentlichten Bibliographie bezeichnete ich die damalige Studie als eine stark erweiterte und ergänzte Neubearbeitung meines ein Jahrzehnt zuvor in ›Philobiblon‹ (1962) erschienenen ersten Versuchs einer Hermann-Broch-Bibliographie. Die nunmehr, anderthalb Jahrzehnte später erscheinende, dritte bibliographische Studie über Broch beschränkt sich im Gegensatz zu ihren beiden Vorläufern auf die Sekundärliteratur und verzichtet auf eine erneute Darstellung von Brochs eigenem Werk, das heute in der von Paul Michael Lützeler herausgegebenen *Kommentierten Werkausgabe* in siebzehn Bänden (Frankfurt/M.: Suhrkamp 1974-1981) zugänglich ist (abgekürzt als KW). Auf den Nachweis von Rezensionen wurde ebenfalls verzichtet. Wiederum wurden die Titel in chronologisch-alphabetischer Weise zusammengestellt.

Bei der Anordnung der Titel wurde auch diesmal das Dezimalsystem benutzt: die jeweils erste Zahl weist auf das Jahr des Erscheinens hin, die zweite auf die betreffende innerhalb dieses Jahres erschienene Arbeit über Broch.

Die Beiträge zu Sammelbänden sind einzeln verzeichnet. Die Zunahme der wissenschaftlichen Beschäftigung mit dem Werk Hermann Brochs in den siebziger Jahren – man denke an die Broch-Symposien in Wien (1976), New Haven (1979) und Nizza (1979) – fand ihren Niederschlag in der großen Zahl (etwa 300) der verzeichneten Titel für den verhältnismäßig kurzen Zeitraum.

Allen Broch-Forschern, die meine Bemühungen durch bibliographische Informationen unterstützt haben, sage ich meinen aufrichtigen Dank.

1971

S 71.01 Arendt, Hannah: Hermann Broch und der moderne Roman. In: Deutsche Literaturkritik der Gegenwart. Bd. IV: Vorkrieg,

Zweiter Weltkrieg und zweite Nachkriegszeit (1933-1958). Hg. v. Hans Mayer. Stuttgart: Goverts 1971, Bd. I., S. 406-418. (Wiederabdruck von S 49.02).

S 71.02 Bennett, Peirson Sterling Page: The Motif of Seeing and the Symbol of the Eye in Hermann Broch's ›Bergroman‹. Dissertation, University of California at Berkeley 1970. (Resumé in Dissertation Abstracts International, Jg. 31 [1971], S. 5388 A.)

S 71.03 Corino, Karl: Geistesverwandtschaft und Rivalität: Ein Nachtrag zu den Beziehungen zwischen Robert Musil und Hermann Broch. In: Literatur und Kritik, Jg. 6, Nr. 54/55 (Mai/Juni 1971), S. 242-253.

S 71.04 Dahl, Sverre: Dichten. Erkennen. Handeln. Möglichkeit und Aufgabe der Dichtung im 20. Jahrhundert als Problem bei Hermann Broch. Examensarbeit Oslo 1971.

S 71.05 Doppler, Alfred: Hermann Broch: ›Die Schuldlosen‹. In: Interpretationen zur österreichischen Literatur. Hg. v. Institut für Österreichkunde. Wien: Hirt 1971, S. 133-148.

S 71.06 Durzak, Manfred: Hermann Broch und Frank Thiess: Aus unveröffentlichten Briefen. In: Literatur und Kritik, Jg. 6, Nr. 54/55 (Mai/Juni 1971), S. 253-261.

S 71.07 Ebner, Jeannie: Hermann Broch und George Saiko. In: Literatur und Kritik, Jg. 6, Nr. 54/55 (Mai/Juni 1971), S. 262-270.

S 71.08 Freese, Wolfgang: Vergleichungen: Statt eines Forschungsberichts. Über das Vergleichen Robert Musils mit Hermann Broch in der Literaturwissenschaft. In: Literatur und Kritik, Jg. 6, Nr. 54/55 (Mai/Juni 1971), S. 218-241.

S 71.09 Göpfert, Herbert G.: Vorbemerkung. In S 71.10, Sp. 2-10.

S 71.10 Hack, Bertold, und Marietta Kleiss: Hermann Broch/Daniel Brody: Briefwechsel 1930-1951. Mit einer Vorbemerkung von Herbert G. Göpfert und einer Broch-Bibliographie von Klaus W. Jonas. Frankfurt/M.: Buchhändler-Vereinigung, 1971. viii, 1286 Sp. (Auch im Archiv für Geschichte des Buchwesens, Bd. 12 [1971].).

S 71.11 Jonas, Klaus W.: Bibliographie Hermann Broch. Unter Mitarbeit von Herta Schwarz. In S 71.10, Sp. 1081-1168.

S 71.12 Lützeler, Paul Michael: Hermann Brochs politische Pamphlete. In: Literatur und Kritik, Jg. 6, Nr. 54/55 (Mai/Juni 1971), S. 198-206.

S 71.13 Mian, Margarete: Hermann Broch's View of Art, Literature, Language. Dissertation, University of Toronto, 1971. (Resumé in Dissertation Abstracts International, Jg. 32 [1971/72], S. 6989-90 A.)

S 71.14 Osterle, Heinz D.: Hermann Broch: ›Die Schlafwandler‹. Revolution and Apocalypse. In: Publications of the Modern Language

Association of America, Jg. 86, Nr. 5 (Oktober 1971), S. 946-958.

S 71.15 Perez, Arvid H.: The Disintegration of Values: A Social and Intellectual Study of the Austrian Philosopher-Novelist Hermann Broch, 1890-1930. Dissertation, University of California at Los Angeles 1970. (Resumé in Dissertation Abstracts International, Jg. 31 [1971], S. 5626 A.)

S 71.16 Pross, Harry: Das Irdisch-Absolute: Hermann Broch. In: Söhne der Kassandra: Versuch über deutsche Intellektuelle. Stuttgart: W. Kohlhammer 1971, S. 86-98. (Vgl. Erstveröffentlichung in S 60.22.)

S 71.17 Saiko, George: Roman und Film, die Formen unserer Weltinterpretation. In: Literatur und Kritik, Jg. 6, Nr. 54/55 (Mai/Juni 1971), S. 271-282. (Vgl. Erstdruck der französischen Fassung in Comprendre. Venedig, Bd. 20 [1959], S. 202.)

S 71.18 Saviane, Renato: Apocalissi e messianismo nei romanzi di Hermann Broch. Padova: Università di Padova, Facoltà di Lettere e Filosofia, Istituto di Anglistica e Germanistica 1971. 254 S.

S 71.19 Schlant, Ernestine: Die Philosophie Hermann Brochs. Bern, München: Francke 1971. 202 S.

S 71.20 Schlant, Ernestine: Hermann Broch als politischer Utopist zwischen ›Geschichtsgesetz und Willensfreiheit‹. In: Literatur und Kritik, Jg. 6, Nr. 54/55 (Mai/Juni 1971), S. 207-217.

S 71.21 White, John J.: Hermann Broch. In: Mythology in the Modern Novel. A Study in Prefigurative Techniques. Princeton, N. J.: Princeton University Press 1971, S. 156-166, 199-211. (Der Tod des Vergil – Die Schuldlosen.)

S 71.22 White, John J.: The Identity and Function of Bertrand in Hermann Broch's ›Die Schlafwandler‹. In: German Life and Letters, New Series, Jg. 24, Nr. 2 (Januar 1971), S. 135-144.

S 71.23 Wrede-Bouvier, Beatrix: Hermann Broch zu Nachkriegsdeutschland: Briefwechsel mit Volkmar von Zühlsdorff. In: Literatur und Kritik, Jg. 6, Nr. 54/55 (Mai/Juni 1971), S. 214-217.

S 71.24 Zweck, Lois: Musil, Broch, Canetti. In: Australasian Universities Language and Literature Association: Proceedings and Papers of the Thirteenth Congress at Monash University. Hg. v. J. R. Ellis, Melbourne: AULLA and Monash University 1971, S. 273-274. (Resumé.)

1972

S 72.01 Alter, Robert: The Literature of the Age and the Literature of Literature: Hermann Broch, Vladimir Nabokov, Shaue Tchernichovsky. In: Hasifrut. Quarterly for the Study of Literature,

Jg. 3 (1972), S. 187-195.

S 72.02 Arendt, Hannah: Hermann Broch und der moderne Roman. In: G. Brude-Firnau, S 72.07, S. 117-126. (Erstveröffentlichung in S 49.02. Nachdruck in M. Durzak, S 72.11, S. 25-33.)

S 72.03 Baumann, Walter: Hermann Brochs Lyrik. In: M. Durzak, S 72.11, S. 277-291. (Erstveröffentlichung in S 67.01.)

S 72.04 Bier, Jean-Paul: Literatur und Film im Werke Hermann Brochs. In: Revue des Languages Vivantes, Jg. 38, Nr. 4 (1972), S. 348-362.

S 72.05 Boa, Elizabeth, und J. H. Reid: Hermann Broch. In: Critical Strategies: German Fiction in the Twentieth Century. Montreal: McGill-Queens University Press; London: Edward Arnold 1972.

S 72.06 Brinkmann, Richard: Romanform und Werttheorie bei Hermann Broch. In: Manfred Durzak, S 72.11, S. 35-68. (Erstveröffentlichung in S 57.04.)

S 72.07 Brude-Firnau, Gisela: Materialien zu Hermann Brochs ›Die Schlafwandler‹. Frankfurt: Suhrkamp Verlag 1972. 202 S. (Mit Beiträgen von H. Arendt, S 72.02 – G. Brude-Firnau, S 72.08 – D. Cohn, S 72.10 – H. D. Osterle, S 72.26 – T. Ziolkowski, S 72.41.)

S 72.08 Brude-Firnau, Gisela: Die 9. Episode der ›Geschichte des Heilsarmeemädchens‹. In: G. Brude-Firnau, S 72.07, S. 180-196.

S 72.09 Canetti, Elias: Hermann Broch. Rede zum 50. Geburtstag, November 1936. In: M. Durzak, S 72.11, S. 11-23. (Erstveröffentlichung in S 62.09; Nachdruck in S 65.03.)

S 72.10 Cohn, Dorrit: Das Ahasver-Gedicht. In: G. Brude-Firnau, S 72.07, S. 163-179. (Gekürzte Fassung eines Kapitels aus ihrem englisch geschriebenen Buch ›The Sleepwalkers‹, S 66.08. Deutsche Übersetzung von Gisela Brude-Firnau.)

S 72.11 Durzak, Manfred [Hrsg.]: Hermann Broch: Perspektiven der Forschung. München: Wilhelm Fink Verlag 1972. 428 S.
Mit Beiträgen von H. Arendt, S 72.02 – W. Baumann, S 72.03 – R. Brinkmann, S 72.06 – E. Canetti, S 72.09 – M. Durzak, S 72.12 – C. von Faber du Faur, S 72.14 – J. M. Fischer, S 72.15 – W. Hinderer, S 72.18 – A. Jaffé, S 72.19 – E. Kahler, S 72.21 – R. A. Kann, S 72.22 – P. M. Lützeler, S 72.24 – W. Rothe, S 72.30 – E. Schlant, S 72.32 – K. Sparks, S 72.35 – H. Steinecke, S 72.36 – G. Utermühlen, S 72.37 – G. Wachtler, S 72.38 – M. Winkler, S 72.40 – T. Ziolkowski, S 72.42.

S 72.12 Durzak, Manfred: Hermann Brochs Auffassung des Lyrischen. In: M. Durzak, S 72.11, S. 293-313. (Erstveröffentlichung in S 67.11.)

S 72.13 Enright, D. J.: Seeking the Undiscoverable. In: Man is an Onion.

Reviews and Essays. London: Chatto & Windus 1972, S. 74-77. (Der Tod des Vergil.)

S 72.14 Faber du Faur, Curt von: Der Seelenführer in Hermann Brochs ›Tod des Vergil‹. In: M. Durzak, S 72.11, S. 177-192. (Erstveröffentlichung in S 57.11.)

S 72.15 Fischer, Jens Malte: Hermann Brochs Nachlaßroman und eine Vorlage von Hanns Heinz Ewers. In: M. Durzak, S 72.11, S. 271-276. (Erstveröffentlichung in S 70.04b.)

S 72.16 Fischer, Jens Malte: Das Thema der Erlösung in den Romanen Hermann Brochs. In: Schweizer Monatshefte für Politik, Wirtschaft und Kultur, Jg. 52, Nr. 4 (1972), S. 257-261.

S 72.17 Heydemann, Klaus: Die Stilebenen in Hermann Brochs ›Der Tod des Vergil‹. Wien: Verlag Notring 1972. 196 S. (Zugleich Dissertation, Wien 1971.)

S 72.18 Hinderer, Walter: Grundzüge des ›Tod des Vergil‹. Die Sinnarchitektur. In: M. Durzak, S 72.11, S. 89-134. (Bearbeiteter Auszug aus der Dissertation, S 61.13.)

S 72.19 Jaffé, Aniela: Hermann Broch: ›Der Tod des Vergil‹. Ein Beitrag zum Problem der Individuation. In: M. Durzak, S 72.11, S. 135-176. (Erstveröffentlichung in S 55.10, hier geringfügig gekürzt.)

S 72.20 Kahler, Erich: The Epochal Innovations in Hermann Broch's Narrative. In: The Legacy of the German Refugee Intellectuals. Hg. v. Robert Boyers. New York: Schocken 1972, S. 186-192. (Erstveröffentlichung in S 70.08.)

S 72.21 Kahler, Erich: Werttheorie und Erkenntnistheorie bei Hermann Broch. In: M. Durzak, S 72.11, S. 353-370. (Auszug aus S 62.17.)

S 72.22 Kann, Robert A.: Hermann Broch und die Geschichtsphilosophie: In: M. Durzak, S 72.11, S. 385-398. (Erstveröffentlichung in S 65.09.)

S 72.23 Kurz, Paul Konrad: Das Böse und die Schuld in der zeitgenössischen Literatur. In: Stimmen der Zeit, Jg. 97 (1972), S. 20-34.

S 72.24 Lützeler, Paul Michael: Die Kulturkritik des jungen Broch. Zur Entwicklung von Hermann Brochs Geschichts- und Werttheorie. In: M. Durzak, S 72.11, S. 329-351. (Bearbeitete Fassung von S 70.11.)

S 72.25 Mueller, Randolph R.: Waiting for the Logos. In: Celebration of Life. New York: Sheed & Ward 1972, S. 251-272. (The Sleepwalkers.)

S 72.26 Osterle, Heinz D.: ›Die Schlafwandler‹: Revolution und Apokalypse. In: G. Brude-Firnau, S 72.07, S. 151-162. (Englische Erstveröffentlichung in S 71.14.)

S 72.27 Paucker, Henri R.: Aus den Briefen des Joachim von Pasenow. Hermann Broch: ›Die Schlafwandler‹. In: Almanach: Das 86.

Jahr. Frankfurt/M.: S. Fischer 1972, S. 49-58.

S 72.28 Reinhardt, Hartmut: Erweiterter Naturalismus. Untersuchungen zum Konstruktionsverfahren in Hermann Brochs Romantrilogie ›Die Schlafwandler‹. Köln, Wien: Böhlau 1972. vi, 214 S. (Zugleich Dissertation Köln.)

S 72.29 Rohrmoser, Günter: Hermann Broch. In: Herrschaft und Versöhnung. Ästhetik und die Kulturrevolution des Westens. Freiburg/Br.: Rombach 1972.

S 72.30 Rothe, Wolfgang: Hermann Broch als politischer Dichter. In: M. Durzak, S 72.11, S. 399-416. (Erstveröffentlichung in S 59.10.)

S 72.31 Sammons, Christa: Hermann Broch Archive, Yale University Library. In: Modern Austrian Literature, Jg. 5, Nr. 3/4 (1972), S. 18-69. (Bibliographie.)

S 72.32 Schlant, Ernestine: Zur Ästhetik von Hermann Broch. In: M. Durzak, S 72.11, S. 371-384.

S 72.33 Seitz, Karl Ernst: Das Phänomen der Angst im Werk Hermann Brochs. Dissertation, The George Washington University, Washington, D.C. 1972. (Resumé in Dissertation Abstracts International, Jg. 33, Nr. 9 [März 1973], S. 5198-99 A.)

S 72.34 Shockey, Tomm Baird: Variations in Style and Content in Hermann Broch's ›Bergroman‹ as shown by an analysis of the two versions of the Foreword and the three versions of the First Chapter. Dissertation, University of Connecticut 1971. (Resumé in Dissertation Abstracts International, Jg. 32 [1972], S. 455 A.)

S 72.35 Sparks, Kimberly: Eine Geometrie der Zeit: Korfs Uhr. Zur Analyse der Zeit-Figuren in den ›Schuldlosen‹. In: M. Durzak, S 72.11, S. 193-206. (Auszug aus S 63.23.)

S 72.36 Steinecke, Hartmut: Das Schlafwandeln: Zur Deutung des Motivs in Hermann Brochs Trilogie. In: M. Durzak, S 72.11, S. 69-88. (Bearbeiteter Auszug aus S 68.23).

S 72.37 Utermöhlen, Gerda: Metaphern des Unmetaphorischen. ›Die Schuldlosen‹: Stimmen und Parabel von der Stimme. In: M. Durzak, S 72.11, S. 207-229. (Gekürztes Schlußkapitel von S 65.26.)

S 72.38 Wachtler, Adelgunde (Gundi): Der Archetypus der Großen Mutter in Hermann Brochs Roman ›Der Versucher‹. In: M. Durzak, S 72.11, S. 231-250. (Bearbeiteter Auszug aus S 69.27.)

S 72.39 Wienold, Götz: Hermann Brochs Beitrag zur Wissenschaftsreform. In: Literatur und Kritik, Jg. 7, Nr. 66/67 (1972), S. 412-416.

S 72.40 Winkler, Michael: Die Funktion der Erzählungen in Hermann Brochs ›Bergroman‹. In: M. Durzak, S 72.11, S. 251-269. (Erstveröffentlichung in S 68.30.)

S 72.41 Ziolkowski, Theodore: Zur Entstehung und Struktur von Her-
mann Brochs ›Schlafwandlern‹. In: G. Brude-Firnau, S 72.07,
S. 126-151. (Erstveröffentlichung in englischer Sprache in
S 64.31. Hier vom Verfasser um etwa die Hälfte gekürzt. Wieder-
abdruck des deutschen Textes in: Strukturen des modernen
Romans. Deutsche Beispiele und europäische Zusammenhänge.
Aus dem Amerikanischen von Beatrice Steiner und Wilhelm
Höck. München: List 1972.)

S 72.42 Ziolkowski, Theodore: Hermann Broch und die Relativität im
Roman. In: M. Durzak, S 72.11, S. 315-327. (Erstveröffentlichung in englischer Sprache in S 67.50.)

1973

S 73.01 Casey, Timothy J.: Questioning Broch's ›Der Versucher‹. In:
Deutsche Vierteljahrsschrift für Literaturwissenschaft und Geistesgeschichte, Jg. 47, Nr. 2 (1973), S. 467-507.

S 73.02 Croft, Helen Elizabeth: The Major Novels of Hermann Broch.
Dissertation, The University of Newcastle (Australien) 1973.

S 73.03 Dahl, Sverre: Hermann Broch og diktningena legitimeringsproblemer. In: Ergo, Jg. 4, Nr. 1 (1973), S. 62-68.

S 73.04 Durzak, Manfred: Zeitgeschichte im historischen Modell: Hermann Brochs Exilroman ›Der Tod des Vergil‹. In: Die deutsche
Exilliteratur 1933-1945. Hg. v. M. Durzak. Stuttgart: Reclam
1973, S. 430-442.

S 73.05 Graevenitz, Gerhard von: Hermann Broch: ›Der Tod des Vergil‹. In: Die Setzung des Subjekts: Untersuchungen zur Roman-
theorie. Tübingen: Niemeyer 1973.

S 73.06 Hildebrandt, Dieter: Hermann Broch. In: Der Friede und die
Unruhestifter. Herausforderungen deutschsprachiger Schriftsteller im 20. Jahrhundert. Hg. v. Hans-Jürgen Schultz. Frankfurt: Suhrkamp 1973, S. 109-122.

S 73.07 Iwakiri, Masaki: ›Der Versucher‹ von Hermann Broch. Eine
religiöse Dichtung, ihr philosophischer Hintergrund und ihre
Entstehungsgeschichte. In: Doitsu Bungaku, Nr. 50 (1973),
S. 128-134. (Japanisch, mit deutscher Zusammenfassung, S. 135-
137.)

S 73.08 Lützeler, Paul Michael: Hermann Broch – Ethik und Politik.
Studien zum Frühwerk und zur Romantrilogie ›Die Schlafwandler‹. München: Winkler 1973. 191 S. (Ursprünglich Dissertation
unter dem Titel: Kultur- und Gesellschaftskritik. Hermann
Brochs philosophischer und literarischer Weg bis zu den ›Schlaf-

339

wandlern‹. Dissertation, Indiana University 1972. (Resumé in Dissertation Abstracts International, Jg. 33 [1973], S. 4423 A.)

S 73.09 Lützeler, Paul Michael: Hermann Brochs Novellen. In: Hermann Broch: Barbara und andere Novellen. Hg. v. P. M. Lützeler. Frankfurt: Suhrkamp 1973, S. 319-375.

S 73.10 Schachter, Kate: Symbol and Symbolism in Hermann Broch's ›Die Schlafwandler‹. Dissertation, New York University, 1973. (Resumé in Dissertation Abstracts International, Jg. 34 [1973], S. 1293-94 A.)

S 73.11 Strelka, Joseph: Hermann Broch: Comparatist and Humanist. In: Comparative Literature Studies, Jg. 12, Nr. 1 (März 1973), S. 67-79.

1974

S 74.01 Arendt, Hannah: Introducción. In: Hermann Broch: Poesía e investigación. Barcelona: Barrel Editores, 1974, S. 17-27. (Spanische Übersetzung von S 49.02.)

S 74.02 Bernheim, Mark A.: The Monastery and the Fortress: Broch's ›Die Schlafwandler‹ and the Dehumanization of Modern Art. Dissertation, Rutgers University 1974. (Resumé in Dissertation Abstracts International, Jg. 35 [1974], S. 3722 A.)

S 74.03 Bier, Jean-Paul: Hermann Broch et la Mort de Virgile. Paris: Larousse 1974. 224 S.

S 74.04 Brinkmann, Richard: Romanform und Werttheorie bei Hermann Broch: Strukturprobleme moderner Dichtung. In: Deutsche Romantheorien. Bearbeitete Neuauflage. Hg. v. Reinhold Grimm. Frankfurt/M.: Athenäum, Fischer 1974, S. 391-417. (Erstveröffentlichung in S 57.04.)

S 74.05 Brude-Firnau, Gisela: Wilhelm II. oder die Romantik: Motivübernahme und Gestaltung bei Hermann Broch. In: Zeitschrift für Deutsche Philologie, Bd. 93, Nr. 2 (1974), S. 238-257.

S 74.06 Dahl, Gerhard: Hermann Broch: ›Der Tod des Vergil‹. Eine psychoanalytische Studie. In: Psychoanalytische Textinterpretation. Hg. v. Johannes Cremerius. Hamburg: Hoffmann & Campe 1974, S. 71-127.

S 74.07 Denninger, Eric: Hermann Broch le scientifique. In: Revue d'Allemagne, Jg. 6, Nr. 1 (1974), S. 91-103.

S 74.08 Durzak, Manfred: Der österreichische Joyce. Anmerkungen zu Hermann Brochs Joyce-Essay. In: Literatur und Kritik, Jg. 9, Nr. 84 (1974), S. 241-246.

S 74.09 Hanson, William P.: Hermann Broch's ›Unknown Quantity‹. In: New German Studies, Jg. 2, Nr. 2 (1974), S. 157-170.

S 74.10 Hardin, James N.: Hermann Broch's Theories on Mass Psychology and ›Der Versucher‹. In: German Quarterly, Jg. 47, Nr. 1 (Januar 1974), S. 24-33.

S 74.11 Lützeler, Paul Michael: Erweiterter Naturalismus: Hermann Broch und Emile Zola. In: Zeitschrift für Deutsche Philologie, Bd. 93, Nr. 2 (1974), S. 214-238.

S 74.12 Rothe, Wolfgang: Metaphysischer Realismus: Literarische Außenseiter zwischen Links und Rechts. In: Die deutsche Literatur in der Weimarer Republik. Hg. v. W. Rothe. Stuttgart: Reclam 1974, S. 255-280.

S 74.13 Schmid, Sigrid: Der Begriff ›Ordnung‹ im Werk von Hermann Broch. Dissertation, Salzburg 1974. (Vgl. Schmid-Bortenschlager, S 80.28.)

S 74.14 Schramke, Jürgen: Hermann Broch. In: Zur Theorie des modernen Romans. München: Beck 1974.

S 74.15 Siefken, Hinrich: Heinrich Manns ›Der Untertan‹ und Hermann Brochs ›Die Schuldlosen‹: Zur Satire und Analyse des ›Spießers‹ als Untertan. In: Zeitschrift für Deutsche Philologie, Bd. 93, Nr. 2 (1974), S. 186-213.

S 74.16 Watt, Roderick H.: ›Der Einbruch von unten‹: An Austrian Syndrome of the Inter-War Years? In: German Life and Letters, N. S., Jg. 27, Nr. 4 (Juli 1974), S. 315-324. (Die Schlafwandler – Heimito von Doderer: Die Dämonen – Robert Musil: Der Mann ohne Eigenschaften.)

S 74.17 Watt, Roderick H.: Hermann Broch's ›Die Unbekannte Größe‹: The Central Symbol of ›Sterne im Wasser‹. In: Modern Language Notes, Jg. 89, Nr. 5 (Oktober 1974), S. 840-848.

S 74.18 Wellersberg, Heiner: Hermann Broch. In: Die Darstellung des Bewußtseins in der Literatur: Vergleichende Studien zu Philosophie, Psychologie und deutscher Literatur von Schnitzler bis Broch. Frankfurt/M.: Akademische Verlagsanstalt 1974.

S 74.19 Wisniewski, Wlodzimierz: ›Pasenow oder die Romantik‹ als Beispiel für die Ambivalenz der Zerrissenheit und der Einheit des Menschen bei Hermann Broch. In: Zeszyty Naukowe, Nr. 112 (1974), S. 47-51. (In polnischer Sprache.)

1975

S 75.01 Bartram, Graham: Symbol, Style and Structure in Hermann Broch's ›Die Schlafwandler‹. D. Phil. Dissertation, Oxford (England) 1975.

S 75.02 Canetti, Elias: Hermann Broch. Rede zum 50. Geburtstag. Wien, November 1936. In: Das Gewissen der Worte. Essays. München,

Wien: Hanser 1975, S. 9-22. (Vgl. S 62.09, S 65.03 und S 72.09.)

S 75.03 Heine, Roland: Ungeduld und Erkenntnis: Anmerkungen zu Hermann Brochs Essay ›Hofmannsthal und seine Zeit‹ als kunstsoziologische Studie. In: Austriaca: Beiträge zur österreichischen Literatur. Festschrift für Heinz Politzer zum 65. Geburtstag. Hg. v. Winfried Kudszus und Hinrich C. Seeba. Tübingen: Niemeyer 1975, S. 380-405.

S 75.04 Knowlton, James E.: ›Spätzeit‹ und ›Spätzeitlichkeit‹ in Hermann Brochs Roman ›Der Tod des Vergil‹. Dissertation, Graz 1975. 150 S.

S 75.05 Kurecka, Maria: Zur Übersetzung von Thomas Manns ›Doktor Faustus‹ und Hermann Brochs ›Der Tod des Vergil‹ ins Polnische. In: Przeklad artystczny. Wroclaw: Zaklad Narodowy im. Ossolinskich 1975, S. 167-173.

S 75.06 Landis, Dennis Chenning: Beruf und Arbeit im Werk Hermann Brochs. Dissertation, The University of Connecticut 1975.

S 75.07 Lützeler, Paul Michael: Hermann Brochs Buch ›Hofmannsthal und seine Zeit‹ als kunstsoziologische Studie. In: Literatur und Kritik, Jg. 10, Nr. 99 (Oktober 1975), S. 537-552.

S 75.08 Lützeler, Paul Michael: Hermann Broch und Karl Kraus: Zum Zusammenhang von Kritik und Utopie in der modernen Satire. In: Modern Austrian Literature, Jg. 8, Nr. 1/2 (1975), S. 211-239.

S 75.09 Mair, Joseph: Hermann Brochs ›Bergroman‹. Konzeption und Intention. Dissertation, Wien 1975.

S 75.10 Mandelkow, Robert: Hermann Brochs Romantrilogie ›Die Schlafwandler‹: Gestaltung und Reflexion im modernen deutschen Roman. (Mit einem Nachwort: Bemerkungen zur Schlafwandler-Rezeption und zur Forschung von 1964 bis 1974.) 2. durchgeseh. Auflage. Heidelberg: Carl Winter 1975. 212 S.

S 75.11 Mouchard, Claude: Hermann Broch logique lyrique. In: Critique, Jg. 31, Nr. 339/340 (August/September 1975), S. 874-883.

S 75.12 Schober, Wolfgang Heinz: Hermann Broch: ›Der Tod des Vergil‹. In: Erzähltechniken in Romanen: Untersuchung erzähltechnischer Probleme in zeitgenössischen deutschen Romanen. Wiesbaden: Akademische Verlags-Anstalt Athenaion 1975.

S 75.13 Skawara, Erich Wolfgang: Hermann Brochs Grab. Bericht einer herbstlichen Suche. In: Literatur und Kritik, Jg. 10, Nr. 91 (1975), S. 2-6.

S 75.14 Steinecke, Hartmut: Hermann Broch: Zeitkritik zwischen Epochenanalyse und Utopie. In: Zeitkritische Romane des 20. Jahrhunderts. Die Gesellschaft in der Kritik der deutschen Literatur. Hg. v. Hans Wagener. Stuttgart: Reclam 1975, S. 76-96.

S 75.15 Steinecke, Hartmut: Hermann Broch: In: Deutsche Dichter der Moderne. Hg. v. Benno v. Wiese. 3., überarb. und verm. Auflage.

Berlin: Erich Schmidt Verlag 1975, S. 511-537.

S 75.16 Strelka, Joseph: Hermann Broch als Exil-Autor. In: Modern Austrian Literature, Jg. 8, Nr. 3/4 (1975), S. 100-112.

S 75.17 Watt, Roderick H.: ›Das Irdisch-Absolute‹: The Development of a Theory in the Work of Hermann Broch. Dissertation, Edinburgh 1975.

S 75.18 Watt, Roderick H.: America in the Work of Hermann Broch. The Symbol and the Reality. In: New German Studies, Jg. 3, Nr. 1 (1975), S. 16-30.

1976

S 76.01 Bier, Jean-Paul: Parallelen zwischen den ›Duineser Elegien‹ und den Elegien im ›Tod des Vergil‹. In: P. M. Lützeler, S 76.12, S. 295-305.

S 76.02 Brude-Firnau, Gisela: Prophetische und politische Dichtung? Zur Entstehung und Konzeption von Hermann Brochs ›Stimmen‹. In: Etudes Germaniques, Jg. 31, Nr. 4 (1976), S. 417-432.

S 76.03 Brude-Firnau, Gisela: »Zufällig durch die Zeitung?« Die Bedeutung der Tageszeitung für Hermann Brochs ›Die Schlafwandler‹. In: The German Quarterly, Jg. 49, Nr. 1 (Januar 1976), S. 31-44.

S 76.04 Düsing, Wolfgang: Der Novellenroman. Versuch einer Gattungsbestimmung. In: Jahrbuch der Deutschen Schillergesellschaft, Jg. 20 (1976), S. 539-556. (Die Schuldlosen.)

S 76.05 Geissler, Rolf: Hermann Broch: ›Die Schlafwandler‹. In: Möglichkeiten des modernen deutschen Romans. 6. Aufl. Frankfurt/M.: Diesterweg 1976, S. 102-160.

S 76.06 Herd, Eric W.: Essay and Novel. Hermann Broch's ›Die Schlafwandler‹. In: Jahrbuch für Internationale Germanistik, Jg. 8 (1976), I, S. 47-70.

S 76.07 Hinderer, Walter: Die Personen in ›Der Tod des Vergil‹. In: P. M. Lützeler, S 76.12, S. 280-294. (Auszug aus S 61.13.)

S 76.08 Kahle, Irmgard: Anfang und Kindheit – die Korrelate von Mythos und Poiesis in Hermann Brochs ›Tod des Vergil‹. Dissertation, Aachen 1976. 214 S.

S 76.09 Kiss, Endre: Eklektikerens betydning. Et synspunkt på Hermann Broch. In: Ergo, Nr. 3 (1976), S. 161-165.

S 76.10 Knowlton, James E.: Hermann Brochs Sprachtheorie. In: Literatur und Kritik, Jg. 11, Nr. 106/107 (1976), S. 405-418.

S 76.11 Lützeler, Paul Michael: Nachwort. In: Hermann Broch: Leutnant Jaretzki. Hanna Wendling. Hg. v. P. M. Lützeler, Stuttgart: Reclam 1976, S. 77-83.

S 76.12 Lützeler, Paul Michael (Hg.): Materialien zu Hermann Brochs

›Der Tod des Vergil‹. Frankfurt/M.: Suhrkamp 1976. 365 S. (suhrkamp taschenbuch 317). Vgl. Beiträge von G. Wienold, S 76.19; W. Hinderer, S 76.07; J. P. Bier, S 76.01; P. M. Lützeler, S 76.13.

S 76.13 Lützeler, Paul Michael: Nachweis der Vergil-Zitate in ›Der Tod des Vergil‹. In: P. M. Lützeler, S 76.12, S. 306-363.

S 76.14 Mitchell, Breon: Hermann Broch: ›Die Schlafwandler‹. In: James Joyce and the German Novel 1923-1933. Athens: Ohio University Press 1976.

S 76.15 Pütz, Rainer: Die Figur des Schlafwandlers bei Hermann Broch. Dissertation, Freie Universität, Berlin 1976. 146 S. (Resumé in: Germanistische Dissertationen in Kurzfassung. Bern, Frankfurt, Las Vegas: Peter Lang 1979, S. 237-241: Jahrbuch für Internationale Germanistik, Reihe B, Bd. 4.)

S 76.16 Sándor, András: Ein amerikanischer Verleger und die Exilautoren. In: Deutsche Exilliteratur seit 1933. Bd. I: Kalifornien, Hg. v. John M. Spalek und Joseph Strelka. Bern, München: Francke 1976, S. 117-134.

S 76.17 Schiavoni, Giulio: Broch. Firenze: La Nuova Italia 1976. 173 S.

S 76.18 Stieg, Gerald: Hermann Broch. In: ›Der Brenner‹ und ›Die Fackel‹: Ein Beitrag zur Wirkungsgeschichte von Karl Kraus. Salzburg: Otto Müller 1976, S. 48-49 u. a. (Brenner Studien, Bd. 3).

S 76.19 Wienold, Götz: Die Organisation eines Romans: ›Der Tod des Vergil‹. In: P. M. Lützeler, S 76.12, S. 251-279. (Erstdruck in S 67.49.)

1977

S 77.01 Barnouw, Dagmar: Massenpsychologie als Metaphysik. Zu Brochs Begriff eines Irdisch-Absoluten. In: Musil-Forum, Jg. 3 (1977), S. 159-191. (Fortsetzung in S 78.02.)

S 77.02 Bier, Jean-Paul: Literarische Überwindung des Exils durch geistige Kontinuität: Der Schatten Rilkes in Hermann Brochs Spätwerk. In: Österreicher im Exil 1934 bis 1945. Hg. v. Dokumentationsarchiv des österreichischen Widerstandes und Dokumentationsstelle für neuere österreichische Literatur. Wien: Österreichischer Bundesverlag 1977, S. 354-359.

S 77.03 Boyer, Jean: Situation de Hermann Broch, romancier (1886-1951). In: Austriaca, Jg. 3, Nr. 4 (Mai 1977), S. 65-77.

S 77.04 Freese, Wolfgang, und Karl Menges: Broch-Forschung: Überlegungen zur Methode und Problematik eines literarischen Rezeptionsvorgangs. München, Salzburg: W. Fink 1977. 115 S.

S 77.05 Göpfert, Herbert G.: Zum Briefwechsel zwischen Hermann Broch und Daniel Brody. In: Vom Autor zum Leser. Beiträge zur Geschichte des Buchwesens. München, Wien: Hanser 1977, S. 192-202, 231. (Vgl. Erstveröffentlichung als Vorbemerkung in B. Hack/M. Kleiss, S 71.10, Sp. 2-10.)

S 77.06 Grimrath, Hartmut: Hermann Broch. ›Die Schlafwandler‹. Die Heilsarmee-Geschichte, der Zerfall der Werte und ihr Zusammenhang mit den erzählerischen Partien des Romans. Dissertation, Bonn 1977. 336 S.

S 77.07 Gruszkiewicz, Jacek: Broch und der psychologische Roman. In: Studia Germanica Posnaniensia, Jg. 6 (1977), S. 61-68.

S 77.08 Kiss, Endre: Totalitätskunstwerk und Exil. Über Hermann Brochs anthropologische Wendung. In: Österreicher im Exil 1934 bis 1945 (wie S 77.02), S. 334-342.

S 77.09 Knowlton, James E.: Geschichtsphilosophie und Politik: Zu Hermann Brochs Demokratieverständnis in den Exiljahren. In: Österreicher im Exil 1934 bis 1945 (wie S 77.02), S. 323-333.

S 77.10 Kristiansen, Børge: Hermann Brochs Roman ›Der Tod des Vergil‹. In: Orbis Litterarum, Jg. 32, Nr. 2 (1977), S. 116-139.

S 77.11 Lützeler, Paul Michael: Hermann Brochs ›Die Verzauberung‹ als politischer Roman. In: Neophilologus, Jg. 61, Nr. 3 (Januar 1977), S. 111-126.

S 77.12 Lützeler, Paul Michael: Hermann Broch im Exil. Die Kriegszeit September 1939 – Mai 1945. In: Österreicher im Exil 1934-1945 (wie S 77.02), S. 312-322.

S 77.13 Peters, George F.: ›The Death of Vergil‹. »Ein englisches Gedicht?« In: Modern Austrian Literature, Jg. 10, Nr. 1 (1977), S. 43-54. (Betrifft Jean Starr Untermeyers englische Übersetzung.)

S 77.14 Ritzenhoff, Ursula Christa Elisabeth: Hermann Brochs Pasenow-Roman: Eine Re-Orientierung. Bern, Frankfurt, Las Vegas: Peter Lang 1977. 115 S. (Ursprünglich Dissertation unter dem Titel: Hermann Brochs Pasenow-Roman: Einsamkeit ohne Ausweg. University of Connecticut 1976. Resumé in Dissertation Abstracts International, Jg. 36 [1976], S. 7453 A.)

S 77.15 Rothe, Wolfgang: Verzauberung. Über das kritische Potential nichtrealistischer Erzählformen. In: Literatur und Kritik, Jg. 12 (1977), S. 611-623. (Zum Topos der Verzauberung bei Hofmannsthal, Georg Heym, Kafka und Broch.)

S 77.16 Simpson, Malcolm R.: The Novels of Hermann Broch. Bern, Frankfurt, Las Vegas: Peter Lang 1977. ii, 144 S.

S 77.17 Strelka, Joseph: Hermann Broch als Exil-Autor. In: Auf der Suche nach dem verlorenen Selbst: Zu deutscher Erzählprosa des 20. Jahrhunderts. Bern, München: Francke 1977, S. 106-117, 158-159.

S 77.18 Strolz, Walter: Schöpfungserneuerung aus der Quelle der Sprache. In: Frankfurter Hefte, Jg. 32, Nr. 1 (1977), S. 50-60. (Vgl. Nachdruck in S 79.18.)

S 77.19 Szell, Zsuzsa: Die Wirkung des Zeitgeschehens 1933-1944 auf Dichten und Denken Brochs, Musils und Canettis. In: Österreicher im Exil 1934-1945 (wie S 77.02), S. 343-353.

S 77.20 Ushirogata, Magao: Die Funktion des ›Kleinbürgers‹ in den ›Schuldlosen‹ von Hermann Broch. In: Kage, Nr. 19 (1977), S. 20-26. (Japanisch.)

S 77.21 Walter-Echols, Elizabeth: Relativity and Totality: Science as Structure and Imagery in Selected Texts from Hermann Broch. Diss. Indiana University, Bloomington 1977 (Resumé in Dissertation Abstracts International, Jg. 38, No. 3-4 [1977], S. 2154-A.)

S 77.22 Yamagushi, Koichi: Über den Begriff ›Schlafwandeln‹ bei Hermann Broch. In: Doitsu Bungaku, Nr. 58 (1977), S. 101-111. (Japanisch, mit deutscher Zusammenfassung.)

1978

S 78.01 Barnouw, Dagmar: Autorenstrategie und Leser im Gedankenroman. Zu Fragen von Perspektivik und Bedeutung. In: Erzählforschung. Theorien, Modelle und Methoden der Narrativik. Hg. v. Wolfgang Haubrich. Göttingen: Vandenhoeck & Ruprecht 1978, S. 223-255. (Die Schlafwandler.)

S 78.02 Barnouw, Dagmar: Massenpsychologie als Metaphysik. Zu Brochs Begriff eines Irdisch-Absoluten. (Fortsetzung). In: Musil-Forum, Bd. 4 (1978), S. 60-103 oder 244-269. (Vgl. Ersten Teil, S 77.01.)

S 78.03 Brude-Firnau, Gisela: Zum Problem des politischen Gedichts bei Hermann Broch. In: Modern Austrian Literature, Jg. 11, Nr. 1 (1978), S. 75-93.

S 78.04 Dahl, Sverre: Relativität und Absolutheit: Studien zur Geschichtsphilosophie Hermann Brochs (bis 1932). Oslo: Studentsamskipnadens Servicesentral 1978. 298 S.

S 78.05 Ducruet, Vera E. K.: Sprachimmanentes Erzählen: Eine Studie zur Wandlung des Erzählbegriffs im deutschen Roman von Hermann Broch bis G. F. Jonke. Dissertation, Princeton 1978.

S 78.06 Durzak, Manfred: Hermann Broch. Dichtung und Erkenntnis. Studien zum dichterischen Werk. Stuttgart: W. Kohlhammer 1978. 247 S.

S 78.07 Durzak, Manfred: Zwischen Satire und Pathos. Die Möglichkeiten des Erzählers Hermann Broch in den ›Schuldlosen‹. In: J. Strelka, S 78.21, S. 133-154.

S 78.08 Gaskill, Peter Howard: Hermann Broch as a Translator of Edwin Muir. In: New German Studies, Jg. 6 (1978), S. 101-115.

S 78.09 Jens, Walter: Mathematik des Traums. In: Statt einer Literaturgeschichte. 7. erweit. Auflage. Pfullingen: Neske 1978, S. 213-233, 407-410.

S 78.10 Kiss, Endre: Zur Theorie und Praxis des modernen Romans. Über Hermann Brochs ›Der Tod des Vergil‹. In: Neophilologus, Jg. 62 (1978), S. 279-289.

S 78.11 Knipe, Heidi: Die Doppelfunktion des Irrationalen in Hermann Brochs Roman ›Die Schuldlosen‹. Frankfurt/M., Bern, Las Vegas: Peter Lang 1978. 123 S. (Ursprünglich Dissertation, University of California at Riverside 1976.)

S 78.12 Landgren, Bengt: Hermann Brochs ›Der Tod des Vergil‹: Studier i romans källor, struktur och idéinnehal. Stockholm: Almqvist & Wiksell 1978. 188 S.

S 78.13 Lützeler, Paul Michael: Hermann Brochs ›Die Verzauberung‹ im Kontext von Faschismuskritik und Exilroman. In: J. Strelka, S 78.21, S. 51-75.

S 78.14 Pross, Harry: Hermann Broch: Massenpsychologie und ›Politik‹. In: J. Strelka, S 78.21, S. 89-100.

S 78.15 Rothe, Wolfgang: Gescheiterte Liebhaber. Erotismus und Sexualneurose im Werk Hermann Brochs. In: J. Strelka, S 78.21, S. 101-131.

S 78.16 Sarrabezolles, H.: Hermann Broch, ›Der Tod des Vergil‹, ou L'Enéide en Autriche à l'époque de l'Anschluss. Une psychanalyse du génie de Vergile. In: Présence de Vergile. Hg. v. R. Chevallier. Paris: Belles Lettres 1978, S. 443-455. (Caesarodonum 13)

S 78.17 Schärer, Peter: Zur psychischen Strategie des schwachen Helden. Italo Svevo im Vergleich mit Kafka, Broch und Musil. Dissertation Universität Zürich 1978. (Die Schlafwandler.)

S 78.18 Schlant, Ernestine: Hermann Broch. Boston: Twayne 1978. 192 S. (Twayne's World Author Series 485).

S 78.19 Schlant, Ernestine: Hermann Broch and Modern Physics. In: The Germanic Review, Jg. 53, Nr. 2 (Frühjahr 1978), S. 69-75.

S 78.20 Steinecke, Hartmut: ›Die Schlafwandler‹ als Zeitroman. In: J. Strelka, S 78.21, S. 25-42.

S 78.21 Strelka, Joseph (Hg.): Broch heute. Bern, München: Francke 1978. 154 S. Mit Beiträgen von M. Durzak, S 78.07; P. M. Lützeler, S 78.13; H. Pross, S 78.14; W. Rothe, S 78.15; H. Steinecke, S 78.20; J. Strelka, S 78.22; F. Torberg, S 78.24; W. Vordtriede S 78.25.

S 78.22 Strelka, Joseph: Broch heute. In: J. Strelka, S 78.21, S. 11-24.

S 78.23 Ternes, Charles-Marie: Le dialogue entre le prince et le poète dans ›Der Tod des Vergil‹ de Hermann Broch. In: R. Chevallier, S 78.16, S. 457-468.

S 78.24 Torberg, Friedrich: Broch oder Die Redlichkeit. In: J. Strelka, S 78.21, S. 43-50.

S 78.25 Vordtriede, Werner: Hermann Broch als Volkserzieher. In: J. Strelka, S 78.21, S. 77-88.

S 78.26 Wisniewski, Wlodzimierz: Täuschungsbruch und Illusionsentwurf bei Hermann Broch. In: Acta Universitatis Lodziensis. Folia Germanica, Ser. 1, Nr. 22 (1978), S. 47-55.

1979

S 79.01 Albertsen, Elisabeth: Ea oder die Freundin bedeutender Männer. Porträt einer Wiener Kaffeehaus-Muse. In: Musil-Forum, Jg. 5 (1979), S. 21-37. (Fortsetzung in Jg. 5 [1979], S. 135-153.)

S 79.02 Brandenburg, Suzanne Jean: The Quest for Redemption in Hermann Broch's ›Die Schuldlosen‹. Dissertation, University of Massachusetts, 1979. 249 S. (Resumé in Dissertation Abstracts International, Jg. 40, Nr. 8 [1979/80], S. 4589 A.)

S 79.03 Brude-Firnau, Gisela: Wissenschaft von der Frau? Zum Einfluß von Otto Weiningers ›Geschlecht und Charakter‹ auf den deutschen Roman. In: Die Frau als Heldin und Autorin. Neue kritische Ansätze zur deutschen Literatur. Hg. v. Wolfgang Paulsen. Bern, München: Francke 1979, S. 136-149.

S 79.04 Durusoy, Gertrude: Die Romane Hermann Brochs. Eine textlinguistische Untersuchung im Hinblick auf den Wertbegriff. Dissertation, Ankara (Türkei) 1979.

S 79.05 Hack, Bertold: Verlagsbibliographie des Rhein-Verlages 1920-1972. In: Archiv für Geschichte des Buchwesens, Bd. 20, Lieferung 5 (1979), Sp. 1153-1216.

S 79.06 Hanson, William P.: Brochs ›Geschichte des Heilsarmeemädchens‹ in Berlin. In: Quinquereme, Jg. 2, Nr. 1 (1979), S. 1-9.

S 79.07 Jäkel, Siegfried: Identität und Sprache. Eine Untersuchung zu den Dichtern des österreichischen Kulturkreises im 20. Jahrhundert. Turku (Finnland): Turun Yliopisto 1979. 189 S. (Hofmannsthal, Schnitzler, Broch, Musil, Rilke, Kafka, I. Bachmann.)

S 79.08 Klotz, Christian: Realitätsvokabel und Rollendasein. Studien zur sozialpsychologischen Dimension in Hermann Brochs Frühwerk. Frankfurt/M., Bern, Las Vegas: Peter Lang 1979. 185 S.

S 79.09 Kristiansen, Børge, und Birgit Nielsen: Hermann Brochs dänischer Emigrationsplan: Eine Anmerkung zur Broch-Biographie. In: Text und Kontext, Jg. 7, Nr. 2 (1979), S. 105-122.

S 79.10 Krusche, Dietrich: Figurenspiel und Bewußtsein: Strukturen innertextlicher Kommunikation und deren gestalterische Funktion in Hermann Brochs früher Prosa. In: Wirkendes Wort, Jg. 29, Nr. 4 (1979), S. 217-232. (Methodologische Novelle; Vorüberziehende Wolke.)

S 79.11 [mey.]: Von der Ordnung der Dinge. Hermann Brochs ›Schlafwandler‹ – nach fünfzig Jahren. In: Neue Zürcher Zeitung, Jg. 200, Nr. 34 (10./11. Februar 1979), Literatur und Kunst, S. 67.

S 79.12 Mittenzwei, Werner: Hermann Broch. In: Das Zürcher Schauspielhaus 1933-1945. Berlin: Henschelverlag 1979, S. 64-65 u. a.

S 79.13 Politzer, Heinz: Damenfütterer. Zu Hermann Brochs Gedicht ›Kulinarisches Liebeslied‹. In: Frankfurter Allgemeine, Jg. 31, Nr. 53 (11. März 1978). (Nachdruck unter dem Titel: Hermann Broch: ›Kulinarisches Liebeslied‹. In: Frankfurter Anthologie, Bd. 4. Hg. v. Marcel Reich-Ranicki, Frankfurt/M.: Suhrkamp 1979, S. 127-130.)

S 79.14 Riemer, Willy: Symbolism, mathematics and monistic thought: Contextual Studies in Hermann Broch. Dissertation, Yale University 1979. (Dissertation Abstracts, Jg. 43 [1982-83], S. 2990.)

S 79.15 Rothe, Wolfgang/Dagmar Barnouw: Offener Briefwechsel über Broch. In: Musil-Forum, Jg. 5 (1979), S. 10-12, 12-13. (Betrifft S 77.01 und S 78.02.)

S 79.16 Sammons, Christa: Most Recent Additions to the Hermann Broch Archive. In: Yale University Library Gazette, Jg. 53, Nr. 4 (1979), S. 217-220.

S 79.17 Selvani, Gianni: Le lettere di Hermann Broch. Dalla ricerca delle poetiche all' etica della responsibilità. In: Problemi di civiltà, Jg. 2, Nr. 4 (1979), S. 3-20.

S 79.18 Strolz, Walter: Schöpfungserneuerung aus dem Quell der Sprache. Eine Interpretation von Hermann Brochs Hauptwerk ›Der Tod des Vergil‹. In: Schöpfung und Sprache. Hg. v. Walter Strolz. Freiburg/Br., Basel, Wien: Herder 1979, S. 125-150. (Vgl. Erstveröffentlichung in S 77.18.)

S 79.19 Sulzer, Dieter: Der Nachlaß von Ernst Polak im Deutschen Literaturarchiv. Bericht, Verzeichnis und Edition von Briefen Polaks, Werfels und Brochs. In: Jahrbuch der Deutschen Schillergesellschaft, Bd. 23 (1979), S. 514-548.

S 79.20 Széll, Zsuzsa: Ichverlust und Scheingemeinschaft: Gesellschaftsbild in den Romanen von Franz Kafka, Robert Musil, Hermann Broch, Elias Canetti und George Saiko. Budapest: Akádémiai Kiadó 1979. 139 S. (Ballade vom Imker.)

S 79.21 Thieberger, Richard: Situation de la Broch-Forschung. In: Austriaca, Nr. 5 (Februar 1979), S. 30-38, 149-161.

S 80.01 Bernheim, Mark A.: Style: Abstraction and Empathy in Hermann Broch's ›Die Schlafwandler‹. In: Modern Austrian Literature, Jg. 13, Nr. 4 (1980), S. 59-76.

S 80.02 Bier, Jean-Paul: Hermann Broch und Heinrich Mann. In: R. Thieberger, S 80.33, S. 71-87.

S 80.03 Bier, Jean-Paul: Hermann Broch und der Begriff der Neuen Sachlichkeit. In: Modern Austrian Literature, Jg. 13, Nr. 4 (1980), S. 145-157.

S 80.04 Boyer, Jean: Bemerkungen zum Problem der Musik bei Hermann Broch. In: R. Thieberger, S 80.33, S. 161-168.

S 80.05 Brude-Firnau, Gisela: Der Einfluß des jüdischen Denkens im Werke Hermann Brochs. In: R. Thieberger, S 80.33, S. 108-121. (Ein Resumé ihres auf dem Broch-Symposium der Yale University gehaltenen Vortrags erschien unter dem gleichen Titel in: Modern Austrian Literature, Jg. 13, Nr. 4 [1980], S. 223-225.)

S 80.06 Charrière, Marianne: Harmonie und Kontrapunktik als Strukturprinzip im ›Tod des Vergil‹. In: R. Thieberger, S 80.33, S. 169-182.

S 80.07 Dahl, Sverre: Relativität und Absolutheit. Studien zur Geschichtsphilosophie Hermann Brochs (bis 1932). Bern, Frankfurt/M., Las Vegas: Peter Lang 1980. 298 S. (Vgl. S 78.04)

S 80.08 Dahl, Sverre: Die frühe Geschichtsphilosophie Hermann Brochs. In: R. Thieberger, S 80.33, S. 97-107.

S 80.09 Dahl, Sverre: Hermann-Broch-Bibliographie in Norwegen. In: R. Thieberger, S 80.33, S. 194.

S 80.10 Doppler, Alfred: Die Funktion des Lyrischen in Hermann Brochs Roman ›Der Tod des Vergil‹. In: R. Thieberger, S 80.33, S. 153-160.

S 80.11 Flesch, Yvon: Bibliographie der französischen Broch-Forschung 1931-1979. In: R. Thieberger, S 80.33, S. 188-193.

S 80.12 Freese, Wolfgang: Brochforschung im Lichte der Rezeptionstheorie. In: Modern Austrian Literature, Jg. 13, Nr. 4 (1980), S. 159-188.

S 80.13 Greiter, Almud, und Anton Pelinka: Hermann Broch als Demokratietheoretiker. In: R. Thieberger, S 80.33, S. 24-36.

S 80.14 Herd, Eric W.: Epochenschilderung in Roman und Essay: Der epische Ort Joachim von Pasenows und Hugo von Hofmannsthals in Brochs Darstellung. In: R. Thieberger, S 80.33, S. 37-46.

S 80.15 Kahler, Alice L.: Broch als Übersetzer. In: Modern Austrian Literature, Jg. 13, Nr. 4 (1980), S. 205-221.

S 80.16 Kiss, Endre: Probleme und Aspekte des philosophischen Lebenswerkes von Hermann Broch. In: Philosophischer Literaturanzeiger, Jg. 33, Nr. 4 (1980), S. 397-403.

S 80.17 Kiss, Endre: Brochs Stellung zu Nietzsche. In: R. Thieberger, S 80.33, S. 88-96.

S 80.18 Kreissler, Felix: Brochs Emigrantenschicksal auf dem Hintergrund der Zeitgeschichte. In: R. Thieberger, S 80.33, S. 11-23.

S 80.19 Lipman-Wulf, Peter: Remarks on my Graphic Interpretation of ›The Death of Virgil‹. In: Modern Austrian Literature, Jg. 13, Nr. 4 (1980), S. 51-58. (Mit acht Abbildungen, S. 238-244.)

S 80.20 Lützeler, Paul Michael: Broch, Lukács und die Folgen. In: Modern Austrian Literature, Jg. 13, Nr. 4 (1980), S. 99-120.

S 80.21 Lützeler, Paul Michael: Hermann Broch und Georg Lukács: Zur Wirkungsgeschichte von James Joyce. In: Etudes Germaniques, Jg. 35, Nr. 3 (1980), S. 290-299.

S 80.22 Lützeler, Paul Michael: Lukács' ›Theorie des Romans‹ und Brochs ›Schlafwandler‹. In: R. Thieberger, S 80.33, S. 47-59.

S 80.23 Menges, Karl: Bemerkungen zum Problem der ästhetischen Zeitgenossenschaft in Hermann Brochs Roman ›Der Tod des Vergil‹. In: Modern Austrian Literature, Jg. 13, Nr. 4 (1980), S. 31-49.

S 80.24 Osterle, Heinz D.: Produktive Irrtümer in der Brochforschung. In: Modern Austrian Literature, Jg. 13, Nr. 4 (1980), S. 189-204.

S 80.25 Ryan, Judith: The Vanishing Subject: Empirical Psychology and the Modern Novel. In: Publications of the Modern Language Association of America, Jg. 95, Nr. 4 (1980), S. 857-869. (Deutscher Text unter dem Titel: Die andere Psychologie: Ernst Mach und die Folgen. In: Österreichische Gegenwart: Die moderne Literatur und ihr Verhältnis zur Tradition. Hg. v. Wolfgang Paulsen, Bern, München: Francke 1980, S. 11-24.)

S 80.26 Schlant, Ernestine: Hermann Brochs Auseinandersetzung mit dem Marxismus. In: Modern Austrian Literature, Jg. 13, Nr. 4 (1980), S. 121-144.

S 80.27 Schlocker, Georges: Janusköpfige Sprache. Gedanken zu Brochs Prosa. In: R. Thieberger, S 80.33, S. 146-152.

S 80.28 Schmid-Bortenschlager, Sigrid: Dynamik und Stagnation: Hermann Brochs ästhetische Ordnung des politischen Chaos. Stuttgart: Akademischer Verlag Hans-Dieter Heinz 1980. viii, 250 S. (Geringfügig überarbeitete Fassung der Dissertation, S 74.13.)

S 80.29 Schönwiese, Ernst: Der Schriftsteller als das Gewissen seiner Zeit: Hermann Broch (1886-1951). In: Literatur in Wien zwischen 1930 und 1980. Wien, München: Amalthea 1980, S. 47-70.

S 80.30 Schulz, Gerhard: Hermann Broch: Drei Briefe an Oscar Oeser. In: Festschrift für Eric W. Herd, Hg. v. August Obermeyer. Dunedin, Neu-Seeland: Department of German, University of Otago 1980, S. 226-237.

S 80.31 Schürer, Ernst: Brochs ›Die Entsühnung‹ und das Drama der

Neuen Sachlichkeit. In: Modern Austrian Literature, Jg. 13, Nr. 4 (1980), S. 77-98.

S 80.32 Strelka, Joseph: Hermann Brochs ›Parabel von der Stimme‹. In: R. Thieberger, S 80.33, S. 122-132.

S 80.33 Thieberger, Richard (Hg.): Hermann Broch und seine Zeit. Akten des Internationalen Broch-Symposiums Nice 1979. Bern, Frankfurt/M.: Peter Lang 1980. 203 S. (Jahrbuch für Internationale Germanistik, Reihe A, Bd. 6.) Mit Beiträgen von J. P. Bier, S 80.02; J. Boyer, S 80.04; G. Brude-Firnau, S 80.05; M. Charrière, S 80.06; S. Dahl, S 80.08 und 80.09; A. Doppler, S 80.10; Y. Flesch, S 80.11; A. Greiter und A. Pelinka, S 80.13; E. W. Herd, S 80.14; E. Kiss, S 80.17; F. Kreissler, S 80.18; P. M. Lützeler, S 80.22; G. Schlocker, S 80.27; J. Strelka, S 80.32, R. Thieberger, S 80.34 und 80.35; R. H. Watt, S 80.37 und 80.38.

S 80.34 Thieberger, Richard: Was den Novellenroman zusammenhält: ›Die Schuldlosen‹ in Leserperspektive. In: R. Thieberger, S 80.33, S. 133-145.

S 80.35 Thieberger, Richard: Die Hermann-Broch-Bestände in Marbach und Zürich. In: R. Thieberger, S 80.33, S. 195-196.

S 80.36 Walther, Barbara E.: Hermann Brochs Autonomie- und Einsamkeitsproblematik. Bonn: Bouvier 1980. 104 S. (Studien zur Germanistik, Anglistik, Komparatistik, 100.)

S 80.37 Watt, Roderick H.: Don Quichote und Luther: Einige Gedanken zur Gestalt des Rebellen und des Ketzers im Dichten und Denken Hermann Brochs. In: R. Thieberger, S 80.33, S. 60-70.

S 80.38 Watt, Roderick H.: Bibliographie der britischen Broch-Forschung 1945-1978. In: R. Thieberger, S 80.33, S. 184-187.

S 80.39 Winkel, Maria Angela: Denkerische und dichterische Erkenntnis als Einheit: Eine Untersuchung zur Symbolik in Hermann Brochs ›Tod des Vergil‹. Frankfurt/M., Bern, Las Vegas: Peter Lang 1980. 385 S.

S 80.40 Zand, Herbert: Briefe an Hermann Broch, Hermann Hesse, Hermann Hakel und Wolfgang Kraus. In: Literatur und Kritik, Jg. 15, Nr. 149/150 (1980), S. 221-236.

S 80.41 Ziolkowski, Theodore: Broch's Image of Virgil and its Context. In: Modern Austrian Literature, Jg. 13, Nr. 4 (1980), S. 1-30.

1981

S 81.01 Himmel, Helmuth: Hermann Brochs ›Die Verzauberung‹. In: Wirkungen Rilkes auf den österreichischen Roman: Existentielle Probleme bei Musil, Broch und Doderer. Köln, Wien: Böhlau 1981, S. 79-85.

S 81.02 Kiss, Endre: Hermann Broch elmélete a polihisztorikus regény-ről [H. B. und der polyhistorische Roman], Budapest: Akadémiai Kiadó 1981, 83 S.

S 81.03 Knowlton, James E.: Die Spätzeitproblematik in Hermann Brochs Roman ›Der Tod des Vergil‹. In: Sprachkunst. Beiträge zur Literaturwissenschaft, Jg. 12, Nr. 1 (1981), S. 131-149.

S 81.04 Köhn, Lothar: ›Montage höherer Ordung‹: Zur Struktur des Epochenbildes bei Bloch, Tucholsky und Broch. In: Literaturwissenschaft und Geistesgeschichte: Festschrift für Richard Brinkmann. Hg. v. Jürgen Brummack u. a. Tübingen: Niemeyer 1981, S. 585-615.

S 81.05 Lützeler, Paul Michael: Hermann Broch und ›Der Brenner‹. In: Untersuchungen zum ›Brenner‹: Festschrift für Ignaz Zangerle zum 75. Geburtstag. Hg. v. Walter Methlagl, Eberhard Sauermann und Sigurd Paul Scheichl. Salzburg: Otto Müller 1981, S. 218-228.

S 81.06 Midgley, David R.: Entfremdete Erzählhaltung: Zur Funktion des fiktiven Erzählers in Hermann Brochs ›Schlafwandler‹-Trilogie. In: Zeitschrift für Deutsche Philologie, Bd. 100, Nr. 2 (1981), S. 204-219.

S 81.07 Scheichl, Sigurd Paul: ›Verzeihen Sie, daß es gereimt ist‹: Hermann Broch und der Reim. Mit einem unbekannten Gedicht. In: Studien zur Literatur des 19. und 20. Jahrhunderts in Österreich. Festschrift für Alfred Doppler zum 60. Geburtstag. Hg. v. Johann Holzner, Michael Klein, Wolfgang Wiesmüller. Innsbruck: Kowatsch 1981, S. 179-195.

S 81.08 Schmidt, Inge Waltraud: Hermann Broch's Novellas. Dissertation, Case Western Reserve University 1980. 188 S. (Resumé in Dissertation Abstracts International, Bd. 41, Nr. 4 [1980/81], S. 1624 A.)

S 81.09 Venzlaff, Hubertus: Hermann Broch: Ekstase und Masse. Untersuchung und Assoziationen zur politischen Mystik des 20. Jahrhunderts. Bonn: Bouvier 1981, 176 S. (Abhandlungen zur Philosophie, Psychologie und Pädagogik 166.)

1982

S 82.01 Dahl, Sverre: Hermann Broch und die Menschenrechte. In: Literatur und Kritik, Jg. 17, Nr. 165/166 (Juni/Juli 1982), S. 79-85. (Norwegischer Text in S 84.04.)

S 82.02 Duebbert, Carol M.: Zeitgeschichtliche Perspektiven in der Literatur. Studien zu Hermann Brochs ›Die Verzauberung‹ und ›Der Tod des Vergil‹. Dissertation, Washington University 1982.

S 82.03 Hinck, Walter: Romantisch-anarchisch, beutelüstern: Über ›Die Schlafwandler‹. In: Frankfurter Allgemeine, Jg. 34, Nr. 153 (7. Juli 1982), Feuilleton, S. 21.

S 82.04 Horrocks, David: The Novel as History: Hermann Broch's Trilogy ›Die Schlafwandler‹. In: Weimar Germany: Writers and Politics. Edinburgh: Scottish Academic Press 1982, S. 38-52.

S 82.05 Kaye, Howard L.: Hermann Broch's ›The Sleepwalkers‹: Social Theory in Literary Form. In: Mosaic, Jg. 15, Nr. 4 (Dezember 1982), S. 79-89.

S 82.06 Kundera, Milan: Le testament des somnambules. In: Le Nouvel Observateur (9.-16. April 1982), S. 48-51.

S 82.07 Mecklenburg, Norbert: Moderne Romanpoetik und konservative Metaphysik. Symbolisch-mythischer Regionalismus in Hermann Brochs ›Bergroman‹. In: Erzählte Provinz: Regionalismus und Moderne im Roman. Königstein/Ts.: Athenäum 1982, S. 129-179.

S 82.08 Rabaté, Jean-Michel: Joyce and Broch: or, Who Was the Crocodile? In: Comparative Literature Studies, Bd. 19, Nr. 2 (Sommer 1982), S. 121-133.

S 82.09 Schiavoni, Giulio: »Die Schlafwandler«. Hermann Broch und der Zerfall der Werte. In: Das größere Österreich. Geistiges und soziales Leben von 1880 bis zur Gegenwart. Hg. v. Kristian Sotriffer. Wien: Tusch 1982. 551 S.

S 82.10 Spuler, Richard: Hermann Broch's ›Die Schuldlosen‹: An Investigation of the Melitta-Encounter. In: Colloquia Germanica, Jg. 15, Nr. 1/2 (1982), S. 321-330.

S 82.11 Winkler, Michael: Hermann Broch in America. His Later Social and Political Thought. In: The Writer's Experience. Hg. v. John M. Spalek und Robert F. Bell. Chapel Hill, North Carolina: North Carolina University Press 1982, S. 141-156.

S 82.12 Zagari, Luciano: »Die Splitter des Staunens«. Canetti über Kafka und Broch. In: Annali. Studi tedeschi 25 (1982), S. 189-212.

1983

S 83.01 Beer-Hofmann, Richard: To Hermann Broch. New York, 27. Dezember 1943. In: Essays in Honor of James Edward Walch on his Sixty-Fifth Birthday. Hg. v. Walter Grossmann. Cambridge: The Goethe Institute of Boston and the Houghton Library 1983, S. 125.

S 83.02 Dahl, Sverre: Das Verhältnis von Dichtung und Philosophie als Problem bei Hermann Broch. In: Literatur und Philosophie. Vorträge des Kolloquium am 11. und 12. Oktober 1982. Hg. v.

Bjørn Ekmann (u. a.). Kopenhagen: Text + Kontext; München: W. Fink 1983, S. 62-75. (Norwegischer Text in S 84.03.)

S 83.03 Duebbert, Carol M.: Hermann Brochs ›Verzauberung‹ als ›Anti-Heimatroman‹. In: P. M. Lützeler, S 83.06, S. 226-236.

S 83.04 Koebner, Thomas: Mythos und ›Zeitgeist‹ in Hermann Brochs Roman ›Die Verzauberung‹. In: P. M. Lützeler, S 83.06, S. 169-185.

S 83.05 Koopmann, Helmut: ›Verrückte Erlösung‹. Der Wahn von der neuen Gesellschaft und der Glaube an die Unzerstörbarkeit des Ichs in Brochs ›Verzauberung‹. In: P. M. Lützeler, S 83.06, S. 186-208.

S 83.06 Lützeler, Paul Michael (Hg.): Brochs ›Verzauberung‹. Frankfurt/M.: Suhrkamp 1983. 296 S.
Mit Beiträgen von C. M. Duebbert, S 83.03; T. Koebner, S 83.04; H. Koopmann, S 83.05; P. M. Lützeler, S 83.07-08; M. W. Roche, S 83.13; E. Schlant, S 83.14; E. Schürer, S 83.15; M. Winkler, S 83.18.

S 83.07 Lützeler, Paul Michael (Gesprächsleitung): Gespräch Tübinger Studenten über Hermann Brochs Roman ›Die Verzauberung‹. In P. M. Lützeler S 83.06, S. 95-114.

S 83.08 Lützeler, Paul Michael: Hermann Brochs Roman ›Die Verzauberung‹ – Darstellung der Forschung. Kritik. Ergänzendes. (Mit einer Bibliographie der Sekundärliteratur). In P. M. Lützeler, S 83.06, S. 239-296.

S 83.09 Lützeler, Paul Michael: Hermann Broch: ›Die Schlafwandler‹ (1930-32). In: Deutsche Romane des 20. Jahrhunderts. Neue Interpretationen. Hg. v. Paul Michael Lützeler. Königstein: Athenäum 1983, S. 200-217.

S 83.10 Mecklenburg, Norbert: Heimatsuche. Zum Verhältnis von Modernität und Regionalität in deutschen Romanen (Frenssen, Broch, Johnson). In: Textsorten und literarische Gattungen. Dokumentationen des Germanistentages in Hamburg vom 1.-4. April 1979. Hg. v. Vorstand der deutschen Hochschulgermanisten. Berlin: Erich Schmidt 1983, S. 591-603.

S 83.11 Rabaté, Jean Michel: Le sourire du somnambule: de Broch à Kundera. In: Critique 39 (1983), S. 504-521.

S 83.12 Robertson, Ritchie: Goethe, Broch, and the Novels of Edwin Muir. In: Forum for Modern Language Studies, Jg. 19 (1983), S. 142-157.

S 83.13 Roche, Mark W.: Die Rolle des Erzählers in Brochs ›Verzauberung‹. In: P. M. Lützeler, S 83.06, S. 131-146.

S 83.14 Schlant, Ernestine: Die Barbara-Episode in Hermann Brochs Roman ›Die Verzauberung‹. In: P. M. Lützeler, S 83.06, S. 209-225.

S 83.15 Schürer, Ernst: Die Beschwörung des Unendlichen im Zauber der Landschaft. Zu Hermann Brochs ›Verzauberung‹. In: P. M. Lützeler, S 83.06, S. 147-168.

S 83.16 Storey-Gannaway, Suzanne: Secular apocalyptic in the novel between the wars. Dissertation, Vanderbilt University 1983. 157 S. (Dissertation Abstracts 44 [1983-84], S. 746). (U. a. zu den ›Schlafwandlern‹.)

S 83.17 Venzlaff, Hubertus: Hermann Broch. Notizen zu einer systematischen Ästhetik. Methodologische Novelle. In: Spiegel im dunklen Wort: Analysen zur Prosa des frühen 20. Jahrhunderts. Hg. v. Winfried Freund und Hans Schumacher (Frankfurt/M., Bern: Lang 1983), S. 81-96.

S 83.18 Winkler, Michael: Die Struktur von Hermann Brochs ›Verzauberung‹. Anmerkungen zu den erzähltechnischen Problemen des Romans. In: P. M. Lützeler, S 83.06, S. 115-130.

1984

S 84.01 Dahl, Sverre: Hermann Broch og diktningens legitimeringsproblemer. In: S. Dahl, Mellom fortid og fremtid. Artikler om mellom-europeisk åndsliv i vart århundre. Oslo: Solum Forlag 1984, S. 24-36. (Nachdruck von S 73.03.)

S 84.02 Dahl, Sverre: Hermann Brochs tidlige historiefilosofi. In: S. Dahl, S 84.01, S. 37-53. (Norwegischer Text von S 80.08.)

S 84.03 Dahl, Sverre: Diktning og filosofi som problem hos Hermann Broch. In: S. Dahl, S 84.01, S. 54-69. (Norwegischer Text von S 83.02.)

S 84.04 Dahl, Sverre: Hermann Broch og Amnesty International. In: S. Dahl, S 84.01, S. 70-81. (Norwegischer Text von S 82.01.)

S 84.05 Dowden, Stephen D.: The Authority of Imagination: A Study in the Novel of German Modernism: Kafka, Broch, Musil and Thomas Mann. Dissertation, University of California, Berkeley 1984.

S 84.06 Hinderer, Walter: Die mythische Erbschaft der Dichtung: Hermann Brochs ›Tod des Vergil‹. In: Frankfurter Allgemeine Zeitung, Jg. 36, Nr. 274 (4. 12. 1984), S. 25.

S 84.07 Mack, Karin, und Wolfgang Hofer: Spiegelungen. Denkbilder zur Biographie Brochs. Hg. v. Karin Mack (Bild) und Wolfgang Hofer (Text). Wien: Sonderzahl 1984. 106 S.

S 84.08 Schuyler, Steven J.: Kurt Wolff and Hermann Broch: Publisher and Author in Exile. Dissertation, Harvard University 1984.

S 84.09 Steinberg, Michael P.: Translator's Introduction. In: Hermann Broch, Hugo von Hofmannsthal and His Time. The European

Imagination, 1860-1920, Hg. v. M. P. Steinberg. Chicago: University of Chicago Press 1984, S. 1-29.

S 84.10 Steiner, George: Dream City. In: New Yorker, Bd. 60, Nr. 50 (28. Januar 1985), S. 92-97.

Adressen der Beiträger

Blatter, Silvio. Schriftsteller. Heinrichstraße 88, CH-8005, Zürich.

Dubost, Jean-Pierre. Dr. phil. Assistent am Institut für Literaturwissenschaft, Romanische Literaturen, Universität Stuttgart, Keplerstraße 17, D-7000 Stuttgart.

Frischmuth, Barbara. Schriftstellerin. Kübeckgasse 16/22, A-1030 Wien.

Herd, Eric W., Dr. phil. Professor am Department of German, University of Otago, Box 56, Dunedin, New Zealand.

Jonas, Klaus W., Dr. phil. Professor am Department of Germanic Languages and Literatures, University of Pittsburgh, 1409 Cathedral of Learning, Pittsburgh, PA.15260 (USA).

Kircher, Hartmut. Dr. phil. Akademischer Rat am Institut für Deutsche Sprache und Literatur der Universität zu Köln, Albertus-Magnus-Platz, D-5000 Köln 41.

Koebner, Thomas. Dr. phil. Professor am Institut für Neuere Deutsche Literatur, Philipps-Universität Marburg, Wilhelm-Röpke-Sraße 6A, D-3550 Marburg.

Kundera, Milan. Schriftsteller. 10, rue Littré, F-75006 Paris.

Lorenz, Kuno. Dr. phil. Professor am Fachbereich Philosophie der Universität des Saarlandes, Bau 11, D-6600 Saarbrücken.

Lützeler, Paul Michael. Dr. phil. Professor am Department of Germanic Languages and Literatures, Washington University, Box 1104, St. Louis, MO. 63130 (USA).

Obermeier, Otto-Peter. Dr. phil., Dr. med. Dipl.-Politologe. Akademischer Rat, Philosophische Fakultät I, Universität Augsburg, Universitätsstraße 2, 8900 Augsburg.

Petersen, Jürgen H., Dr. phil. Professor im Fachgebiet Deutsch an der Universität Osnabrück, Schloß, D-4500 Osnabrück.

Riemer, Willy. Dr. rer. nat., Dr. phil. Professor am Department of Germanic Languages and Literatures der University of Illinois at Urbana-Champaign, Foreign Language Building, Urbana, IL 61801 (USA).

Schlant, Ernestine. Dr. phil. Professor am Department of Comparative Literature, Montclair State College, Upper Montclair, NJ 07043 (USA).

Schmidt-Dengler, Wendelin. Dr. phil. Professor am Institut für Germanistik an der Universität Wien, Hanuschgasse 3, A-1010 Wien.

Sokel, Walter H., Dr. phil. Commonwealth Professor of German and English Literature am Department of Germanic Languages and Literature der University of Virginia, Cocke Hall, Charlottesville, VA. 22903 (USA).

Steiner, George. Dr. phil. Professor am Département de langue et littérature anglaises der Université de Genève, CH-Genève.

Vitzthum, Wolfgang Graf. Dr. jur. Professor an der Juristischen Fakultät der Universität Tübingen, Wilhelmstraße 7, D-7400 Tübingen.

Vollhardt, Friedrich. Dr. phil. Assistent am Literaturwissenschaftlichen Seminar der Universität Hamburg, Von-Melle-Park 6, D-2000 Hamburg 13.

Winkler, Michael. Dr. phil. Professor am Department of German and Russian der Rice University, 6100 S. Main Street, Houston, TX. 77001 (USA).

st 2034 Franz Xaver Kroetz
Herausgegeben von Otto Riewoldt

Daß Franz Xaver Kroetz »mit seinen 35 Jahren bereits als junger Klassiker« dastehe, daß ihm »die Mauser zum welttheatertüchtigen Dramatiker« gelungen sei – nur zwei von vielen gleichlautenden Urteilen, die man Kroetz nach seinem erfolgreichen Debüt als Romanschreiber *(Der Mondscheinknecht)* und als dem herausragenden Dramatiker der Spielzeit 1981/82 *(Nicht Fisch nicht Fleisch)* wie Präsente für eine glücklich abgeschlossene Matura auf den Tisch legte. Gleichzeitig aber machte sich – an dieser durch den Roman gezogenen Trennlinie – Unsicherheit breit, wie die tieferliegenden Gründe solch frühzeitig errungener Klassizität und deren Aspekte für die Zukunft zu bewerten seien. Von der nunmehr abgetragenen »geheimen, instinktiven Schuld, die den Dramatiker Kroetz zu seiner genialischen Produktivität angetrieben haben dürfte«, war da die Rede und auch vom Gespür des Autors, daß »in seiner Arbeitsbiographie etwas unaufhaltsam zu Ende« gehe. Der Materialienband von Otto Riewoldt belegt, bloße Summierung von Kritiken vermeidend, dennoch die Breite und Verschiedenheit der Einschätzungen, gibt Auskünfte in Interviews und aus Werkstattfunden, liefert Erfahrungsberichte zur Theaterarbeit aus der Sicht von Regisseuren; er bietet in Originalbeiträgen Einblicke in Realismus-Konzept und Sprachgebung seines Autors, zeichnet Wege und Wendungen von den frühen Stücken bis hin zum Roman. Werkverzeichnis und ausgewählte Sekundärbibliographie runden auch diesen Band der Reihe stm ab.

st 2035 Der junge Kafka
Herausgegeben von Gerhard Kurz

Das Frühwerk Kafkas ist noch kaum erforscht. Lange ging die Kafka-Forschung von der Unterstellung aus, erst mit dem *Urteil* sei Kafka der »Durchbruch« gelungen, wie die irreführende und verräterische Metapher lautete. Konsequenterweise wurden daher die literarischen Anfänge vernachlässigt.

Der vorliegende Band versucht dagegen zu zeigen, wie sich die spezifische literarische Thematik und Technik Kafkas entwickelt haben, wie sehr die Motive des späteren Werks im frühen schon angelegt und ausgebildet sind. Untersucht wird das Frühwerk bis hin zum Erzählzyklus *Betrachtung* von 1912. Die wichtigsten Texte und Anreger (Flaubert, Freud) werden monographisch behandelt.

st 2036 Peter Weiss
Herausgegeben von Rainer Gerlach

Nach seinem Tod wird das Werk von Peter Weiss – zumal das Spätwerk – so heftig und kontrovers diskutiert wie in den sechziger Jahren der *Marat/Sade* und *Die Ermittlung*. Dabei treten auch das Frühwerk sowie der Filmemacher und Maler mehr und mehr in den Blickpunkt. Der Materialienband von Rainer Gerlach stellt einer breiteren Öffentlichkeit die bislang nur unzureichend erforschten Texte des Frühwerks vor; er präsentiert das bislang weitgehend unbekannte schwedische Werk; befaßt sich mit Kindheit und Jugendzeit, dem Exil und dem Prozeß der künstlerischen Entwicklung, den Einflüssen, die persönlich von Hermann Hesse ausgingen; er widmet sich dem Bild- und Filmwerk. Das dramatische Werk wird in Einzelstudien untersucht, thematisch gewertet das Problem von Unzugehörigkeit und Entfremdung, das Engagement von Weiss für die Dritte Welt, seine Haltung zum Kolonialismus; die *Ästhetik des Widerstands* – der ein eigener Band innerhalb der stm gewidmet ist – sowie die *Notizbücher* sind in den Zusammenhang einbezogen. Wie alle Bände der stm enthält auch dieser Vita, Werkverzeichnis und Bibliographie der Sekundärliteratur, zusätzlich eine Filmographie und ein Ausstellungsverzeichnis.

st 2037 Schillers Briefe über die ästhetische Erziehung
Herausgegeben von Jürgen Bolten

Schillers theoretisches Hauptwerk zählt zu den wenigen Texten des ausgehenden 18. Jahrhunderts, an denen un-

mittelbar jener Wandel des geistigen und historischen Selbst-
verständnisses ablesbar wird, der seinerzeit die Selbstauflösung der bürgerlichen Aufklärung in die – nicht zuletzt
auch politische – Romantik fundamentierte. Wie stellt sich
vor diesem Hintergrund das ästhetische Programm Schillers
dar? Auf welche gesellschaftlichen und politischen Vorgänge
auch außerhalb der Französischen Revolution antwortet der
Plan einer ästhetischen Erziehung? Wo und aus welchen
Gründen schlägt dessen zunächst metapolitischer Anspruch
in eine politisch affirmative Ästhetisierung seiner geschichtsphilosophischen Grundlagen um? In welchem Zusammenhang steht hiermit der philosophische Methodenwechsel
innerhalb der *Briefe*, die zunehmende Distanzierung gegenüber Kantischen Positionen zugunsten einer Annäherung an
das Denken Fichtes? Und nicht zuletzt: gibt es methodische
oder inhaltliche Momente, die von einer Präfiguration romantischer Denkfiguren sprechen lassen und die in gerader
Linie etwa auf Hölderlin oder Schelling verweisen? Die
Beantwortung dieser von der Forschung zumeist isoliert
voneinander gestellten Fragen zu erleichtern und damit die
Einheit der *Briefe* gerade in ihrer gedanklichen Heterog-
nität transparent werden zu lassen, setzt sich die Auswahl
der Materialien und Aufsätze zum Ziel.

st 2038 Karin Struck
Herausgegeben von Hans Adler und
Hans Joachim Schrimpf

Von 1973 an, dem Erscheinungsjahr des Erstlings *Klassen-
liebe,* sind Karin Strucks Romane, Erzählungen, Features
Stachel im Fleisch der kritischen Öffentlichkeit gewesen.
Kaum eine der unzähligen Stellungnahmen, die nicht emo-
tional vorpreschte; wenige, die die Distanz des gelassenen
Rezensenten nicht mit gleicher Heftigkeit aufgaben, mit der
die Autorin in der programmatischen ›Unmäßigkeit‹ ihrer
Texte die Leser bestürmte. Karin Strucks aggressiver – mindestens offensiver – Versuch, schutz- und rücksichtslos Subjektivität, *ihre* Subjektivität, ins Wort zu setzen, ist, zusammen mit dem Rezeptionsprozeß, im Rahmen der Neuen
Subjektivität zu sehen, geht aber nicht darin auf.
Der Materialienband bietet beides, Kommentar und Analyse
zum Werk und Dokumentation der Rezeption, um dieses

Phänomen der jüngeren westdeutschen Literatur greifbarer zu machen. Indem in Einzelbeiträgen verschiedene Aspekte des Werkes, unterschiedliche Formen und Arten der Rezeption und Probleme der Schreib-Arbeit beleuchtet werden, wird kein geschlossenes Gesamtbild angestrebt, vielmehr ein Aufriß von ›Literatur in Funktion‹. Karin Strucks Prosa ist eines ihrer aktuellen Paradigmata. Eine ausführliche Bibliographie weist Werk und Rezeption nach.

st 2039 Brochs »Verzauberung«
Herausgegeben von Paul Michael Lützeler

Über keines von Hermann Brochs Büchern gehen die Meinungen derart weit auseinander, weichen die Wertungen so sehr voneinander ab wie über seinen Roman *Die Verzauberung*. Solche unterschiedlichen Reaktionen haben zu tun mit der Komplexität und dem Provokationspotential des Werkes. Waren Brochs *Schlafwandler* von 1930/32 der Versuch gewesen, Tendenzen des Kulturverfalls in der Wilhelminischen Zeit zu vergegenwärtigen, so ging es in dem neuen Werk um eine Auseinandersetzung mit jenen gesellschaftlichen Kräften, massenpsychologischen Mechanismen und quasi-metaphysischen Erwartungshaltungen, welche die Heraufkunft des Faschismus in den zwanziger und dreißiger Jahren ermöglicht hatten. In der *Verzauberung* werden auf dichterische Weise jene Probleme unserer Zivilisation bedacht, die anzugehen immer dringlicher wird, und für die eine Lösung nicht in Aussicht ist: im Metaphysischen die Krise der überlieferten Religionen, im Gesellschaftlichen die abgewirtschaftete patriarchalische Ordnung, im Politischen die Tendenz zur Brutalisierung und zum Totalitären, in der Technik eine ziellos gewordene Rationalität sowie im Bereich der zwischenmenschlichen Beziehungen eine inhumane Funktionalisierung. – Dem in seiner Aktualität und gleichzeitigen Offenheit begründeten zunehmenden Interesse an diesem Roman, bis in den schulischen Bereich hinein, wird der Materialienband in der Verbindung von genetisch wichtigen Texten, Dokumentationen der brieflichen Kommentare, neuen Analysen und einem Forschungsbericht mit einer Bibliographie zur Sekundärliteratur gerecht.

st 2040 Hans Magnus Enzensberger
Herausgegeben von Reinhold Grimm

Der vorliegende Band über Hans Magnus Enzensberger enthält in einer ersten Abteilung – unveröffentlichte oder an entlegener Stelle erschienene – Texte des Autors selbst, in einer zweiten Äußerungen von Kollegen, Wissenschaftlern und Kritikern, den bedeutenden Briefwechsel mit Hannah Arendt, die Diskussion mit Peter Weiss und zwei Interviews aus den Jahren 1969 und 1979; die dritte Abteilung bietet »Längsschnitte, Querschnitte«, in denen das Nachwirken der Antike in Enzensbergers Werk ebenso thematisiert ist wie sein mögliches Einwirken auf die heutige ›Dritte Welt‹. Der vierte Abschnitt verbindet wissenschaftliche Untersuchungen und Würdigungen, Besprechungen und Stellungnahmen. Die Bibliographie schließlich ist der bislang umfassendste Nachweis zu Enzensbergers Œuvre und seiner Sekundärliteratur.

st 2041 Lateinamerikanische Literatur
Herausgegeben von Mechtild Strausfeld

Die vorliegenden Aufsätze zur lateinamerikanischen Literatur wollen dem deutschen Leser einen ersten Eindruck von dem breiten Panorama der neuen Literatur des Kontinents vermitteln. Sie ist in der Bundesrepublik weithin unbekannt, obwohl sie immer nachdrücklicher als einzige Alternative zur problematischen europäischen erzählenden Prosa bezeichnet wird. Während die Rezeption und kritische Auseinandersetzung mit diesen bedeutenden Werken bereits in den sechziger Jahren – auch als »Dekade des Booms der lateinamerikanischen Literatur« apostrophiert – sowohl in den USA als auch in den anderen europäischen Ländern begann, fehlt noch heute ein vergleichbares Echo in der Bundesrepublik. Dies gilt für die Kritik wie für die Universität.
Die ausgewählten Arbeiten behandeln entweder einzelne Romane oder das Gesamtwerk eines Autors. Dieser Materialienband soll u. a. dazu beitragen, ein größeres Verständnis für die neue lateinamerikanische Literatur zu ermöglichen, die nur allzu oft als »Produkt überschäumender Phantasie« bezeichnet wird. Bibliographische Angaben zu

den Autoren sowie eine Liste der wichtigsten Sekundärliteratur und Porträtfotos vervollständigen den Band.

st 2042 Brechts Romane
Herausgegeben von Wolfgang Jeske

Mit dem vorliegenden Band gehen die Materialien-Bände
zu Brecht erstmals über die mit seinem Namen am meisten
verbundene Gattung hinaus und unternehmen den Versuch,
den durchaus vielgelesenen und zu seiner Zeit, besonders
beim *Dreigroschenroman,* auch anerkannten Romancier vor-
zustellen. Da sich aus der vorliegenden Forschung zu den
veröffentlichten Romanen und Roman-Projekten in sich geschlossene Teiluntersuchungen schwer extrahieren lassen,
wurde hier auf solche Auszüge verzichtet; durch die Heran-
ziehung jeweils erster Reaktionen nach der Veröffentlichung
der Romane läßt sich andererseits die Diskrepanz zwischen
der Anerkennung des Romanciers Brecht bei Lesern und
Kritik auf der einen und der relativ langen Unterschätzung
und Nichtberücksichtigung in der Forschung auf der anderen Seite zeigen. Erstmals werden hier Roman-Projekte aus
den zwanziger Jahren mit der Wiedergabe der vorliegenden
Texte im Zusammenhang vorgestellt.

st 2043 Friederike Mayröcker
Herausgegeben von Siegfried J. Schmidt

In der Vielfalt kritischer Zeugnisse, Reaktionen, Dokumente
und Meinungen sollen Zugänge zum Werk einer Dichterin
geöffnet werden, die heute als eine der bedeutendsten
deutschsprachigen Autorinnen gilt; aber auch als eine Autorin, deren Arbeiten Rezipienten brauchen, die noch zu
kreativem Lesen bereit sind. Die Beiträge dieses Bandes,
das kein Kult- und Feierbuch, sondern Spiegel einer kritischen Auseinandersetzung sein will, belegen die oft vertre-
tene Ansicht, daß Friederike Mayröcker im Laufe ihrer
dichterischen Entwicklung eine eigenständige Poetik entwickelt hat, die ihrem Rang nach in die Reihe der großen
literarischen Experimente dieses Jahrhunderts seit James
Joyce und Gertrude Stein gehört.

Der Band enthält exemplarische Rezensionen zu ihren verschiedenen Arbeitsperioden und Arbeitsbereichen, verfaßt von Schriftsteller-Kollegen, Literaturkritikern und Literaturwissenschaftlern. Präsentiert werden Interviews mit Friederike Mayröcker, aus denen die Poetik ihrer Arbeiten erkennbar wird. Eine Sammlung von Zeichnungen dokumentiert diesen oft übersehenen wichtigen Produktionsbereich der Autorin. Die öffentliche Reaktion auf Mayröckers literarische und künstlerische Produktion spiegelt eine auf Vollständigkeit bedachte Bibliographie der Sekundärliteratur.

st 2044 Samuel Beckett
Herausgegeben von Hartmut Engelhardt

Nach einer Reihe von Textsammlungen, die einzelne Werke Becketts zum Thema hatten, bemüht sich der neue Materialienband um eine Gesamtanschauung von Becketts Œuvre. Sicherlich kann – schon vom Umfang her – ein Materialienband zu Becketts Gesamtwerk dieses nicht ausschöpfen, kann dies nicht einmal versuchen. Dementsprechend sind Beiträge – Übersetzungen von bislang nicht in deutscher Sprache vorliegenden wichtigen französisch- und englischsprachigen Untersuchungen sowie Originaltexte – versammelt, die Aspekte beleuchten, Spuren verfolgen, Zusammenhänge rekonstruieren, aber Vollständigkeit weder anstreben noch vortäuschen. Dabei werden einerseits die ›klassischen‹ Werke – *Warten auf Godot* und *Endspiel* vor allem – berücksichtigt, liegt andererseits ein besonderer Akzent auf weniger populär gewordenen Arbeiten wie *Watt* oder *Wie es ist* sowie auf den Dramen und Prosastücken des Spätwerks. Themen der Originalbeiträge sind u. a.: Versuch, Spielstücke zu verstehen, Kunst im Kopf – Becketts späte Prosa und das Imaginäre, Becketts *Company* im Computer, Zum Protestanteil Beckettscher Dichtung, Becketts ›Losigkeit‹ – ein Versuch in Dekomposition, Becketts späte Dramen.